中国互联网金融发展报告 2013 编委会

组　　编　电子商务交易技术国家工程实验室
　　　　　　中央财经大学中国互联网经济研究院
顾　　问　柴跃廷
主　　编　孙宝文
执行主编　欧阳日辉　王天梅
编　　委　（按姓氏拼音排序）
　　　　　　樊茂清　顾炜宇　何　毅　黄　震　兰日旭
　　　　　　李　艳　李二亮　李梦璇　刘再杰　王　乐
　　　　　　王立勇　赵胤钘　曾青青　曾省存

中国互联网金融发展报告2013

互联网金融元年：
跨界、变革与融合

Internet Financing Year One:
Cross-sector, Reform and Convergence

主　　编　孙宝文
执行主编　欧阳日辉　王天梅

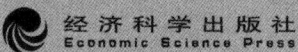

经济科学出版社
Economic Science Press

序　言

  2013年是中国互联网金融元年。在这一年里，互联网金融红遍大江南北，领导层、监管层、学者、从业者和普通民众，都在热烈地讨论这个话题。互联网金融秉承"开放、平等、协作、分享、创新"的互联网精神，开创了透明度更强、参与度更高、协作性更好、成本更低、操作更便捷的全新金融服务模式，拓展了金融服务的内涵和空间，增强了金融的普惠性和民主化。

  互联网金融是如何产生的？互联网金融的发展经历了金融互联网化和互联网金融化两个时期。计算机及局域网技术的应用，掀起了金融电子化的"第一次科技革命"；金融领域借助信息技术，提升了金融信息化水平，推动了金融的"第二次科技革命"。互联网企业将互联网精神、互联网技术和金融功能进行结合，创新了金融的盈利模式、组织结构、金融产品和服务体系，开启了金融领域的"第三次科技革命"。毋庸置疑，第三次工业革命和第五次科技革命为互联网金融的未来发展指明了大方向。

  中国互联网金融的"野蛮生长"，逐步冲击了商业银行、证券公司、保险公司等传统金融机构。互联网金融有利于打破金融抑制，提高市场资金配置效率。出生在欧美发达国家的互联网金融，成了中国金融业的"搅局者"，正在重构中国金融体系的新版图。在互联网金融如火如荼的发展过程中，央行、证监会等监管部门始终秉持积极、开明、宽容的态度。"促进互联网金融健康发展，完善金融监管协调机制。"互联网金融概念被写入2014年政府工作报告。

  为了应对互联网企业的蚕食，传统金融机构推出了手机钱包支付、网银平台融资服务、网上电商交易平台、网上开户、虚拟财产保险、网上交易运费险等互联网渠道的金融产品，向这些"搅局者"发动强劲的攻势。在互联网金融企业和传统金融机构的争夺战中，部分互联网金融企业暴露出了用户资料被泄露和平台系统存在漏洞的信息安全破绽。更为严重的是，互联网金融发展还面临着政策与法律缺失、业务操作不合规、平台刚性兑现难引发流动性问题、征信体系不健全等方面的挑战。

如何在改善金融效率和维护金融稳定之间寻找平衡？面对当前大多数互联网金融领域的"三无"（无门槛、无标准、无监管）状态，监管层只有在加强监管和保护创新之间找到微妙的平衡点，才能推动互联网金融行业健康规范发展。2014年3月"两停一限"措施引发了广泛的争议，互联网金融监管的"空窗期"即将结束。互联网金融创新，必须坚持金融服务实体经济的本质要求，合理把握创新的界限和力度；必须服从宏观调控和金融稳定的总体要求；切实维护消费者的合法权益；维护公平竞争的市场秩序；充分发挥行业自律的作用。

中国互联网金融走向何方？深度融合是中国互联网金融发展的大趋势。互联网金融既是互联网精神对传统金融的渗透，也是传统金融与互联网创新的融合。中国互联网金融的发展，将呈现八大趋势：互联网金融与产业深度融合；大数据金融服务模式前景广阔；移动互联网金融发展潜力巨大；互联网金融模式和产品创新日新月异；一体化服务品牌加快打造步伐；互联网金融与传统金融加速融合；线上线下深度整合创新提升价值；互联网金融加速向欠发达地区渗透。

穆勒说："现在的一切美好事物，无一不是创新的结果。"创新的本质是突破。互联网金融可能带来的是毁灭性的创新。我们不能为了维系一个旧制度，而把具有"开放、平等、协作、分享、创新"的互联网精神的互联网金融扼杀在摇篮里，让我们对互联网金融的发展多一些包容，多一些支持。互联网金融的"鲶鱼效应"，有利于推动利率市场化进程，正在为我们创造一个美好的时代发挥作用。

电子商务交易技术
国家工程实验室　主任　柴跃廷
2014年4月8日

目 录

第一章 互联网金融的起源与理论分析框架 ……………………… 1
    第一节 金融互联网：金融领域的两次科技革命 ……………… 1
    第二节 互联网金融：金融领域的第三次科技革命 …………… 13
    第三节 互联网金融的概念界定和发展基础 …………………… 34

第二章 创新：互联网金融模式的发展 ………………………… 54
    第一节 互联网金融模式的界定与分类 ………………………… 54
    第二节 互联网企业线上开拓互联网金融业务 ………………… 60
    第三节 传统金融机构开展互联网金融业务 …………………… 89

第三章 跨界：互联网企业开展金融服务 ……………………… 102
    第一节 互联网企业主要金融业务的发展现状 ………………… 102
    第二节 互联网企业在金融领域发展的战略意图 ……………… 125
    第三节 互联网企业开展金融业务的经验与启示 ……………… 131
    第四节 互联网企业开展金融业务的发展趋势 ………………… 137

第四章 变革：传统金融业开展互联网金融服务……144
- 第一节 银行业开展互联网金融业务……145
- 第二节 保险业开展互联网金融服务现状……163
- 第三节 证券行业开展互联网金融服务……176

第五章 挑战：互联网金融发展的风险……183
- 第一节 互联网金融风险概述……183
- 第二节 信息安全风险……192
- 第三节 政策与法律风险……199
- 第四节 操作风险……204
- 第五节 流动性风险……210
- 第六节 信用风险……216

第六章 考验：互联网金融创新与监管平衡……221
- 第一节 中国互联网金融监管的现状与困境……221
- 第二节 国际互联网金融监管的经验借鉴……232
- 第三节 互联网金融监管的对策建议……249

第七章 融合：中国互联网金融发展趋势……257
- 第一节 互联网金融的发展阶段及特征……257
- 第二节 深度融合是中国互联网金融发展的大趋势……273

参考文献……291

后记……303

第一章

互联网金融的起源与理论分析框架

互联网经济时代互联网正在改变金融，2013年被称为中国互联网金融发展元年。2013年6月3日，马云在首届外滩国际金融峰会的演讲中说，"未来的金融有两大机会，第一个是金融互联网，金融行业走向互联网；第二个是互联网金融，纯粹的外行领导，其实很多行业的创新都是外行进来才引发的。金融行业也需要搅局者，更需要那些外行的人进来进行变革。"[①] 我们借鉴"金融互联网"和"互联网金融"这两个概念，并以此为脉络总结回顾金融行业与互联网的整合发展进程，追溯互联网金融的起源和发展动因，探讨互联网金融的概念和理论基础。

第一节 金融互联网：金融领域的两次科技革命

金融互联网，即金融业务的互联网应用，主要是指传统金融机构，银行、保险、证券等利用计算机技术和互联网技术，以互联网为手段、平台或渠道，创新金融服务模式、拓展金融服务内容和空间，提升金融远程服务的进程，促使金融业务透明度更强、参与度更高、协作性更好、中间成本更低、操作更加便捷。金融互联网本质上属于金融行业信息化的范畴，可以说是金融行业核心

[①] 谢卫群，马云. 金融行业需要搅局者. 人民日报，2012-6-21.

业务在原有信息化基础上进一步互联网化的过程，技术进步促进了金融行业的效率改进。

以互联网技术的运用为视角，我们将金融互联网的过程分为两个阶段：第一阶段，金融信息化[①]阶段。金融业信息化最早始于20世纪50年代的美国银行业，随着计算机的问世，银行业开始了计算机自动化辅助处理，并逐渐延伸到了金融领域的其他分支行业。随后计算机局域网在金融领域得到大规模运用，金融领域计算机化、联机业务处理、联机用户服务[②]、办公自动化。计算机及局域网技术的应用掀起了金融电子化的"第一次科技革命"。

第二阶段，金融互联网化阶段。20世纪90年代末以后，互联网技术在金融领域逐步应用，银行、券商、基金公司、保险公司和各类交易平台借助互联网技术开展网上交易，网络信息技术和金融产业整合，推动金融信息化水平的提升，出现金融系统的电子化建设、金融业务的电子化受理以及电子化金融商业模式的建立[③]。互联网技术在金融领域的广泛使用掀起了金融的"第二次科技革命"。

一、国外金融互联网的两大发展阶段

我们从银行、证券以及保险等三大金融行业的金融互联网化发展来诠释国外金融行业的金融互联网发展。

1. 国外银行业的金融互联网进程

依据信息技术的采用以及由此带来的银行业务运作模式和服务开展方式的改变，姜建清（1999）在研究美国银行业信息化时，认为美国的银行业信息化过程经历了手工操作计算机化、联机业务处理、联机用户服务以及互联网服务等四个阶段[④]。谢平等（2000）提出了银行的信息化主要有银行办公自动化阶段、内部网络电子银行（PC银行、企业银行、家庭银行等）阶段和网络银行阶段[⑤]，三个阶段重要的标志分别是计算机技术、网络信息技术和互联网技术的运用。

依据互联网技术在银行的应用，我们将银行的金融互联网进程分为：银行信息化阶段和银行互联网化阶段，见图1-1。

---

① 信息化是充分利用信息技术，开发利用信息资源，促进信息交流和知识共享，提高经济增长质量，推动经济社会发展转型的历史进程。
② 万建华. 金融e时代：数字化时代的金融变局. 中信出版社, 2003, p. 112.
③ 万建华. 金融e时代：数字化时代的金融变局. 中信出版社, 2003, p. 115.
④ 姜建清. 美国银行业和科技革命. 上海人民出版社, 1999, p. 86.
⑤ 谢平, 尹龙. 网络银行：21世纪金融领域的一场革命. 财经科学, 2000 (4).

第一章 互联网金融的起源与理论分析框架

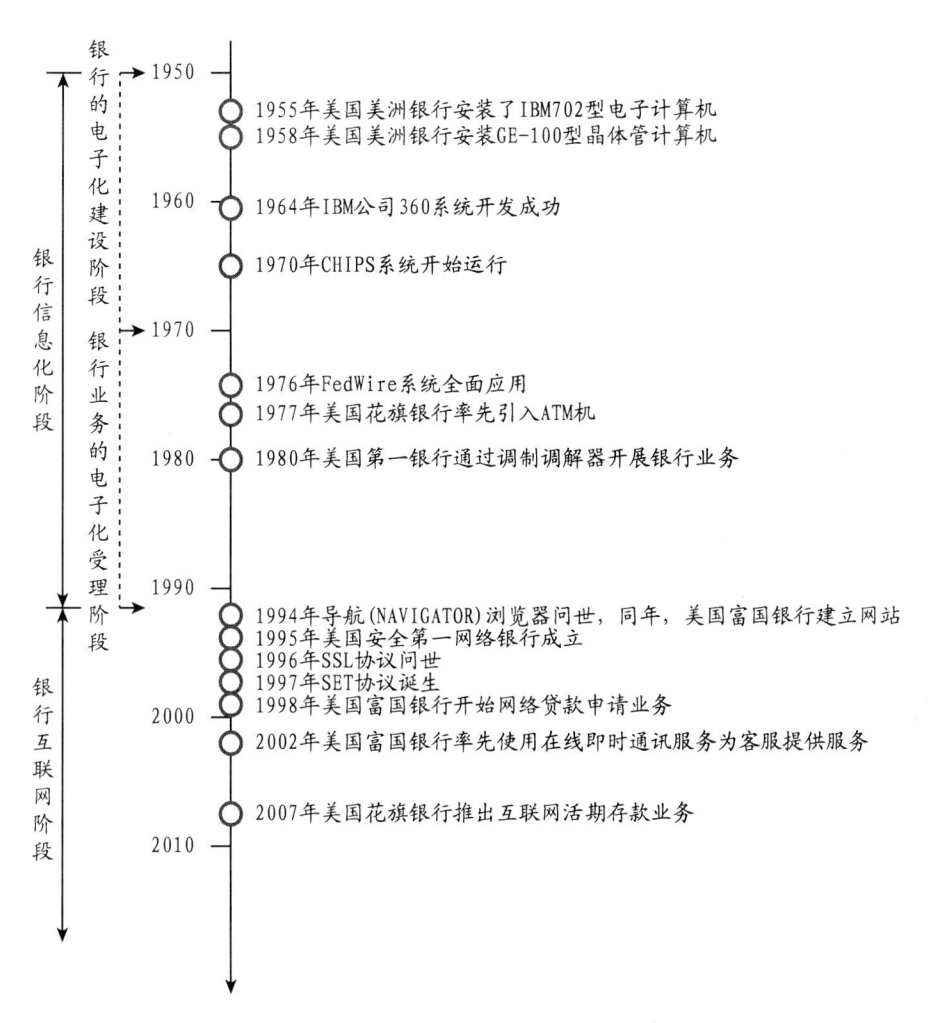

```
银                1950 ○ 1955年美国美洲银行安装了IBM702型电子计算机
行                     ○ 1958年美国美洲银行安装GE-100型晶体管计算机
的
电
子  银             1960
化  行
建  信             ○ 1964年IBM公司360系统开发成功
设  息
阶  化
段  阶             ○ 1970年CHIPS系统开始运行
    段        1970
银
行
业                     ○ 1976年FedWire系统全面应用
务                     ○ 1977年美国花旗银行率先引入ATM机
的        1980
电                     ○ 1980年美国第一银行通过调制调解器开展银行业务
子
化
受
理
阶
段        1990
                      ○ 1994年导航(NAVIGATOR)浏览器问世，同年，美国富国银行建立网站
                      ○ 1995年美国安全第一网络银行成立
银                    ○ 1996年SSL协议问世
行                    ○ 1997年SET协议诞生
互        2000        ○ 1998年美国富国银行开始网络贷款申请业务
联
网                    ○ 2002年美国富国银行率先使用在线即时通讯服务为客服提供服务
阶
段
                      ○ 2007年美国花旗银行推出互联网活期存款业务
         2010
```

图1-1 国外银行业发展阶段及标志性事件

（1）银行信息化阶段。

银行信息化阶段主要是指互联网技术出现前的银行信息化过程，主要分为两个子阶段：

第一阶段是银行的电子化建设阶段。该阶段的时间跨度为20世纪50年代至70年代末，分别实现了银行的"后台电子化"和"前台电子化"。后台电子化是指通过将计算机引入到银行业务中，实现原有的手工操作如人工记账和会计核算等内容的计算机自动化辅助处理，从而减少手工操作可能带来的差错，降低银行成本的同时提高了银行服务的效率。该阶段的标志性事件是，

1955 年美国的美洲银行安装了 IBM702 型电子计算机，1958 年安装了 GE – 100 型晶体管计算机。

银行后台的电子化还体现在银行转账系统的产生。电子资金转账系统是电子通信技术、计算机技术和网络技术在金融交易中的综合应用。20 世纪 60 年代后，随着美国经济的快速发展，交易和消费活动带来了对支付清算服务的巨大需求，传统的纸质票据交换已远不能满足支付的需求，美国银行业各种电子资金转账系统应运而生。此阶段典型的事件是，1970 年隶属于纽约票据清算所的银行间资金调拨系统（CHIPS）的建立和 1976 年联邦储备银行自动清算系统（FedWire）的全面应用。电子转账系统的建立大大方便了银行间的资金转账和支付清算，同时也完善了整个银行系统的后台化建设。

进入 20 世纪 70 年代后，美国银行业普遍采取 C/S 结构的联机系统，开始进入银行业务的前台电子化阶段，即通过联机的方式实现对客户业务需求的电子指令方式的处理。计算机在银行业的大范围应用主要得益于 1964 年 IBM 公司开发的 360 系统[1]，该计算机系统主要部件采用了集成电路，通过联机系统，银行终端输入的业务指令通过网络发送到中央主机上，由主机统一计算、存储、传输。这种以中央主机处理为中心的终端连接方式为实时交易、实时结算、一致呈现提供了技术基础，保障了资金转移的实时性和准确性[2]。可以说，联机柜员系统的出现，使商业银行实现了真正意义上的"电子化"。

第二阶段是银行业务的电子化受理阶段。该阶段的时间跨度为 20 世纪 80 年代初至 90 年代，该阶段标志性的事件是计算机网络技术的普及和应用，各种自助设备（如 ATM 机、POS 机、电话银行、家庭银行）、数据库技术、专家系统等广泛应用，通过对金融信息的深度提取和挖掘向客户提供增值服务。

在该阶段初始时期，计算机网络技术得到了广泛应用，不仅实现了金融企业内部网点、分行和后台处理中心的联结，而且也联结起了不同银行的业务处理中心和银行外部的商业企业、超级市场等。1977 年，花旗卡银行中心（Citicard Banking Center）成立，率先利用花旗卡与自动柜员机（ATM）进行服务。24 小时的自动柜员机不再仅是供紧急提现之用，而成为正常业务的一部分；不仅提高了银行的服务质量，而且大大降低了银行的运营成本。1980 年，美国就已经通过在电视中设置的调制解调器来开展银行业务，称为"第一银行"

---

[1] 姜建清．美国银行业和科技革命．上海人民出版社，1999，p. 53.
[2] 万建华．金融 e 时代：数字化时代的金融变局．中信出版社，2003，p. 122.

(Bank One)。美国纽约化学银行（Chemical Bank）成功开发了快捷系统（Pronto system），客户可使用家中的电话、电视机、微机等申请加入该系统，可以为客户提供即时转账、联机查询、支票稽查、辅助预算等功能。这种以自助银行等形式受理基础金融业务的方式，标志着商业银行进入电子化服务的新纪元[①]。

除此之外，国外银行还借助数据库技术、数据仓库等，在向客户提供传统金融服务的同时，提供如个性化投资咨询、代客理财、辅助决策等服务。1986年，花旗银行收购了 Quotron 系统并进行了技术升级，向全世界提供金融信息服务，开启了银行信息服务的新纪元。

（2）银行互联网化阶段。

该阶段的时间跨度从 20 世纪 90 年代初至今，信息技术特别是数据库技术、应用软件的集成应用，对传统银行业务进行了深入的改造，大大提高了银行业务的决策水平，降低了决策成本。同时，互联网技术的出现，助推了银行服务与产品创新，出现了网络银行、在线支付等新型产品和服务。

进入 20 世纪 90 年代，互联网技术应用显示了巨大的发展潜力。由于美国相关法律的限制，银行跨州设立分支机构开展业务受到了很大的限制，而网络银行服务的跨区域性使其能自然突破这种法律局限，从而被多数银行家利用作为突破管制的手段。然而，由于安全技术所限，最初银行网站主要是建立静态页面进行业务广告宣传，实质性的银行业务无法开展。

1994 年导航（NAVIGATOR）浏览器和 RAS 加密算法的问世，网络安全通信问题得到有效的解决。1995 年 10 月，第一家网上银行——安全第一网络银行（SFNB）在美国诞生。随后，花旗、美洲、大通、德意志、加拿大皇家、ING、汇丰、巴克莱和樱花等纷纷成立了网上银行。1996 年由网景公司提出的安全套接层协议（SSL 协议），1997 年由万事达（Master Card）、维萨（Visa）联合网景、微软等公司推出的安全电子交易协议（5ET 协议）的形成，为网络银行的建立和发展奠定了坚实的基础。

1998 年，加拿大皇家银行以 2000 万美元收购安全第一网络银行除技术部门以外的所有业务，进入美国金融零售市场。美国的富国银行（Wells Fargo Bank）被认为是美国网络银行业务最成熟的代表。富国银行于 1994 年建立银行网站，1995 年起开展网银业务，1996 年实现了用户不同账目间转账、线上信用卡账单等功能，并于 1998 年正式开始网络贷款申请业务。目前，富国银行"企业通"

---

① 万建华. 金融 e 时代：数字化时代的金融变局. 中信出版社，2003, p.135.

小微企业贷款申请，只需通过柜台、网络、直接邮寄、电话等方式申请，2/3 的申请可实现电脑自动化审核、批复，业务效率已达到很高水平①。

网银服务成为国外各银行服务客户、提高竞争优势的重要手段，借助互联网不断创新业务。2000 年发达国家网上银行服务的业务量将占到传统银行业务总量的 10%～12%。其中，美国家庭使用网上银行服务的普及率达到 16%，其利润占银行总利润的比例将提高到 30%②。2002 年，美国富国银行率先利用即时通信服务为客户提供在线咨询服务。此后，花旗、大通、美洲等银行也纷纷推出此项服务。2007 年，花旗银行在美国推出互联网活期存款业务，以较高的存款利率成本 4.75% 吸收存款，相当于多开设了 150 多家分支机构。

2. 国外证券业的金融互联网进程

国外证券业的信息化起始于 20 世纪 70 年代初的美国，基本也经历了证券业互联网前的证券业电子化建设、证券业电子化业务受理的阶段和证券业互联网阶段。通过信息化建设，实现了信息发布、指令传递、指令执行和交易等阶段的电子化。标志性事件是，1971 年 2 月，全美证券协会自动报价系统（NASDAQ）的正式启用；1995 年 8 月，摩根士丹利添惠控股的 DBD（Discover Brokerage Direct）公司开始提供网上经纪业务，标志着证券业进入金融互联网时代③。

(1) 证券信息化阶段。

证券互联网前阶段即证券信息化阶段起始于 20 世纪 70 年代。20 世纪 60 年代时，美国证券业的行情信息发布主要依靠纸质印刷品传递。为了规范证券柜台交易市场，1963 年美国证监会建议纳斯达克市场采用计算机技术和远程通信技术，以提高柜台交易市场报价信息的及时性和准确性。全美证券协会自动报价系统（NASDAQ）于 1971 年启用。1976 年，纽约证券交易所建立统一数据汇总系统（the Consolidated Tape System, CTS），用于记录发生交易时所有市场参与者的市场价格。1978 年，跨市场交易系统（Intermarket Trading System, ITS）建立，该系统汇总了全美所有交易所最优买卖价格并在市场上发布，使得交易所可以完成竞争报价，至此，证券业的信息发布实现了信息化。

证券交易指令也经历了信息化的进程。在指令自动化交易前，通常证券交易是通过电话来传输指令的，1969 年太平洋股票交易所率先采用指令的自动传

---

① 辛本胜，张兴荣. 从社区银行到全球金融巨擘——解读美国富国银行本土市场"蝶变"之道. 国际金融，2012 (12).
② 谢康. 中国加入 WTO 对网上银行的挑战与对策研究. 金融研究，2001 (5).
③ 徐志坚. 网络证券. 贵州人民出版社，2000, p.147.

递和执行系统。此后,各交易所纷纷采用了自动传递系统,其中最具代表性的是纽约股票交易所的指定指令转发系统(Designed Order Turnaround System)。

可以说,证券业互联网前阶段信息化的重点在于证券交易市场的场内交易系统,通过自动化的报价、指令、交割等系统,大大提高了证券交易的效率。然而,进入互联网时代,场外交易进入了快速发展时期。

(2) 证券互联网化阶段。

自从1995年8月,摩根士丹利添惠控股的DBD正式开始网络证券业务以来,网络证券业务开始进入快速成长期。1994年,美国证券的网上交易者不到10万人,然而从1995年始,以每季度30%~35%的速度增长,到1999年网上证券交易的账户已超过1200万个[1]。美国最大的互联网券商嘉信(Charles Schwab)公司是网络证券交易的典型代表,自从1996年推出网上交易时,市场目标为每年2.5万个客户。1997年底,网上用户爆炸性的增长至120万个,至1998年底,嘉信的网上客户数已增至550万个,占其全部客户数的近60%。

3. 国外保险业的金融互联网进程

国外保险业的信息化阶段始于20世纪60年代。美国Phoenix互助人寿公司开发了一套信息系统,以计算机处理代替了传统纸质的保险业务流程[2]。随后,发达国家保险公司开始建立本公司的联机网络,并在公司业务环节采用数据仓库技术、CRM系统,使保险公司经营管理的决策更加高效。

随着互联网技术的普及,进入了保险互联网化阶段。1995年,美国InsWEB公司开始通过互联网开展业务,是最早开展网络保险业务的公司之一。此后,GEICO,Progressive,State Farm等纷纷开展网络保险业务。例如,美国加利福尼亚州的一家网络保险服务公司——InsWEB,由于提供28家保险商的费率咨询,用户从1997年的66万个迅速增加到了2003年年底的300万个[3]。通过互联网开展保险业务,保险公司的运营成本大幅度降低,降低了进入保险领域的业务门槛,扩大了业务群体和投保人选择和购买保险的主动性。

4. 国外金融互联网进程中的关键技术及其应用

计算机和互联网技术的应用为金融行业的信息化和互联网化提供了有力的支撑,对服务方式的改变以及智能决策支持方面做出了极大的贡献,如表1-1所示。而国内外的金融机构均出现了类似的发展阶段,只是时间点的不同。

---

[1] 徐志坚. 网络证券. 贵州人民出版社,2000,p.159.
[2] 夏侯建兵. 中国保险业信息化向知识化发展研究. 厦门大学博士学位论文,2008,p.37.
[3] 盛岚. 保险走近网上营销 电子商务将成第四驾马车. 新京报,2004-12-18.

表1-1　　　　技术创新在金融互联网进程中的作用

行业		创新内容	关键技术	解决的问题	重要事件
金融信息化阶段	银行	电子化记账	电子、晶体管计算机的引入	人工记账和会计核算等的计算机辅助化处理	1955年美国的美洲银行安装了IBM702型电子计算机，随后又于1958年安装了GE-100型晶体管计算机
		电子转账	电子转账系统	银行间资金转账和支付清算	1970年纽约票据清算所的银行间资金调拨系统（CHIPS）的建立 1976年联邦储备银行自动清算系统（FedWire）的全面应用
		电子化指令处理	联机系统	通过联机方式实现了客户业务需求的电子指令方式处理	1964年IBM公司开发360系统
		银行业务电子化受理	ATM机，POS机，家庭银行等	实现了客户业务的自助化处理	1977年，花旗卡银行中心（Citicard Banking Center）成立，率先利用花旗卡与自动柜员机（ATM）进行服务
	证券	指令自动传递	网络技术	指令的自动传递和执行	1969年太平洋股票交易所率先采用指令的自动传递和执行系统
		电子报价	计算机及远程网络技术	报价的信息化、自动化	1971年，全美证券协会自动报价系统（NASDAQ）启用
	保险	无纸化业务操作	计算机系统	传统纸质的保险流程计算机辅助处理	起始于20世纪60年代，美国Phoenix互助人寿公司开发了一套信息系统
		智能决策	数据仓库技术、CRM系统	提高保险公司决策的信息化	CRM等系统的广泛应用

续表

行业		创新内容	关键技术	解决的问题	重要事件
金融互联网阶段	银行	业务宣传	网页技术	实现了银行业务信息的网络化传递	1995年10月，第一家网上银行——安全第一网络银行在美国诞生
		网络转账、贷款	安全通信技术	资金的安全转移和银行业务处理	1996年安全套接层协议（SSL协议）推出 1997年安全电子交易协议（5ET协议）诞生
	证券	网络证券业务开展	网上业务处理系统	实现了证券的网上操作	1995年8月，摩根士丹利添惠控股的DBD正式开始网络证券
	保险	保险业务的网上受理	网络技术	实现在线保险销售、受理	1995年，美国InsWEB公司开始通过互联网开展业务，是最早开展网络保险业务

二、我国金融互联网的主要发展阶段

我国的金融互联网化基本经历了与国外相似的阶段，银行、证券、保险等都通过信息化建设实现了电子化建设，随着新技术的发展逐步实现了业务的电子化受理，并最终依托互联网技术实现了金融业务的互联网化。

1. 我国银行业的金融互联网进程

我国银行业信息化阶段起始于20世纪50年代末，经历了70年代初至90年代中期的银行电子化建设和银行电子化业务受理阶段。经过近20年的发展，我国银行业基本实现了银行内部的电子化建设，银行的储蓄、对公等业务以计算机处理代替手工操作；90年代中期通过银行间的联网实现了业务的互联互通。20世纪90年代后期以来，随着互联网在银行业的应用，我国银行业进入互联网时代。

（1）银行信息化阶段。

我国的银行信息化阶段基本也经历了电子化建设阶段和电子化业务受理阶段。相对于国外电子化业务受理阶段，我国一直到20世纪90年代金卡工程推出之前，ATM 机、POS 机、电话银行等自助化终端发展相对缓慢，所以我国的电子化业务受理阶段相对不明显。

1955 年，中国人民银行总行从苏联引进了 20 多台穿孔打字机和部分联合运算机组成的电子管式电子计算机①，开始了我国银行业的电子化建设。1974 年，引进了法国的 60/61 电子计算机，该计算机配备有两台磁盘驱动器，有较好的操作系统并使用 COBOL 等高级语言编程且具有文件管理系统。为解决联行业务处理问题，1978 年，中国人民银行总行从日本引进了 M150 系列机，并自主开发了一套联行业务处理系统，为以后我国银行信息化建设奠定了良好的基础。

改革开放之后，各大银行纷纷加速电子化建设进程。中国工商银行于 1984 年引进了大型计算机 IBM-4381 型机，用于储蓄业务、对公业务处理。中国建设银行从 1985 年开始推进柜台业务电算化，在各营业网点初步实现了计算机操作。中国农业银行于 1984 年提出"以微机开路，应用先行"的系统实施方针，目的是建立覆盖全国的总行、分行、中心支行、县支行四级组成的微机远程数据通信网。但在各个银行开展电子化建设的过程中，也存在着缺乏统一的发展规划和标准规范等问题，各金融机构多从自身的需求出发开展了电子化建设，为后期我国金融业的网络化和标准化留下了一定的障碍。

"八五"期间，"金卡工程"、"金桥工程"、"金信工程"等全国化、系统化的电子金融工程，极大地改善了全国的金融环境。2002 年 3 月，中国银联成立，采用先进的信息技术与现代公司经营机制，建立和运营全国银行卡跨行信息交换网络，实现商业银行系统间的互联互通和资源共享，银联网络遍布中国城乡，并已延伸至亚洲、欧洲、美洲、大洋洲和非洲等境外 140 多个国家和地区，保证银行卡跨行、跨地区和跨境的使用。中国银联见证了国内金融行业和信息技术产业融合演进，极大地推进了我国金融行业电子化建设。

（2）银行互联网化阶段。

随着互联网于 1995 年接入我国，1997 年，招商银行率先在国内推出"一网通"品牌，占据了国内网上银行的头把交椅；1998 年，中国银行完成了国内第一笔网上支付业务。自此，国内各大银行纷纷将网上业务作为重要发展方向。

---

① 徐乔根，徐晓华. 银行计算机系统的组织与操作. 电子工业出版社，1992，p.106.

2. 我国证券业的金融互联网进程

1986年9月26日,新中国的第一股——上海飞乐音响股份有限公司,在南京西路1806号中国工商银行上海静安信托业务部正式挂牌买卖。飞乐公司的股票采取纸质发行,并作为礼物由邓小平送给了时任美国纽约证券交易所主席约翰·范尔霖,新中国股票交易历史开启。

(1) 证券业信息化阶段。

1990年12月和1991年7月上海证券交易所与深圳证券交易所先后成立,中国股票市场由场外分散交易进入场内集中交易。

在交易模式上,沪深两市成立之初就实现了电脑自动输入和自动撮合。1996年9月,为适合沪市全国化交易的开展,上海证交所对交易方式进行了调整,逐步走向以无形交易为主的模式。在深交所成立之初,交易所即不设交易大厅,会员营业厅的计算机终端即通过卫星或地面光纤与交易所的撮合主机相连,投资者可通过场外营业部的计算机终端迅速完成买卖委托。1992年5月,深圳同城证券电脑联网系统开通;1995年8月,深交所完成了内在撮合系统的开发,实现了逐笔撮合规则,1996年升级后,日综合处理能力提高了近2倍。

1990年12月5日,仿效美国NASDAQ形式的中国证券交易自动报价系统开通,1993年4月28日,全国电子交易系统(简称NET)正式上线。这两个系统是我国证券业金融电子化建设的集中体现,但此后,该两个自动交易系统交易极不活跃,于1999年9月9日被中国证监会关停。

(2) 证券业互联网化阶段。

我国最早的网上交易是闽发证券和中国华融信托投资公司于1997年推出的网上交易系统。其中,闽发证券深圳营业部在4个月内的网上交易开户数达到1000多人,而中国华融信托投资公司湛江营业部1998年末的网上交易开户数达到7000多户,网上交易占该营业部交易的20%。此后,君安证券、华泰证券、国通证券等公司相继推出网上交易。但是,由于各种客观条件,如电脑和网络的普及率、人们的观念、法律法规等,网上交易没有获得很大的发展。

为了规范我国网上证券交易的发展,2000年3月,《网上证券委托管理办法》出台。首批核准23家证券公司开展网上证券业务,大大激发证券经营机构开展网上交易的热情。中国银河证券是国内开展网上证券交易业务较早的公司之一,2002年5月,全公司177家营业部全部开通了网上证券交易;2004年先后推出了"海王星"、"双子星"、"天王星"三套具有不同特点的网上证券交易系统。

随着移动互联网的应用发展,我国网上证券交易进一步延伸到手机终端,成为我国股民了解证券咨询、进行证券交易的重要渠道。2007年,国泰君安证券公司开通"易阳指"手机理财服务,将股票交易渠道扩大到手机上,并且为帮助股民更快捷上网,国泰君安还同时启用"易阳指"无线网址,使股民的随时随地交易变得更加随心应手。监管部门一直支持证券公司利用互联网技术开展证券业务,如网上开户、网上委托、网上交易、手机移动证券、网上销售金融产品等。

3. 我国保险业的金融互联网进程

1958年停办国内保险业务之后,直到1980年才恢复。国内保险业恢复之后,我国保险业的发展与信息化同步进行,基本经历了信息化阶段和互联网阶段。

(1) 我国保险业信息化阶段。

1985年,中国人民保险公司下属的一些分公司开始将处理复杂的长期险业务输入到电脑中,可以看做是中国保险业信息化的起步,也是中国保险业电子化阶段的开始[1]。20世纪90年代中期开始,各保险公司加快了软件升级换代和信息系统整合中国保险业信息化向知识化发展研究的步伐,纷纷建立公司内部的局域网,对业务数据进行集中处理。

2001年5月1日,泰康人寿寿险个人业务处理软件系统Life/Asia系统正式上线,率先在中国保险业实现了数据和业务处理的全国大集中。2002年7月,泰康人寿率先引进了IBM公司的DB2数据集成工具,有效整合了个险、团险、银行保险及财务系统的数据,建立了统一的客户视图和统一客户号,提升了信息管理水平。2004年,中国人民保险公司启动了全国财务系统、收付费系统的升级改造,中国人寿股份公司开展了核心业务系统的改造工作,太平洋保险集团公司建立了新的财务系统并投入试运行。

通过信息化建设,我国大多数保险公司基本实现了业务、财务数据处理的全国集中,部分公司完成了业务数据的省级集中或实现了省级业务处理的集中。2006年12月22日,中国保监会正式发布了《中国保险业发展"十一五"规划信息化重点专项规划》,这是我国保险业第一个关于信息化建设的专项规划,勾画出了中国保险业未来信息化发展的蓝图。

---

[1] 夏侯建兵. 中国保险业信息化向知识化发展研究. 厦门大学博士学位论文, 2008, p.74.

(2) 我国保险业互联网化阶段。

1997年，中国保险学会和北京维信投资顾问有限公司共同发起成立了我国第一家保险网站——中国保险信息网（China-insuranee.com），同年11月28日，中国保险信息网为新华人寿公司促成了第一份网上保险单，标志着我国保险业迈入互联网化阶段。2000年开始，国内各大保险纷纷建立自己的门户网站，保险网站风起云涌。虽然各保险公司都推出了自己的网站，主要内容却大都局限于介绍产品、介绍公司的背景，并与客户进行网上交流，宣传自己，用于扩大影响。

网上保险并不是简单地将传统保险产品嫁接到网上，而是要根据上网保险人群的需求以及在线的特点设计产品结构。随着外资保险公司涌入中国，国内保险公司在互联网上加大投入，利用自身的经验和优势大力发展网上营销。2001年3月，中国太平洋保险北京分公司与朗络开始合作，推出了30余个险种，开始了真正意义上的保险网上营销。2005年4月1日，中国人保财险正式推出电子保单，并为网上投保的客户颁发了国内第一张电子保单。

国内的保险公司纷纷将网络销售作为业务发展的重要新兴渠道，通过互联网开展品牌宣传、在线销售、服务支持等。随着互联网时代的到来，多级的代理机构、经纪人、网络正成为保险市场上的赢家，消费者更倾向于使用这些网络和渠道购买保险产品。自从2010年以来，国内知名保险公司中国人寿、中国平安等纷纷进驻在国内知名电子商务平台天猫商城，开设了品牌直销店，通过电商平台进行保险直销，大大促进了我国网络保险的发展。到2011年，我国网络保险保费收入142.67亿元，其中保险公司官方网站直销实现保费收入134.12亿元。

第二节　互联网金融：金融领域的第三次科技革命

金融互联网本质上是网络信息技术在金融领域的运用，技术进步提高了金融行业的效率，将金融服务的边界扩展到无限的互联网空间。互联网在渠道、工具和模式上给金融业带来了深刻变化，互联网金融则从更高的层面，将互联网精神、互联网技术和金融功能进行结合，创新了金融的商业模式、组织体系、金融产品和服务体系，互联网巨头们用自己的方式掀起了金融领域的"第三次科技革命"。

一、互联网精神及对经济社会的影响

"开放、平等、协作、分享、创新"的互联网精神,是互联网经济能否发展的命脉和原动力。互联网金融是互联网精神在金融领域的运用,是互联网金融区别于传统金融的关键,探索互联网金融起源必须理解互联网精神。

1. 互联网精神解析

通过回顾互联网产生和发展的历史,能比较清晰地看到互联网精神的发展脉络。全球互联网的前身是国防部高级研究规划署(Advanced Research Projects Agency,ARPA)支持的一个项目,即始建于1968年由阿帕主持研制的阿帕网①。最初的雏形是在 ARPA 制定的协定下连接起来的美国西南部的大学加利福尼亚大学洛杉矶分校(UCLA)、斯坦福大学研究学院、加利福尼亚大学和犹他州大学的4台主要的计算机。这个网络逐渐演变成了现在的计算机网络。

美国军方设计 ARPA 网的最初目的是要研制一种崭新的、能够适应现代战争的、生存性很强的网络,对付来自苏联的核进攻威胁。为冷战需要,冷战时期军事智囊团兰德公司提出了有关阿帕网的最初设想:要建立一个分布式冗余的计算机网络,使所有的消息拆分为一个个分组并可以通过协议发送,即便出现核战争,也总是可以找到最保险的信息通道,将命令等信息的发送地和目的地连接起来,当一个指挥中心被破坏掉后,其他指挥中心仍能存在②。ARPA 网的设计思想最后成了互联网精神的源头,对经济社会产生了深刻的影响。

第一,开放精神。只要遵从阿帕网的协议,即可连入到网络中,并参与网络的信息传输和互动,并成为一个新的节点,即不会拒绝任何人加入网络,而且突破了时间和地域限制。互联网的开放精神不仅仅体现在物理时空的开放,更体现在作为人们思维交流空间的开放交流平台。

第二,平等精神。ARPA 采取了"无头"分配的网络进入模式,通过去中心化实现了网络各节点间的平等。在这个模式里,传播总是在信源和目的地之间进行③,当某一中心被破坏后,信息仍然可以在剩余的节点传播。这样,网络中的所有节点只是作为一个节点存在,是平等的,这也就是互联网平等精神的体现。互联网的水平存在方式决定了网络是一个平等的世界,在网络组织中

---

① 殷晓蓉. 阿帕对于因特网的贡献及其内在意义. 现代传播,2002(1).
② 张文俊编著. 当代传媒新技术. 复旦大学出版社,1998,p.91.
③ [美]罗杰·菲德勒著,明安香译. 媒介形态变化. 华夏出版社,2000,p.201.

成员之间只能彼此平等相待,在网络里没人知道你是一条狗①。

第三,协作精神。ARPA 网的设计者,通过协议连接各指挥中心重要的目的就是协调、协同指挥,以便多个中心在去中心化的情况下,能统一指挥。随着互联网的发展,实时互动和异步传输技术的发展,以往广播电视时代、电报电话时代传播者和接受者的关系被彻底改变了。在互联网时代,每个人都是互联网中的一个神经元,任何网络用户既是信息的接收者,同时也可以成为信息的传播者,在线信息交流和实时互动是互联网时代沟通的基本特征。

第四,分享精神。ARPA 网最初目的是连接各个作战指挥中心,分享情报信息,发送指令。互联网产生的早期,主要目的就是方便美国高校和研究机构的科学家们分享研究资料。纵观互联网发展的历史,分享精神是互联网发展的原动力,许多重大创新事件都是由分享精神驱动的。诸如 Youtube 的出现就是源于美国的几个学生无法通过 E-mail 分享照片,于是才决定要建立一个视频分享网站;而 Yahoo 创立的初衷是为了满足杨致远和他的朋友们看球赛的需要。

第五,创新精神。创新是互联网的精髓、灵魂与精神,也是推动互联网高速增长的核心动力。互联网创新是一种开放式的创新,互联网创新来源于对需求的精准把握,来源于企业具有创新精神,来源于互联网的草根文化,来源于对互联网规律的深刻认识。互联网创新是一种渐进的创新,不是把原来的东西推倒重来,而是在原有的基础上创造新东西,丰富互联网服务,创造更多价值。价值创新是互联网创新的灵魂,是互联网创新的本质。只有不断为客户、产业链合作伙伴、社会创造价值,互联网企业才有立足之本,平台建设才有坚实的基础。②

2. 互联网思维的经济学解释

2011 年小米手机创始人雷军高调地将其成功归于互联网思维。雷军认为,互联网不是一种工具,而是一种观念,包括四个重要因素:快,极致,专注和口碑。小米从产品开发、用户互动、商业模式到生态链建设各个层面贯彻了互联网的思维模式:使用电商方式降低消费者的进入成本,让更多的人能拥有终端,再通过顶级配置、较好的移动互联网应用和服务留住用户,形成口碑。之前,雷军投资的凡客用互联网的模式颠覆了传统服装行业。小米之后,各方人

---

① Fleishman, Glenn. Cartoon Captures Spirit of the Internet. *The New York Times*, 2000 - 12 - 14.
② 胡世良. 移动互联网崇尚创新精神. 人民邮电报, 2011 - 6 - 28.

士都对互联网思维产生了浓厚兴趣，希望能够用它来改造其他行业。

围绕"互联网思维"出现了马云和王健林、董明珠和雷军的"天价赌约"。但是，互联网思维目前尚无统一界定。滕斌圣认为，互联网思维不是简单意义上的网络营销、线上销售、免费低价、以快制慢，而是一个系统思维，是多要素间的匹配、生态圈的打造①。周鸿祎则认为，互联网思维至少包括互联网经济四方面的特征，即用户至上、体验为王、免费的商业模式和颠覆式创新②。徐高认为，互联网思维是互联网技术降低了生产成本、让客户群体极大扩张之后，因庞大客户基数的特性而出现的商业模式。其核心内涵是平民为王、用户体验至上、规模制胜。③赵大伟认为，互联网思维是在（移动）互联网、大数据、云计算等科技不断发展的背景下，对市场、用户、产品、企业价值链乃至整个商业生态进行重新审视的思考方式，包括用户思维、简约思维、极致思维、迭代思维、流量思维、社会化思维、大数据思维、平台思维、跨界思维九大思维二十条法则④。

我们认为，互联网思维是一种系统性的商业思维和商业模式，是运用互联网、大数据、云计算等技术手段，充分体现"开放、平等、协作、分享、创新"的互联网精神，数据驱动运营，基础功能免费，用户体验至上，快速迭代，对用户、产品、生产、营销，以及整个产业价值链和商业生态系统的重新定位与塑造。可以说，互联网思维是互联网精神和互联网经济特征的集中体现和运用，是互联网技术应用到商业后对传统商业模式和理念的一种颠覆。互联网金融的发展是互联网精神在金融领域的集中体现，也是互联网思维在这一领域的典型应用。

（1）边际成本不变是开发"长尾"的关键因素。

长尾（The Long Tail）用来描述诸如亚马逊之类网站的商业和经济模式。基本释义是，对于一般产品市场，只要产品的存储和流通的渠道足够大，需求不旺或销量不佳的产品所共同占据的市场份额可以和那些少数热销产品所占据的市场份额相匹敌甚至更大，即众多小市场汇聚成可产生与主流相匹敌的市场能量。

如图1-2所示，在传统经济条件下，边际成本随产量的扩大而递增，P_1

---

① 滕斌圣. 互联网思维不是什么. 商界评论, 2014 (2).
② 周鸿祎. 互联网思维不是万能药. 第一财经日报, 2014-2-12.
③ 徐高. "互联网思维"的经济学逻辑. 华尔街日报（中文版），2014-4-11.
④ 赵大伟主编. 互联网思维独孤九剑. 机械工业出版社, 2014.

是均衡的市场价格，在该价格条件下，生产愿意供应的产品数量为 Q_1。然而，互联网的出现改变了这一定律，由于互联网传递信息的零成本，大大改变了那些与信息紧密相关联的产业，如广告、出版、金融等的商业模式和生产格局。

在互联网平台上，信息传递成本的大大降低，使额外提供产品和服务的边际成本增加几乎为零。在互联网条件下，由于边际成本下降，使得产品或服务的提供商在不增加生成成本的条件下，提供更多数量产品或服务成为可能，此时，原有的供给曲线向右下方平移并倾斜，供给曲线 S_2 与需求曲线 D 相交于长尾区域，形成的均衡市场价格 P_2 远低于 P_1，与此的均衡数量 Q_2 远大于 Q_1。

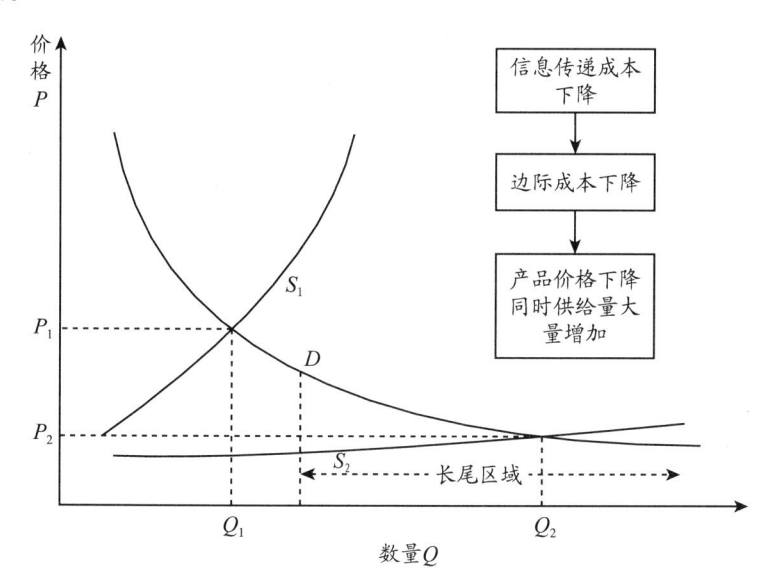

图1-2 边际成本递增与边际成本下降条件下供给需求曲线

长尾市场代表着巨大尚待开发的市场需求。长尾区域位于需求曲线右侧的狭长区域，该区域的典型特征是需求众多，然后愿意支付的产品价格却较低，对于传统商家来说，该区域是正常价格条件下无利可图的。长尾市场需求是传统"二八定律"① 所忽略的区域，开发这一市场需要在保证产品或服务质量的同时不断降低生产成本，这在传统条件下是无法实现的。在长尾区域，"得屌

---

① 传统营销理论中的"80/20法则"认为，80%的收益来自20%的客户，因此需要把更多精力放在这20%的重点客户上。

丝者得天下",平民为王;厂商必须通过极致的客户体验来争夺客户,用户体验至上;远尾处还是一个赢家通吃的战场,谁先累积起了最多的用户数量,谁就能赢得胜利。

(2) "马太效应"是互联网思维的重要体现。

马太效应(Matthew Effect)是广泛存在于社会心理学、教育、金融以及科学等众多领域的自然法则,基本释义是强者愈强、弱者愈弱的现象。马太效应可由"棘轮效应"和"赢家通吃"共同构成,都是正反馈结构的社会机制。在该机制下,已有积累优势会转换成资源实现增值过程实现棘轮效应,竞争劣势者的利益份额被竞争优胜者侵吞实现赢家通吃[1]。

由于互联网平台的开放性、网络口碑等效应,使互联网行业初始进入者很容易积累优势并迅速占领市场、市场的后进入者较难超越,马太效应在互联网行业尤为突出。搜索引擎、网络购物、即时通信、网络安全软件等垂直互联网行业,无论是在位竞争者还是后入的竞争者,都必须非常重视市场中的"长尾"部分,只有这样,才能最大化地运用马太效应赢得竞争优势。

在中国C2C网购领域的竞争态势显示,淘宝的免费模式着眼于易趣收费门槛以外的长尾市场,赢得客户并实现了马太效应的正反馈循环,至2006年2月,阿里巴巴旗下的淘宝网以72.2%的绝对优势成为国内C2C市场的老大;而曾经是中国第一家C2C网站的eBay易趣失去6成市场份额,只剩下26.7%[2]。

由此可以看出,互联网行业的竞争唯有用户第一、服务至上,重视长尾,才能在该市场中利用马太效应实现正反馈积累。反之,如果市场的竞争者忽视用户体验、无法提供更优质的服务,对长尾默视,马太效应将会进入负反馈循环,竞争优势将以加速度的方式消失。

(3) 运用互联网思维因地制宜微创新。

能够成功运用互联网思维的行业,一定是那些可以用互联网技术将客户群体从近尾推至远尾的行业。这样的行业需要满足两个标准:第一,从需求方来看,行业的潜在客户群体要足够大;第二,从供给方来看,行业应该可以利用互联网技术大幅降低产品或服务的边际成本。能同时满足这两个要求的行业应该是直接面向广大消费者的消费品(服务)提供行业,零售、电器、电子、

---

[1] 楼慧心. 马太效应与大科技研究. 自然辩证法研究, 2003 (7).
[2] 中国社科院互联网研究发展中心. 2005年中国电子商务市场调查报告. 2006 (2).

传媒、金融等行业都包含在内。至于投资品制造（如钢铁、水泥）、房地产、奢侈品等行业，则因为不能同时满足这两个标准而很难被互联网思维所改造。①

必须承认的是，中国互联网这20年的商业路径就是：C2C（Copy to China），也就是把美国的某种模式搬到中国来。中国互联网企业基本沿着这样一条发展路径：创业伊始以美国某个概念采用美国比较流行的某种模式——吸引风险投资——赴美上市以此概念向美国投资者兜售。这种发展路径的更深层次原因在于：互联网公司需要依靠风险投资驱动，公司最终目标是试图选择美国市场上市。②

中国互联网企业并不是简单地将美国模式复制到中国来，而是必须运用互联网思维，进行所谓的本土化微创新才能生存和发展。例如，腾讯的QQ，开始于对全球即时通信工具鼻祖ICQ的模仿，但QQ后来完全走出了一条与ICQ不同的道路。微博虽然有一张twitter的皮，但具体产品结构上和twitter大不相同。微博的评论机制有着强烈的中国BBS味儿，而twitter基本重点在于retweet（也就是转发）。微信虽然在whatsapp、line（韩国产品）之后，但微信公众账号则是对whatsapp、line的创新，后来还发展出了微信支付、微信电子商务。轰轰烈烈的C2C + Glocalization③之路，正在加速展开。

3. 互联网对经济社会的影响

技术虽然是互联网发展的重要推动力，却不是关键，关键是应用。互联网自出现以来，凭借"开放、平等、协作、分享、创新"的互联网精神，互联网思维不断向新兴和传统行业渗透，推动经济结构的调整升级。主要体现在：一是互联网技术被广泛应用，改变了原有的生产、管理和营销方式，优化了资源配置、业务流程、企业管理；二是互联网与广告、出版、新闻、通信等行业结合，原有行业运作模式得到根本性的改变，是互联网影响最早的行业；三是互联网在物流、商贸流通应用促进了传统服务业向现代服务业转变，推动形成了现代物流、电子商务等新型业态的发展；四是互联网在旅游、餐饮服务等传统领域的应用推动了个性化自助旅游、餐饮在线预订团购等发展。

---

① 徐高. "互联网思维"的经济学逻辑. 华尔街日报（中文版），2014-4-11.
② 魏武挥. 中国互联网20年的C2C之路. 搜狐IT，2014-4-18.
③ Glocalization这个词是近年来的新词，将Global和Localization合并在一起，称为"全球本土化"，意即概念是全球化的，操作是本土化的。

(1) 新闻出版通信领域。

新闻业、出版业、广告业、通信行业中,除了出版业之外,基本是纯信息行业,互联网的出现带来了原有信息传播模式、行业运营模式根本性的改变,如表1-2所示。

表1-2　　　　　　　　互联网在新闻出版通信领域的应用

行业	互联网带来的改变和创新	具体事件或数据
新闻业	1. 自媒体的出现削弱了传统新闻业的话语权,话语权的回归体现了互联网的平等、普世思想 2. 互联网的出现从新闻消息源、介质形态、新闻背景、反馈与民意和社会影响等五个方面深刻地影响了新闻业 3. 新闻业的生产方式从组织化生产转向社会化生产	2013年10月,新闻门户网站日均覆盖人数达3683万人;新闻门户有效浏览时间达7700万小时,新华网均以日均覆盖人数达775万人,网民到达率达3.5%,有效浏览时间达1243万小时,占总有效浏览时间的16.1%,位居第一
出版业	电子书的出现使得未来出版业的发行方式带来了根本性的改变,同时也大大降低了发行成本	2013年10月,垂直文学网站日均覆盖人数1241万人;有效浏览时间达2.2亿小时
广告业	互联网逐渐成为新的广告发布载体,广告动作模式由大规模投放广告时代转变为精准投放时代	2011年,互联网超越报纸成为第二大媒体;2012年,中国网络广告的市场份额达到753.1亿元,保持了46%的高增长
通信业	新兴的在线互动通信模式已经成为当前主流的沟通方式	2013年5月,腾讯QQ的月度用户覆盖数达到4.56亿个,微信用户已于2013年1月突破3亿个;而其他即时通信工具如阿里旺旺、中国移动飞信均保持了较大的用户覆盖数

资料来源:艾瑞咨询:《中国即时通信年度监测及用户行为分析报告2012~2013》;iUserTracker监测:《中国网络广告行业年度监测报告简版2012~2013》。

(2) 制造、流通、物流领域。

制造业、零售业、批发业、物流行业,均是与实体相关的行业,互联网改变了原有产品设计研发、生产控制、市场营销等环节，传统批发、零售、仓储、运输为基础的商业模式转型，催生了新的服务产业，现代物流业即是其中的典型，如表1-3所示。

表1-3　　　　　　　　互联网在制造和流通领域的应用

行业	互联网带来的改变和创新	具体事件或数据
制造业	原有的分工明确、集中式、顺序式，以物质生产、存储为主的物质制造观，转变为了协同、分散、并行，以信息的产生、处理为主的信息制造观，使得原有制造业封闭式生产方式发生根本改变，逐步转向个性定制生产	DELL模式是互联网时代制造业的典范，实现了消灭库存，消灭中间商，平均库存只有5天
流通业	信息不对称大大降低，互联网的出现降低了运营成本，提高了流通效能和生产经营水平；新的零售业态——网上在线销售成爆炸性增长	2013年，网购交易额占社会消费品零售总额的比重将达到7.7%，较2012年提高1.5个百分点；2013年，"双11"网购狂欢节，天猫淘宝完成350亿元/日，京东商城完成35亿元/日
物流业	信息技术包括互联网技术、条码技术、GPS、MIS等的广泛应用，实现了对运输、仓储、包装、装卸等环节信息的收集、集中处理和分析	2013年5月28日，阿里巴巴集团、银泰集团联合复星集团、富春集团、顺丰集团、三通一达（申通、圆通、中通、韵达），以及相关金融机构共同宣布，"中国智能物流骨干网"（简称CSN）项目正式启动，合作各方共同组建的"菜鸟网络科技有限公司"正式成立，对未来电商格局的影响巨大

资料来源：艾瑞咨询，iUserTracker监测；百度百科：菜鸟网络。

(3) 酒店餐饮旅游领域。

酒店行业、餐饮行业、旅游行业，基本是以提供实物商品的服务性行业，整体上来说，用户通过互联网的信息和体验分享极大地提升了行业的服务意识和水平。此外，消费者的议价能力、选择权、主动性也大大提高，如表1-4所示。

表1-4　　　　　　　　　互联网在酒店旅游领域的应用

行业	互联网带来的改变和创新	具体事件或数据
酒店业、餐饮业	消费者的互动在线评价会改变过去经营者忽视消费者的局面，同时消费者的选择权也大大增强；团购模式改变了行业的发展格局	截至2013年6月，酒店在线预订用户规模为6690万个，使用比例为50.5%；截至2013年6月，餐饮团购占据5成左右的份额，月度成交额达到13.2亿元。上半年餐饮团购数据总计约71亿元
旅游业	在线互动提供旅游方案选择，使得旅游业向个性化定制模式发展	截至2013年6月，中国在线旅游预订用户规模达到1.33亿个，网民使用率为22.4%。与2012年12月相比，分别增长2089万个，2.6个百分点

资料来源：团800资讯：《2013年6月中国团购市场统计报告》；中国互联网研究中心：《2012~2013中国在线旅游预订行业发展报告》。

综上所述，互联网技术自诞生以来，以其对信息整合、信息传播方式独到优势，对与信息相关的多领域产生了巨大的影响，可以说有些方面的影响是颠覆性的，甚至直接影响到了行业发展的格局，促进了行业的转型。而类似的影响也同样发生在金融领域，金融从核心来讲是信息和信用，而信息正是互联网技术处理的核心内容，那么互联网与金融的结合，无论是形成互联网金融，还是形成金融互联网，必将都会对两个产业和整个经济社会产生深远的影响。

二、互联网金融的起源及发展

互联网金融的起源最早可追溯到1998年第三方支付的出现，而后随着电子商务的发展以及互联网技术的不断进步，逐步出现了P2P（Peer-to-Peer）贷款、众筹贷款（Crowd funding）以及互联网交易平台贷款等新模式内容。国内外互联网金融发展状况及标志性时间，如图1-3所示。

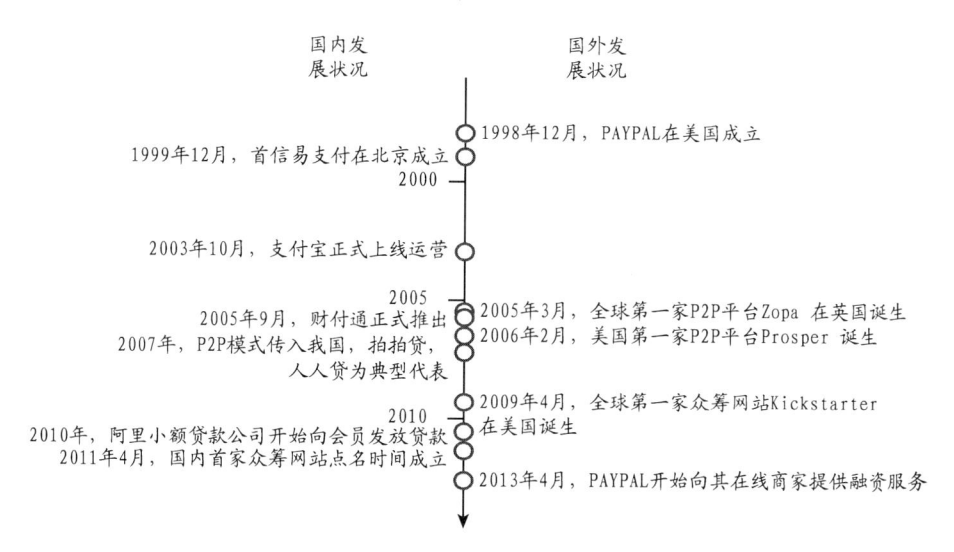

```
        国内发              国外发
        展状况              展状况
                    ○  1998年12月，PAYPAL在美国成立
1999年12月，首信易支付在北京成立
                   2000
2003年10月，支付宝正式上线运营
                   2005
2005年9月，财付通正式推出    2005年3月，全球第一家P2P平台Zopa 在英国诞生
2007年，P2P模式传入我国，拍拍贷，    2006年2月，美国第一家P2P平台Prosper诞生
人人贷为典型代表
                   2010   2009年4月，全球第一家众筹网站Kickstarter
2010年，阿里小额贷款公司开始向会员发放贷款    在美国诞生
2011年4月，国内首家众筹网站点名时间成立
                        2013年4月，PAYPAL开始向其在线商家提供融资服务
```

图1-3 国内外互联网金融发展状况及标志性事件

第三方支付是最早出现的互联网金融，第三方支付借助于通信、计算机和信息安全等技术，实现了金融机构外的支付结算操作。国外最早的第三方支付是1998年12月由Peter Thiel和Max Levchin建立的PayPal（在中国大陆的品牌为贝宝）。PayPal是eBay旗下的一家公司，致力于让个人或企业通过电子邮件，安全、简单、便捷地实现在线付款和收款。然而，PayPal该业务在2011年7月宣布无法继续运营实行了清算。国内的第三方支付工具出现于1999年，见图1-3。随着电子商务的发展，2003年出现的支付宝，依靠阿里巴巴的电子商务平台，逐渐成为国内最大的第三方支付平台。

P2P（Peer to Peer）网贷的原型源于诺贝尔和平奖得主尤努斯博士于1983年创建的格莱珉银行。全球第一家P2P网贷平台Zopa于2005年3月诞生于英国，由理查德·杜瓦、詹姆斯·亚历山大等4位年轻人共同创办。2006年2月，美国的第一家P2P网贷平台Prosper诞生，Prosper开创的很多商业模式被其他人人贷公司采用。美国第一大P2P借贷平台Lending Club公司2007年5月在Facebook试水，4个月后对公众放开得以快速发展。2013年5月完成1.25亿融资后，融资估值达到15.5亿美元，上线了专门的"企业贷款"业务。Lending Club坚持"创造平台，高效连接投资者和借款者"，中间环节更少，使用技术手段让每笔贷款的经营成本更低，相比传统银行有着成本和利率上的优势[①]。P2P 网贷思想于 2006 年传入中国，目前国内发展最具代表性的是拍拍贷、人人贷等平台。2013 年 3 月上线的点融网是 Lending Club 的汉化版，Lending Club 创始人兼技术总裁苏海德（Soul Htite）是联合创始人，他为点融网设计了一套适合中国市场的审核系统。通过消除昂贵的金融中介，P2P 信贷市场的交易成本被大大降低了，使得资金融通脱离了商业银行体系，实现了"金融脱媒"[②]。P2P 平台的成功，让 P2P 金融真正开始在世界范围内获得认可和发展。

众筹来源国外 Crowdfunding 一词，即大众筹资或群众筹资，是一种新颖的面向众多新企业的融资渠道，通过该渠道使那些商业项目、文化或社会工程项目从众多个体处获得融资，通过未来的产品或股权作为回报[③]。众筹模式的创造者是美国的众筹网站 Kickstarter。该网站在 2009 年 4 月一上线就受到了外界的追捧，在美国引起一轮跟风。根据《福布斯》杂志的数据，截至 2013 年第二季度，全球范围内的众筹融资网站已经达到 1500 多家。其中尤以创始者 Kickstarter 最为成功，截至 2012 年底，已累计募集 7.5 亿美元资金。我国的第一家众筹平台点名时间于 2011 年 4 月成立。和传统融资、借钱和捐款的形式不同，点名时间通过"资金支持和获取回报"的形式，让资金需求者获得最直接的帮助。

专栏 1-1 Lending Club 的发展历程

Lending Club，2007 年成立于美国加利福尼亚州旧金山，是首家于美国证券交易委员会以票据注册为证券的 P2P 网贷平台，以点对点借贷模式汇集了符合信用的借款人和精明的投资者，提供更快、更便利的渠道实现借贷和投资以取代高成本和复杂性的银行贷款方式，从而摆脱了银行在借贷中的核心媒介作用。截至 2013 年 11 月，Lending Club 已累计促成 28 亿美元的借贷交易。

---

① [美] Peter Renton 著，第一财经新金融研究中心译. Lending Club 简史：P2P 借贷如何改变金融，你我如何从中受益？. 中国经济出版社，2013，序言.
② Eunkyoung, Lee, and Lee, Byungtae. Herding behavior in online P2P lending: An empirical investigation. Electronic Commerce Research and Applications, 2012, 11 (5): 495-503.
③ Mollick, E. The dynamics of crowdfunding: An exploratory study. Journal of Business Venturing, 2014, 29 (1): 1-16.

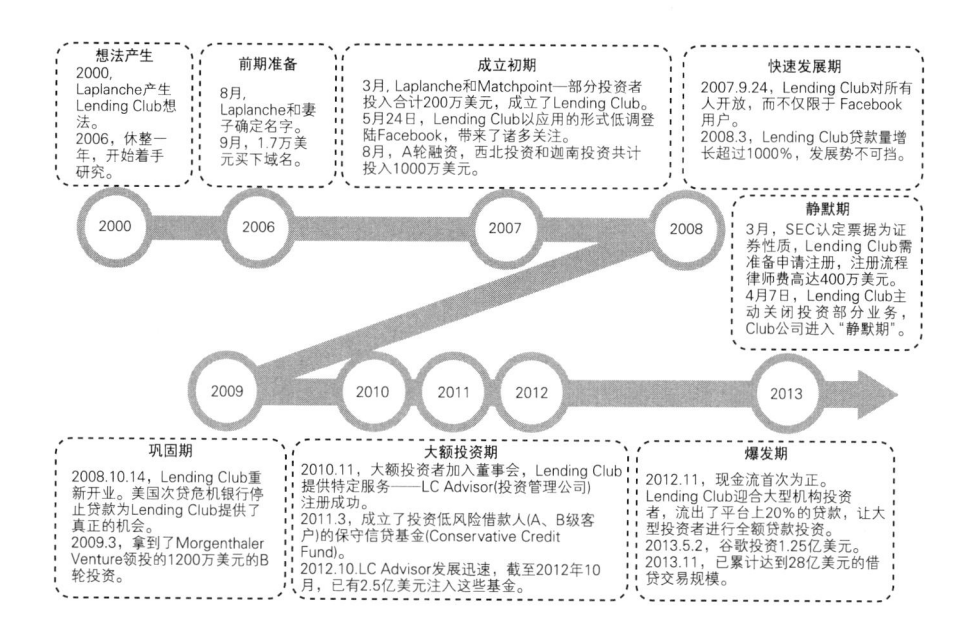

第一章　互联网金融的起源与理论分析框架

想法产生
2000, Laplanche产生 Lending Club 想法。
2006, 休整一年, 开始着手研究。

前期准备
8月, Laplanche和妻子确定名字。
9月, 1.7万美元买下域名。

成立初期
3月, Laplanche和Matchpoint一部分投资者投入合计200万美元, 成立了Lending Club。
5月24日, Lending Club以应用的形式低调登陆Facebook, 带来了诸多关注。
8月, A轮融资, 西北投资和迦南投资共计投入1000万美元。

快速发展期
2007.9.24, Lending Club对所有人开放, 而不仅限于Facebook用户。
2008.3, Lending Club贷款增长超过1000%, 发展势不可挡。

静默期
3月, SEC认定票据为证券性质, Lending Club需准备申请注册, 注册流程律师费高达400万美元。
4月7日, Lending Club主动关闭投资部分业务, Club公司进入"静默期"。

2000 — 2006 — 2007 — 2008

2009 — 2010 — 2011 — 2012 — 2013

巩固期
2008.10.14, Lending Club重新开业。美国次贷危机银行停止贷款为Lending Club提供了真正的机会。
2009.3, 拿到了Morgenthaler Venture领投的1200万美元的B轮投资。

大额投资期
2010.11, 大额投资者加入董事会, Lending Club提供特定服务——LC Advisor(投资管理公司)注册成功。
2011.3, 成立了投资低风险借款人(A、B级客户)的保守信贷基金(Conservative Credit Fund)。
2012.10.LC Advisor发展迅速, 截至2012年10月, 已有2.5亿美元注入这些基金。

爆发期
2012.11, 现金流首次为正。Lending Club迎合大型机构投资者, 流出了平台上20%的贷款, 让大型投资者进行全额贷款投资。
2013.5.2, 谷歌投资1.25亿美元。
2013.11, 已累计达到28亿美元的借贷交易规模。

资料来源: 艾瑞咨询报告. 2014年P2P小额信贷典型模式案例研究报告. 艾瑞网, 2014-1-8.

互联网交易平台贷款是最早出现于2010年的阿里巴巴小额贷款, 阿里小贷以"封闭流程+大数据"的方式开展金融服务, 依据阿里平台的交易系统对贷款人主要是阿里平台的用户进行在线信用评定, 然后发放无抵押的信用贷款及应收账款抵押贷款, 单笔金额在5万元以内, 与银行的信贷形成了非常好的互补。2013年4月, 国际知名支付工具PayPal开始为eBay平台商户提供融资服务, 此前PayPal已经向在线购物者提供借贷服务。

正如2008年12月7日马云在"2008第七届中国企业领袖年会"所言: "如果银行不改变, 我们改变银行。我坚信一点。……3年以后, 这个国家、这个世界将会有更加完善的贷款体系给中小企业。"[①] 互联网颠覆了零售业, 改造着物流业, 开始挑战金融业。互联网金融用实际行动证实了马云的预言。

三、我国互联网金融井喷式发展的动因分析

依托大数据、云计算、社交网络、搜索引擎等信息科技, 凭借用户、渠

---

① 马云. 如果银行不改变 我们就改变银行. 新浪财经, 2008-12-7.

道、流量等独特优势，中国金融业出现了众多"搅局者"，第三方支付、P2P融资、众筹、理财产品销售等互联网金融模式异军突起，互联网企业通过互联网技术对借贷方式、信用评价体系、支付渠道等进行重构，逐渐搭建起了自己的金融版图。

1. 当前我国互联网金融的发展状况

除了阿里巴巴小额贷款，互联网金融的其他模式，如第三方支付、比特币、P2P平台贷款等均来自国外，并在近10年内传入我国，但相对于美国互联网金融的发展来说，我国的互联网金融领域却表现得异常活跃。2013年，我国互联网金融行业产生了井喷式的发展，在支付结算、货币流通、信贷融资、证券基金等多个细分领域呈现了遍地开花的局面。

首先，第三方支付。银联与支付宝暗战升级；2013年7月，新浪、百度获第三方支付牌照，同批外资机构艾登瑞德（中国）有限公司和上海索迪斯万通服务有限公司获得第三方支付牌照。2013年8月，微信5.0版本正式推出微信支付，同时与中国人保财险（PICC）达成合作推出"你敢付，我敢赔"的全额赔付保障。支付宝新版本升级，支持声波支付和二维码扫描支付。

其次，网络借贷平台。截至2012年，我国P2P贷款公司将近300家，同比增长39.3%[①]；2013年，网络借贷平台从500多家飞涨到800多家。早在2012年12月，陆金所、拍拍贷等10家网络信贷服务业企业联合成立的首个"网络信贷服务业企业联盟"，并积极寻求与央行的征信对接。此外，电商系京东、苏宁、百度均已开始布局互联网融资。2013年8月，中关村33家互联网公司发起成立互联网商业协会以推动行业自律，第三方支付、P2P机构、众筹融资等互联网金融企业均参与其中。2013年P2P行业也多了传统银行的竞争者，9月，招商银行低调上线P2P贷款业务，10月，盛大推出开始内测中国梦网项目，正式进军众筹领域。12月3日，由央行领导的中国支付清算协会牵头，在京发起成立了互联网金融专业委员会，10家P2P机构入列。12月18日，上海市网络信贷服务业企业联盟率先发布国内首个《网络借贷行业准入标准》，这也是全国首个地方性P2P行业标准。此外，2013年P2P贷款领域也出现违规经营，重庆5家P2P公司涉嫌非法集资被央行整肃，其中一家公司被注销。

---

① 艾瑞咨询. 2013中国P2P贷款行业研究报告. 艾瑞咨询集团网站，2013 - 10 - 10.

再次,证券基金领域。2013年6月,阿里巴巴的支付宝推出余额宝业务,上线4个多月用户数突破1600万个,累计转入金额突破1300亿元,与支付宝合作的天弘基金也从年年亏损摇身一变成资产规模国内前十。继阿里余额宝首尝基金业务后,10月,百度理财金融中心上线并推出类余额宝业务——百发;腾讯、苏宁等公司也纷纷涉足理财类业务。2013年8月,富国、汇添富、上投摩根、广发、鹏华等超过10家基金公司的直营店在淘宝上线。在保险领域,2013年2月,由阿里巴巴的马云、中国平安的马明哲、腾讯的马化腾联手设立的众安在线财产保险公司,已经获得了保监会的批文进入筹建期。

最后,虚拟货币领域。我国也成为继美国之后第二大比特币活跃国家;10多家淘宝店试水比特币结算。盛大网络集团地产项目"盛大春天里"接受比特币购房。2013年11月,中国最大比特币交易平台——比特币中国（BTC China）获得著名投资机构光速安振中国创业投资和美国光速创业投资的风投500万美元注资。12月5日,央行等五部委联合发布（银发〔2013〕289号）通知,防范比特币风险,消息发布后比特币价格跌幅达35%。

专栏1-2 2013"互联网金融"元年十大热点事件盘点

从银行为主体的"贵族金融"到网络冲击下初步形成的"普惠金融",互联网金融让"理财"等观念及行动开始渗透到普通民众生活,并将深刻改变未来的金融生态环境。

2013年作为"互联网金融"元年,最具影响力的十大事件包括:

1. 12月31日,"余额宝"规模突破1800亿元。

2013年6月13日,支付宝联合天弘基金推出"余额宝"。银河证券统计显示,截至2013年12月31日,余额宝(即天弘增利宝货币基金)的规模已经达到1853.42亿元,成为市场上规模最大的公募基金。天弘增利宝货币基金是规模最大、成长最快的基金,从一家不知名小公司,一跃成为业内"老二",资产管理规模仅次于老王牌公司华夏基金。

2. 10月28日,"百度金融中心-理财"正式上线,互联网巨头百度进军互联网金融。

随即,百度携手华夏基金、嘉实基金等"行业王牌大佬"推出的"百发"、"百赚"系列基金产品,日均开户数、日均销售额均创下年度纪录,以年末"高收益"产品引发新一轮网络理财狂欢。

3. 10月10日，苏宁云商获批基金销售支付结算牌照，加入电商平台金融战。

早在2012年7月，易付宝便获得第三方支付资质牌照，此次"第三方基金销售支付牌照"的获得，让易付宝可接入基金，为基金提供支付服务。据了解，苏宁目前已经与多家基金公司进行接洽，并达成了合作意向，近期就会推出面向个人消费者的余额理财业务；而针对苏宁开放平台的商户及供应商的企业版的基金理财产品也在研发阶段。

4. 8月13日，工信部成立互联网金融工作委员会。

当日下午，由工行、建行、农行等26家金融机构发起的互联网金融工作委员会正式成立。工行、农行、建行、浦发银行、平安银行、国泰君安等系列金融机构都在发起名单内，京东商城、易宝支付、新浪支付、宜信、我爱卡等公司也在其中。

5. 8月9日，中关村互联网金融行业协会诞生。

当日，京东商城、当当网、拉卡拉、用友软件等33家单位发起成立了中关村互联网金融行业协会。这是全国范围内第一家互联网金融的行业组织。为解决互联网金融模式下企业信用管理问题，中关村互联网金融信用信息平台也于当日启动。

6. 8月7日，京东宣布进军互联网金融。

当天，京东宣布进军互联网金融，并透露京东"京保贝"融资业务在4个月后上线，个人融资理财业务将于2014年1月底前上线。直至12月中旬，京东旗下第三方支付公司网银在线获得"基金销售支付结算牌照"。据悉，网银在线已与70多家基金公司进行了合作洽谈。

7. 8月5日，微信上线"微信支付"功能。

当日，微信5.0正式上线，早前外界猜测的"支付功能"、"公众平台分类"等功能得到验证。不仅捆绑了腾讯旗下的电商平台"易购"，也推出了便民的话费支付、电影票支付、水电费支付，以及虚拟货币购买等。

8. 7月6日，新浪获得第三方支付牌照。

当天，新浪旗下北京新浪支付科技有限公司与其他26家公司一起获得牌照。业务范围包括：互联网支付、移动电话支付。新浪称，在拿到支付牌照之后，支付将成为微博的基础功能之一，使新浪全面打通微博电商及O2O的商业闭环。而此后新版微博客户端将推出个人用户的钱包、卡包功能，其中钱包将推出手机充值、水电煤缴费等生活服务类功能，卡包则包含会员卡优惠券的领取及购买功能。

9. P2P 大洗牌。

从 2013 年 8 月起，爆发了 P2P 倒闭潮，2013 年为该行业的"洗牌"年。网贷之家数据显示，2013 年全国主要 90 家 P2P 平台总成交量 490 亿元，平均综合利率为 23.24%；有 74 家平台出现提现困难，其中大部分集中在第四季度。其中 12 月倒闭的平台只有 10 家，倒闭潮已趋于放缓。此前 11 月为 30 家，10 月为 18 家。

10. 建行、农行等成立互联网金融中心，传统银行转型"互联网"金融。

2013 年 6 月，农业银行成立"互联网金融技术创新实验室"，对互联网金融相关的关键性技术领域主动进行前瞻性研究。据悉，具体工作将涵盖创新交流、创新征集、创新梳理、创新宣传、创新试验、创新成果评估与推广、创新奖励以及专利申请等方面。

建设银行在推出善融商务后，2013 年首推"智慧银行"，在过亿网银用户的基础上，与 UC 浏览器、新浪微博、腾讯微信合作，开发"微博客服"、"手机浏览器插件支付"、"微信银行"等，试图打造传统银行的"互联网金融"体系。

资料来源：赛迪网，2014 年 1 月 9 日。

2. 我国互联网金融井喷式发展的原因探析

为对比分析当前中美两国的互联网金融行业的发展状况，探讨当前我国经济社会背景下互联网金融发展的深层次原因，我们可以借助 Lawrence 和 Lorsch[1]，Perrow[2] 和 Thompson[3] 等提出的权变理论。权变理论强调外部环境因素影响的作用，尤其是技术和管理方面的因素，主要用于分析当前我国互联网金融整个行业发展面临的外部宏观层面的因素。整个分析框架如图 1-4 所示，主要包括技术因素、社会文化因素、商业模式以及政策法律因素。

---

[1] Lawrence, P. R., and J. W. Lorsch. *Organization and Environment: Managing Differentiation and Integration*. Division of Research, Graduate School of Business Administration, Harvard University, 1967.

[2] Perrow, C. A framework for the comparative analysis of organizations. *American Sociological Review*, 1967, 32 (2): 194-208.

[3] Thompson, J. *Organizations in Action*. New York, McGraw-Hill, 1967.

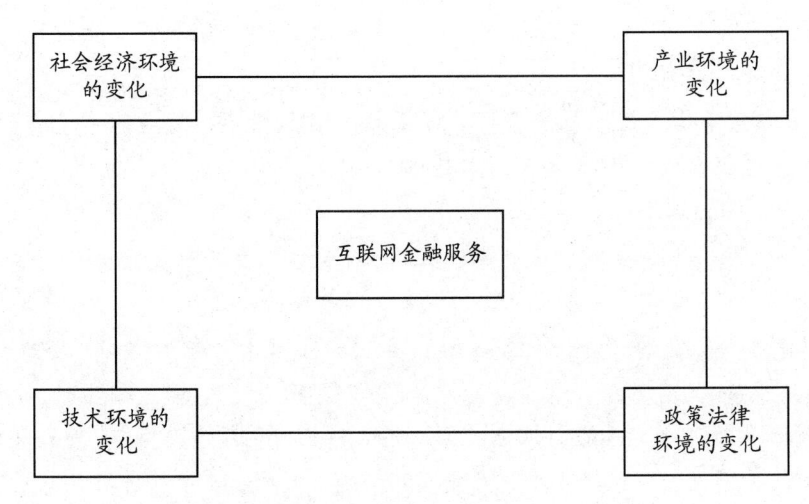

```
┌─────────────┐              ┌─────────────┐
│ 社会经济环境 │              │ 产业环境的  │
│   的变化    │              │    变化     │
└──────┬──────┘              └──────┬──────┘
       │        ┌──────────┐        │
       │        │互联网金融│        │
       │        │   服务   │        │
       │        └──────────┘        │
┌──────┴──────┐              ┌──────┴──────┐
│ 技术环境的  │              │ 政策法律    │
│    变化     │              │ 环境的变化  │
└─────────────┘              └─────────────┘
```

图 1-4 我国互联网金融发展原因的理论分析框架

(1) 社会经济环境的变化。

经济社会人群所面临的经济环境会影响人们的消费习惯、储蓄习惯、生活模式以及对金融理财的需求。研究表明，社会保障制度的引入对私人储蓄会产生替代效应，社会保障支出每增加 1%，大约可以促使储蓄降低 0.56%[1]；有社会保障家庭人均消费要明显高于无社会保障家庭[2]。在美国，自从 1935 年颁布《社会保障法》开始，经过 70 多年的发展和完善，美国社会保障制度已经发展成一个多样化、多层次和全面的体系，各类具体保障项目多达 300 多个，整个美国社会的社会保障体系已相当健全[3]。我国社会保障体系依然处于改革的进程之中，"低水平广泛覆盖"既是中国社会保险制度的一个总体特征，也是改革以来 30 多年间快速推进的一个必然结果，此外，还存在着明显的城乡二元分割格局。

美国由于社会保障体系健全，经济发展稳定，借款消费的观念被新生代美国公民所接受[4]。自 2008 年金融危机以来，美国基本实行低利率政策，美联储加大了对联邦基金利率的降息幅度，设定的利率区间是 0~0.25%。在这种利率政策下，使得本不喜欢储蓄的美国人更加不喜欢储蓄，如此低利率水平也是 1999 年推出货币市场基金业务的 PayPal 无法维持下去的重要原因。我国社会

---

[1] 李宏. 社会保障对居民储蓄影响的理论与实证分析. 经济学家，2010 (6).
[2] 方匡南，章紫艺. 社会保障对城乡家庭消费的影响研究. 统计研究，2013 (3).
[3] 王海燕. 中美社会保障制度比较研究. 中共中央党校博士学位论文，2010, p. 63.
[4] 陈忠. 信用消费论. 中国社会科学院研究生院博士学位论文，2002, p. 45.

保障体系尚不健全，量入为出一直是我国传统的观念，这就造成我国居民偏好于储蓄投资，即国人投资理财方面的需求相对旺盛。同时，我国实行非市场化的相对高利率政策，3个月定期人民币存款利率为2.86%，高利率水平也给支付宝推出的"余额宝"业务开展的碎片化理财提供了基础，这也是为什么余额宝业务推出后受市场热捧的重要原因。

在中小企业融资方面，当前我国中小企业融资机制不健全是互联网融资大发展的重要推动力量。在美国，为解决中小企业融资难问题，美国政府先后制定了《中小企业融资法案》、《机会均等法》、《中小企业投资法》、《中小企业投资经济政策法》、《中小企业投资鼓励法》等法案。此外，美国中小企业融资问题的解决还得益于完善的社会信用体系和充分市场化运作的各类信用评价服务机构[1]。而在我国，以间接融资为主的银行体系无法满足中小企业的融资需求，同时，直接融资作用有限，缺乏多层次的资本市场，相关法规制度也存在诸多缺失[2]。这也正是马云所提出的，中国80%的中小企业没有得到银行的支持，而阿里巴巴小额借款的推出被冠以解决小微企业融资的角色从而备受关注。

（2）产业环境的变化。

美国是世界上最发达的市场经济国家，市场在整个社会的资源配置功能发展完善，美国支柱产业如军事、科技、金融、教育等均衡发展。进入20世纪90年代，美国的产业结构呈现"软化"趋势，美国知识型产业中83%以上集中于金融与保险、信息与通信和企业服务等行业，美国实际国内生产总值增长的70%左右来自第三产业[3]。这样在整个美国的产业发展过程，各主要产业间形成了交叉渗透，充分竞争，相对很难进入对方的领域，这就是当前在美国，主要互联网企业如Google、Amazon、Facebook，没有一家涉猎金融领域的原因。

当前我国的金融行业存在监管过度，金融业整体上表现出明显的垄断特征。以勒纳指数作为衡量指标，我国各省市的金融市场垄断程度具有明显的不平衡性，即在经济发展水平较高的省市金融垄断程度较低，反之则金融垄断程度高[4]。当前金融服务产业发展尚不成熟，特别是在中小企业融资方面、个人

---

[1] 王计昕.美国中小企业融资问题研究.吉林大学博士学位论文，2006，p.77.
[2] 尹杞月.中小企业融资难研究.西南财经大学博士学位论文，2012，p.80.
[3] 袁奇，刘崇仪.美国产业结构变动与服务业的发展.世界经济研究，2007（2）.
[4] 曹源芳.我国各省市金融垄断程度判断——基于金融勒纳指数的分析.财经研究，2009（4）.

理财投资方面尚有较大空间,加之相关金融准入法规不健全(将在法规环境详细说明),大型互联网企业百度、腾讯、阿里巴巴试水金融服务业有了广阔的空间。互联网金融与其是金融创新的结果,不如说是规避垄断和金融行业发展不充分的结果。

随着互联网的发展,规模不断增长的互联网用户群带来了天量规模的潜在金融需求,成为互联网金融发展的最大动力源。新兴信息技术与商务的结合,引领电子商务的快速发展,带来了基于互联网的金融服务需求,催生了互联网支付、第三方支付、跨境支付、移动支付等新的金融服务。在推进金融改革和鼓励金融创新的宏观环境中,以大众金融、自金融为特点的互联网金融需求,成为非金融企业跨界进入金融领域的强大动力,推动互联网金融井喷式发展,规避金融管制,迫使传统金融机构变革,借助互联网满足个性化和碎片化的金融需求[1]。

(3) 技术环境的变化。

大数据、云计算、移动互联网、物联网、搜索引擎等技术的出现,为互联网金融企业挖掘自身的交易积累数据以及搭建平台开展交易匹配提供了技术方面的可能性。"大数据"最早于20世纪80年代在美国提出[2]。2008年9月,《科学》杂志发表文章"Big Data: Science in the Petabyte Era","大数据"这个词开始广泛传播。2012年10月,中国通信学会大数据专家委员会成立,是国内研究大数据应用和发展的学术咨询组织,大大推动了我国大数据的科研与发展。

2006年,Google、Amazon等公司首次提出"云计算"的构想[3]。根据美国国家标准与技术研究院(NIST)的定义,云计算是基于互联网实现的随时随地、按需、便捷地访问共享资源池(如计算设施、存储设备、应用程序等)的计算模式[4]。互联网金融必须借助云计算技术提高信息处理能力,增强数据存储能力和安全性,将大部分通信成本转嫁给云计算供应商从而极大地降低运营成本。在美国工业界,目前已经存在的有 Google 的云计算平台以及云计算的网络应用程序、IBM 公司的"蓝云"平台产品以及 Amazon 公司的弹性计算

---

[1] 芮晓武,刘烈宏主编. 中国互联网金融发展报告(2013). 社会科学文献出版社,2014,pp. 52 – 56.
[2] 陶雪娇,胡晓峰,刘洋. 大数据研究综述. 系统仿真学报,2013 (S1).
[3] 罗军舟,金嘉晖,宋爱波等. 云计算:体系架构与关键技术. 通信学报,2011 (7).
[4] Grance, T., and P. Mell. The NIST Definition of Cloud Computing: Recommendations of the National Institute of Standards and Technology. National Institute of Standards and Technology, 2011.

云。目前在我国,阿里巴巴已经推出云服务平台。

当前我国互联网企业在开展金融服务时,基于大数据+云计算的模式,能够获取大量的客户资信数据和交易数据,使得互联网金融的交易成本和摩擦成本大幅下降。大公司通过大数据挖掘,自建信用评级系统;小公司通过信息分享,借助第三方获得信用评级咨询服务。互联网金融企业的风控大致分为两种模式:一种是类似于阿里的风控模式,通过构建信用评级和风控模式,对自身交易系统积累的海量电商交易和支付信息数据进行"计算",并以此为依据对平台的小微企业用户进行融资放款;另一种则是众多中小互联网金融公司通过贡献数据给一个中间征信机构,再分享征信信息[①]。

(4) 政策法律环境的变化。

当前我国在互联网金融领域的立法尚不健全。除了中国人民银行对第三方支付以法规形式进行了规定之外,目前互联网金融行业其他领域尚处于无门槛、无标准、无监管的"三无"状态,这就造成了事实上的低门槛。在较短的时间内,电商、搜索引擎和社交平台等互联网企业纷纷涌入金融领域,都想在市场尚未定势的情况下,分得一定的市场份额。我国与美国的互联网金融法规对比见表1-5。

表1-5 中美两国在互联网金融领域相关立法对比

互联网金融模式	监管法规	
	美国	中国
第三方支付	1999年颁布的《金融服务现代化法》将第三方支付机构界定为非银行金融机构,《统一货币服务法》规定所有从事货币汇兑等业务的机构都必须登记注册,获得许可并接受监督检查	中国人民银行于2010年6月14日颁布《非金融机构支付服务管理办法》,规定经营第三方支付业务应当取得支付业务许可证
P2P贷款	美国证监会规定,P2P贷款属于直接融资的一种,根据1933年证券法Sections5(a) and (c) 的规定,禁止任何人在没有有效注册或获得豁免的情况下要约(提供)或出售证券	目前尚无监管手段和措施,2011年9月14日,中国银监会发布《人人贷有关风险提示的通知》,提示注意P2P的经营风险

① 虫二. 大数据挖掘助力互联网金融风险控制. 赛迪网, 2013-10-15.

续表

互联网金融模式	监管法规	
	美国	中国
众筹贷款	2013年9月24日，美国证监会的JOBS（Jumpstart Our Business Startups Act）法案的Title Ⅱ条例正式生效，私人企业现在可以在各种媒介以各种形式公开融资需求，并且可以向认证过的投资人筹集资金	尚无监管措施
虚拟货币	2013年11月，美国参议院国土安全及政府事务委员会召开有关比特币的听证会，认为比特币不是非法货币，能够给金融系统带来好处，尽管其也存在被错误使用的案例	2013年12月3日，中国人民银行等五部委印发《关于防范比特币风险的通知》（银发〔2013〕289号）

第三节 互联网金融的概念界定和发展基础

互联网金融具有许多不同于传统金融的特征，显示出了很强的创新性和竞争性。然而，互联网金融在理论界没有形成一种能够被广泛接受的概念，应该采用什么样的研究范式来分析互联网金融呢？这是研究互联网金融的核心问题。

一、互联网金融的概念界定

（一）互联网金融的代表观点

1. 学术界关于互联网的定义

互联网金融成为热门话题，学界和业界从多角度对互联网金融进行界定。

谢平等认为，"互联网直接融资市场"或"互联网金融模式"是既不同于商业银行间接融资，也不同于资本市场直接融资的第三种金融融资模式。在互联网金融模式下，支付便捷、超级集中支付系统和个体移动支付统一；信息处理和风险评估通过网络化方式进行，市场信息不对称程度非常低；资金供需双方在资金期限匹配、风险分担等上的成本非常低，可以直接交易；银行、券商和交易所等金融中介都不起作用，贷款、股票、债券等的发行和交易以及券款支付直接在网上进行。互联网金融模式是一种更为民主化，而不是少数专业精英控制的金融模式，市场充分有效，接近一般均衡定理描述的无金融中介状态，能通过提高资源配置效率、降低交易成本来促进经济增长，将产生巨大的社会效益。[1]

李博等认为广义的互联网金融是借助互联网本身的便捷和广度实现传统金融机构在互联网上的服务延伸。电子银行、网上银行乃至手机银行都属于这类范畴。在这一模式下，传统金融服务从线下扩展到线上，在时间和空间上外延了银行服务。从狭义的层面，互联网金融只包括金融的互联网居间服务和互联网金融服务。前者典型的应用模式有第三方支付平台、P2P信贷、众筹网络等，后者是网络形式的金融平台，包括网络小额贷款公司、互联网基金、保险销售平台等，这一模式多为电商向金融行业的渗透。[2]

李钧认为互联网金融有别于科技金融或者新技术金融，并不是简单的"互联网技术的金融"，而是"基于互联网思想的金融"，技术作为必要支撑。当从行为主体和参与形式的角度来理解，使得每个个体都有充分的权利和手段参与到金融活动之中，在信息相对对称中平等自由地获取金融服务，逐步接近金融上的充分有效性和民主化，数据产生（社交网络、电子商务、第三方支付、搜索引擎等形成了庞大的数据量）、数据挖掘（云计算和行为分析理论使大数据挖掘成为可能）、数据安全（数据安全技术使隐私保护和交易支付顺利进行）和搜索引擎技术等是互联网金融的有力支撑，互联网技术的发展使这样的蓝图成为可能[3]。

芮晓武等认为，互联网金融是互联网技术与金融功能的结合，依托大数据和云计算，在互联网平台上形成的开放式、功能化金融业态及其服务体系，包括但不限于基于网络平台的金融组织体系、金融市场体系、金融产品和服务体系、金融消费者群体及互联网金融监管框架等[4]。

2. 互联网界对于互联网金融的观点

马云对未来金融有两个机会，一个是金融互联网化，一个是互联网金融，而互联网金融正是以阿里巴巴集团阿里小额贷款的集中表现。

---

[1] 谢平，邹传伟. 互联网金融模式研究. 金融研究，2012（12）.
[2] 李博，董亮. 互联网金融的模式与发展. 中国金融，2013（10）.
[3] 李钧. 互联网金融是什么？. 第一财经日报，2013-3-15.
[4] 芮晓武，刘烈宏主编. 中国互联网金融发展报告（2013）. 社会科学文献出版社，2014，p.3.

在好贷网联合创始人、总裁李明顺看来，用互联网的理念和思维去重新看待金融，重新站在以用户为角度的立场上去看待金融的一种新的业态模式，这就是新的互联网金融的机会。

中国平安保险集团董事长马明哲认为，互联网金融对于金融行业降低成本、提高效率、改善服务等方面持续发挥积极作用。互联网金融发展需要社会各界的宽容和支持，特别是监管部门的领导和支持。互联网金融从业机构也要以开放的心态，集思广益，共谋发展。

3. 监管部门和银行界对于互联网金融的观点

央行行长周小川在2013年3月党的十二届全国人大一次会议的记者会上表示，看好互联网金融，支持科技促进金融业发展，对互联网金融持乐观态度。其一，互联网银行业务经过多年发展已经很成气候；其二，央行已经向基于互联网的第三方支付正式颁发执照，并会对其进行必要的指引和规范。

银监会主席尚福林在2013年6月29日陆家嘴论坛上表示，支持银行与网络、电信运营商，开展高水平、深层次的合作，创新服务模式、服务渠道和业务产品，借助互联网技术进一步增强支付结算、资金融通、咨询顾问等综合化的服务功能，下沉机构和网点，创新机制和产品，根据小微企业、新型农业经营主体和农产品批发商的特点，开发有针对性的金融产品和服务。

交通银行行长牛锡明认为，在支付领域，第三方支付公司已成为网络支付的重要力量；在信贷领域，人人贷、众筹融资等新模式异军突起。必须承认商业银行已不再是客户办理存、贷、汇业务的唯一渠道，互联网金融已成为一种新的金融业态。

以中行王永利和工行姜建清为代表的行长们正试图打破坐等被改变的局面，他们意识到无力阻挡互联网金融的进程，转而积极注入互联网基因，突破自我局限，向互联网金融地界主动出击。中信银行副行长曹彤提出，互联网金融与传统银行不必兵刃相接，可以在支付、贷款和理财领域结合发展。

北京软件和信息服务交易所罗明雄、海淀区金融服务办公室主任唐颖等认为，互联网金融是利用互联网技术和移动通信技术等一系列现代信息科学技术实现资金融通的一种新兴金融服务模式。互联网精神渗透到传统金融业态，对原有的金融模式产生根本影响及衍生出来的创新金融服务方式，具备互联网理念和精神的金融业态及金融服务模式统称为互联网金融[①]。

---

① 罗明雄，唐颖，刘勇. 互联网金融. 中国财政经济出版社，2013，p. 3.

第一章 互联网金融的起源与理论分析框架

表 1-6 归纳了当前互联网金融的定义和关键要素。

表 1-6　　　　　　　　当前互联网金融定义及关键要素

分　类		概念或观点关键要素
学术界	李博等	金融服务延伸 互联网居间服务和互联网金融服务 第三方支付平台、P2P 信贷、众筹网络、网络小额贷款公司、互联网基金、保险销售平台
	谢平等	第三种金融融资模式 融资成本降低 资金供需双方直接交易
	李钧	基于互联网思想的金融 个体充分参与 金融有效性和民主化
	芮晓武等	互联网技术与金融功能的结合 依托大数据和云计算 开放式、功能化金融业态及其服务体系
互联网界	马云	改变金融格局的机会
	李明顺	新的业态模式 基于用户视角看待金融
	马明哲	降低成本、提高效率
业界	周小川	乐观、支持
	尚福林	支持银行与网络、电信运营商，开展高水平、深层次的合作
	牛锡明	金融业务服务新渠道、新的金融业态
	姜建清	积极注入互联网基因、主动寻求改变
	曹彤	互联网金融与传统银行整合发展
	罗明雄等	利用互联网技术和移动通信技术等 具备互联网理念和精神 资金融通的一种新兴金融业态及金融服务模式

（二）互联网金融的概念及特征

1. 互联网金融的界定

综上所述，互联网金融的概念处于不断完善的过程，学界、互联网界和银行界从不同的角度作出了界定，综观各家有代表性的表述，有以下共识：第一，互联网金融是一种新兴金融业态，其存在有一定的合理性，对传统金融体系形成有益的补充；第二，互联网金融需具备"开放、平等、协作、分享、创新"的互联网精神；第三，互联网金融将互联网作为开展金融活动的资源平台，大数据是互联网金融的核心资源，云计算是互联网金融的核心技术；第四，互联网金融的模式尚未定型，处于不断演化过程之中；第五，互联网金融通过降低交易成本、提高金融配置效率和风险管理水平，满足不断增长的异质金融需求，促进经济增长。

基于以上共识，我们从狭义和广义的视角定义互联网金融。

狭义来讲，互联网金融是指以互联网平台企业为主体，具备互联网精神，基于互联网平台，借助互联网新技术如大数据、云计算技术、搜索技术、移动互联网等开展的类金融业务。该类业务有别于传统金融机构开展的业务，其典型模式有第三方支付、P2P融资、众筹、虚拟货币等，是一种新型金融脱媒现象。该类活动通过提升个体参与的充分性和普及性，实现了普惠金融的思想。

广义来讲，具备互联网精神的金融业态统称为互联网金融，无论业务主体是传统金融机构，还是互联网平台企业，所有基于互联网平台开展的金融业务，具体包括网上银行、网络证券、网络保险、第三方支付、网络理财、P2P融资、众筹、平台类小额贷款等，都属于互联网金融范畴。该类业务体现了互联网精神与金融功能的深度结合，通过运用大数据和云计算等技术在互联网平台开展业务，改变了传统金融的服务模式、服务内容和服务体系，创新出新的金融业态，使金融活动走向民主化、平台化、信息化、个性化。

本书讨论的互联网金融是广义的互联网金融。

2. 互联网金融与金融互联网

区分互联网金融和金融互联网是一件很困难的事情。互联网金融和金融互联网的主要区别在于：第一，金融活动是否体现了"开放、平等、协作、分享、创新"的互联网精神或互联网思维。第二，金融活动是否运用了大数据和云计算等技术在互联网平台开展业务。严格意义上的互联网金融，必须真正体现"开放、平等、协作、分享、创新"的互联网精神，在互联网平台依托大数据和云计算开展金融服务。表 1-7 区分了互联网金融和金融互联网的模式。

表 1-7　　　　　金融互联网与互联网金融

金融互联网	互联网金融
传统银行的网上业务（查询、转账等）	第三方支付
开展传统业务的网络银行	P2P 网贷
网上销售证券	众筹融资
网上受理保险	互联网微贷
网上销售理财产品	互联网保险
金融机构网络化	互联网证券
	互联网理财（余额宝）

目前持有银行牌照的纯网络银行、网络证券或证券网络化、网络保险或保险业网络化，还没有真正体现互联网精神，只是简单地将金融业务通过互联网渠道开拓市场，属于金融互联网的范畴。以网络银行为例，网络银行没有实体网点，通过网络开展业务。网络银行只是运用互联网的形式，没有体现互联网精神或思维，也没有在运行模式上依托互联网技术进行大数据挖掘和分析，属于金融互联网。当然，随着互联网金融的渗透，网络银行也会演化到互联网金融。

我们认为，互联网金融是金融互联网的发展，是金融互联网的高级阶段。无论是金融机构或是互联网企业，相互学习借鉴，互有融通，特别是对于金融机构借鉴新兴的互联网金融的模式对传统金融业务进行变革是未来可以预见的状态。另外，互联网平台企业囿于自身资金实力、风险能力的有限性，与金融机构的合作将是不可逆转的趋势。互联网金融和传统金融将走向融合，互联网精神将对传统经营理念产生颠覆性破坏，传统金融将面临毁灭性的创新。

二、互联网金融的特征

互联网金融与传统金融的区别不仅仅在于金融业务所采用的媒介不同，更重要的在于金融参与者深谙互联网"开放、平等、协作、分享、创新"的精髓，通过大数据、云计算、搜索引擎、移动互联网等技术，使得传统金融业务具备透明度更强、参与度更高、协作性更好、交易成本更低、操作更便捷等一系列特征。

1. 互联网金融体现"开放、平等、协作、分享、创新"的互联网精神

互联网精神延伸、渗透到各行各业，推动着互联网经济和互联网企业的高速成长，也对金融企业带来了深刻影响。互联网金融从无到有，从萌芽到快速发展的过程说明，互联网所带来的创新，不仅体现为技术层面的飞跃，更承载了互联网精神①。互联网金融是用互联网的精神，从传统银行、证券、保险（放心保）、交易所等金融形态过渡到一种一般均衡式的金融交易和组织形式，通过互联网平台的价格发现和匹配达成交易②。互联网金融体现互联网精神，主张平台开放，弱化金融中介组织的作用，真正以客户为中心，尊重客户体验、强调交互往复，借助互联网技术的运用和创新，不断创新推出个性化的跨界产品和服务。

互联网金融用"开放、平等、协作、分享、创新"的互联网精神改造传统金融。在传统金融中，由于金融业的分工和专业化、信息不对称、强调稳健，过分依赖银行中介带来的效率和成本等问题，使得服务无法实现大规模的个性化。互联网文化是自下而上的屌丝文化，互联网金融特别强调快速和创新。③在互联网精神的渗透下，金融业必将进一步加快打破传统思维，以更加开放的心态，平等地开展同业、跨业合作，深化与互联网技术、大数据、云计算、社交网络应用的融合创新，不断提高市场反应速度，提升客户服务质量和效率④。

2. 互联网金融是运用互联网平台的平台金融

互联网金融与传统金融的区别，不仅在于新兴信息技术所带来的交易成本的下降。更重要的是，互联网作为现实社会中各种真实与虚拟网络中的一种，它可以创造、培育和利用网络效应或网络外部性⑤。互联网金融平台大大缩短了人们在时间和空间上的距离，实现了资金流、信息流、物流"三流合一"服务，经营边际成本极低、开放程度极高、规模经济显著的平台金融，更加容易赢得市场并整合市场，少数在便捷性、安全性、高效性、简洁性等若干维度

---

① 刘士余. 秉承包容与创新的理念正确处理互联网金融发展与监管的关系. 清华金融评论，2014（2）.
② 胡景波，谢平. 发展互联网金融要理解互联网精神. 齐鲁晚报，2013-12-23.
③ 唐彬. 把互联网精神植入传统金融. 英大金融，2013（9）.
④ 胡德斌. 互联网金融是用互联网的精神办金融. 和讯网，2014-1-20.
⑤ Katz, M., and C. Shapiro. Network externalities, competition, and compatibility. *American Economic Review*, 1985, (75): 424–440.

均有最佳客户体验的平台极易保持客户黏性,实现可持续发展①。

我们以阿里巴巴为例,来说明互联网商务平台如何借助网络效应搭建互联网金融平台。阿里巴巴的金融业务开始于最初的单边及两边网络平台(阿里巴巴、淘宝、天猫)。为了方便网络客户的交易与支付需求,阿里巴巴推出了支付宝,以第三方支付平台的身份进入了金融服务领域。随着阿里巴巴电子商务平台网络的扩大和业务的拓展,其网络参与者自然又衍生出更多的金融需求,如阿里巴巴金融(阿里小贷),使得阿里巴巴开始通过与有关金融机构的合作而逐步涉足贷款融资领域。由于支付宝中有大量暂时闲置的周转性资金,这些账户的持有者自然存在资金管理的需求。于是,阿里巴巴与天弘基金合作推出了余额宝。②

与上述情况类似,电商巨头京东商城的"京东白条"也是为了满足其电商客户的融资需求而自然产生的附加金融服务。显然,与那些凭空建立的专门从事互联网金融业务的网络平台相比,这些基于原有互联网商务平台或社交网络而产生的互联网金融模式更具有生命力和可持续性。

3. 互联网金融是运用大数据和云计算等技术的大数据金融

大数据正在重构金融行业。互联网金融的发展离不开大数据、云计算、社交网络和搜索引擎等互联网技术的突破和运用。大数据可以促进高频交易、社交情绪分析和信贷风险分析三大金融创新,给互联网金融不仅带来了金融服务和产品创新以及用户体验的变化,创造了新的业务处理和经营管理模式,对金融服务提供商的组织结构、数据需求与管理、用户特征、产品创新力来源、信用和风险特征等方面也产生了重大影响③。云计算技术挖掘、辨识、整理和加工大数据形成可供金融领域利用的信息资源,使互联网金融参与者的信用状态更加透明,风险识别和定价过程更加快捷,也为精准营销和个性化定制服务提供了数据支撑。

电商和支付机构拥有的天然优势是拥有海量的结构化和非结构化的数据。以阿里小微贷款为例,淘宝、天猫有成千上万家小网店,这些网店的注册信息、历史交易记录、销售额现金流、客户交互行为、违约支付概率等信息,成为重要的资源和资产,被引入网络数据模型、风险分析和资信调查中。阿里金融为阿里巴巴 B2B 业务、淘宝、天猫三个平台的商家提供订单贷款和信用贷

---

① 芮晓武,刘烈宏主编. 中国互联网金融发展报告 (2013). 社会科学文献出版社,2014,p.3.
② 孙明春. 互联网金融的是与非. 证券时报网,2014-3-24.
③ 雷曜,陈维. 大数据在互联网金融发展中的作用. 中国改革,2013 (7).

款。只要网店有真实的订单，阿里就可以放贷；经营状况好的网店，还可以凭借自己的信用获得贷款。比起传统银行一家一家地调查企业、一笔一笔地进行审核，成本和风险明显降低，效率则大大提高。[①]

4. 互联网金融是民主、高效、便捷、低成本的普惠金融

金融可以分成两大类：一大类就是必须面对面的量身订做的专业化服务，可称为"贵族金融"。而另一类，面对广大百姓，大众化标准化的服务，按照现在时髦的说法可以叫"屌丝金融"，互联网的技术进步对这一类服务会带来很大的改变。2014年3月，第二届诺贝尔奖经济学家中国峰会期间，罗伯特·希勒教授接受腾讯《微讲堂》节目的访谈时指出，互联网是推动金融民主化的力量，利用互联网让那些降低风险的金融交易成为可能；必须鼓励金融创新，增进金融的民主化，让更多人享受其便利，同时也要关注对人们有影响的风险。

互联网金融模式下，资金供求双方可以通过网络平台自行完成信息甄别、匹配、定价和交易，为客户提供方便、快捷、高效、低成本的金融服务，提高了金融效率。互联网金融业务主要由计算机处理，通过分布式协作，低成本地把借方和贷方连接起来，金融机构可以避免开设营业网点的资金投入和运营成本。通过合适的风险管理促成个性化的交易，消费者可以在开放透明的平台上快速找到适合自己的金融产品，削弱了信息不对称程度，节省了客户排队等候成本，用户体验更好。[②] 互联网金融企业通过网络整合信息流、资金流、业务流，形成数据库，为不同行业、不同区域的客户实现信息共享提供了平台，通过信息的分享和快速交互实现在信用、营销等方面的增值，提升公司的整体价值。

互联网金融的客户以小微企业为主，通过P2P平台、众筹融资、支付平台等覆盖了部分传统金融业的金融服务盲区，打破了传统金融行业的高门槛，以灵活性、便捷性和易得性等特征，解决了传统金融无法实现的普惠金融服务，金融服务趋向长尾化。根据联合国的定义，普惠金融是有效为社会所有阶层和群体提供服务的金融体系。也就是说，普惠金融至少包括服务对象的包容性、服务渠道的便捷性、服务产品的全面性和经营模式的商业性。互联网金融具备普惠金融的基因，金融的普惠性将大大增强，这也是互联网金融真正的生命力。

---

① 欧阳洁. 互联网金融，"狼"来了吗. 人民日报, 2013 – 6 – 17.
② 郭太磊. 互联网金融六种模式与六大特点. i 黑马, 2013 – 11 – 13.

三、互联网金融的本质是金融

金融业是一门古老的行业,其诞生可追溯到公元前 2000 年巴比伦寺庙和公元前 6 世纪希腊寺庙的货币保管业务和收取利息的放款业务。金融范畴的形成源自货币运动和信用活动的有机结合,金融业的产生使原本巨大的两支作用力(货币运动和信用活动)联结为一体,形成了一种新的合力,为商品经济的发展提供了前所未有的基础条件[①]。现代金融业的发展更是极大地促进了经济增长。

1. 金融的本质

金融是现代经济的核心。世界银行曾给出了一个较为综合的"金融"概念,认为金融发展对于经济增长十分重要的原因主要体现在金融机构的职能上。在"一般层面"上,金融主要涉及商品、服务贸易向未来收益的资金转移;在"更高层面"上,构成了某一经济体中金融安排的金融机构主要履行如下基本经济职能:动员储蓄、配置资本、监督经理人员和转移风险等[②]。金融通过这些功能的发挥,对实体经济产生影响,从而影响经济增长。

随着金融的发展,金融的本质也在不断演进。在经济全球化、经济金融化、金融全球化和金融民主化日益加速的大背景下,金融的本质表现在:第一,信用是金融的核心,金融最能体现信用的原则与特性。金融创造价值,凭借的是良好的信用体系;金融一旦出现风险,则引发信用危机。第二,制度与技术支持构成金融运行的基础。一切金融的内涵都不能距离这两者太远,前者是金融的内核,后者是金融的外围。第三,金融发展的终极目标是促进实体经济发展。金融发展是为了建立一个有效的金融体系来降低隐性的交易成本,提高实体经济发展所需融资和投资的效率。脱离实际经济的金融创新,将导致频繁的金融动荡。

金融体系是一项新发明,而塑造这种体系的过程远远没有结束,在这个过程中重要的是对金融体系进行扩大化、人性化和民主化的改造[③]。金融创新是金融发展的重要方面,也是伴随金融发展在金融领域层出不穷的现象,金融创新的重要动因之一就是技术进步冲击的结果[④]。金融业是数据密集型行业,计

---

① 黄达. 货币银行学. 四川人民出版社,1992,p. 40.
② 丁浩. 关于金融本质及其演进和发展的思考. 经济研究导刊,2009(3).
③ [美]罗伯特·希勒著,束宇译. 金融与好的社会. 中信出版社,2012,p. 81.
④ Tufano, P. Financial innovation and first-mover advantages. *Journal of Financial Economics*,1989,25(2):213–240.

算机网络信息技术与金融业形成了天然的结合，有力地促进了金融业的发展。

2. 互联网金融的本质是什么

互联网金融的发展鲜明体现了扩大化、人性化和民主化思想，互联网新技术、新思维对金融业这一古老行业的改造将深远影响金融业的格局和发展进程。互联网的技术手段和精神意识可以改变金融行业很多，在促进金融创新方面功不可没、潜力巨大，但是，互联网技术只是手段，变革的是金融服务方式，互联网金融的本质还是金融业务，与传统的金融没有差别的，一定要遵循金融的规律。

我们可以从用户需求的角度来看，互联网金融和传统金融的本质是一样，都是为了满足用户的三大基本金融需求：支付、投融资、财富管理。互联网金融产品则是围绕这三种基本的金融需求发展出来的。

第一，在支付领域，互联网金融有两种模式：在线第三方支付，为用户提供桌面端/移动端在线支付及转账、缴费等服务，如网银支付、支付宝、财付通、微信支付；支付媒介——虚拟货币，网络上流通、具有标价及消费功能的非实体货币，如 Q 币。支付是基础的金融服务，网络或移动支付即是基础的互联网金融服务。

第二，在投融资领域，互联网金融有三种模式：基于互联网的金融产品创新、金融中介服务创新以及金融信息供应与服务，如图 1-5 所示。

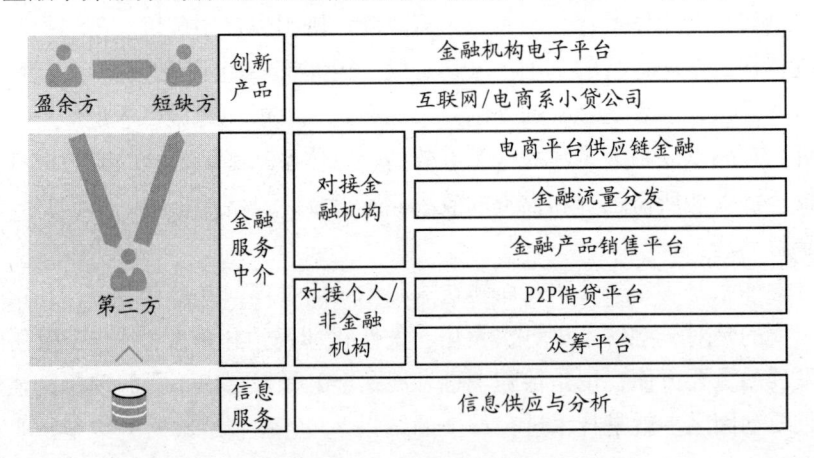

图 1-5 互联网金融在投融资领域的三种模式

资料来源：狐狸君 raphael. 互联网金融分析框架：从支付、投资、融资三个维度理解何谓"互联网金融". 2013-12-4, http://www.36kr.com/p/208129.html.

其一，基于互联网的金融产品创新最主要有两种模式。第一种模式，金融机构电子平台：金融机构所架设的在线平台，既提供投资产品也提供融资产品，如电子银行、保险网销。第二种模式，互联网/电商系小贷公司：借助电商平台收集交易数据，从而挖掘在线商户的融资需求，并利用大数据控制信用风险，进行小贷业务，如阿里小贷。

其二，金融中介服务创新包括"对接金融机构"及"对接个人/非金融机构"两种模式。第一种模式，对接金融机构，主要有三种：电商平台供应链金融：电商平台与银行合作，为电商平台的供应商提供供应链金融服务，如京东商城、苏宁易购与银行的合作；金融流量分发：根据用户的金融需求，匹配适合客户的金融机构（目前覆盖贷款、信用卡、理财产品等），如融360、好贷网、我爱卡、百度贷款搜索、24财富；金融产品销售平台：用户可在网上直接购买基金、保险等金融产品，进行投资理财，如淘宝基金/保险网店、腾讯金融超市、天天基金网、铜板街等。第二种模式，对接个人/非金融机构，主要有两种：P2P借贷平台：连接有投资需求的个人与有融资需求的个人，实现金融脱媒，如陆金所、拍拍贷等；众筹平台：有融资需求的个人/机构可在众筹平台发起项目，以团购或预售的方式向网友募集项目资金，如点名时间、众筹网，追梦网、大家投等。

其三，金融信息供应与服务。通过为客户提供及时有效的信息及分析以促成投融资活动，如彭博、财经门户、腾讯操盘手、i美股等。互联网金融门户让信贷从复杂变得简单，让客户以更低成本搜索比价得到更多优质的金融服务产品。

第三，在财富管理领域，大数据的蓬勃健康发展将为互联网金融提供契机，互联网金融未来有机会介入传统金融资产管理业务领域。传统的财富管理的产品形式包括基金公司的公募基金和企业年金产品、商业银行的理财业务和各类存款产品、证券公司的资产管理产品、私募基金的私募产品、保险公司的某些保险产品。在财富管理方面，未来的机会来自帮助客户选择产品，而非制造产品，比如，基金公司可以根据客户的需求定制产品。

综上所述，互联网金融用新思维、新技术、新平台对传统金融的运营模式进行创新，尽管没有改变金融的核心特征（货币流通、信用、持续效用），但对金融五要素（对象、方式、机构、市场及制度、调控机制）进行重塑。

互联网金融对金融领域将带来三方面的重大影响。首先是金融脱媒，中小微企业和个人不通过银行等金融中介就可以直接进行资金交易，将改变商业银行的价值创造和价值实现方式，重构已有融资格局。其次是让金融回归普惠和民主化,即服务于企业尤其是传统金融无法有效服务的中小微企业。在互联网金融中,信贷不再是一种权利,而是一种公平合理交易的商品和服务。最后,互联网金融有助于解决信息不对称的问题,让风险更可控,而且服务更加个性化和定制化。① 例如,网络借贷借助信息整合、挖掘的方法和标准化、批量化的量化技术手段,提高借贷效率、提高风控能力、降低贷款成本。

对政府而言,随着互联网支付的日益广泛,货币流动性与以往可能会有所不同;互联网金融所媒介的融资交易,基本都游离于金融管控外,这对传统的数量调控方式会形成挑战②。

四、互联网金融的理论基础

为了促进该领域的快速发展,需要尽快构建互联网金融的理论框架,为进一步研究该领域的发展规律和模式奠定基础,从而更好地引导该行业健康发展。互联网金融作为一个新生的事物,目前还没有较为统一的研究范式。我们试图梳理已有的经济学理论,提供一个互联网金融的理论分析框架。

(一) 互联网金融的理论分析框架

1. 互联网金融发展的理论依据

互联网金融起源于金融机构的业务互联网化,最初金融机构是将互联网作为工具来改变自身业务模式和业务内容。随着互联网经济的发展,金融作为一项社会的基本需求服务,提供者不再是金融机构的专利,互联网企业基于自身业务的发展以及金融需求发展变化的实际,借助于新技术如大数据、云计算、搜索技术等,创新出了不同于传统金融业务的服务新模式,从而促成了互联网产业和金融产业的融合,形成了一个新的产业。

当前我国互联网金融的发展体现为互联网行业和金融行业的产业融合。互联网金融自诞生起就具有了互联网和金融产业的双重属性,在此新领域正在发生和将要发展的经济现象,仍然可以用已有的理论进行解释。互联网金融的本质是金融范畴,只不过是互联网企业利用新技术、新平台开展的金融业务,这种活动从某种程度上来说可视为金融创新。因此,金融中介理论和金融深化理论对于从中微观层面解析互联网金融创造性的金融创新活动大有帮助。

---

① 唐彬. 互联网金融的基石:第三方支付. 互联网金融, 2013 (11).
② 曾刚. 积极关注互联网金融的特点. 银行家, 2012 (11).

互联网金融的理论框架由以下几个因素构成：首先，大数据、云计算、搜索技术、社交网络、物联网技术、移动互联网等是互联网金融发展的技术基础，对未来金融创新带来强劲的推动力。其次，产业融合理论、金融中介理论、金融深化理论、信息经济学、网络经济学、声誉理论等是互联网金融发展的理论基础。互联网金融体现了产业融合理论所描述的一些重要特征，新金融中介——互联网金融企业提高了金融交易搜索匹配的成功率，互联网金融业态将对未来我国整个金融业的格局产生影响，互联网平台形成了互联网金融的"长尾市场"，互联网金融依托大数据对信息、数据、声誉和信用等进行科学计算，可以有效甄别不同个体的信誉水平和声誉状况，减少互联网金融领域的逆向选择和道德风险。最后，金融创新理论是互联网金融发展的动力基础。基于此简要分析，我们提出互联网金融的理论分析框架，如图1-6所示。

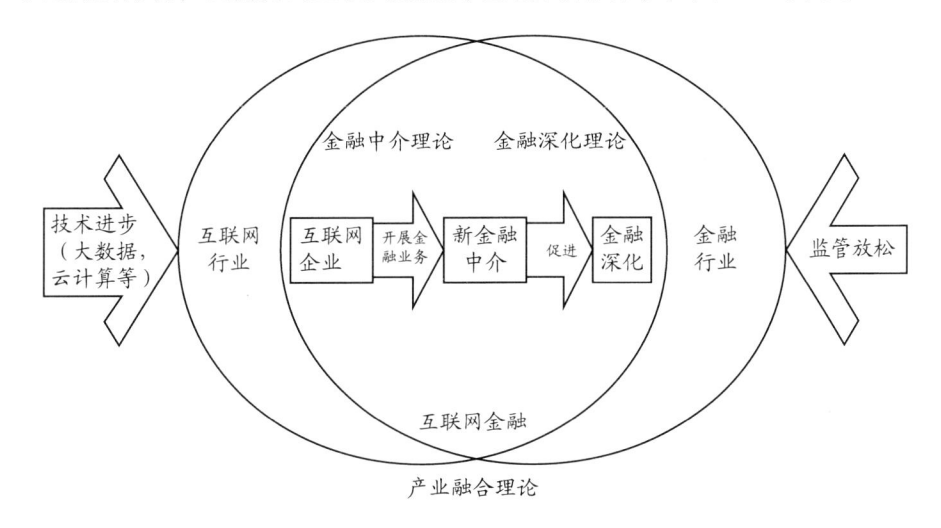

图1-6 互联网金融理论分析框架

2. 互联网金融发展的理论解释

（1）产业融合理论。

产业融合是伴随技术变革与扩散过程而出现的一种新经济现象。较为准确和完整的含义可表述为：由于技术进步和放松管制，发生在产业边界和交叉处的技术融合，改变了原有产业产品的特征和市场需求，导致产业的企业之间竞争合作关系发生改变，从而导致产业界限的模糊化甚至重划产业界限[①]。

---

① 马健. 产业融合理论研究评述. 经济学动态，2002（5）.

技术革新和放松管制是产业融合的主要原因①。技术革新是产业融合的内在原因，主要体现在，首先通过产生替代性或关联性的技术、工艺和产品，渗透、扩散并融合到其他产业之中，改变了原有产业的生产技术路线，产业经营模式和内容，并最终改变原有产业产品的消费特征。其次，技术革新改变了原有产业产品或服务的技术特征和路线，因而改变了原有产业的生产成本函数，一般情况下降低了产业的生产成本，从而为产业融合提供了新动力。最后，技术革新通过带来新的市场需求，改变了原有市场的需求特征，为产业融合提供了新的市场空间。

经济管制的放松是产业融合的外在原因。管制的放松导致其他相关产业的企业加入到本产业的竞争中，从而逐渐走向产业融合。目前推动管制放松的因素主要有以下两点：第一是由于垄断者自身创新性不足，推动成本降低和产品创新力度不够，引起监管者的不满；第二是垄断的特点会随市场需求的扩大和技术经济条件的变化而变得微弱，从而带来政府经济性管制的理论依据逐渐消失。

（2）金融中介理论。

现代金融中介理论可追溯20世纪50年代。Gurley和Shaw（1956）的研究表明，各种金融中介机构在信用创造或是在促使储蓄者和借款者之间的信贷循环上起着关键作用②。自此之后，学术界对金融中介理论开展了丰富的研究，在不同时期产生不同的功能说。

在研究的初期即20世纪50年代中后期至70年代前期，主要产生了资产转换、风险分担与转移和降低交易成本三大功能学说。即金融中介能进行资产转换是因为在资金借入与借出过程中存在规模经济，并且通过不同的资产组合在增加资金流动性的同时，可以分散和转移风险；此外，在提供产品和服务的过程中，通过规模经营可以降低交易成本，并成为金融中介存在和发展的基础。

进入20世纪70年代中期，随着信息经济学的发展，金融中介理论发展加快。该阶段的研究侧重于解决事前和事后的信息不对称，即在金融活动中存在着事前和事后两种信息不对称，并由此可能会产生逆向选择和道德风险，为化解风险可能带来的评估成本、监督成本，客观上需要专门从事信息服务的代理

---

① ［日］植草益. 信息通信业的产业融合. 中国工业经济，2001（2）.
② Gurley, J. G., and E. S. Shaw. Financial Intermediaries and the Saving2Investment Process. *Journal of Finance*, 1956, 11 (2, May): 257 – 276.

人,即金融中介。

最新研究表明,金融中介与金融创新具有紧密的关系。Tufano(2003)认为金融中介也包括私人部门是金融创新的实施者,并且金融中介的结构或类型、金融中介在创新中的地位以及自身的规模与金融创新有着复杂的关系[①]。具体表现在:首先,从金融中介的结构来说,全能银行体系尤其是有着较高市场集中度的全能银行体系的创新水平低于职能分工型商业银行体系。其次,金融中介在创新中的地位,具体表现在金融中介是作为创新的领导者还是创新的模仿者,在金融创新结果不确定的情况下,客户会在金融创新者和模仿者的竞争中最终作出选择,故而金融中介在这一过程中将面临客户资源的重新配置。最后,金融中介的规模直接影响到金融创新的力度,即占有市场份额较大的金融中介更有动力推动金融创新,然而当金融中介的规模发展到极致即垄断,情况则完全不同。与竞争性的中介相比,垄断者缺乏创新动力,垄断者从创新中获得的收益相对要少。

金融中介带来的金融创新,会对金融市场产生影响,具体表现在价格波动和参与者流动,有研究认为金融创新会带来加剧市场价格的波动甚至崩盘[②];有研究认为创新只引起较低水平的波幅;参与者流动表现在新产品的进入能为投资者提供新的转移和分散风险方式和投机工具,同时,也增加了市场供给,对原有资产的价格产生冲击,从而带来原资产投资者退出市场或是转向创新产品的投资[③]。

(3)金融深化理论。

金融深化(Financial Deeppening)是爱德华·肖(E. S. Shaw)在1973年出版的《经济发展中的金融深化》中提出的。肖提出:金融机制会促使被抑制经济摆脱徘徊不前的局面,加速经济的增长;但是,如果金融领域本身被抑制或扭曲的话,它就会阻碍和破坏经济的发展。通过扭曲包括利率和汇率在内的金融资产的价格,再加上其他手段,金融抑制会缩小或压低相对于非金融部门的金融体系的实际规模或实际增长率。相反,金融自由化战略则会不断地促进经济发展[④]。金融深化概念是要强调金融资产以快于非金融财富积累的速度

---

① Tufano, P. Financial innovation. *Handbook of the Economics of Finance*, 2003 (1): 307–335.
② Alessandro, C. *Financial Innovation and Price Volatility*. HEC Paris, 1999.
③ Calvet, L, Gonzalez-Eiras, M., and P. Sodini. Financial innovation, market participation, and asset prices. *Journal of Financial and Quantitative Analysis*, 2004, 39 (3): 431–459.
④ [美]爱德华·肖著,邵伏军等译. 经济发展中的金融深化. 上海三联书店, 1988, pp. 1–2.

而积累①。

针对发展中国家的金融改革,金融深化论的学者们提出了相应的改革方案:(a)放开利率,金融深化论者主张放弃过多的行政干预,取消对存款利率的限制,并让利率由市场机制决定从而使利率反映资本的稀缺程度;(b)发展多种金融机构,消除银行的垄断,鼓励金融机构之间的竞争,提高融资效率;(c)消除信贷配给,让资金从低效益的地方流向高效益的地方,注重对中小企业的信贷。

金融深化理论要求放松金融管制,实行金融自由化。这与金融创新的要求相适应,因此成了推动金融创新的重要理论依据。

(4)金融创新理论。

1912年,熊彼特在《经济发展理论》中提出了创新的概念。按照熊彼特的观点,所谓创新,就是建立一种新的生产函数,也就是企业家把一种从来没有过的关于生产要素和生产条件的"新组合"引入生产体系。具体地讲,熊彼特所说的"创新"、"新组合"或"经济发展",包括五种情形:(a)引进新产品;(b)运用新技术,即新的生产方法;(c)开辟新市场;(d)控制原材料的新供应来源;(e)实行新的生产组织与管理方式,也称为组织创新。熊彼特强调生产技术革新对经济发展的作用,技术进步带来"创造性的破坏",不断地从内部革新经济结构,即不断地破坏结构,不断地创造新的结构,这种过程就是"产业突变"。②

关于金融创新的动因,很多学者进行了深入研究。西尔柏(W. L. Silber)提出,金融创新是微观金融组织为了寻求最大的利润,减轻外部对其产生的金融压制而采取的"自卫"行为。凯恩(E. J. Kane)提出,规避各种金融控制和规章制度时就产生了金融创新行为。希克斯(J. R. Hicks)和尼汉斯(J. Niehans)提出"金融创新的支配因素是降低交易成本"的基本命题,包括两层含义:降低交易成本是金融创新的首要动机,交易成本的高低决定金融业务和金融工具是否具有实际意义;金融创新实质上是对科技进步导致交易成本降低的反应。戴维斯(S. Davies)和诺思(North)等制度学派认为,金融制度作为经济制度的组成部分,金融创新是一种与经济制度互为影响、互为因果关系的制度变革。

---

① 曾康霖. 金融深化论对金融经济学的发展. 经济学家,1997 (4).
② [美]约瑟夫·熊彼特著,何畏,易家详等译. 经济发展理论——对于利润、资本、信贷、利息和经济周期的考察. 商务印书馆,1990,pp. 73 - 75.

Tufano 将金融创新的动因可归为以下六个方面：第一，金融创新是新技术进步冲击的结果；第二，金融创新是为了寻求搜寻成本、交易成本和营销成本的最小化；第三，金融创新是为了解决信息不对称和代理问题；第四，金融创新是为了弥补金融市场的不完美；第五，金融创新是对税收和监管的直接反应；第六，金融创新是应对全球化趋势及其风险的举措①。

（二）互联网金融的理论解析

1. 互联网金融是互联网产业和金融产业在新技术条件下的产业融合。

宏观层面上讲，互联网金融直接表现为互联网产业和金融产业的融合，在这一过程中，技术进步和监管放松是主要动因。根据产业融合理论，技术革新是产业融合的重要驱动力，这里分为革命性的技术创新和扩散性的技术创新两种，革命性的技术创新的前提是技术发生了原理性的变化，扩散性的技术革新是建立在革命性的技术创新基础之上，通常实现产业融合的技术通常在革命性技术革新基础上实现革命性技术的扩散和应用②。

此外，产业融合要求两个行业具有共同的技术基础。互联网技术的出现无疑是革命性的信息技术，金融的核心是知识和信息，互联网技术的出现使金融行业和互联网行业具有的天然的融合性，两个行业完全具有共同的技术基础。自 20 世纪 70 年代互联网逐渐发展成熟以来，极大地推动了金融业务的互联网化，但并未促使互联网金融业态的出现。直到最近 10 年，大数据技术、云计算技术、搜索技术等的出现和成熟，互联网经济的飞速发展，共同促进了互联网行业与金融行业的深度融合，产生了互联网金融的新业态，这些技术可以说是在以互联网技术为基础产生的扩散性技术革新。

金融机构作为经济主体监管的重要部门，金融机构自身的业务受到了严格的监管。然而，金融业务的开展由于法律法规的滞后，对于非金融机构提供的金融服务业务的监管存在空白地带，尤其是当前我国金融监管尚不完善的情况下，这就给互联网企业利用互联网新技术涉足金融业务提供了可能，即使在未来对非金融机构开展金融业务进行严加监管，互联网金融作为一种重要的创新不会被扼杀掉，反而由于监管的介入进一步健康融合发展。

---

① Tufano, P. Financial innovation. *Handbook of the Economics of Finance*, 2003（1）：307–335.
② 马健. 产业融合理论研究评述. 经济学动态, 2002（5）.

2. 互联网金融是互联网企业充当新金融中介带来的挑战性的金融创新

互联网金融创新同时具备了转嫁金融风险、规避金融管制、降低交易成本、技术推动、需求拉动、制度变革六个方面的动因。每个动因既有与历史相似的方面，又有互联网的时代特征，其中需求拉动和技术推动是互联网金融创新的主要动力[①]。在这一过程中，互联网企业充当了创新领导者的角色，这些金融业务带来的创新对原有传统金融体系提出了相当大的挑战。

（1）互联网金融是新技术催生新金融中介领导的金融创新。

新技术的应用带来了交易成本的降低，具体表现在交易对象的信息搜集、议价成本、营销成本等，同时也在一定程度上解决了交易过程中的信息不对称。

如阿里小额贷款利用阿里巴巴平台长期积聚的交易数据快速开展小额贷款业务，贷款的发放效率和成本都比传统银行贷款要快得多、小得多，并且在违约率方面也达到了极低的水平，现在公布的违约率仅为1%左右。此外，余额宝的出现，通过原有阿里巴巴支付宝的渠道和巨大客户群，在短期内即实现了爆炸性的增长，相比原有理财产品的销售，大大节约了营销成本。

互联网金融创新并未从根本上解决当前我国金融体系存在的不足，如小微企业贷款难、理财品种偏少等，但在一定程度上弥补了当前我国金融市场的不完美。

（2）互联网金融带来的金融创新，对现有金融体系构成了挑战性的冲击。

当前，我国金融体系特别是银行体系的改革相对落后，相关改革如利率市场化特别是存款市场化的改革进展缓慢。作为领导者角色开展金融创新业务此次却直接带来了金融市场的震荡，如余额宝、理财通、百付通等的不断推出，引起了客户存款业务的大搬家，直接带来的是各大银行纷纷下放存款利率的上浮权限，并模仿余额宝类产品推出了自己的理财产品，如中国工商银行于2014年1月推出了天天益理财产品，与余额宝高度同质化。

互联网金融更深层的冲击是银行资金成本的加大。余额宝类资金大多投向货币基金市场，相对活期存款来讲，银行获得资金的成本将加大，倒逼银行更加注重资金的效率管理。目前，在整体资金规模上，余额宝类的规模比传统银行存款要小得多。从未来趋势上看，更多创新型产品的出现，如企业类余额宝的出现，将直接影响未来金融体系的资金价格。这种竞争带来的冲击比在传统

---

① 芮晓武、刘烈宏主编．中国互联网金融发展报告（2013）．社会科学文献出版社，2014，p.51.

市场中引入更多的民营银行、小额贷款公司要更有挑战性。

3. 互联网金融促进了当前我国金融市场的金融深化

金融管制在一定程度上限制了金融活动，金融创新成为规避金融管制的主要途径。金融深化认为，发展中国家必须放开利率管理，发展多层次的金融机构，注重中小企业融资。

长期以来，中国传统金融体系维系着"投资拉动、出口导向"的经济增长模式，这种金融体制导致中国金融的"不民主性"：第一是民营企业受到金融部门特别是商业银行的歧视；第二是居民境内投资渠道有限，被限制境外投资；第三是民营资本设立金融机构困难重重。互联网金融的兴起与发展，有望形成中国金融市场中的"鲶鱼效应"，将成为推动中国金融民主化发展的新动力，使传统金融机构有明显的危机感，从而迫使传统银行主动改革。[①]

互联网金融的出现，最直接的影响促进了利率管理的放松，特别是直接影响到了存款利率，进而直接影响到了银行的资金成本。这种来自市场力量的冲击比监管当局和银行自身主动改革带来的压力更大。互联网金融在我国的出现，监管当局基本持包容发展的态度。随着未来市场的发展和监管的日臻成熟，银行体系之外的金融机构如P2P平台、众筹平台的规范发展，必将有助于完善我国多层次的融资体系结构，从而促进我国实体经济发展。

4. 需求拉动推动互联网金融爆发式发展

互联网自诞生之日起就是依靠不断创新获得持续成长的。互联网时代，个体的多样化、个性化、碎片化需求得到充分释放，并通过互联网创造出新的个性化的需求，从而有效地满足了客户和消费者的多层次、个性化和碎片化需求。从某种程度上说，互联网经济的根本出路就在于满足个性化需求。

满足用户多层次、多元化、个性化需求是金融互联网存在的根本基础。在互联网金融模式中，金融领域的中小微企业融资需求、个人小额融资需求、小额理财需求等个性化和碎片化需求，可以摆脱传统金融中介，在互联网中实现点对点匹配，规模化地满足用户的多元化、个性化和碎片化需求。

正是这种具备大众金融、自金融特征的互联网金融，长尾市场规模巨大，所产生的个性化需求非常多，可以聚集规模庞大的金融需求，成为非金融专业人士进入互联网金融的强大动力，推动互联网金融爆发式发展。

---

① 赵鹬."余额宝们"将推动金融民主化.中国经营报，2014-2-15.

第 二 章

创新：互联网金融模式的发展

金融互联网是技术层面的影响，互联网金融是社会层面的影响。互联网金融发源于欧美发达国家，在互联网技术和电子商务高速发展的推动下，2013年在我国异军突起出现爆发式发展。利用互联网技术的金融互联网，实现工具创新，金融服务更加便利化、低成本。互联网精神渗透到金融领域，借助互联网技术、大数据、云计算、社交网络、搜索引擎、移动互联网等技术，金融与互联网不断相互渗透和融合，创新互联网金融模式，发展碎片化、民主化、普惠化、个性化金融，对我国金融服务方式产生深刻变革，构建起一个丰富的金融生态体系。

第一节 互联网金融模式的界定与分类

国内互联网金融化与金融互联网化平行发展，即国内电商类企业借助互联网平台，利用信息处理和数据分析的优势，在线上开展贷款、支付、理财产品等金融业务。而传统金融机构是把互联网平台作为线上销售渠道进行支付、放贷、购买理财产品等金融服务。互联网金融模式不断创新，静态地分析互联网金融模式有较大局限性，需要我们站在更高的层次来看待互联网金融模式问题。

一、互联网金融模式的界定

学术界和实务界从不同角度对互联网金融模式的概念进行了界定，界定视角由狭隘到广义逐渐延伸，对互联网金融化模式的认识逐步深化。

谢平和邹传伟从融资模式的角度认为，互联网金融模式是不同于商业银行的间接融资和资本市场直接融资之外的第三种融资模式，该模式将对传统金融模式产生颠覆性的影响。而基于互联网金融运作模式的视角，发现互联网金融模式突破了传统经济理论中企业和市场的分界，并在吸取直接融资和间接融资的优点基础上，形成的一种新型金融运作体系。①

梁利峥和周新旺从信息技术的角度认为，互联网金融是依托于支付、云计算、社交网络以及搜索引擎等互联网工具而产生的一种新兴金融模式，主要包括第三方支付平台模式、P2P网络小额信贷模式、基于大数据的金融服务平台模式、众筹模式、网络保险模式、金融理财产品网络销售等模式。②

邓建鹏基于互联网思维的视角，认为互联网金融是互联网技术和平等、开放、分享、协作互联网思维提供的金融相关产品和服务。互联网金融与传统金融的垄断、集权、封闭、高高在上的特色有明显差别。互联网金融虽源自民间金融，但受互联网与信息技术改造和影响，具有普惠金融、成本低、效率高等独特优势，从而服务于大量小微企业或个人。③

互联网金融的发展始终围绕着金融互联网化和互联网金融化的融合理念，所以，我们认为，互联网金融模式是指互联网企业、传统金融机构等任何主体，体现互联网精神，基于互联网平台，运用大数据、云计算技术、社交网络、搜索技术、移动互联网等技术，开展金融业务的新型金融服务模式。

二、互联网金融模式的分类

从互联网金融的盈利模式、商业模式，学术界和实务界对互联网金融模式进行了分类。我们通过归纳与辨析，理清互联网金融模式分类。

---

① 谢平，邹传伟. 互联网金融模式研究. 金融研究，2012（12）.
② 梁利峥，周新旺. 互联网金融十大生意模式. 经理人，2013（8）.
③ 邓建鹏. 互联网金融的发展趋势与风险. 互联网金融，2013（12）.

(一) 学术界对互联网金融模式分类的解析

谢平等认为互联网金融模式包括支付方式、信息处理和资源配置三个核心部分①。平安陆金所副总经理楼晓岸也认为，互联网金融是处于资本市场的直接融资和商业银行的间接融资之上的第三种全新融资模式②。

一般认为，互联网金融模式可细分为传统金融服务的互联网延伸、金融的互联网居间服务和互联网金融服务三种主要模式③。然而，互联网金融模式不仅局限于这三种模式，依据互联网金融的主体和商业模式的不同，互联网金融模式又可分成互联网企业或传统电商直接提供金融服务、互联网平台发展的网络借贷、众筹融资、传统金融业通过电商平台做金融四种④。但是，从国内金融实践的维度来看，它还包括网络银行、金融理财产品网络销售、第三方电子支付、网络保险销售，以及网络小额信贷等五种模式⑤。

根据 Osterwalder 博士对商业模式的分析范式，互联网金融的新兴商业模式可分为通用支付平台、在线 P2P 支付、互联网人人贷、在线个人理财、社交网络投资平台、Solomo 金融服务、金融大数据七种⑥。

直到 2011 年，随着国内最早的众筹平台点名时间的上线，互联网金融模式日益丰富，逐渐扩展为第三方支付平台模式、P2P 网络小额信贷模式、众筹模式、虚拟电子货币模式、基于大数据的金融服务平台模式、P2B 模式、互联网银行模式、网络保险模式、互联网金融门户模式、节约开支方案模式十种，其中，P2B 模式和节约开支方案模式是首次产生于互联网金融模式里⑦。

近年来，中国出现了若干种互联网金融模式创新。通过整理与归纳基本成型的互联网金融模式可分为基于互联网的融资（P2P 网贷和众筹）、第三方支付及移动支付、金融搜索与比价网站、其他模式（如基于大数据的金融服务、电子货币、虚拟货币、比特币等互联网金融创新产物）等四大类⑧。

---

① 谢平，邹传伟. 互联网金融模式研究. 金融研究，2012 (12).
② 何翠婵. 互联网金融创新小微企业融资模式. 现代物流报，2013 - 9 - 1 (13).
③ 李博，董亮. 互联网金融的模式与发展. 中国金融，2013 (10).
④ 刘新海. 互联网金融新模式探析. 金融电子化，2013 (4).
⑤ 刘爱萍. 如何促进互联网金融规范发展. 光明日报，2013 - 7 - 29 (7).
⑥ 孙浩. 互联网金融的新兴商业模式. 中国信用卡，2013 (9).
⑦ 梁利峥，周新旺. 互联网金融十大生意模式. 经理人，2013 (8).
⑧ 邓建鹏. 互联网金融的发展趋势与风险. 互联网金融，2013 (12).

（二）实务界对互联网金融模式分类的探析

实务界从金融服务的提供方和受众方的角度，细分了互联网金融模式。实务界认为，国内互联网金融的模式分为互联网支付、互联网小额贷款、个人对个人（P2P）网贷、互联网销售金融产品和众筹融资五类[①]。

基于互联网金融行业特点的视角，艾瑞咨询把互联网金融分为支付结算、网络融资、虚拟货币、渠道业务和其他模式五种类型。其中，支付结算包含第三方支付；网络融资包括 P2P 贷款、众筹融资和电商小贷；虚拟货币是比特币为代表的非实体货币；渠道业务涵盖基金、券商等金融或理财产品的网络销售；其他模式含有金融搜索、理财计算工具、金融咨询、法务援助等。与此同时，以萌芽期、期望膨胀期、行业整合期、泡沫化低谷期和规范运作期作为横坐标，用社会预期作为纵坐标，能描绘不同时期的互联网金融模式，展示不同时期的特点及企业应对策略变化轨迹[②]。

通过归纳和梳理近年来互联网金融的相关资料，罗明雄和丁玲深入分析互联网金融的创新产品，最终得出第三方支付、P2P 网贷、大数据金融、众筹、信息化金融机构、互联网金融门户等六大互联网金融模式[③]。

根据互联网金融的广义定义，从起源角度，刘明康和梁晓钟将中国互联网金融分为三类：第一类是以传统银行为基础派生出来的，如传统银行自身建立的网上银行。这类互联网金融的出现，为银行开拓了线上领域，延伸了银行的触角，似乎更应该称为金融互联网化。第二类是传统银行与互联网互相依存的，如网上支付结算。这类互联网金融的代表是第三方支付，其中在中国占半壁江山的是以电商为平台的支付宝。第三类是以互联网为基础，异军突起，自由发展出来的，如网上融资，代表企业或者商业模式包括余额宝、人人贷、阿里金融等。[④]

根据学术界和实务界对互联网金融模式的不同分类，我们总结如表 2-1 所示：

---

① 安平. 传统金融应吸纳互联网金融导入的平等理念. 第一财经日报，2013-12-6.
② 艾瑞咨询. 2013 年互联网创新金融模式研究报告. 艾瑞网，2013-7.
③ 罗明雄，丁玲. 互联网金融六大模式深度解析. 中国科技财富，2013（9）.
④ 刘明康，梁晓钟. 银行与互联网金融：不一样的风控. 新世纪，2014（3）.

表2-1　　　　　　　　互联网金融模式分析

类别	作者	角度	分类
学术界	谢平，邹传伟	融资模式	支付方式、信息处理、资源配置（三类）
学术界	刘新海	互联网金融的主体和商业模式	互联网企业或传统电商直接提供金融服务、互联网平台发展的网络借贷、众筹融资、传统金融业通过电商平台做金融（四类）
学术界	孙浩	商业模式	通用支付平台、在线P2P支付、互联网人人贷、在线个人理财、社交网络投资平台、So-lomo金融服务、金融大数据（七类）
学术界	梁利峥和周新旺	商业模式	第三方支付平台模式、P2P网络小额信贷模式、众筹模式、虚拟电子货币模式、基于大数据的金融服务平台模式、P2B模式、互联网银行模式、网络保险模式、互联网金融门户模式、节约开支方案模式（十类）
实务界	安平	金融服务的提供方和受众方	互联网支付、互联网小额贷款、个人对个人（P2P）网贷、互联网销售金融产品、众筹融资（五类）
实务界	艾瑞咨询	互联网金融行业特点	支付结算、网络融资、虚拟货币、渠道业务、其他模式（五类）
实务界	罗明雄和丁玲	创新产品	第三方支付、P2P网贷、大数据金融、众筹、信息化金融机构、互联网金融门户（六类）

三、互联网金融的典型模式

根据融资方式，多数研究者提出了各种类型的互联网金融模式，如P2P贷款、众筹融资和阿里小贷等，这些模式的金融服务主体和还款方式虽有所不同，但其业务类型都同属平台融资范畴。随着互联网金融服务主体和还款方式的多元化发展，如果根据此类思路划分互联网金融模式，必然会出现更多种类的新模式，针对新模式后期的梳理与分析，将较难得到一个清晰的结论。

根据互联网金融服务形式、互联网金融服务主体和商业模式三个视角分析的互联网金融模式，能体现出不同模式条件下，资金流向的差异化，如P2P贷款模式的资金流向是个人对个人，但众筹融资模式的资金流向是群体对个人；移动支付的资金流向是个人对个人或群体，可第三方支付的资金流向是个人或群体对个人或群体。然而，不同种类模式之间可能存在同种特性，如P2P贷款模式和众筹融资模式，虽资金流向不同，他们却具有平台融资的特征；移动支付和第三方支付都呈现出电子支付的特性。

总之，根据我们对广义互联网金融概念的阐述，互联网金融模式的第一层面可分为互联网企业（互联网金融）和传统金融机构（金融互联网）依托互联网开展的金融服务，如图2-1所示。针对这两类机构开展互联网金融的不同方式，互联网金融模式的第二层面可细分为支付清算、财富管理、投融资服务、线上渠道和网络银行。其中，前三者属于互联网企业线上开拓互联网金融业务的范畴，而后两者则是归为传统金融机构在线上拓展金融业务渠道。

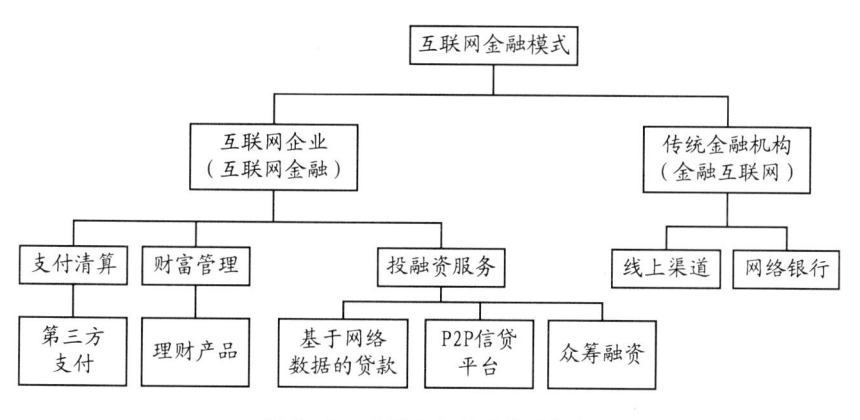

图2-1 互联网金融的模式框架

我们首先从互联网企业线上开展互联网金融业务和传统金融机构拓展线上业务渠道两个维度，深入分析开拓互联网金融业务的根本原因；其次，分别详细讨论两个机构进行互联网金融业务的流程；最后，梳理并剖析两个机构展开互联网金融业务的不同演进路径，为本书第三章和第四章的分析奠定理论基础。

第二节　互联网企业线上开拓互联网金融业务

近年来,互联网企业为争夺互联网金融的大市场,他们以现有客户群为基础,与多家传统银行合作,基于互联网平台,创新出网上支付平台、网上渠道销售理财产品、网上投融资信贷平台,从而实现互联网中渗透着支付结算、存款和贷款三种传统金融机构的功能,突出了互联网金融化的含义。互联网企业通过互联网平台,创新了支付清算、财富管理和投融资服务,其中,支付方式以第三方支付为代表;财富管理体现了理财产品的销售;投融资服务主要涉及P2P信贷平台、众筹融资、基于网络数据的贷款三种方式,如图2-2所示。

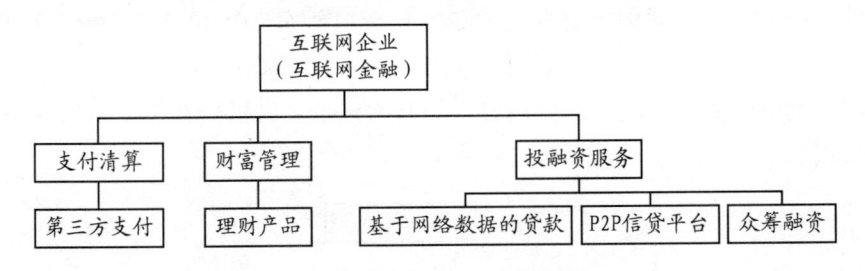

图2-2　互联网企业开拓互联网金融业务框架

一、互联网企业开展互联网金融业务的动因

2013年是互联网金融发展的元年,在这一年中互联网金融火爆得超乎想象,无论是互联网企业,还是传统金融机构都相继拓展了互联网金融业务。那么,作为新兴行业的互联网企业,开展互联网金融业务的动因在哪儿?

1. 互联网企业经营理念与传统金融服务理念产生矛盾

互联网企业是以互联网为依托进行经营行为的企业,互联网企业必须遵循"开放、平等、共享、协作、创新"的互联网精神才能生存。在开放的互联网世界中,企业之间没有任何潜在的物理壁垒,信息对称的成本较低,信息处理的效率较高,最大程度地释放和展示企业信息。而传统金融服务是天然的垄断者,在这种服务体系中,银行极大地发挥了中介作用,由于信息不对称,过分依赖银行中介带来的效率和成本等问题,使得服务无法实现大规模的个性化。从而违背了互联网精神的主旨,偏离了互联网企业生存的规则。

2. 国外互联网金融三大模式独领风骚

一是目前美国的 P2P 市场主要由 Lending Club 和 Propser 垄断，占据 80% 的市场规模，其中 Lending Club 的累计交易额近 18 亿美元。2013 年 12 月初，Lending Club 的贷款达到 30 亿美元，并不断推出如"Lending Robot"的新服务，表现出稳健的发展趋势。①

二是众筹最早起源于美国，但近年来，该模式在欧美国家也迎来了黄金上升期，最具代表性的是成立于 2009 年 4 月 Kickstarter。截至 2012 年，该平台共发布项目数 27086 个，其中，成功项目为 11836 个，项目共融资 99344382 美元，参与投资支持项目的人数已经超过 300 万，2012 年全年营业收入超过 500 万美元。当然，欧美以外的国家和地区中，众筹模式也迅速传播开来。2012 年，美国研究机构 Massolution 在全球范围内对众筹领域展开了一项调查。结果显示，该年度全球众筹平台筹资金额高达 28 亿美元，而在 2011 年只有 14.7 亿美元。②

三是海外第三方支付平台知名度最高的是 PayPal，它成立于 1998 年的在线支付公司，2012 年 12 月底营收规模达到 55.7 亿美元。2013 年，PayPal 与 Discover 合作，致力于开拓线下市场。根据《2013 年海外第三方支付企业研究报告——PayPal》显示，PayPal 的业务核心是支付服务，包括互联网支付、移动支付等；延伸是商业服务，涉及代收代购、跨境电商以及 O2O 服务等；发起趋势是数据服务，即营销服务、信贷金融服务等。③

3. 我国拓展互联网金融的三大机遇

一是传统金融无法满足国内中小微企业需求。传统金融机构，尤其是银行，凭借独特的金融杠杆效率，拥有强大的传统金融市场定位权，借助国家政策监管的倾斜力度，挑选偿债能力较强的大型企业进行放贷，多数小微企业则被银行拒之门外。所以，对比国外 P2P 的市场环境，P2P 信贷公司在中国拥有更好的发展土壤，利用互联网平台，为部分小微企业或个人与投资者之间提供桥梁，缓解小微企业资金链的燃眉之急。

二是国内通过膨胀与银行低利率的双重压力。通过膨胀与银行利率管制的大环境下，为了使个人资金达到保值增值的效果，很多人正处于银行存款与实地投资两难的徘徊。此时，通过互联网平台，销售一些金融产品，金融产品销

---

① 徐潇，张夏欣．海外互联网金融三大模式领风骚．证券时报，2013 – 12 – 27.
② 范家琛．众筹商业模式研究．企业经济，2013（8）.
③ 徐潇，张夏欣．海外互联网金融三大模式领风骚．证券时报，2013 – 12 – 27.

售资源得到合理配置，金融产品的投资收益有显著提升，从而实现个人资金的保值增值。

三是第三方支付提高了资金结算的便捷性。国内传统支付是以货币或银联信用卡为主，大大提高了付款人的时间成本，同时也增大了银行与商家之间的结算成本。因此，借鉴国外 PayPal（第三方支付平台）的支付经验，基于互联网平台，采用第三方支付公司连接不同银行之间资金划转的枢纽，成功解决了线下购物线上跨行支付的高效问题。

二、互联网企业开拓互联网金融业务的模式

（一）创新的支付清算方式

互联网企业与传统金融机构相互依存创新出的网上支付方式，占据了小额支付结算领域的大部分江山，最具代表性的是第三方支付。2011 年 5 月，央行给第三方支付机构颁发首批牌照，截至 2013 年 7 月，央行发放了 250 个第三方支付牌照。据 Enfodesk 易观智库最新数据显示，2013 年全年中国第三方支付机构各类支付业务的总体交易规模达到 17.9 万亿元，同比增长 43.2%，如图 2-3 所示。

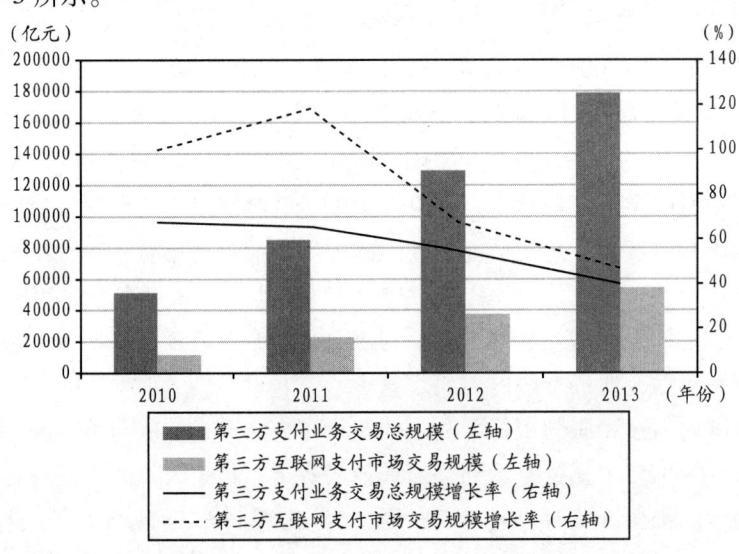

图 2-3　第三方支付市场规模及变动

资料来源：天拓咨询．互联网金融与传统银行业务比较分析．2014-3-28．

1. 第三方支付

第三方支付是指，与产品所在国家的各大银行，以及国外各大银行签约，并具备较好信誉和实力的第三方独立机构，在其提供的交易平台上进行产品支付的行为，如图2-4所示。在第三方支付的交易过程中，首先买方浏览产品销售网站选购商品，并下订单后，选择第三方平台提供的支付功能进行打款；再由第三方独立机构确认货款到达，并通知卖家发货；接着买方收到货物后，就可以告知卖家，同时利用第三方平台支付；最后，第三方支付平台再将款项转至卖家账户。显然，安全、高效的互联网支付体系是互联网金融创新的题中之意。

在买卖双方之间作为中介机构提供网络支付、预付卡发行预受理、银行卡收单以及其他支付服务的非金融机构称为第三方支付企业。国内规模较大的第三方支付企业有阿里巴巴旗下的支付宝、腾讯旗下的财付通、中国银联等。

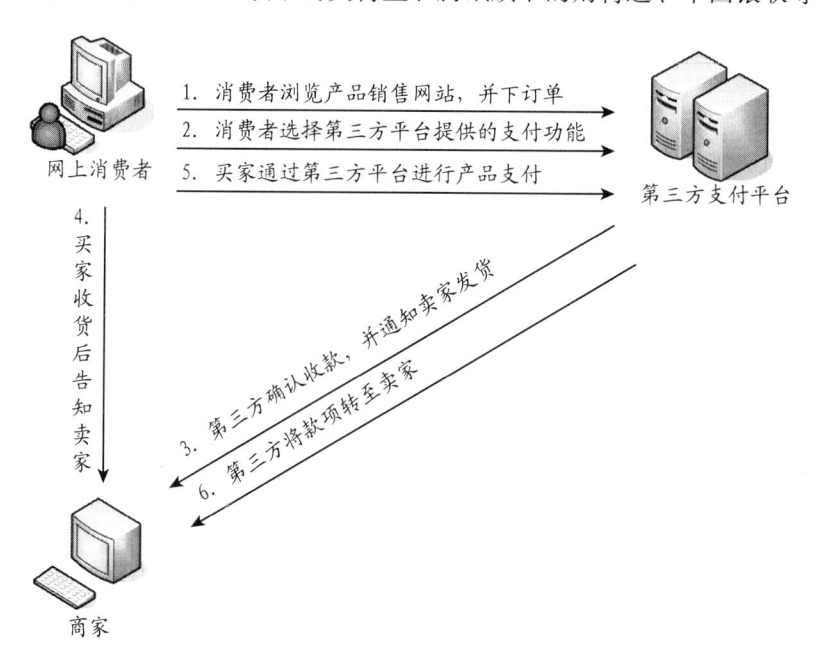

图2-4 第三方支付交易流程

资料来源：比特网官网，www.chinabyte.com。

除了支付宝、财付通、中国银联等第三方支付服务提供商，通用支付平台逐渐成为第三方支付的主流，其价值内涵为为客户提供一个灵活的、可二次开发的支付结算基础设施。因此，目标客户不是个人用户，而是电子商务企业、金融企业、拓展新兴支付渠道的创业企业和第三方支付服务提供商等。这些企业能将自身平台提供的支付功能与通用支付平台企业相结合，或基于通用支付平台开发出更灵活和专业的支付服务。

通用支付平台企业主要开展的业务是开发、销售和运营平台服务，收入客户的支付交易服务费。关键资源是接入底层清算结算网络的准入资格，而关键合作方是应用开发者和相关企业。通用支付平台的成本主要来源于支付平台开发、销售和运营成本，还包括付给底层清算结算网络的交易费用。

在美国，IP COMMERCE 就是一家开放的通用支付平台创业公司。IPCOMMERCE 向客户提供一系列的支付工具和开发接口，为电子商务企业、金融企业、拓展新兴支付渠道的创业企业和第三方支付服务提供商等，提供了方便灵活的创新环境。这种支付平台的服务理念，促使 IPCOMMERCE 将公司定位为商务运行的操作系统，其他一切需要支付结算的行为都可以通过平台为依托进行开展。

当前领先的支付服务企业也在积极探索平台模式。例如，PayPal 先是推出了集成开发平台 PayPalX，接着又整合到 eBay 的整体电子商务解决方案平台 X. commerce。在国内，随着《非金融机构支付服务管理办法》的逐步实施，支付业务的开放发展也得到了长足进步，支付宝和财付通也在逐渐丰富它们的支付平台服务。

（1）支付宝。

浙江支付宝网络技术有限公司由阿里巴巴集团创办，从 2004 年建立开始，始终以"信任"作为产品和服务的核心。发展到现在已成为中国国内规模较大的独立第三方支付平台，公司致力于为中国电子商务提供"简单、安全、快速"的在线支付解决方案。

支付宝公司不仅在线支付在产品上确保用户安全方面具备优势，同时让用户通过支付宝在网络间建立起相互的信任，为建立纯净的互联网环境迈出了重要的一步。显然，支付宝在电子支付领域稳健的作风、先进的技术、敏锐的市场预见能力赢得银行等合作伙伴的认同。

迄今为止，凭借公司管理、先进技术、发展空间方面的出众，支付宝已于国内工商银行、农业银行、建设银行、招商银行、上海浦发银行等各大商业银行及中国邮政、VISA 国际组织等各大机构建立了深入的战略合作，不断根据客户需求推出创新产品，逐渐打造为金融机构在电子支付领域最为信任的合作伙伴。

支付宝公司从出现后就把公司定位在国内市场,所以公司采用了符合中国人习惯的运营方式,为网上买卖双方交易活动提供一种"中介"服务,充分发挥了对网上交易行为的监督和担保作用。支付宝公司采取与国内各大商业银行、金融机构签订战略合作的方式,从而分散了公司自身的运营风险。

与此同时,基于支付宝公司具有强大的第三方支付服务,阿里巴巴集团旗下的淘宝网为了锁定或吸纳更多的客户,逐渐与国内的多家知名物流公司紧密合作,通过引入物流后在对货物的验证上多一个监督的角色,进而大大地降低了运营成本,提高了企业运作的效率。淘宝网从最初承诺3年不收费,发展到不断对淘宝的服务和产品进行升级和改造,吸引了众多网商。从2003年10月淘宝网最初为了解决网络交易安全推出支付宝,到2004年12月独立成为浙江支付宝网络技术有限公司。根据艾瑞咨询的数据显示,截至2013年6月,支付宝的市场份额为60.7%,位居第三方支付市场第一位。

支付宝服务的具体运行流程如图2-5所示。首先买方在网上选中自己所需商品后,通过阿里旺旺软件与卖方取得联系并达成成交协议,同时买方需要把货款汇到支付宝这个第三方账户上。然后,支付宝作为中介立刻对卖方进行收款确认,并通知发货。最后,待买方收到商品并确认无误后,支付宝才会把货款汇到卖方的账户,完成整个交易。而支付宝作为代收代付的第三方商品交易中介,主要是为了维护网络交易的安全性。

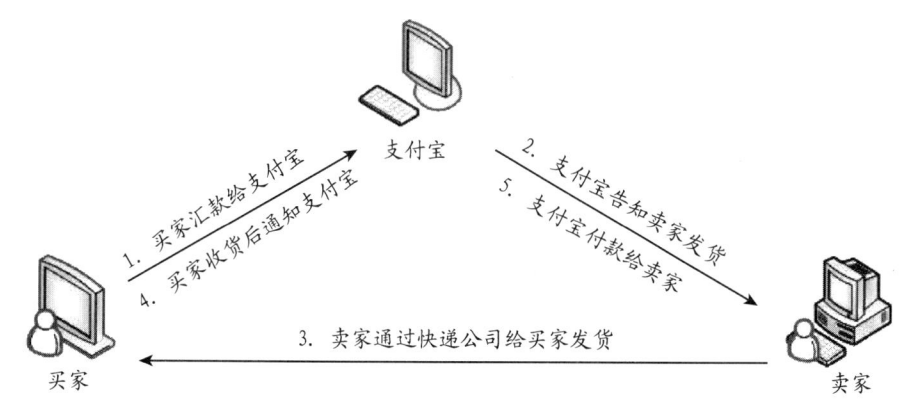

图2-5 支付宝运行流程

(2)财付通。

腾讯旗下财付通是腾讯集团的第三方支付品牌,财付通与支付宝几乎是在同一时期获得央行颁发的第三方支付牌照。但截至2013年7月,根据全球互联网数据监测服务商 Hitwise 首次发布中国第三方支付平台点击访问市场份额数据，按照支付平台点击访问次数来衡量的结果显示，支付宝和财付通两家占据了超过 90% 的市场份额，支付宝超过 60%，财付通以 29.4% 排名第二。显然，支付宝在第三方支付市场的脚步明显比财付通走得快，多年来，支付宝几乎独自撑起了第三方支付市场的半壁江山。

然而，在手握雄厚资本和海量用户的腾讯的支持下，财付通明显加快了追赶支付宝甚至想超越它的步伐。作为腾讯的应用平台，财付通于 2005 年正式上线，成立起初的几年里一直在模仿支付宝、快钱等同行。一位曾经在财付通任职的人士认为："近年来，腾讯为了与阿里巴巴抗衡，现已把财付通置于微信系统内实现了一种创新。财付通的市场份额一直落后于支付宝的根本原因是，财付通从成立到现在，虽有第三方支付的名头，可始终没有成为腾讯的核心业务。腾讯主要专注于集团关系链业务领域、游戏收入等方面"。

财付通最能发挥作用，并给腾讯带来收益的是基于腾讯游戏。阿里巴巴与腾讯不同，电子商务对阿里巴巴至关重要，第三方支付作为开展电子商务的方式之一，也发挥了决定性的作用，因此，阿里巴巴致力于拓展支付宝业务，为后期集团发展奠定了良好的基础。随着 2011 年移动互联网的大幕开启，到后来微信支付的上线，腾讯在电子支付这块的发展思路开始变得越来越清晰，此时集团内部才开始重视财付通的成长。财付通率先在技术上实现了创新，构建了分布式处理系统。

财付通的应用方向则是在金融理财。两年前，来自香港的职业经理人赖智明被腾讯高层从 QQ 会员团队"空降"到财付通担任总经理。他在财付通所做的第一件事就是全力推动快捷支付上线，直至今天推出的微信支付就是之前的快捷支付的战略延伸。从快捷支付到微信支付，再到推进互联网金融，财付通在金融理财中扮演的是一个桥梁的角色，资金从银行出，经过财付通，流向基金公司。

根据赖智明提供的数据显示，腾讯开放平台上的第三方开发者现在分成达到 30 亿元，活跃用户 2 亿户，这种巨大的流量和商业价值，凸显了财付通金融开放平台的价值。他认为财付通不会满足于仅仅作为一个支付通道，因为渠道模式没有竞争力。未来财付通会与银行、基金公司、券商和保险公司产生更多的合作，初期的互联网金融产品将以银行理财产品以及以货币、债券等风险可控的固定收益类产品为主。同时，还会基于微信支付的互联网金融模式，提供违章缴费、买机票、买保险等服务。

总之，互联网金融时代由招商银行的马蔚华、阿里巴巴的马云、腾讯的马化腾以及中国平安的马明哲组成的"四马"团队，利用各自的牌照、业务模式和客户资源在互联网金融领域率先发力。如今随着微信支付的上线，腾讯旗下的财付通为这个四马金融图平添了几分色彩。财付通凭借腾讯的两大巨无霸产品——微信和手机QQ，有可能改变第三方支付行业的格局。

根据央行公开披露的资料显示，以第三方支付、网络信贷、众筹融资以及其他种类网络金融服务平台为代表的互联网金融正在中国迅速崛起。仅以支付宝、财付通为代表的第三方支付为例，其2012年的市场规模就已经超过了10万亿元，这个数字相当于我国2012年的财政收入，未来还有无限可能。

2. 虚拟货币支付

虚拟货币是互联网形态之一。除第三方支付外，虚拟货币支付是互联网买卖双方另一种重要的支付方式。当今国外非常火爆的是比特币支付，而国内普遍适用的是Q币支付。

（1）Q币支付。

1998年11月，在深圳成立的腾讯控股有限公司，是当时中国最早的通信软件开发商，也是目前中国市场上最大的互联网即时通信软件开发商。腾讯经过几年的发展，现已成为中国市场上最大的互联网综合服务提供商之一，也是拥有网民数量最多的互联网企业之一。

从腾讯公司的成长历程中不难看出，1999年2月腾讯就正式推出了国内第一款通信软件——OICQ，后来为了避免与ICQ混同产生法律纠纷，腾讯把OICQ改名为腾讯QQ。网民先通过腾讯网站申请免费或付费的QQ号，并下载QQ软件，然后利用QQ软件可以与同学、朋友、亲属进行跨地区、跨时区的视频交流。这种独特的即时交流优势，助使QQ逐渐成为国内最流行的通信工具，据腾讯官网数据显示，2000年5月QQ同时在线用户突破10万个，直到2010年3月在线用户突破了1亿个。可见，QQ已经是国内网民相互联系的必备工具，同时也是人们在生活、工作、学习方面的助手。

QQ软件虽然能免费使用，但腾讯公司开发了QQ软件附加的几十种产品，并创造出了腾讯软件世界中的虚拟货币——Q币。根据腾讯官网公布的兑换规则，1元人民币换1Q币，1元人民币又能换10Q点，有时大量人民币兑换成Q币或Q点会有相应的促销折扣。当然，Q币也能1对1地换成人民币，1Q点只能换0.1元人民币。

除了 Q 币和 Q 点之外，腾讯为支撑 QQ 游戏的发展，公司还发行了多种网络游戏币，可游戏币是依靠 Q 币或者 Q 点进行兑换。毋庸置疑，Q 币是腾讯公司各软件、游戏之间通用的虚拟货币。显然，腾讯公司发行 Q 币的本质是为了销售自己的产品，统一币种便于产品交易。如图 2-6 所示，Q 币交易流程图。作为支付平台的财付通，则是为网民提供安全的网上交易支付平台。

买家选择物品 → 填写订单信息并下单 → 选择Q币支付 → 买家在Qzone里查收物品 → 交易完成

图 2-6 Q 币交易流程

（2）比特币支付。

2009 年世界上出现了一种新的虚拟货币——比特币，它基于一套密码编码、通过复杂算法产生，可以通过任意一台接入互联网的计算机实现在全球范围内的流通，任何人都可以挖掘、购买、出售或收取比特币。虽然比特币是虚拟货币，但具有稀缺性、可兑现性、可交易性和互联网支付成本极低的特点，已经演变为拥有实际价格的虚拟数字资产。[①] 比特币作为虚拟货币的一种，很多国家的部分商户逐渐接受这种支付方式。据统计数据显示，全球支持比特币支付的商家已达 7500 家。中国少数商户也慢慢接受比特币的支付方式，如北京市海淀区的"车库咖啡"开始接受比特币支付。[②]

自比特币产生以后，由于其稀缺性、可兑现性、可交易性和互联网支付成本极低的特点，比特币的价值逐渐呈现出爆发式增长，根据数据显示，截至 2013 年 10 月，中国国内比特币日均交易量换算为人民币已达 3.5 亿元左右，从事二级市场交易的平台接近 30 家，总注册用户超过 20 万个，日均交易用户近 4 万个，比特币币值也持续升值，超过了 2600 元人民币。特别是 10 月市场规模增长迅速，进入 11 月国内比特币持有量已稳居世界第二，交易量跃居世界第一[③]。多家上市公司在比特币身上看到了很多金融业务的交易商机，并寻求与比特币的合作。

例如，火币网，它是国内较为著名的用比特币进行金融业务交易的网站之一。基于比特币的市值不断上升，火币网为投资者开设了"融资融币业务"、

[①] 叶檀. 要警惕疯狂比特币带来的投资风险. 中国广播网, 2013-11-19.
[②] 罗明雄, 唐颖, 刘勇. 互联网金融. 中国财政经济出版社, 2013, p.11.
[③] 张月光. 比特币日交易量达 3.5 亿，联合上市公司试水金融产品. 21 世纪经济报道, 2013-11-15.

大宗交易撮合等金融业务，未来有可能上线比特币抵押贷款功能。同时，国内A股上市公司大智慧正在与火币网商讨收购或战略投资事宜，双方也可能联合推出更多比特币的金融业务。

那么，用户具体是怎样基于火币网平台进行融资融币业务的呢？其实道理很简单，当用户判断比特币价格可能要上涨时，他们通过火币网借贷中心，借入人民币购买比特币，如果比特币价格真上涨了，他们在把比特币出售，以偿还借入的人民币，除去还债的余款就是他们的利润。反之，假设用户判断有误差，比特币价格出现下跌趋势，他们当即使用借币功能借入比特币进行出售，等到比特币价格下跌之后，再购入一定数量的比特币归还系统。

用户在火币网的借贷中心借入的比特币数量有限，一般额度控制在个人净资产的2倍左右，个人净资产的计算标准是按照当时比特币币值折合为人民币计算。当然，如果用户的总资产低于借贷金额的110%时，火币网为确保借出的资金安全，系统将会对用户的资产强制采取偿还借币款的行为。火币网的收入来源于以单利方式对融资或融币进行计息，借贷利息标准根据用户的等级确定，日息范围是0.1%~0.2%①。

除了融资融币业务外，火币网还为用户提供大宗交易的撮合业务，并通过场外交易中收取1%的手续费作为收入。该网站为了试水互联网金融的P2P贷款业务，他们根据用户在火币网的比特币资产，申请到不超过其价值为60%的人民币贷款，这种新型P2P比特币抵押贷款业务，区别于现有多数P2P网贷平台。与此同时，火币网希望未来能推出具有金融业特征的配套增值服务，他们现在也正和大智慧商讨收购事宜。

然而，比特币作为一种新生的虚拟货币，对于各国监管机构而言，看不清比特币的本质与价值，只好选择任其发展的宽松对策。实际上，比特币从产生到现在，依然存在三个方面的问题：

第一，比特币有聚集财富的效应。2009年比特币诞生至今，人们把注意力都投向于比特币的本身，几乎没人关心比特币的创造者，其主要原因是比特币具有稀缺性、可兑现性、可交易性和互联网支付成本极低的特点，导致人们赋予它极高的价值，再加上多数用户或企业都想从比特币的价值中获取收益，所以比特币的价值像"滚雪球"一样，不断的上升。同时，比特币兑换各国

---

① 张月光. 比特币日交易量达3.5亿，联合上市公司试水金融产品. 21世纪经济报道，2013-11-15.

本地货币的汇率也越来越高,从而形成了大量财富逐渐涌向比特币的局面。

第二,比特币涉及产品非法交易。由于比特币是基于一套密码编码、通过复杂算法产生,并且,比特币较高的市值受到人们追捧,所以多数计算机高手都想通过技术来破解比特币的算法,收集更多的比特币,但结果都以失败告终。值得关注的是,比特币最初应用于一个贩卖毒品、军火和儿童色情产品的网站,该网站的产品均用比特币支付,产品总交易额达到了12亿美元[1]。显然,比特币是新型的虚拟货币,各国对其政策较为宽松,导致很多不法分子都希望通过比特币来完成非法交易,获取巨额利润,从而扰乱了全球互联网的市场秩序。

第三,比特币的市值存在泡沫。比特币作为一种新型的虚拟货币,从生产到发行,更多依赖于网络和技术。根据它自身的一些特点,被人们赋予了很高的价值,并且能在现实生活中兑换很多实物产品。但是,比特币缺乏传统货币的真正价值,可能内藏了太多的泡沫。就像2008年中国股票一样,在股民庞大的信心、各方较好的预期和世界热钱的涌进等因素的催促下,国内股市奋勇上扬,基本每天都有新高点。可好戏不长,华尔街的贪婪产生了美国金融危机,最终波及中国经济,其中股市泡沫已经破裂,出现了整体下滑的场景。

(二)独特的财富管理方式

近年来,互联网企业与基金公司合作推出余额宝、理财通等理财产品,由此引发了互联网企业与传统金融机构的"抢钱战"。

1. 余额宝

随着余额宝的横空出世,改变了传统意义上的货币基金。余额宝作为第一只互联网金融产品,完全脱离了传统基金业的操作方式和募集手段。在互联网企业不断抢占传统金融机构业务的背景下,谁都没想到第一枪竟然会在围墙最高的基金业打响,这也恰恰是一场传统金融机构从边缘震撼中心的好戏。

2013年6月,阿里巴巴旗下支付宝公司宣布与天弘基金合作推出"余额宝"。根据支付宝和天弘基金公布余额宝的2013年成绩单,截至2013年12月31日,余额宝用户数已经达到4303万人,存量资金规模1853亿元人民币。

---

[1] 葛甲. 比特币带给这个世界哪些难题?. 钛媒体,2013-11-17.

截至 2014 年 2 月 26 日,余额宝的用户数超过了 8100 万,资金规模已超过 4000 亿元①。

"余额宝"摆脱了传统基金销售模式的束缚,将基金营销与第三方支付平台结合,开拓了网上理财新模式,能够为支付宝用户零散的闲置资金提供理财渠道,低门槛、高收益的显著优势,带动了余额宝的资金规模快速增长。另外,"余额宝"业务具有即时交易的特性,支付宝把投资资金与消费资金的形成有效对冲,并充分运用沉淀资金,确保客户在投资过程中能够随时进行消费行为。余额宝资金运作流程如图 2-7 所示。

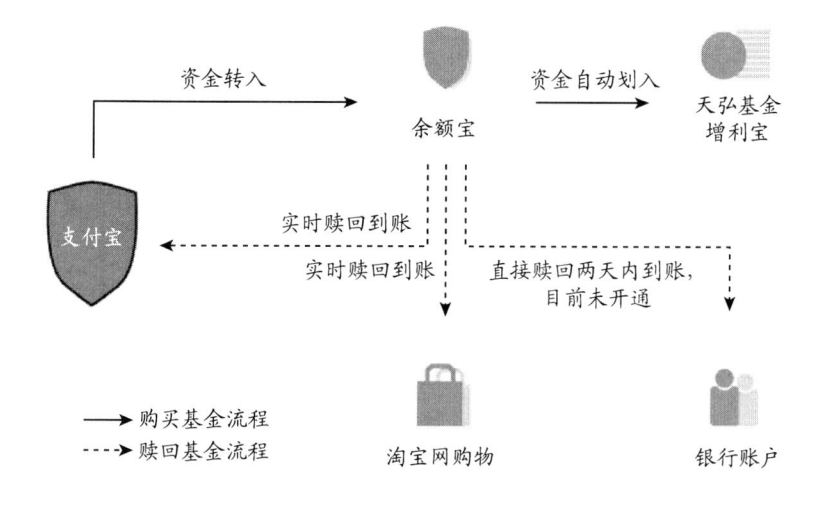

图 2-7 余额宝资金运作流程

资料来源:财新网,other.caixin.com/2013-07-06/100552377.html.

2. 理财通

2013 年支付宝和天弘基金合作推出"余额宝"后,腾讯公司也不甘示弱,终于在 2014 年 1 月 22 日,腾讯与华夏基金合作发行 7 日年化收益率为 6.4350%,相当于活期存款的 16 倍以上的理财通,正式登陆微信。理财通当天募集到的资金就有 8 亿元。打破了 2013 年 6 月 13 日上线的余额宝,第一天募集资金 3.5 亿元的记录。腾讯推出的理财产品,取得了"开门红"的好业绩。

---

① 由曦,刘文君,董欲晓. 立规互联网金融. 财经,2014 (9).

专栏2-1 理财通"夜半进村"

2013年6月,支付宝联合天弘基金推出"余额宝"后,互联网金融战役开始打响。在"余额宝"之后,百度、网易等互联网平台也陆续推出理财产品,分别对接华夏现金增利货币基金以及汇添富现金宝。

在2014年初,互联网理财战斗又增添了新成员。1月13日,苏宁云商通过旗下第三方支付平台易付宝推出名为"零钱宝"的余额理财产品,与广发基金、汇添富合作;另外,中国平安也在1月16日推出了有类似功能的电子钱包壹钱包。据不完全统计,目前市场上直接取名为XX宝的理财产品已达到20余只。

而微信理财通,没有大张旗鼓的宣传,也于1月15日晚上10点悄然试水。

1月15日当晚试运行的"微信理财通"规定显示,在试运行期间每个账户每日转出金额不超过6000元,每日可转出3次,其中11家银行支持2小时内到账,其他银行则需要1~3天到账。

另外,微信理财通产品7日年化收益率在6%左右,在试运行期间,微信理财通的资金存入限额为单日单卡不超过8000万元。

不过不到24小时,理财通则宣告首批体验名额已满。21世纪网1月16日上午在绑定储蓄卡后,试图转入金额但多次提示系统繁忙。随后,在弹出的提示框中显示,"理财通第一批体验名额已满,敬请期待第二期开放"。而且,目前该产品只对苹果手机开放。

总之,余额宝、百发、零钱宝等理财产品火暴的根本原因是,货币基金利用金融互联网化的销售渠道,发挥产品低门槛、高收益、存取便利性的优势,吸引了网上投资者的零钱,能否长期通过PC端吸收更多的投资者?由于智能手机功能的日益丰富,预计未来互联网企业仅需要开放移动终端业务,无论是主动型和被动型的货币基金理财产品净值都可能上涨。

(三)普惠的投融资方式

1. P2P信贷平台

P2P信贷(Peer-to-Peer lending),是点对点信贷的简称,或者称为个人对个人信贷，在央行的相关文件里，称为人人贷。P2P 信贷不以传统金融机构作为媒介的借贷模式。它通过互联网搭建个人信贷平台，借款人和出借人可在平台进行注册，需要钱的人发布信息，有闲钱的人参与竞标，如果借款人和出借人双方意愿相投，就能够在更广阔的时间和空间实现资金的有效配置，如图 2-8 所示。

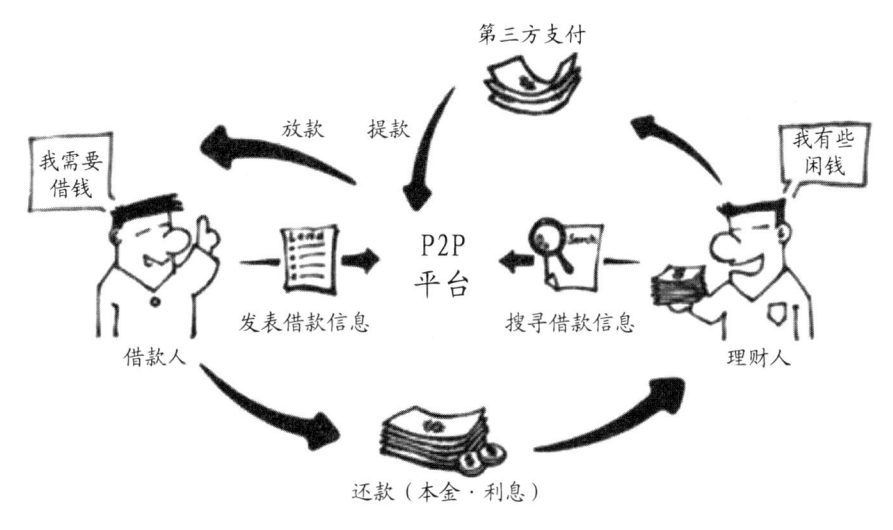

图 2-8 P2P 交易流程

资料来源：红网综合，money.rednet.cn/c/2013/01/16/2881112.htm.

P2P 信贷平台的内在价值是让用户以适合的成本出借/借入资金，目标客户分为投资方和借贷方，投资方可以获取比传统理财产品更高的资金回报，而借贷方可以更方便和低成本地获得资金。平台为客户提供在线资金供求匹配、信用评估、资金转账、风险监督等服务。业务流程、客户数据、风险模型、人才团队以及政策性准入资格等关键信息也是平台给投资方和借贷方进行交易的重要保证。

当然，P2P 信贷公司会根据信用评估机构以及相关金融机构的信息，负责对借款人资信状况进行考察。平台的成本主要是在线系统的建设、运营和营销费用、账户管理费以及向合作方支付的服务费用等，收入来源于成功交易的服务费用和向合作方收取的分成费用。

P2P 信贷的发展背景是中小企业一直未能得到传统金融机构有效的资金，来缓解企业运营、扩张过程中资金链条周转不畅的问题，而互联网信息技术，大幅降低了信息不对称和交易成本，使 P2P 信贷呈现逐渐上升的趋势。

国内 P2P 借贷平台最早出现于 2006 年，发展迅猛，截至 2012 年底出现了宜信普惠、冠群驰骋、汇中财富、人人贷、红岭创投、合力贷、拍拍贷、贷帮网等多家信贷公司，年放款额度最高达到 300 亿元，如表 2-2 所示。据 2013 年 7 月 10 日第一财经新金融研究中心发布的《中国 P2P 借贷服务行业白皮书 2013》数据显示，截至 2012 年 12 月，P2P 平台线上借款余额将近 100 亿元，投资人超过 5 万人，若加上没有统计的 P2P 平台线下业务，借贷余额和投资人数可能倍增。据网贷之家估算，截至 2013 年 9 月，P2P 网贷平台数量已达 500 家左右，与 2012 年相比增长 500% 左右，新增平台的上线速度达到每天 3~4 家①。央行数据显示，截至 2013 年 12 月 31 日，在全国范围内活跃的 P2P 网络借贷平台已超过 350 家，累计交易额超过 600 亿元。

表 2-2　　　　　　　2012 年我国 P2P 信贷平台前 10 排名

排　名	名称	年放款额度（亿元）	地域	贷款模式
第一名	宜信普惠	300	全国	线上和线下
第二名	冠群驰骋	60	全国	线上和线下
第三名	汇中财富	35	全国	线上和线下
第四名	融宜宝	30	全国	线上
第五名	红岭创投	26	深圳	线上
第六名	信而富	20	全国	线上
第七名	拍拍贷	18	全国	线上
第八名	东方富通	15	北京	线上和线下
第九名	贷帮网	9	全国	线上
第十名	易贷网	5	全国	线上

资料来源：TechWeb 官网的公司动态栏目，www.techweb.com.cn。

在国外，2007 年成立的美国 Lending Club 公司，是目前国外最成功的人人贷平台之一，摩根士丹利前 CEO John Mack 为其董事会成员。自上线以来已经累计撮合交易金额超过 8 亿美元，且增长速度迅猛。相比传统银行贷款流

---

① 罗明雄，唐颖，刘勇. 互联网金融. 中国财政经济出版社，2013，p.18.

程，投资人和借贷人通过该平台可以大大减少双方的交易成本和复杂性。Lendingclub 通过社交网络来拓展借贷关系，同时开源了自己的风险评估算法，通过用户反馈来及时调整，这两个做法都有效降低了投资借贷风险。据其数据显示，到 2012 年年中已经促成会员间贷款 6.9 亿美元，利息收入约 0.6 亿美元[1]。该平台的不良贷款率在 2.7% 左右，而一般信用卡业务的违约率在 5% 以上[2]。

P2P 信贷在线上和非典型 P2P 信贷两种模式[3]的基础上，从交易行为的角度，把 P2P 信贷分为三种典型的模式：第一，无担保模式。这种模式的特点是不承诺保障本金的 P2P 网站，以上海的"拍拍贷"为唯一代表。当贷款发生违约风险，拍拍贷不垫付本金。第二，担保模式，该模式下的优势是 P2P 信贷平台与保险公司合作，承诺出借人保障本金和利息的 P2P 网站，一旦贷款发生违约风险，这类网站承诺先为出资人垫付本金。目前市场上以此种模式运营的 P2P 网站占绝大多数。第三，债权化交易模式。这类模式下的 P2P 网站仅提供交易的信息，具体的交易手续、交易程序都由 P2P 信贷机构和客户面对面来完成。首批入驻温州民间借贷中心的"宜信"是这种模式的典型代表。另外，以豪门身份进入 P2P 领域的证大集团旗下的"证大 e 贷"和中国平安旗下的"陆金所"也是此种模式。以下将针对这三种典型的 P2P 信贷模式展开深入探讨。

（1）无担保模式。

P2P 信贷改变了个人借款都是通过中介来实现，存款汇集到传统银行，由传统银行统一放款的方式。当今 P2P 信贷最为典型的模式之一是无担保模式，就是借助 P2P 融资平台，出借人可以自行将钱出借给在平台上的其他人，平台不给出借人提供承诺保障本金的服务，平台只通过制定各种交易制度来确保放款人更好地将钱借给借款人。同时，平台还会提供给出借人一系列服务性质的工作，帮助更好地进行借款管理。在这类 P2P 信贷平台中，所有的制度和服务其实都是围绕着搭建更为安全、稳定、长效的融资平台，以吸引更多的人参与交易。

P2P 信贷平台的出借人和借款人双方的地位相对独立，平台作为纯中介方，只提供各种有利于双方交易的服务，并不参与交易的主体行为，也不会对

---

[1] 谢平. 迎接互联网金融模式的机遇和挑战. 21 世纪经济报道, 2012 - 9 - 3 (16).
[2] 孙浩. 互联网金融的新兴商业模式. 中国信用卡, 2013 (9).
[3] 李博, 董亮. 互联网金融的模式与发展. 中国金融, 2013 (10).

交易双方有倾向性意见，更不可能作为借款方式里的一个主体。款项出借的最终决定权，由出资人掌控。出资人可以根据平台所设定的一系列交易制度作为基础，独立判断出资行为，同时承担出资后的后果。无担保型的P2P信贷平台，利用优秀的交易制度和交易服务吸引更多出资人的进入。

显然，在互联网没有出现以前，传统借贷方式已经延续了千年，由于传统借贷中信息的不对称，以及风险控制的较低，所以借贷双方只存在于熟人之间，规模有限。随着典当行等专业中介机构的逐渐发展，借贷双方也向社会人群扩张，传统银行作为贷款方，利用统计学的规律和风险控制技术，一步步安全的拓展贷款规模，从而形成了一个循环的贷款链条。但信息技术的进步，互联网金融模式的不断创新。无担保型的P2P信贷平台，已经在互联网环境下取代典当行等传统中介，并以"井喷式"的方式出现和成长。

世界第一家P2P信贷公司Zopa于2005年在英国伦敦成立。美国的第一家P2P信贷公司Prosper于2006年在加州三藩市成立，随后还有德国的Auxmoney、日本的Aqush、韩国的Popfunding、西班牙的Comunitae、冰岛的Uppspretta、巴西的Fairplace，等等。[①] 截至2012年10月，美国最大的P2P信贷公司是Lending Club，其次是Prosper。Lending Club完成了8.3万次交易，涉及金额近10亿美元。Prosper完成超过6.4万次交易，涉及金额4.2亿美元，并且每年的增长超出100%，利息的浮动空间大致为5.6%~35.8%，违约率为1.5%~10%。

我国P2P信贷公司的诞生和发展几乎与世界同步，2007年8月中国第一家P2P信贷公司——拍拍贷成立。截至2012年12月底，全国P2P信贷公司总共超过300家，行业交易总量高达200多亿元，其中排名靠前的15家P2P类网站交易额占到整个行业的45%左右，接近70亿元交易额。地域分布以广东省、浙江省、上海市和北京市较为聚集。

（2）担保模式。

担保模式是最安全的P2P信贷模式，这种担保模式主要是P2P信贷平台与保险公司合作，为出借人提供保障本金和利息的服务，假设贷款方出现违约行为，那么P2P信贷平台承诺先为出资人垫付本金。国内具有担保模式较为典型的P2P信贷平台是平安陆金所，它是大型金融集团推出的互联网服务平台。它与其他平台仅仅几百万的注册资金相比，陆金所4亿元的注册资本显得尤其

---

① 李博，董亮. 互联网金融的模式与发展. 中国金融, 2013 (10).

亮眼。

此类平台有大集团的背景，同时也是由传统金融行业向互联网布局，因此在业务模式上金融色彩更浓。从风险控制的角度来看，陆金所的 P2P 业务依然采用线下的借款人审核，与平安集团旗下的担保公司合作进行业务担保。为了更好地控制风险，陆金所还从境外挖来了专业团队做风控。这种以线下审核、全额担保的方式进行 P2P 信贷业务，其成本并非所有的 P2P 信贷平台所能负担，无法作为行业标配进行推广。

但最为出众的是，陆金所采用的是"1 对 1"模式，其中 1 笔借款只有 1 个投资人，需要投资人自行在网上操作投资，投资期限为 1~3 年，该模式刚推出不久，就被网民一抢而空。由于 1 对 1 模式债权清晰，陆金所在 2012 年底推出了债权转让服务，缓解了供应不足和流动性差的问题。其实，这类 P2P 信贷模式，本质上属于信贷资产证券化的模式，前者更多其实是平安担保产品的证券化的过程，规模的大小其实是受到平安担保的担保规模和担保能力的限制，坏账率直接取决于平安担保公司的运营能力。

又如，以"合力贷"为代表的担保模式，当借款人的借款需求超过 3 万元以上时，必须到合力贷公司进行面审，因为我国征信制度尚不完善，"合力贷"本身需要通过线下面审的方式，鉴别借款人资料的真假，从而提升自身的风险控制。

（3）债权化交易模式。

债权化交易模式是我国 P2P 信贷的特有模式，以宜信为代表，采用 P2P 平台下的债权合同转让模式，也可称为"多对多"模式。借款需求和投资都是随机组合的，甚至有可能由宜信负责人唐宁自己作为最大债权人将资金出借给借款人，然后获取债权对其分割，通过债权转让形式将债权转移给其他投资人，获得借贷资金。

宜信因其特殊的借贷模式，制定了"双向散打"风险控制，通过个人发放贷款的形式，获得 1 年期的债权，宜信将这笔债权进行金额及期限的同时拆分，从而实现宜信利用资金和期限的交错配比，不断吸引资金。这种一边发放贷款获取债权，一边不断将金额与期限的错配，不断进行拆分转让的模式，就是宜信模式的特点。当然该模式可复制性较强。其构架体系可以看做是左边对接资产，右边对接债权，宜信的平衡系数是对外放贷金额必须大于或等于转让债权,如果放贷金额实际小于转让债权,就等于转让不存在的债权。①

总之,P2P 信贷平台如果进行拆解,显然就是线上拉储,线下放贷的行为。其实更多的 P2P 信贷平台是建立在出资人对平台,与平台对借款人的基础上,借款人和出资人的信息起初都是相对隔离的,他们通过平台获取对方信息,利用不同信贷模式,进行借贷行为。通过分析无担保模式、担保模式和债权化交易模式,这三种模式应该是互联网金融中 P2P 信贷平台融资的经典模式。后文将介绍除 P2P 信贷平台之外,另一种平台融资方式——众筹融资。

2. 众筹融资

众筹融资(crowd funding),意思是通过互联网为投资项目募集股本金②。2009 年美国网站 Kickstarter 成为最早设立的众筹平台,迄今为止已经经历了 4 年的成长时期。直至 2011 年,众筹逐渐引入中国,当时点名时间是我国最早成立的众筹平台,随后追梦网、淘梦网等众筹平台相续成立。学术界和实务界人士已经对众筹平台展开深入研究,中国国内社会进入到互联网金融的时代,很多互联网金融模式,如 P2P 信贷、众筹融资、阿里小贷等一系列互联网平台融资的专有名词出现在大家面前,但深究其真正含义,多数人往往都将众筹融资模式与 P2P 信贷模式产生混淆,较难区分二者的关系。

众筹融资与 P2P 信贷平台相比,众筹融资模式完全依赖于互联网平台,利用网络社交工具募集投资人,项目发起人不对投资人许诺任何资金上的收益或回报,而是通过实物、服务、媒体内容等回馈投资者。具体而言,众筹融资是基于投资的共同目标,采用社交网络的形式将个人投资者和投资经理联系起来,为投资者提供透明、公开、选择的投资方式,是真正利用了互联网的传播优势,体现了社交网络投资平台独特的价值内涵,如图 2-9 所示。

根据投资者的类型,众筹融资平台的目标客户可细分为两类:一类是投资经理,是指通过平台分享自己的投资物品和投资成绩。另一类是个人投资者,主要依据投资经理的成绩记录,主观筛选是否跟随投资经理的投资策略。然而,项目发起人和投资人都是基于平台提供的投资社交网络进行客户关系管理,同时,平台为客户提供的关键业务包括平台开发、平台销售和平台运营等服务。最为重要的是,平台的成本主要来源于系统的开发运维费用、付给证券交易服务商的佣金以及与投资经理的收入分成。个人投资者的投资回报佣金以

---

① 中国电子商务研究中心.2013 年证券行业互联网金融报告,2013-10-9.
② 谢平.迎接互联网金融模式的机遇和挑战.21 世纪经济报道,2012-9-3 (16).

第二章 创新：互联网金融模式的发展

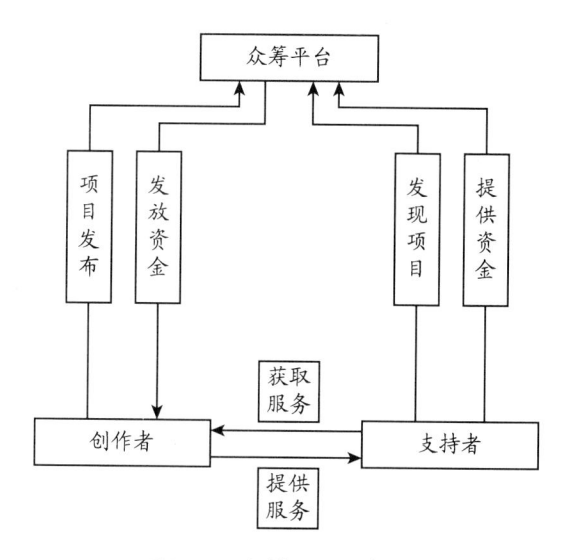

```
                        众筹平台
         ┌─────────┬──────┴──────┬─────────┐
         │         │             │         │
       项目      发放          发现       提供
       发布      资金          项目       资金
         │         │             │         │
         ▼         ▼             ▼         ▼
              获取服务
         创作者 ◄────────── 支持者
              提供服务
```

图 2-9 众筹平台交易流程

资料来源：王莉. 众筹模式里的艺术突围. 重庆青年报，2013-6-27.

及广告收入则是平台的主要收入。①

依据项目本身而言，每个众筹项目都会设定筹资目标和筹资天数，在设定天数内，达到或者超过目标金额，项目就成功了，发起人可获得资金。反之，如果项目筹资失败，已经获得的资金将全部返还给支持者。发起人不单是一个点子或者一个概念就进行募集，而是设计图、成品、策划之类的创意只有达到可展示的程度，才能通过平台的审核。成功的众筹项目一般具有良好的包装展示和合理目标金额，筹资天数在30天左右，拥有3~5项符合支持者需求的回报方式。定期信息更新也是必要的，以便让支持者进一步参与项目。②

美国 Covestor 是一个基于社交网络的投资平台，他拥有美国证监会（SEC）的投资公司牌照，广泛地采用财富管理技术，用互联网汇集个人投资者，收取相应的投资佣金。该平台上拥有超过150名投资经理人，投资领域广泛，个人投资者可以比较和挑选投资经理的投资产品和投资业绩，并通过 Covestor 的专用个人账户，复制符合自己投资目标的投资产品和投资组合。同时，个人投资者还可以和投资经理人在平台上进行在线交流。

但是，众筹虽进入中国，当时点名时间是我国最早成立的众筹平台，但众

---

① 孙浩. 互联网金融的新兴商业模式. 中国信用卡，2013（9）.
② 余枚. 众筹兴起——互联网金融模式之三. 新理财（政府理财），2013（9）.

筹平台遇到了部分阻碍，主要包括四个方面的内容：

第一，网民思想较为保守，导致募资规模有限。中华民族具有5000年的历史文明，经历了封建社会的中国居民，在思想上较为保守。针对互联网众筹平台的投资行为，由于国内信用体系尚未健全，加上多数网民对其认识不足，他们习惯于为实体产品进行付费，面对概念中的产品，都抱着参与和观望的态度对待，所以难以形成较大的募资规模。

第二，国内营销手段多样，改变了众筹的本质。追梦网、淘梦网等众筹平台相续成立，标志着国内众筹平台的蓬勃发展，但由于国内对众筹平台缺乏监管。部分众筹平台为抢占市场，以概念商品通过其他渠道进行市场销售，赚取交易佣金，从而改变了众筹的本质。

第三，产品过多模仿，难以达到创新目标。国内社会民众缺乏对知识产权的保护意识，部分项目发起者的概念产品，基本以模仿为主，而标新立异的产品较少。再则多数众筹平台为了吸引更多的投资者，它们不惜降低产品准入门槛，为模仿的概念产品进行包装，尽可能多的募资，赚取更多的项目佣金。

第四，募资项目单一，项目类型受到限制。目前国内部分众筹平台网站营利性理念过重，导致其只能通过项目名义募集资金，并且支持的项目也仅限于设计、音乐、出版、游戏、摄影等少数范围。它们缺少对非营利性项目的募资活动。

3. 基于大数据的网络贷款

除上述P2P信贷模式和众筹融资典型的互联网金融平台融资模式外，还包括阿里小贷、京东供应链金融等基于网络数据的贷款，以下将对阿里小贷和京东供应链金融两种模式展开深入分析。

（1）阿里小贷。

阿里小额贷款，简称"阿里小贷"，是阿里金融为阿里巴巴会员提供的一款纯信用贷款产品。阿里小贷基于淘宝网、阿里巴巴、天猫等阿里巴巴旗下的所有电子商务商户信用评价体系，具有无抵押、无担保、网上作业、审批快捷等特征。针对每一笔贷款，阿里巴巴都是利用电子商务平台积累的交易数据，采用互联网大数据技术，通过大规模运算和风险模型设计，从而有效降低贷款的运作成本和操作风险，如图2-10所示。阿里小贷通过满足商户融资需求、建立信用评级和授信体系，最终形成了互联网金融中平台融资模式。

然而，从风险控制的角度而言，阿里巴巴通过自身电子商务商户的交易数据进行贷款风险判别，其中，交易数据是由客户评价度数据、口碑评价、货运

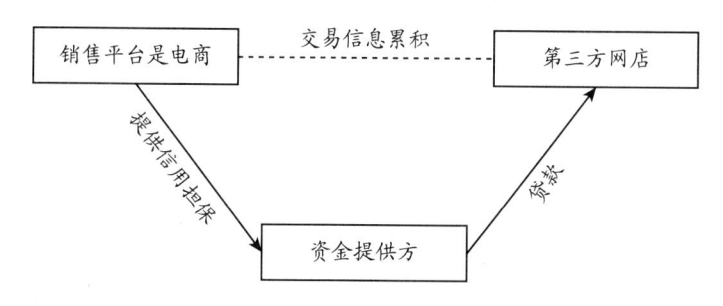

图 2-10 电商小贷的信用贷款流程

资料来源：黄海龙. 基于以电商平台为核心的互联网金融研究. 上海金融，2013(8).

数据、认证信息等多方面的交易基本情况，同时整合海关数据、税务、电力、水力等一些外部数据加以匹配，从而形成了一套独特的阿里小贷风控评价标准。由于阿里小贷资金的流向，以及客户上下游在阿里生态是全程可监控的，所以阿里小贷组建的定量化贷款发放模型，依据自身风控评价标准，较大程度地控制了放贷风险。

根据《证券日报》公布的数据显示，截至 2013 年 6 月底，阿里小微金融服务集团（筹）自营小微信贷业务 3 年来，已经累计为超过 32 万家电商平台上的小微企业、个人创业者提供融资服务，累计投放贷款超过 1000 亿元，户均贷款 4 万元，贷款不良率为 0.87%，该数字在小微信贷领域足够优秀。阿里小微信贷客户 2012 年平均占用资金时长是 123 天，全年的实际融资成本为 6.7%。[1] 另据《都市快报》的数据显示，截至 2013 年 10 月，阿里小微信贷已经累计为超过 50 万家小微企业解决融资需求，累计投放贷款超过 1200 亿元，违约率约 0.9%。[2]

显然，阿里小贷在短短 4 个月里新增了 18 万家小微企业，如此庞大的贷款扩张速度势必对商业银行贷款业务带来较大冲击。实际上，阿里小贷不会对商业银行产生重要影响，具有两个主要因素：

第一，阿里小贷的客户源受限。阿里小贷发放每笔贷款的风险评价数据，都来源于阿里生态系统中积累的交易数据，虽然阿里巴巴电子商务商户规模较大，阿里小微贷的服务目标也是 3 年内扩张到 100 万家客户，但这相对于全国的 4000 多万家小微企业来说，只占据了 25% 的市场份额，从而限定了贷款对

---

[1] 周勘, 马燕. 阿里小微信贷累计贷款超过 1000 亿元. 证券日报, 2013-7-9.
[2] 梁应杰. 点几下鼠标就能获得数十万贷款. 都市快报, 2013-10-19.

象的具体数量。由于阿里小贷的贷款客户数量受限，导致阿里生态的整体规模存在一定的局限性。因此，阿里小贷的贷款规模相对于整个社会的贷款规模，并不占很大比例。如果阿里小贷摆脱阿里生态系统，对外部社会进行放贷行为，有可能大幅度增加阿里小贷的贷款风险，与商业银行的放贷条件相比，不具备任何放贷优势。

第二，阿里小贷的资金受限。阿里小贷只能通过注册资本进行放款，虽然能向部分金融结构借款来缓解自身放贷资金的压力，根据规定，借款金额不能超过注册资本的2倍资金，所以阿里小贷的资金来源不是非常庞大。而商业银行，可以依据储户资金补充贷款金额，通过财务杠杆，可以给符合条件的人群进行放款，放款金额仅取决于贷款人的信用条件和资金需求。

阿里小贷是凭借其客户资源、电商商户交易数据，以及产品结构的数据与贷款信息进行整合处理，最终形成一套独特的风控评价标准。阿里巴巴根据这种信用评价体系，运用线下成立的两家小额贷款公司对电商平台客户进行贷款服务。由于一些P2P信贷平台，发现阿里巴巴信用评价系统较为严密，能较好地降低贷款风险。所以，他们与阿里小贷合作，利用其小贷公司为借款人提供信用担保。

典型代表如有利网。有利网的P2P信贷平台是纯平台型，不吸储，不放贷，只提供金融信息服务，由合作的小贷公司和担保机构为借款人提供双重担保。平台采取"1对多"的主要交易模式，即1笔融资项目，由多个出借人进行投资。该模式的根本优势是由中安信业等国内大型担保机构联合担保，保证投资人的资金安全。假如遇到部分坏账，担保机构会在拖延还款的第二日把本金和利息及时打到投资人账户。当然，有利网的P2P信贷平台也开展了债权转卖交易业务，如遇投资人急需用钱，他们可以通过转卖债权，从而随时把自己账户中的资金取走，这种既安全，又便捷的资金投资方式，备受多数投资者关注。

除此之外，电商小贷还将延伸出另一种信用贷——订单贷款，是指基于电子商务平台，第三方卖家为了缓解网店零时资金紧缺的问题，他们能用单笔已发货的订单作为筹码，向阿里小贷申请贷款。阿里小贷可以根据电商平台中已发货的订单作为抵押，把钱打入卖家在电商平台的账号里，从而实现第三方卖家放贷的行为。如果买家针对订单采取收货确认后，电商平台直接把钱还给阿里小贷，如图2-11所示。

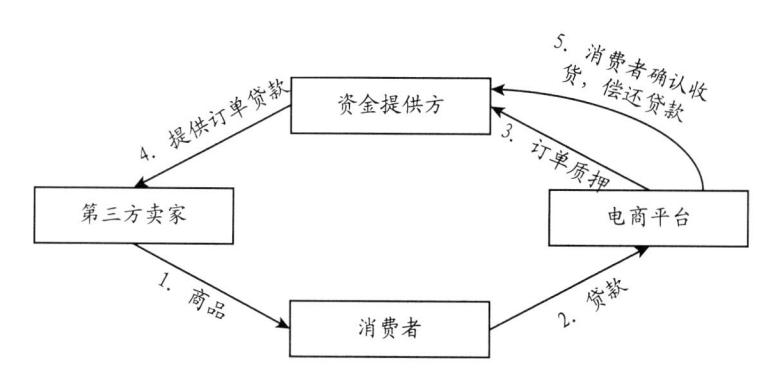

图 2-11 订单贷款的交易流程

资料来源：黄海龙. 基于以电商平台为核心的互联网金融研究. 上海金融，2013（8）.

（2）京东供应链金融。

近年来，国内所有电商平台蓬勃发展，在所有电商平台中，唯独京东以优秀的物流体系，成为 B2C 类电商平台的佼佼者。由于京东拥有强大的自建物流体系，自然在供应链方面的基础数据比较完善，再加上京东一直致力于融合电商、物流、技术以及金融四大板块，从而创造出具有京东特色，全新的互联网金融模式——京东供应链金融。京东拥有强大的供应链数据平台，可以根据客户需求量身定制金融服务。同时，高度集成和自动化的 IT 系统可帮助借款方在线申请，加快了贷款进度。而给予投资方在放款与监控风险方面保障资金安全。

京东供应链金融的贷款流程为，首先，供应商在给京东电商平台供货，依托京东电商平台渠道销售产品，由此电商平台积累了丰富的交易信息。供货商通过在线申请，向资金提供方申请贷款。其次，京东电商平台依据与供应商之间的交易信息和供应商的入库商品作为抵押，帮助供应商向出资方，提供信用担保。出资方对信息审核通过后，给予供应商贷款。最后，京东电商平台与供应商约定的结算账期到期后，为了减小偿还债务的风险，京东直接把供应商的货款，作为还债的形式给出资方。京东也有可能先返还供应商的货款，通过供应商给出资人进行还款，从而缓解了供应商因京东电商平台账期过长，产生资金周转不畅的局面，如图 2-12 所示。

2012 年初，京东供应链融资业务推出以来，该业务保持了高速成长的态势。迄今为止，累计融资额度已经超过了 80 亿元，最大单笔融资金额也超过

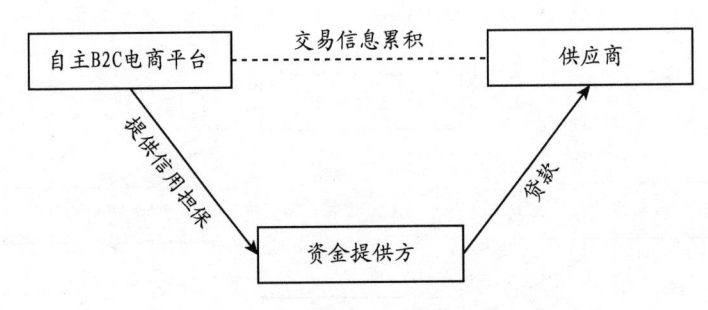

```
自主B2C电商平台  ---- 交易信息累积 ----> 供应商
       │                                    ↑
   提供信用担保                             贷款
       ↓                                    │
              资金提供方 ────────────────────┘
```

图2-12 京东供应链金融贷款流程

资料来源：黄海龙. 基于以电商平台为核心的互联网金融研究. 上海金融, 2013 (8).

了亿元[①]。其中，与京东合作的金融机构，已涵盖了银行、信托、基金、证券公司、担保公司、保险等诸多领域。尤其是京东收购网银在线以后，现拥有了第三方支付、保理、小额贷款以及基金支付等牌照。目前京东通过开放平台销售了各种互联网保险产品，未来可能朝着个人和企业的理财产品、个人信用消费产品等领域进军。

然而，继京东供应链融资业务之后，京东在2013年12月6日，正式上线了另一款名为"京保贝"3分钟融资到账的业务，这是京东基于互联网平台推出的又一项创新性快速融资业务。京东上万家供应商可凭采购、销售等数据快速获得融资，在无须任何担保和抵押的情况下，3分钟内即可完成从申请到放款的全过程，此类融资模式能有效地提高企业营运资金周转的问题。

"京保贝"主要是依靠京东平台上丰富的采购、销售、财务等数据进行整合、处理、分析，采用自动化的审批和风险控制保障资金。由于整个流程都需要基于互联网平台进行操作，所以放款的时间可由以前的按天计算，缩短到3分钟以内。最具特色的是"京保贝"的融资期限长达90天，并由供应商自主决定融资金额和还款时间。与其他平台融资相比，融资额度固定、审核周期长、开户和提交资料烦琐等诸多延长贷款时间的问题均不存在，该融资业务是在此前供应链融资服务的积累基础上，结合用户体验进行推广的，它拥有较强的灵活性。

京东集团金融发展部总监刘长宏表示，"作为中国最大的综合网络零售商，京东非常重视通过金融工具，为合作伙伴创造更好的价值。此次推出的'京保贝'3分钟融资到账业务，可以为客户提供额度灵活的融资和放款服务，

---

① 张倩怡. 3分钟融资到账：京东推出京保贝. 北京日报, 2013-12-7.

同时这种基于客户需求和互联网基因的业务创新,会成为京东金融业务发展的重要支点。"目前,该业务仅服务于京东供应商,后续还将推广至其他开放平台卖家。①

总之,虽然阿里小贷、京东供应链金融都标志着电商涉及金融领域,依然存在几个不同之处:第一,从互联网金融运营的角度而言,阿里小贷是自建金融体系,其中包括出资、信用评价系统、自动审批等流程。京东供应链金融则通过分析供应商与平台的交易数据来增强供应链金融服务。第二,从风险控制的角度,阿里小贷承担了出借资金的违约风险,而京东供应链金融只是为供应商和出资人之间提供信用担保和技术服务,京东并不承担实质性的风险。

实际上,阿里金融的阿里小贷业务,属于贷款业务,与传统金融机构产生了正面的竞争行为,由于阿里巴巴电商平台中的商户都以个体、小微企业为主,他们无力于向传统金融机构申请贷款,只能寻求阿里小贷的资金支持。阿里小贷基于这些商户的交易数据,采用自动审批的方式,通过自建的信用评价体系进行筛选,最终对信用合格的商户发放贷款。因此,阿里小贷与传统金融机构相比,具有小微企业和个体人群方面的贷款优势。

然而,以京东等为代表的供应链金融平台,更多的还是注重优化贷款流程、加快贷款速度、提高人性化贷款服务等方面,京东本身不介入具体的放贷审核与运作,他只帮助借款方向投资方提供信用担保,这种模式虽然也被认定为互联网金融,但更多的还是处理平台交易数据、帮助贷款人提交贷款申请、贷款人的信用担保等金融服务。所以,与传统银行相比,京东供应链金融帮助平台里中小型供应商户的快速贷款具有独特优势。

三、互联网企业拓展互联网金融业务的演进过程

互联网企业的生存、竞争与发展比拼的是速度。自从互联网企业涉足金融的支付、理财、信贷领域,利用搜索引擎、大数据、云计算等互联网技术处理金融数据发挥了重要作用,不断创造出新的支付方式、独特的财富管理方式、普惠的投融资方式,展示出了强大的优势。

(一)支付清算方式的演进

从2000年开始,互联网企业就进入到网上支付的业务中。支付是基础的

---

① 谭晓慈. 京东发力互联网金融. 经济参考报,2013-12-17.

金融服务，网络支付即是基础的互联网金融。随着网上支付发展，衍生出第三方支付、银联电子支付、扫二维码支付、声波支付等方式，如图2-13所示。

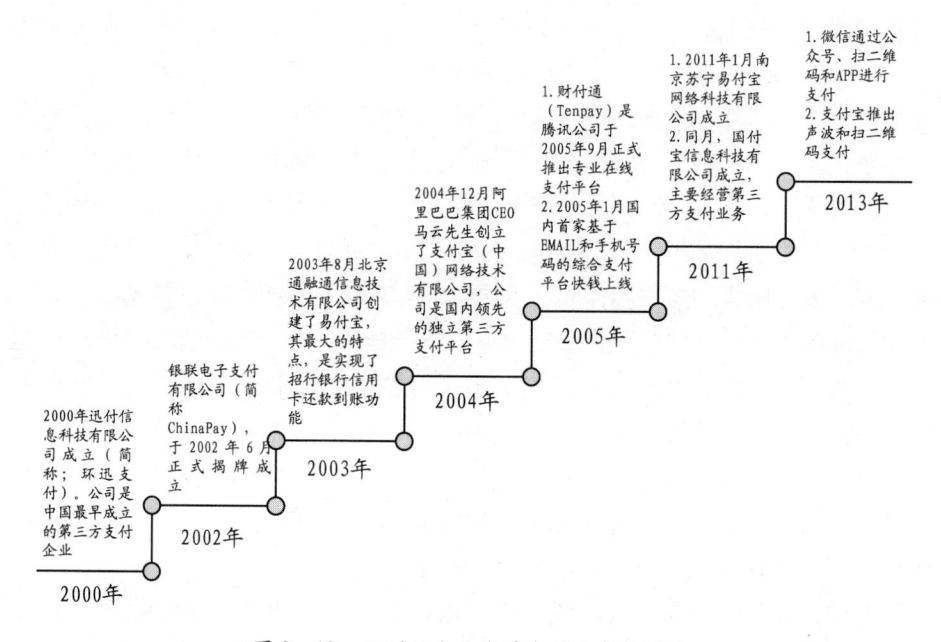

图2-13 互联网企业发展支付方式的演进

- 2000年：迅付信息科技有限公司成立（简称：环迅支付）。公司是中国最早成立的第三方支付企业
- 2002年：银联电子支付有限公司（简称ChinaPay），于2002年6月正式揭牌成立
- 2003年：2003年8月北京通融通信息技术有限公司创建了易付宝，其最大的特点，是实现了招行银行信用卡还款到账功能
- 2004年：2004年12月阿里巴巴集团CEO马云先生创立了支付宝（中国）网络技术有限公司，公司是国内领先的独立第三方支付平台
- 2005年：1. 财付通（Tenpay）是腾讯公司于2005年9月正式推出专业在线支付平台 2. 2005年1月国内首家基于EMAIL和手机号码的综合支付平台快钱上线
- 2011年：1. 2011年1月南京苏宁易付宝网络科技有限公司成立 2. 同月，国付宝信息科技有限公司成立，主要经营第三方支付业务
- 2013年：1. 微信通过公众号、扫二维码和APP进行支付 2. 支付宝推出声波和扫二维码支付

其中，第三方支付既带动了互联网属性与金融属性的融合，又带来了很多互联网金融的差异化产品。毋庸置疑，网上支付创造三个价值点：一是推动金融的电子化，降低信息不对称的成本，提高市场效率，弥补现有金融服务的缺陷。二是提升个人或企业之间的诚信度，促进了交易成交量的增加。三是累积买卖双方之间巨大的资源和大量交易数据，利用大数据分析技术去处理这些数据，能帮助买卖双方低成本高服务的完成交易。

智能手机的便捷性带动了扫二维码支付和声波支付的发展，是临界于银行支付系统之外创造的两个全新支付系统，传统的信用卡或借记卡支付方式已淹没在手机支付时代。因此，扫二维码支付和声波支付成为2013年最热门的支付方式。

（二）财富管理方式的演进

2013年互联网企业与基金公司打响了"抢钱战"，如图2-14所示。从阿里巴巴旗下支付宝与天弘基金合作推出理财产品余额宝。与一般的理财服务相比，余额宝具有低门槛、高收益、灵活的进入和推出机制等优势，开启了电商渠道的理财销售方式。根据余额宝官方数据显示，截至2013年6月30日24点，余额宝成立半月，累计用户数已经达到251.56万，累计转入资金规模66.01亿元。

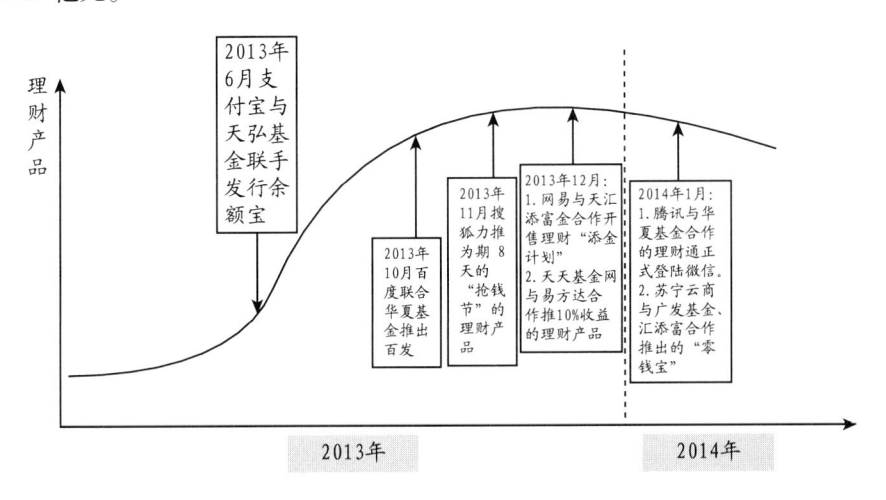

图 2-14 互联网企业发展销售方式的演进

如此惊人的资金规模，使得其他互联网企业为之眼红。在随后的半年中，百度即携手华夏基金推出理财产品百发。搜狐、网易、天天基金网也相继发行"抢钱节"、"添金计划"等理财产品。然而，2014年1月腾讯携4亿微信用户出现在烟火廖曼的"抢钱"战场，标志着"理财通"理财产品全面上线。同月，苏宁云商也发行了"零钱宝"理财产品。

这些互联网企业发行高达8%、9%，甚至10%年化收益率的理财产品，无疑给高膨胀低利率环境网民带来一场理财狂欢。很多人逐渐形成钱存在银行，并不是最好选择的观念。余额宝、零钱宝等互联网企业的"宝贝"理财产品越来越多，帮助网民省去出门排队之苦，把他们带入到"拇指理财"的移动互联网时代。

互联网企业对传统金融机构带来的实质影响是理念、技术和渠道等多方面的创新，他们打破信息不对称的壁垒，提高金融交易的效率，促进传统金融机构的改变，为企业自身和网民带来更多的互联网红利。

（三）投融资方式的演进

互联网企业发展投资方式主要采取P2P信贷平台、众筹融资、基于网络数据的贷款三种途径，如图2-15所示。

2007年	2009年	2010年	2011年	2012年	2013年
2005年，全球第一家P2P贷款公司在英国成立之后。2007年拍拍贷在上海成立，公司是<u>中国第一个P2P信用网上借贷平台</u>，并是P2P网络借贷行业内第一家拿到金融信息服务资质的公司。	红岭创投成立于2009年，总部在深圳，在网络借贷平台企业中唯一做了股份制改造的企业。	1. 2010年人人贷、E速贷、速贷邦，分别在北京、广东、杭州成立，标志着国内P2P领域逐渐步入成长阶段。 2. 2010年，阿里巴巴集团联合复星集团、银泰集团和万向集团在杭州成立浙江阿里巴巴小额贷款股份有限公司。	1. 2011年你我贷在上海成立了。 2. 2011年5月点名时间成立，又被称为"中国的Kickstarter"是国内首家众筹网站。同年，天使汇、追梦网两家众筹网站成立	1. 2012年岚兰易贷成立，总部在上海，隶属于岚兰投资。 2. 国内上线了觉JUE.SO、众筹网、淘梦网、乐童音乐、梦想汇等十余家众筹网站。 3. 京东上线京东供应链金融服务平台。 4. 苏宁小贷公司成立	1. 2013年又上线了综合类的中国梦网和互利网众筹、创业类的海秀众筹网、针对高校学子成立的酷望网等众筹网站。 2. 京东上线名为"京保贝"的3分钟融资到账业务。 3. 腾讯旗下财付通网络金融小额贷款有限公司成立

图2-15 互联网企业发展投融资方式的演进

在P2P信贷平台方面，P2P贷款的理念源起于1976年，但碍于技术限制，发展并不顺利。直到2005年，全球首家P2P贷款公司在英国成立。后来2007年，国内首家P2P信贷平台拍拍贷的诞生，代表着P2P正式传入中国。由于国内个人或中小企业融资难问题尚未解决，加上互联网金融市场处于"自由"阶段，P2P信贷平台经历了5年的发展，现已成为互联网金融领域的热门之一。但是，未来平台的健康成长，必须要依靠于行业规范和政策监管的力度。

在众筹融资方面，2009年第一家众筹网站在美国诞生。截至2012年底，该网站的融资规模高达3.2亿美元，创造了互联网金融的又一神话。直到2011年，点名时间的成立，意味着中国进入了众筹融资的门槛，此后一批同类网站先后登场。在美国，众筹模式有三种表现形式，分别是项目众筹、股权众筹、债权众筹。

我国项目众筹非常流行，很多项目都是通过书、电影、演唱会、课程等方式进行奖励，项目的支持者就是项目的推动者。像点名时间既是中国首家众筹网站，又是首家实行项目众筹模式的众筹网站。债权众筹在国内进展缓慢，可能触及非法集资的红线。股权众筹相比而言，可以通过设立复分置、有限合伙制企业来避免非法集资的法例。2011年上线的天使汇就是中国首家股权众筹网络平台。

众筹网母公司网信金融CEO盛佳表示，用众筹来做互联网金融课程非常有意思，例如，清华大学五道口金融学院互联网金融高级经理研修班众筹项目。把教育与众筹结合在一起的逻辑就是"定制模式"：听众可以自主选听、自由组合课程表，甚至可以坐到台上去，用自己的方式给大家讲课。显然，未来国内会出现涉及音乐、电影、出版、科技、公益等各种类型的众筹网站。

在基于网络数据的贷款方面。为了满足电商平台上小微企业的短、频、快的资金周转以及固定资产投资需求，多数电商企业通过建立小额贷款公司，拓展放贷业务。如2010年阿里巴巴集团抢先为快，在国内成立首家阿里巴巴小额贷款公司。除了自建小贷公司外，部分电商企业选择与银行合作的方式放贷，将平台客户推荐给银行，帮助他们获得银行授信。如2012年京东商城与中国银行北京分行合作，推出京东供应链金融服务。电商小贷公司经过3年的成长，业务范围逐渐扩大，业务量直线上涨，企业盈利能力不断增强，未来有很大的发展空间。

第三节 传统金融机构开展互联网金融业务

传统银行具备三大功能：存款、贷款和支付结算。随着互联网企业进入金融领域，传统金融机构逆袭在网上开展互联网金融业务。当前，传统金融机构与互联网企业厉兵秣马，正在展开一场激烈的互联网金融大战。目前，传统金融机构已基本形成了一套自身的互联网金融业务框架，如图2-16所示。传统金融机构主要通过线上渠道和网络银行两种途径开展互联网金融业务。

图2-16 传统金融机构开展互联网业务框架

一、传统金融机构开展互联网金融业务的动因

2013年,面对互联网企业通过支付方式、销售方式、投资方式开拓了相关的互联网金融业务,传统金融机构群起反击。传统金融机构开展互联网金融业务的主要原因是与互联网企业针锋相对吗?

1. 传统银行垄断地位受到动摇

一是银行客户资源被瓜分。与商业银行相比,互联网企业具备独特的、高效、便捷的客户体验优势,并拥有巨大用户群和大量交易数据。他们开始进入互联网金融领域,势必对银行的客户资源产生重要影响。在这过程中,多数商业银行不断调整组织架构或认识变动。如同睡狮醒来,传统银行的蜕变,抢夺客户的目标,代表着2014年互联网金融之战更为激烈。

二是银行中间业务影响较大。互联网企业开展互联网金融业务,尤其是第三方支付和理财产品销售渠道的中介业务,大大削减了银行在银行卡刷卡消费、消费者与商家之间结算方面手续费用的收入。同时,网上理财产品销售渠道也冲击了银行销售小额大众客户理财产品的数量,进一步缩减了银行代销理财产品获得手续费的收入。因此,为了守住原有理财产品的销售额,银行基于互联网平台,开拓了线上销售理财产品的业务服务,充分理解了金融互联网化的深刻内涵。

三是银行负债大幅度增加。商业银行一般通过储户存款和理财产品的方式,降低负债表中的负债成本。但互联网企业不断推出的余额宝、现金宝、易付宝等投资理财产品,由于门槛低、收益高的因素,受到多数消费者的青睐。因此,原本被冷落的货币基金,借助互联网的渠道优势,加以创新设计与包装,摇身变成明星产品,竞相追逐。业内估计,这种"宝类产品"2013年搬走了2000亿元银行存款,从而严重影响了商业银行的存款数量,银行只有采取提高负债成本的方式进行吸储,确保存款数量。

2. 大数据应用与分析技术推动保险业务不断创新

互联网企业利用数据够多、维度够杂的海量存储优势,通过整合网络全平台的多维度数据,开展互联网金融业务,绘制了一个又一个金融业务的完整视图。随着大数据技术应用到互联网金融领域,尤其是大数据保险定价问题。未来保险业可以根据某个企业或个人的行为数据,来确定实时的保险费用。例如,社会上每年车辆保险的费用都是依据汽车在过去的一年中事故发生概率而定。那么,在大数据技术应用的大环境下,多数险企业可以根据每个人所有大

数据的基础,包括爱不爱喝酒?是不是需要送小孩上幼儿园?你是不是经常加班?是不是经常睡不着觉?身体素质情况如何?等数据汇集在一起,估算出每个人可能产生事故的概率,从而为个人保险业务开辟了全面化、个性化的新特点。

3. 互联网技术对证券业产生了巨大影响

针对互联网金融的火爆场景,证券业应用互联网技术,一方面,大力发展互联网注册开户、线上买卖金融产品、与电商合作拓宽销售渠道等业务。另一方面,利用互联网技术中的搜索引擎和云计算收集大量股票信息和交易数据,通过数据分析技术,预测每个股票价格未来的涨幅情况。

二、传统金融机构开拓互联网金融业务的模式

(一)银行业

1. 手机银行

随着社会经济的发展和信息通信技术的进步,移动通信设备的渗透率超过正规金融机构的网点或自助设备,以及移动通信、互联网和金融的结合,移动支付替代传统支付业务(如信用卡、银行汇款),逐渐出现由移动运营商主导的手机银行,如图 2-17 所示。根据数据显示,全球移动支付总金额 2011 年为 1059 亿美元,预计未来 5 年将以年均 42% 的速度增长,2016 年将达到 6169 亿美元[①]。

这种新兴的手机银行模式主要来源于非洲国家,例如,在肯尼亚,手机支付系统 M-Pesa 的汇款业务已超过国内所有金融机构支付的总和,并逐渐涉及存、贷款等基本金融服务。显然肯尼亚的手机支付系统 M-Pesa 已经成为全球接受度最高的手机支付系统。肯尼亚 M-Pesa 的出现,最终得益于肯尼亚国家金融系统不发达,难以满足人们的基本金融服务,导致国民对基本金融服务的渴求非常高,从而造就了该手机银行模式的诞生。[②]

互联网金融模式下,以移动支付为基础的支付方式,是通过移动通信设备,利用无线通信技术来转移货币价值以清偿债权债务关系[③]。作为一种互联网金融模式,这种由移动运营商主导的手机银行,有可能对传统银行主宰的金

---

① Goldman Sachs. Mobile Monetization: Does the Shift in Traffic Pay?, 2012, June 4.
② 孙浩. 互联网金融的新兴商业模式. 中国信用卡,2013 (9).
③ 帅青红. 电子支付与结算. 东北财经大学出版社,2011,p. 35.

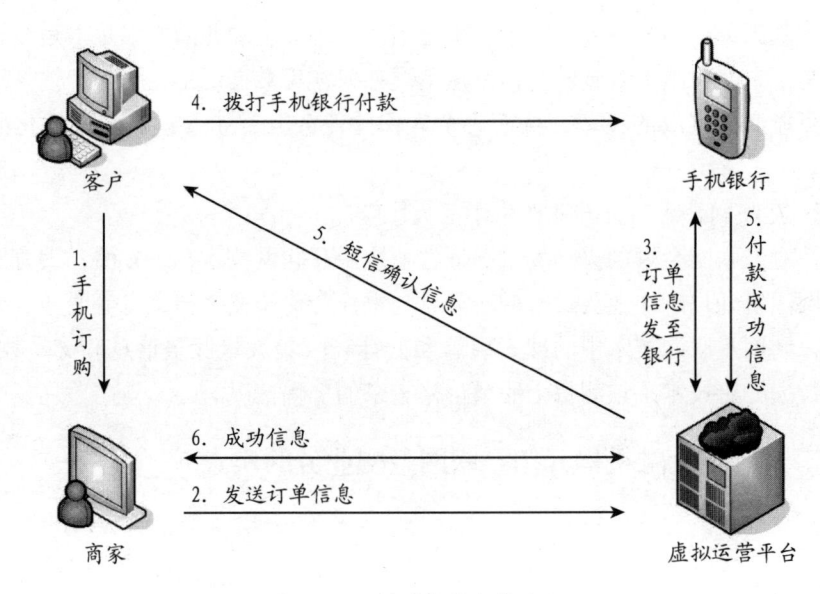

图 2-17 移动支付交易流程

资料来源：比特网官网，www.chinabyte.com。

融业产生破坏性的打击。与之同时，可能出现由第三方支付公司为主导的手机银行，如赞比亚的 CelPay，CelPay 与肯尼亚的手机支付系统 M-Pesa 一样，同属于互联网金融模式范畴，对传统金融业有着深远的影响。

Wi-Fi、4G 等技术发展，互联网和移动通信网络的融合趋势已非常明显。移动支付将与银行卡、网上银行等电子支付方式进一步整合，人们可以通过手机终端实现更便捷、更人性化，真正做到随时随地和以任何方式进行支付，必将全面取代现金，逐渐淡化实体金融机构的主导权。未来移动支付不仅能解决日常生活中的小额支付，也能解决企业之间的大额支付，完全替代现在的现金、支票、信用卡等银行结算支付手段[1]。根据 EnfoDesk 易观智库最新数据显示，2013 年第 1 季度中国第三方移动支付市场的交易规模达到 639 亿元，其中移动互联网支付交易增长迅速，达到 470 亿元。

国内移动支付中备受关注的是 2013 年 8 月 5 日腾讯高调宣布其旗下的微信 5.0 iPhone 版本正式上线。其中新增的"微信支付"功能尤其引人注意，该功能通过绑定银行卡，实现了在公众号、扫二维码、App 中的一键支付。据腾讯微信产品总监曾鸣介绍，微信支付能解决通过微信公众账号付费；通过第三

---

[1] 谢平，邹传伟. 互联网金融模式研究. 金融研究，2012 (12)。

方应用程序购物,如通过携程网购机票;二维码支付等三大问题。毋庸置疑,腾讯微信 5.0 的出现,将对微信目前 4 亿多的用户产生新的价值。

通过归纳和梳理国内各种手机支付方式,基本可分为三种模式:

(1) 由银行与客户双方构成的模式。

这种模式是移动运营商,通过客户所拥有的银行账户进行支付,其中手机运营商只收取流量费,而客户必须要拥有银行账户,如果是现金业务也得去银行办理,即移动运营商主要是提供平台,客户进入手机银行开展业务。这种模式早期在欧美发达国家比较普遍,逐渐延伸到中国成为主要模式,实际上这种模式不是真正的金融创新,只是网上银行的手机化。虽然在银行网点星罗棋布的城市比较适合这种模式,但是由于城市网上银行的普及,手机银行因屏幕小等固有属性的影响,未能充分发挥其优势。

(2) 由银行、零售代理商与客户三方组成的模式。

这种模式使得人们在家门口就能享受到现金金融服务,这种模式下,如果是现金业务,客户利用移动运营商链接到零售代理商,通过零售代理商来完成存取现金,但假设是费现金业务,客户依然使用移动运营商直接通过手机银行来完成非现金业务。这种模式中移动运营商仍然只收取流量费,客户也必须要拥有银行账户。此类模式的推广仍然存在一定困难,需要银行等金融机构主动进行金融供给。当然,为了整合传统银行的业务类型,在银行有效地控制风险的情况下,可以把开户业务委托给零售代理商。

(3) 由移动运营商、零售代理商与客户三方建成的模式。

这种模式下,移动运营商不仅发挥了平台服务的作用,它还需要向客户提供虚拟交易账户,为了能储存客户的电子货币。而客户可以通过虚拟交易账户,实现存取款、支付等一系列金融服务。由于移动运营商自身网点的局限,仍然需要寻找代理商为其完成金融业务。实际上,移动运营商主导的手机银行必然会引入零售代理商。由于移动运营商与零售商的相互整合,导致移动运营商已经拥有了为数较多的零售代理商,因此,后续不必需讨论移动运营商与客户结合的模式。

2. 网上银行

互联网银行是指借助现代数字通信、互联网、移动通信及物联网技术,通过云计算、大数据等方式在线实现为客户提供存款、贷款、支付、结算、汇转、电子票证、电子信用、账户管理、货币互换、P2P 金融、投资理财、金融信息等全方位无缝、快捷、安全和高效的互联网金融服务机构。互联网银行的便利性、高效性将给传统银行带来较大的挑战。①

然而，网银支付是在线支付功能中最为成熟的一种，同时也是国内电子商务企业提供在线支付服务不可缺少的功能之一，受到多数网民的青睐。网银支付首先要到传统银行网点开通网银支付功能，再通过银行的网银界面输入银行账号，最后配合银行下发的 U 盾导入支付密码完成交易。如图 2-18 所示，网上消费者通过网银支付，购买产品的交易流程图。

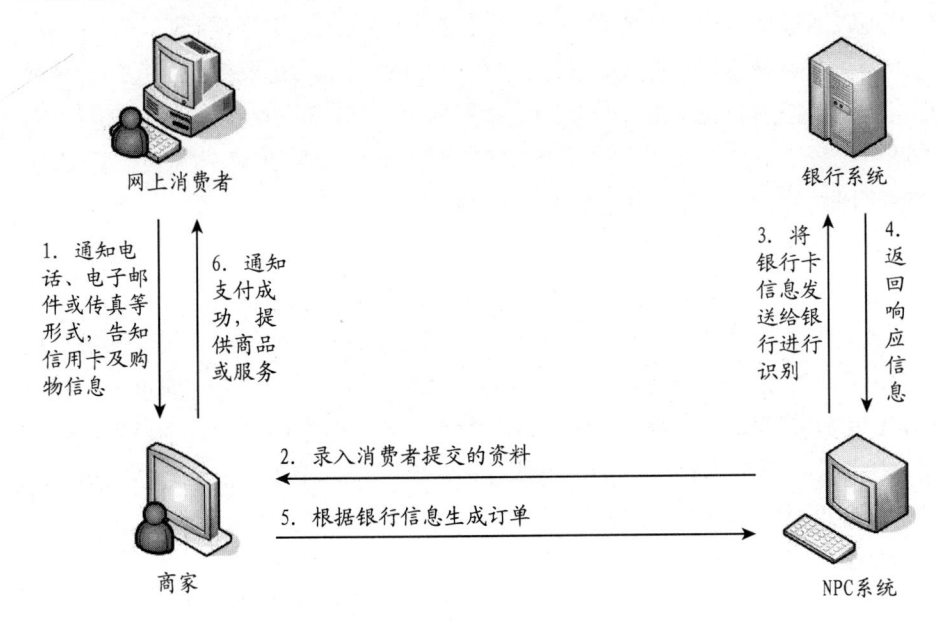

图 2-18 网银支付交易流程

资料来源：比特网官网，www.chinabyte.com。

总之，互联网金融模式下，支付系统具有四种特征属性：第一，所有个人和机构都需要通过中央银行的支付中心开设网银账户；第二，国内多数证券、现金等金融资产的支付与转移，可以不基于 PC 客户端，通过移动互联网即可完成操作；第三，电子支付基本覆盖社会所有交易行为，如通过第三方交易平台、移动支付和网银支付实现网上购物、网上汇款与转账、网上购买机票与火车票等方面，未来会涉及城市交通、医疗收费等领域；第四，从金融的角度来看，电子支付系统面逐渐扩大，对传统银行带来巨大打击，可能导致二级商业银行账户体系消失。如果个人和企业的存款账户都在中央银行，将对货币供给

---

① 梁利峥，周新旺．互联网金融十大生意模式．经理人，2013（8）．

定义和货币政策产生重大影响，同时也会促进货币政策理论和操作的重大变化①。例如，全社会用作备付金的活期存款将会减少，定期存款占比将增加，当然，这种支付系统不会颠覆目前人类由中央银行统一发行信用货币的制度，货币与商品价格的关系也不会根本转变②。

3. 独建电子商务平台

银行如果依然在"信用卡商城"这个定位下，建设电子商务平台，可能直接限制银行电商平台的拓展，加上银企文化与互联网文化存在较大差异，将导致银行电商平台瞬间垮掉。因此，银行建立电商平台一定要脱离银行体系。例如，民生电商成立的初衷，是电商脱离银行管理模式，与银行之间没有股权关系，并解决了合规性问题。民生电商一直根据互联网经济的特点展开自主经营，它的成立就是一个突破性创新。

4. 与现有电商平台合作

部分银行选择与电商企业进行合作推出互联网平台，将是银行获得平台资源的一个重要方式。例如，平安银行与 eBay 的合作；交通银行与阿里巴巴合作推出"交行淘宝旗舰店"；光大银行进驻淘宝，在淘宝开办光大网上营业厅；中信银行与财付通开展全面的战略合作关系。

（二）保险业

1. 险种灵活化

互联网保险主要是基于服务互联网及相关产业的保险服务平台，通过线上渠道，对网络虚拟财产进行投保的方式。保险企业为了尽快抢占互联网金融领域的市场客户群，纷纷与互联网企业合作，推出适应企业需求的险种。首先保险公司设计保险产品的基本模型和费率，并交给阿里巴巴、腾讯等互联网公司跑数据，然后针对反馈来的结果，用数据优化的角度，保险公司对保险产品进行调整。最后保险产品开始发售，形成的交易数据会呈现在保险公司的系统里，此时，保险公司再根据实际结果对产品进行完善。

例如，华泰和淘宝联手推出的"退货运费险"产品之后，受到广泛欢迎，多数淘宝用户都愿意花 0.5 元或 1 元钱来买保险，以减少退换货的经济损失。如今，在退货运费险的市场中，淘宝上每天已经产生百万元级的保费③。又

---

① 谢平，尹龙. 网络经济下的金融理论与金融治理. 经济研究，2001（4）.
② 谢平，邹传伟. 互联网金融模式研究. 金融研究，2012（12）.
③ Alex Hsu. 众安保险解密："三马"的互联网风险解决方案. 福布斯中文网，2013-11-5.

如，众安在线只销售运费险，以及未来设计的虚拟物品投保等①。

实际上，淘宝网为了保证淘宝店主的信用，它都会像淘宝店主锁要许多保证金才能开店，如遇假货、劣货造成的产品责任风险活货运的延误与损坏，淘宝都是通过保证金要求店主对买家进行索赔。毋庸置疑，保证金是在卖家欺骗消费者时，第三方赔付给消费者的资金池，这对高信用的卖家而言不太公平。众安保险公司总经理尹海提出保证金是不能互通的，保险金却可以。假设每个卖家购买一份交易保险，按照信用不同，付出不同费率，每年几百块，这些钱就能把全年出现的消费者赔付都覆盖。

总之，保险业务非常依赖对客户数据的掌握，一般保险企业里庞大的核保部门人数会很多，保单的风险已经被产品设计、数据挖掘部门逐步消减，最后针对每个互联网企业进行保险产品的定制化服务。未来互联网人群的风险越来越高，批量和自动化核保都将成为可能。

2. 险企差异化

保险产品虽与互联网企业相辅相成，但多数险企是在发挥自身特色与优势的基础上寻找合作伙伴的，例如，华泰财险巩固和依托资产管理的领先优势，做好财险，做大寿险，做强资产管理。2010 年，华泰财险与多家旅游企业合作，推出了境外、境内旅游保险以及航空意外保险产品。

又如，众安保险与阿里巴巴、腾讯等电商企业合作。在阿里巴巴方面，众安开拓了淘宝店主的交易保险和商家贷款保险两个产品，还有保监会正在批复众安保险能提供互联网交易企业的财产险，家庭财产险，财产损失险，责任保险，信用保证保险、货运保险等，这些险种都具有实际的保险价值，像生鲜电商运输导致延误损坏。

针对腾讯公司，众安将会更多地借助庞大的用户进行个性化的营销，同时利用用户社交关系链展开数据挖掘。在美国市场拥有庞大的家庭财产保险，但在国内，尤其是一些刚踏入工作的年轻人，通过社交关系可能会更好的反应他的信用能力，所以家庭财产保险始终难以推广，其中烦琐的投保和理赔过程也是阻碍的原因。由于手机能上传家庭财产照片和地理位置，众安计划对手机本身投保，通过社交网络信息和位置推进财产保险。

众安保险用阿里巴巴找业务，再使用腾讯做营销。针对这两家的保险数据，测算出最合适的保险产品。即便面对同行业之间的竞争，众安保险公司利

---

① 梁利峥，周新旺. 互联网金融十大生意模式. 经理人，2013（8）.

用差异化的业务、创新化的产品、人性化的服务在互联网保险市场处于不败之地。

专栏 2-2 陆金所的创新之路

中国平安正在筹建征信公司、第三方支付公司及二手车电商公司。此前，中国平安已成立网络投融资平台——上海陆家嘴国际金融资产交易市场股份有限公司（陆金所），中国平安在互联网平台下的新型金融模式日渐成型。

作为中国平安践行互联网金融的重要载体，陆金所成立于 2011 年 9 月。陆金所董事长由中国平安副总经理、首席创新执行官计葵生（Gregory D Gibb）担任，这位美籍高官大部分时间在陆金所办公，拟通过陆金所为马明哲寻找一条互联网金融的创新之路。

成立之初，平安陆金所推出"稳盈—安e贷"，单一债权在 1 万~15 万元之间，投资期限为 1~3 年，年化利率为 8.4% 以上，远高于银行存款。随后，陆金所于 2012 年 12 月推出债权转让服务，投资"稳盈—安e贷"90 天以上即可申请转让，以提高投资者的资金流动性。

与目前国内其他一些 P2P 信贷线上交易只负责撮合借贷双方，不承担借贷违约风险的模式不同，陆金所通过平安融资担保（天津）有限公司对借款方提供偿付违约担保，借助中国平安信贷消费风险管理数据模型对借款风险做评估进行风险管控。在担保和提供流动性的基础上，其产品供不应求。

3. 银保渠道偏向电商化

众安保险针对阿里巴巴公司，推出了银保合作的贷款保险，充分说明银保渠道同样也能触及互联网的电商世界。例如，当淘宝上的中小商家需要借款时，有可能出现既不能够符合银行的标准，也不能达到小贷公司的信用要求，此时众安保险可能设计产品，向中小商家出售信用保证保险。接着众安保险开具信用证明，让合作银行或小贷公司为这些商家提供融资。据统计，以阿里巴巴旗下的两家小贷公司为例，3 年来向阿里平台的商家累计已经发放 1000 亿元人民币，一旦众安保险介入，可以帮助借款方降低风险和成本，进一步扩大阿里小贷的贷款量。

（三）证券业

1. 金融产品互联网化

据艾瑞咨询 2013 年一季度中国网络购物市场数据显示，一季度中国网络购物市场交易规模为 3520.8 亿元，较 2012 年同期增长 36.6%①。网购市场的巨大交易量，触及了国泰君安、华泰证券、华创证券等券商的神经，他们借助"行业垂直电商"的概念，采取了网上商城战略，相继自建网上商城。

其中，国泰君安是较早开设网上商城的一家券商，接着就是华泰证券的"涨乐网"与国泰君安的网上商城相续上线，网上销售投资基金、信托等证券产品，同时还开通了网上开户功能。截至 2013 年 7 月 31 日，有 28 家券商都实行网上商城战略，通过自建电子商务平台的方式，在网上销售与证券相关的软件、咨询、报告等金融产品②。

2013 年 3 月 13 日，方正证券正式宣布与天猫合作，开设的方正证券泉友会天猫商城旗舰店开业，这也是国内首家登陆第三方 B2C 电商平台的证券公司。天猫主页显示，方正证券目前以销售咨询类产品、工具、咨询服务为主，没有扩展到投融资和金融产品销售。但在销售的产品中，既有价格较低的 20 元"方正午评短信"套餐，又有价值 15980 元 1 年期的泉量化投资决策顾问版软件，适合各阶层人群的需求。③

2. 销售渠道多元化

与多数券商利用互联网销售交易软件、投资资讯、投资顾问套餐、研究报告等证券方面的产品和增值服务截然不同，2013 年 2 月上线的华创证券网上商城偏向于电商特色。华创证券通过收购一家名为证联融通的公司，取得了第三方支付牌照。同时，该商城网上销售涉及的金融产品不多，主要包含一些服饰、化妆品、珠宝、数码等非金融产品。这是华创证券将金融与电商平台、产品、第三方电商融合的创新行为。

华创证券网上商城独特的产品布局，一方面是通过服饰、化妆品、珠宝、数码等非金融产品，增加网站客户的黏度，最终影响金融产品的销售量；另一方面是华创现阶段主要以测试支付功能和提供给客户增值服务为目标，未来将开通支付业务。

---

① 李文. 券商四大模式探路互联网金融. 证券日报，2013-6-21（B01）.
② 孟祥轲. 中小型券商发展互联网金融的模式研究. 经济视角（下旬刊），2013（8）.
③ 罗明雄，唐颖，刘勇. 互联网金融. 中国财政经济出版社，2013，p.235.

3. 业务功能全面化

证券公司拓展网上开户业务日益凸显。2013年3月，中国证券业协会公布的《证券公司开立客户账户规范》规定，非现场开户分为两部分，一是见证形式开户，二是网络非现场开户。其中，见证形式的开户已开展，而网络开户推行较慢，需要向客户发放数字证书，中国证券业登记结算有限公司正在建立相关的技术系统。

2013年5月中旬，中证登公司下发了《数字证书认证管理暂行办法（征求意见稿）》，规定了"数字证书应当在确认市场参与者身份真实性基础上，采取临柜、见证以及本公司认可的其他方式进行发放"。即现阶段投资者的数字证书还是需要与营业部工作人员进行临柜或非营业部见证后才能发放，未来可能彻底网络化发放的方式。[①]

网上开户是券商开展互联网证券的方式之一。在政策出来的几天内，部分券商通过了国证券业登记结算有限公司的批准，允许在互联网平台为用户办理开户业务，该业务表明了中国证券经纪业务将开始从传统经纪想网络经纪业务转型，并受到了多数用户的欢迎与支持。

招商证券、中信建投、华泰证券是第一批审核通过，他们率先在公司官方网站首页的显著位置，推出网上开户快速通道，给用户开展非现场开户业务的券商。但根据中证登公司的规定，网上开户业务正处于需要与营业部工作人员进行临柜或非营业部见证后才能办理的状态，导致网上开户并不是非常快捷，存在较大的发展空间，未来可实现网络化发放方式，所以一些中小券商针对网上开户业务仍是观望局势。

三、传统金融机构拓展互联网金融业务的演进过程

在2013年互联网金融元年的互联网金融大战中，传统金融机构在原有的线上渠道基础上，也相继开展了互联网金融业务，闯入刀刃相向的电商迷魂阵。图2-19展示了传统金融机构拓展互联网金融业务的演进过程。

目前，传统金融机构主要借助四种途径进军互联网金融：一是大力推广移动互联网平台，尽快抢占移动互联网市场。二是打造企业自身的电子商务平台，如建行的"善融商务"；工行的"融e购"；齐鲁证券电子商务公司获得批准。三是与电商合作，如中信银行与财付通战略合作，开通了电子产品、资

---

① 李文. 券商四大模式探路互联网金融. 证券日报, 2013-6-21 (B01).

| 互联网金融元年：跨界、变革与融合 |

银行 / 保险 / 证券

2012年

1月
交通银行新一代网上商城"交博汇"上线。充分利用了银行的综合资源，包括客户、品牌和金融服务等，在资信认证、在线融资、账户结算、网点服务等领域树立金融特色，与传统电子商务网站形成差异化优势

6月28
中国建设银行"善融商务"上线，开启电商金融新时代

2013年

1月12
工商银行电子商务平台"融e购"商城正式上线营业。这一综合电子商务平台集合网上购物、投资理财、网络融资、消费信贷功能于一体，即"支付+融资"

1月16
中信银行与财付通战略合作，开通了电子产品、资金结算、资金融通、备付金业务、理财业务

2月 华创证券开通网上商城业务

3月1
浦发银行凭借网银、银企直连、支付网关等电子平台，全面布局供应链电子金融业务

3月13 方正证券借助天猫，开设泉友会旗舰店

3月15 证券业协会发布非现场开户实施办法

3月16
中信银行上线金融商城，打造互动营销金融服务平台

3月20
招商银行与中国移动合作推出手机钱包。同时，光大银行针对个人或小微客户，开通"融e贷"的金融业务

3月21 招行证券在公司网站首推开通网上开户通道

4月9
中国工商银行成为国内首家拥有网银和移动银行客户群的商业银行

5月21 齐鲁证券在淘宝开设淘宝融易品牌店

6月19 和讯网推出保险第三方电子商务平台，吸引了81家险企

6月26
中国农业银行成立了互联网金融技术创新实验室

7月1
招商银行升级微信平台，全国首推微信银行

7月22 齐鲁证券电子商务公司获得批准

8月1
由民生银行的七家非国有股东单位，与民生加银资产共同组建的"民生电子商务有限责任公司"近日即将深圳前海注册成立

8月7 长城证券在腾讯拍拍网开设旗舰店

目前也已有交行、工行、建行、重庆农商行、兴业银行等都推出了微信银行服务

9月26
光大银行开通微信银行

10月18
招行推"小企业e家"进军P2P平台，服务小企业融资

11月3
工行"融e购"在内网上线测试，预计2014年1月12日正式上线

11月6 "三马"众安在线财险正式挂牌，成为全球第一家互联网保险公司

11月18
邮政储蓄银行推出微信银行服务

11月25 众安保险首推互联网保险产品"众乐宝"

11月26 泰康人寿联合淘宝推出"乐业保"，成为国内首个电商保障平台

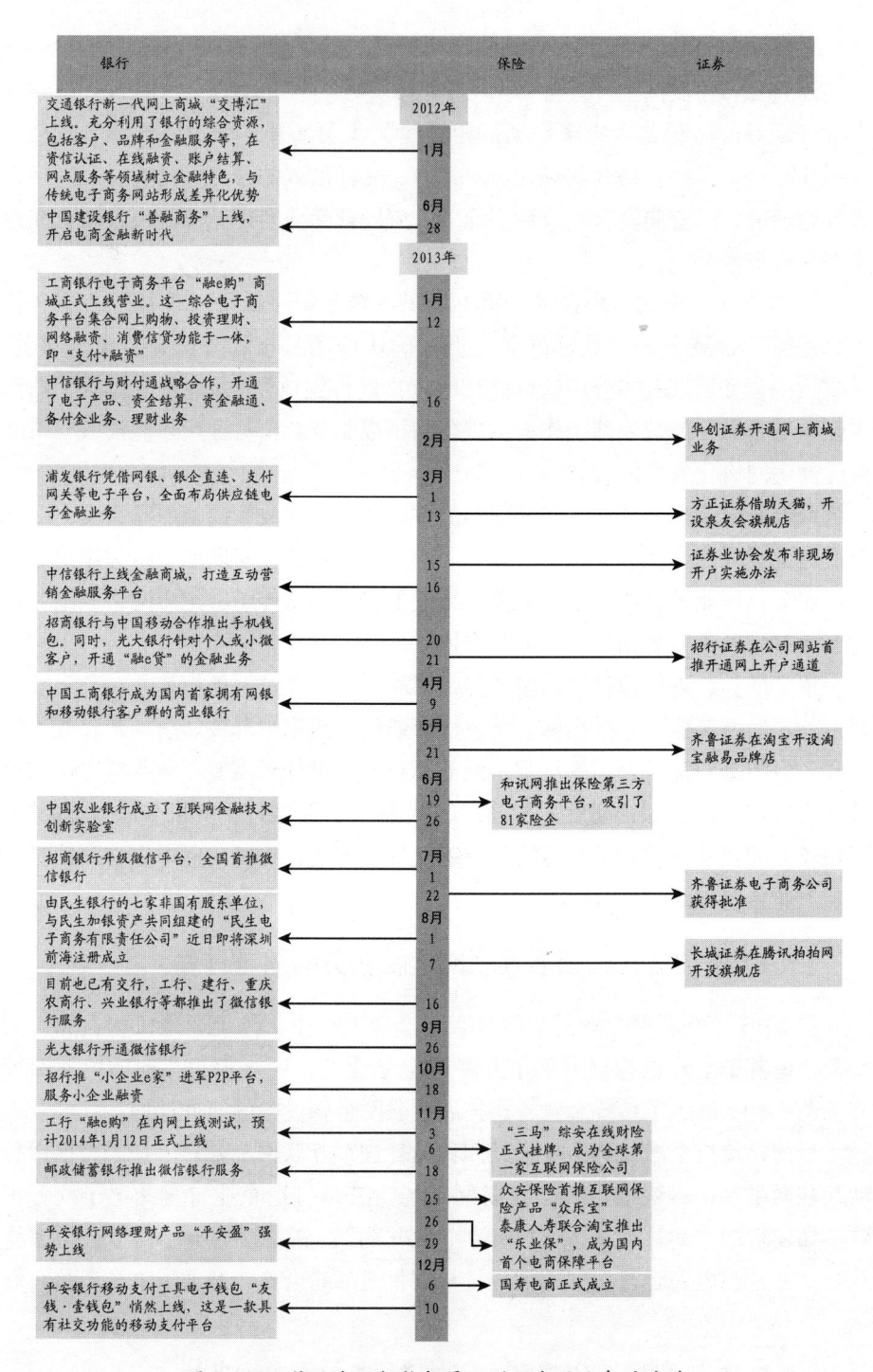

11月29
平安银行网络理财产品"平安盈"强势上线

12月6 国寿电商正式成立

12月10
平安银行移动支付工具电子钱包"友钱包·壹钱包"悄然上线，这是一款具有社交功能的移动支付平台

图2-19 传统金融机构拓展互联网金融业务的演进

金结算、资金融通、备付金业务、理财业务;方正证券借助天猫,开设泉友会旗舰店;泰康人寿联合淘宝推出"乐业保",成为国内首个电商保障平台。四是搭建互联网金融信息平台,为用户供给更好、更多的投资咨询服务,并吸引更多的用户来组建大型的金融信息平台,同时开展相关金融业务,如招商银行通过互联网进行投融资撮合业务;和讯网推出保险第三方电子商务平台,吸引了81家险企。

总之,根据传统金融机构进驻互联网金融的四种方式,未来传统金融机构会借助互联网大数据、云计算的数据处理技术,建立自身的互联网平台和账户体系,拓宽线上渠道的业务面,实现风险和收益的平衡,为客户提供更便捷、高效,全天候的服务,从而黏住客户。

第三章

跨界：互联网企业开展金融服务

现阶段国内互联网企业跨界金融业务的发展内涵仍是狭义的互联网金融，即互联网企业借助现代信息技术，特别是移动支付、社交网络、搜索引擎和云计算等手段，将互联网的一系列经济行为融入金融要素，形成金融创新服务。国内起步时间早、发展速度快、业务规模大的互联网金融企业主要是电商和社交平台，较具代表性的包括阿里巴巴、腾讯、京东、百度、新浪等。虽然各企业在互联网金融领域的介入时间有所差异，业务布局各具特色，产品名称五花八门，但若以属性进行归集，其业务模式主要涉及支付结算、融资平台和理财平台三大类。

第一节 互联网企业主要金融业务的发展现状

在经历了对金融业务多年的解读、探索和尝试之后，2013 年，乘金融改革之东风，国内互联网企业厚积而薄发，在 BAT（百度、阿里巴巴、腾讯）三巨头的引领下，通过支付、融资、理财等金融业务模式，开始全面抢滩金融市场，一度形成对传统金融企业的踢门之势，如表 3-1 所示。

表 3-1　　　　　　2013 年中国互联网企业金融业务重要事件

时　间	事　件
2 月 18 日	中国平安、腾讯与阿里巴巴合作，联手设立"众安在线财产保险公司"
3 月	阿里巴巴宣布筹建阿里小微金融服务集团负责集团旗下所有面向小微企业以及消费者个人的金融创新业务
6 月 13 日	阿里巴巴与天弘基金合作，在旗下支付宝平台推出"余额宝"业务。截至 2014 年 2 月 26 日，余额宝的用户数超过了 8100 万，资金规模已超过 4000 亿元
7 月 29 日	京东宣布成立金融集团，正式进军互联网金融
11 月 23 日	国金证券发布公告，将与腾讯公司在网络券商、在线理财、线下高端投资活动等方面展开全面合作

资料来源：根据阿里巴巴、腾讯等门户网站信息整理。

一、支付结算类业务高歌猛进

第三方支付在我国经历了"线下支付"到"线上支付（互联网支付）"的发展历程，目前在加速转向"移动支付"模式。支付结算业务目前发展较为快捷的有两大板块，一个板块是依托 PC 作为平台的网络在线支付业务，即"线上支付"，其代表是国内业务规模位居第一的支付宝；另一板块则是近几个月以来快速崛起的以微信支付为代表的移动支付业务。线上支付和移动支付均属于交易型平台账户支付模式，主要承担支付结算功能。

迄今为止，国内互联网企业开发的支付结算类产品中，起步最早、业务规模最大支付产品的非"支付宝"莫属。此外，腾讯的"财付通"，以及近来势头强劲的"微信支付"凭借其强大的网络客户群，也在第三方支付中占据一席之地。截至 2013 年 7 月，央行发放了 250 个第三方支付牌照。

（一）线上支付

1. 基本情况

随着电子商务的快速发展，第三方支付业务成为国内互联网企业涉足金融服务的第一步。中国最早的第三方支付企业是成立于 1999 年的北京首信股份公司和上海环迅电子商务有限公司。这两家公司通过搭建一个公用平台，将成千上万的小商家们和银行连接起来，为商家、银行、消费者提供服务，通过收取手续费的方式实现盈利。近年来发展迅猛的支付宝和财付通等互联网企业开展的消费支付业务,则主要是依托其自身的电子交易网站,建立支付平台。

2. 主要产品解析

(1) 支付宝。

阿里巴巴开发的"支付宝"是国内起步最早、业务规模最大的支付平台,是淘宝公司为解决网络交易安全,于 2003 年推出的"第三方担保交易模式",属于国内领先的独立第三方支付结算类平台。

产生背景。支付宝公司于 2004 年 12 月独立为浙江支付宝网络技术有限公司,是阿里巴巴集团的关联公司。2009 年 6 月 1 日,支付宝原股东阿里巴巴集团全资子公司 Alipay E-commerce Corp.(下称"Alipay")向浙江阿里巴巴首次转让了支付宝 70% 的股权,作价 2240 万美元(折合 1.67 亿元人民币)。支付宝由外商独资变为中外合资企业。浙江阿里巴巴由马云控股。2010 年 8 月 6 日,双方进行了第二次转让,Alipay 将剩余 30% 的股权转让给浙江阿里巴巴,作价 1.6498 亿元。两次交易完成后,浙江阿里巴巴以总计支付 3.3 亿元的代价将支付宝收归为全资子公司。① 通过两次股权转移及一项协议控制的取消,支付宝由一家外商独资企业彻底变身成为一家内资公司,并于 2011 年成为中国人民银行批准的首批持有第三方支付牌照的 27 家企业之一。

主要特点。支付宝属于交易型平台账户支付模式,系以支付公司作为信用中介,在买家确认收货前,代替买卖双方暂时保管货款。买家将货款打到支付宝账户,由支付宝向卖家通知发货,买家收到商品确认后指令支付宝将货款放于卖家,至此完成一笔网络交易。

除了支付结算功能外,支付宝还开发了充值缴费、网购导航、账户管理等多项服务。作为中国主流的第三方网上支付平台,支付宝的理念是不仅从产品上确保用户在线支付的安全,同时致力于让用户通过支付宝在网络间建立信任的关系,去帮助建设更纯净的互联网环境。支付宝提出的建立信任,化繁为简,以技术创新带动信用体系完善的理念,迎合了用户的消费需求。

交易流程。支付宝服务的交易流程如图 3-1 所示,首先买方在网上选中自己所需商品后,通过阿里旺旺软件与卖家取得联系并达成成交协议,同时买方需要把货款汇到支付宝这个第三方账户上。然后,支付宝作为中介立刻对卖方进行收款确认,并通知发货。最后,待买方收到商品并确认无误后,支付宝

---

① 《支付宝彻底脱离阿里巴巴》,2011 年 6 月 16 日,http://www.xpshop.c.

才会把货款汇到卖方的账户，完成整个交易。而支付宝作为代收代付的第三方商品交易中介，主要是为了维护网络交易的安全性。

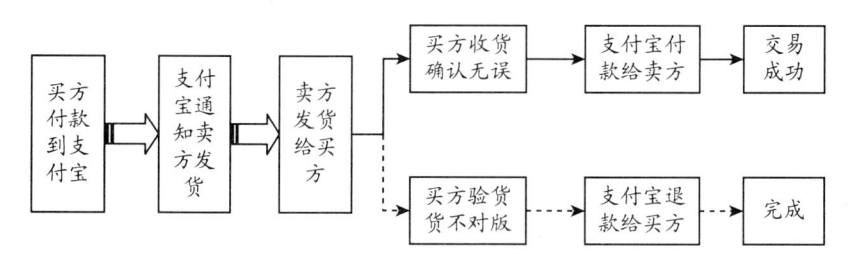

图 3-1 支付宝服务交易流程

营运规模。从 2004 年建立至今，支付宝已经成为中国互联网商家首选的网上支付方案，为电子商务各个领域的用户创造了丰富的价值。截至 2013 年 6 月，支付宝的市场份额为 60.7%，以绝对优势位居第三方支付市场第一位。日交易额峰值超过 200 亿元人民币，日交易笔数峰值达到 1 亿零 580 万笔。

（2）财付通。

支付宝在第三方支付市场上取得的巨大成功，以及第三方支付技术门槛低、市场潜力大的特点，吸引互联网企业争相进入这一领域。目前国内市场份额仅次于支付宝的线上支付平台当属腾讯推出的"财付通"。

产生背景。财付通是腾讯公司于 2005 年 9 月推出的专业在线支付平台，其核心业务与支付宝相同，也是消费支付结算功能，即帮助在互联网上进行交易的买卖双方完成支付和收款。

创立伊始，财付通即提出以"安全便捷"作为产品和服务的核心，致力于为互联网用户和企业提供安全、便捷、专业的在线支付服务。财付通提供的服务范围也较为广泛，包括为个人用户创造的 200 多种便民服务和应用场景，还为 40 多万大中型企业提供专业的资金结算解决方案。

主要特点。财付通支付平台覆盖的行业较为广泛，包括游戏、航旅、电商、保险、电信、物流、钢铁、基金等。结合这些行业的特性，财付通提供了快捷支付、余额支付、分期支付、委托代扣、epos 支付、微支付等多种支付服务。

营运规模。经过多年的发展，财付通服务的个人用户已超过 2 亿，服务的企业客户也超过 40 万。全球互联网数据监测服务商 Hitwise 的研究数据显示，截至 2013 年 7 月，按照支付平台点击访问次数来衡量的结果统计，支付宝和财付通两家占据了国内第三方支付超过 90% 的市场份额，财付通以 29.4% 排名第二，仅次于支付宝。

3. 业务发展

自 2003 年支付宝率先在淘宝网出现以来，第三方支付平台作为中国电子商务基础服务的价值日益受到用户和业界的认可。到 2010 年 3 月，短短 6 年多时间，支付宝的注册用户就已突破 3 个亿，日均交易额超过 12 亿元，日交易笔数达到 500 万笔。在支付宝的推动下，国内网购内需市场连续保持井喷式发展，2009 年，国内网购市场的规模已经达到 2670 亿元，是 2003 年 10 亿元规模的近 300 倍。① 近两年以来，随着互联网的普及和网络支付习惯的逐步形成，第三方支付业务更是获得迅猛发展。截至 2012 年，中国互联网支付市场交易规模达到 3.8 万亿元，较同期相比增长 28.17%。② "线上支付"以电子商务快速发展为基础，信用中介模式的成熟对线上支付近年的发展起到了至关重要的作用。

专栏 3-1　全球最大的在线支付平台——美国 PayPal 公司

PayPal 成立于 1998 年 12 月，总部在美国加州圣荷西市，是目前全球最大的在线支付提供商，也是跨国交易中最有效的付款方式，全球有超过 1 亿个注册账户。只要拥有一个电子邮件地址，任何用户都可以方便而安全地使用 PayPal 在线发送和接收付款，而无须再使用传统的邮寄支票或者汇款的方法。

PayPal 在从事支付业务时建立了安全、快速、便捷等几项优势。一是安全性，在线付款方式保证信息安全，无需将银行卡或银行账户信息外泄；二是快速性，通过 PayPal 可以立即向有电子邮件地址的任何人进行付款，付款即时到账；三是便捷性，账户注册快捷，可与包括美国、英国、亚洲、欧洲等 56 个市场、20 多种货币币种进行买卖交易。目前在跨国交易中超过 90% 的卖家和超过 85% 的买家认可和使用 PayPal 电子支付业务。

资料来源：石磊. 支付助推互联网金融发展，券商零售业务转型压力增加. 方正证券行业研究报告，2013-11-4, pp. 10-11.

---

① 《支付宝获得阿里巴巴集团 50 亿元投资》，2010 年 4 月 16 日，http://blog.alipay.com/1817.html.

② 石磊. 支付助推互联网金融发展，券商零售业务转型压力增加. 方正证券行业研究报告，2013-11-4, p. 4.

（二）移动支付

1. 基本情况

移动支付强调支付媒介是移动设备，是指交易双方为了某种货物或者服务的费用支付，通过移动设备进行。移动支付所使用的移动终端可以是手机、PDA、移动 PC 等。目前，手机支付是移动支付最为普遍的形式。

随着移动智能终端应用的迅速推广，移动支付将逐步成为支付领域的主战场。银联、运营商、支付宝、微信等市场参与方争相布局移动支付领域。

2. 主要产品

（1）微信支付。

腾讯致力打造一个以移动端为介质的消费支付结算平台。2013 年 8 月，腾讯发布了一个移动支付工具——"微信支付"，同时将旗下的购物网站易迅（Yixun）接入微信，以期在移动端打造一个类似淘宝的购物平台。

主要特点。微信支付业务是集成在微信客户端的支付功能，以绑定银行卡的快捷支付为基础，用户可以通过手机快速完成支付流程。微信支付现有的接入场景有三种：一是微信系统内的公众账号；二是线下的二维码扫描，即二维码入口；三是通过大众点评等第三方渠道。

营运规模。自 2013 年 8 月 5 日微信支付上线开始，短短 3 个月，用户数量就已超过千万。目前，每天都以超过 10 万用户的数量在增长。

（2）微银行。

新浪开发的"微银行"业务也包含了移动支付功能。微银行是新浪旗下北京新浪支付科技有限公司推出的支付服务，核心业务是互联网支付和移动电话支付，此外消费者在微银行还可办理开销户、资金转账、汇款、信用卡还款等业务。

3. 业务发展

受移动通信工具的广泛普及和人们支付习惯的转变，凭借庞大的流量入口，微信支付、支付宝手机钱包等移动支付将逐步成为未来移动支付领域的领头羊，如图 3-2 所示。现在很多人在用手机淘宝，微信支付也迅速壮大，一个是电子商务平台，一个是社会化的通信工具，它们背后的巨大流量，是包括银联在内的其他支付公司难以比拟的。

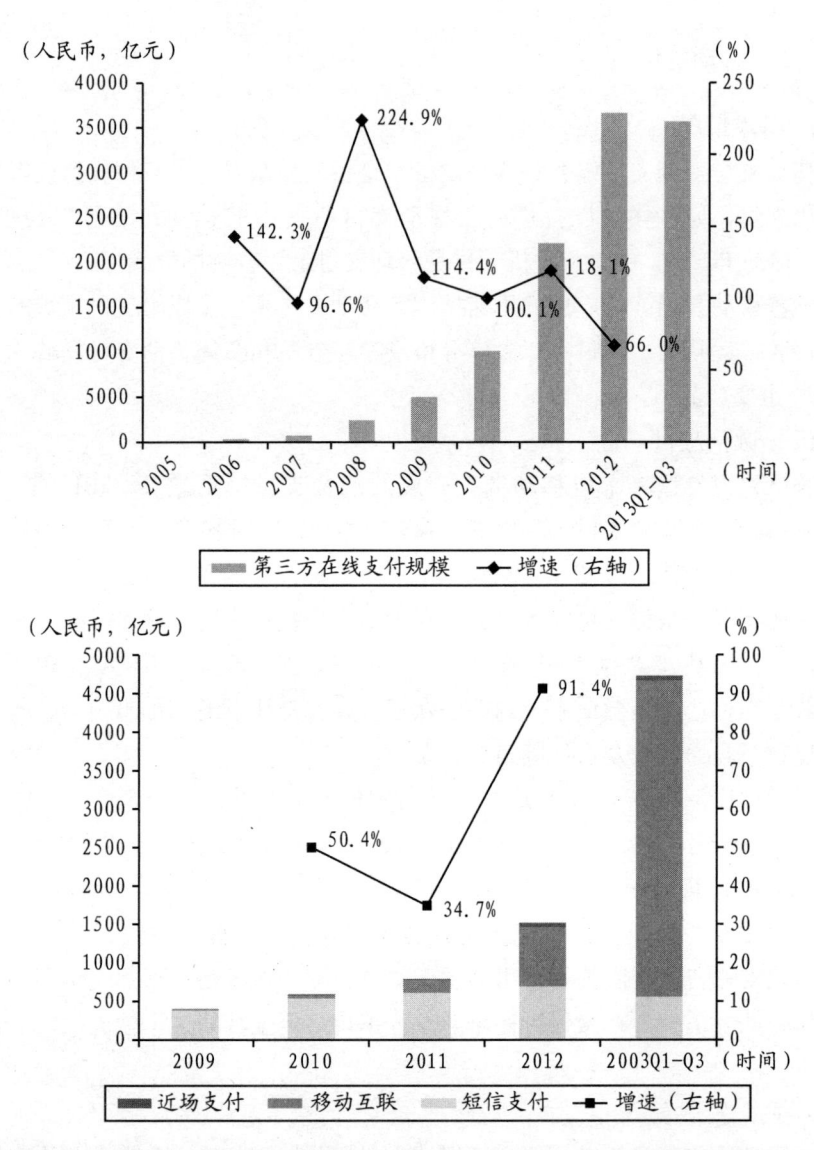

图3-2 线上第三方支付（上图）及移动第三方支付（下图）呈爆发性增长

中国电子商务研究中心监测数据显示，2012年末，国内手机支付用户达到5531万，年增长81%。2013年第三季度，远程移动互联网支付交易规模高速扩张至2747.9亿元，环比增长185.3%。2013年"双11"购物节天猫加淘宝成交的350.19亿元中，有53.5亿元来自"手机淘宝"，是2012年同期的9.6亿元的5.6倍；"手机淘宝"单日成交笔数达3590万笔，占整体的21%，而 2013 年同期只占 5%；支付宝实现手机支付笔数 4518 万笔，占比 24.03%；支付宝手机支付额突破 113 亿元，是目前全球移动支付的最高纪录。①

专栏 3-2　美国移动支付公司 Square

作为针对商户的支付模式，商家只要下载 Square 的移动端应用软件，然后通过申请即可免费获得读卡器，这相对于其他的高成本刷卡终端非常有吸引力。交易过程中，客户刷卡之后，在触摸屏上输入密码或者签名即完成整个交易，非常便利。同时，Square 软件也支持手动收入银行卡号码信息，因此，没有刷卡终端也可以使用其支付功能。Square 还为商家提供数据分析工具，用以了解用户的消费习惯，从而便于商户制定更有针对性的营销活动。对消费者来说，除了享受消费过程中的便利性，还可以从 Square 公司的网站上查看每一笔历史消费信息，包括支付的地理位置、产品图片及其他信息。由此带来的增值服务推动了 Square 应用的快速普及。

2012 年 6 月，已有超过 200 万用户使用 Square，年交易额超过 60 亿美元。简单估算，2012 年 Square100 亿美元的交易额大概可以为其创造 3 亿美元左右的收入。

资料来源：石磊. 支付助推互联网金融发展，券商零售业务转型压力增加. 方正证券行业研究报告，2013-11-4，pp. 12-13.

二、投融资平台类业务有喜有忧

在支付类产品逐步获得市场认可后，以网络为平台的融资类产品紧随其后。互联网企业搭建的融资平台，功能主要是充当网络融资中介的作用。从现有实践来看，按出资人的不同，互联网融资平台业务可以分为机构网贷平台与个人网贷平台两大类。机构融资平台的资金来源是自有资金或与其合作的商业银行，资金用途以小微企业的短期周转为主，如阿里金融等。这种借贷以电商为基础，面向注册客户范围内，因为借贷行为在产销贷这个链条上运营，因此也被称为互联网供应链借贷。机构网贷平台的服务对象一般仅限于平台内的商户，金融生态较为封闭。个人网贷平台的出资人是有闲置资金的网民，资金用

---

① 王珂，黄碧梅，宋亚迪. 经济聚焦：移动支付驶入快车道. 人民日报，2014-1-8.

途以自然人消费性需求为主，如宜信、红岭创投、盛融在线等。

线上信用贷款的快速发展源于大量个人、小微企业的融资需求与社会存量资金的投资需求的共同存在，国内的情况在这一点上体现得尤其突出。尽管国内的P2P贷款凭借其竞争优势蓬勃兴起，但是发展近7年，始终未形成标准化和规模化。昙花一现的企业不在少数，但是缺乏像美国Lending Club这样优势突出的领头企业。与此同时，由于信用欺诈和监管缺失等原因造成客户利益受损的案例却屡见不鲜。

（一）机构网贷平台

1. 基本情况

互联网信用贷款的发展很大程度上归因于传统金融机构一直未能有效解决小微企业的融资难、成本高等问题，而现代信息技术的发展大幅降低了信息不对称和交易成本，使得互联网企业从事小微贷款业务在商业上成为可行。

互联网公司对小微企业发放贷款，弥补了传统金融中涉及不到的层面，其首要目的往往是对自身的业务进行反哺。[①] 电商创造的借贷平台最为直接地诠释了这一特点。互联网企业尤其是电商的信息优势往往是传统金融企业难以企及的。电商通过其庞大的信息平台可以实现商流、物流、信息流、资金流的整合，从而能够更好地评估和控制风险，因此阿里巴巴、京东商城、苏宁易购都成立了小贷公司进军相关领域。

2. 主要产品

（1）阿里小贷。

产生背景。国内互联网业内最早推出信贷服务反哺自身业务的公司当属阿里巴巴。阿里巴巴早在2007年就与建设银行合作共推小企业贷款"e贷通"，建立了自己的信用评价体系与信用数据库，以及一系列应对贷款风险的控制机制。2010年和2011年，浙江阿里巴巴小额贷款股份有限公司和重庆市阿里巴巴小额贷款有限公司分别宣告成立，把小额贷款业务进一步推向深入，如图3-3所示。

主要特点。阿里小贷由阿里金融开发，目前有两种产品，一种是信用贷款，另外一种是订单贷款。信用贷款根据店铺的经营状况和申请人的资质来决

---

① 《互联网大佬利用充裕现金优势开展信贷业务》，阿里巴巴资讯，2012年10月11日，http://info.1688.com/detail/1056930831.html。

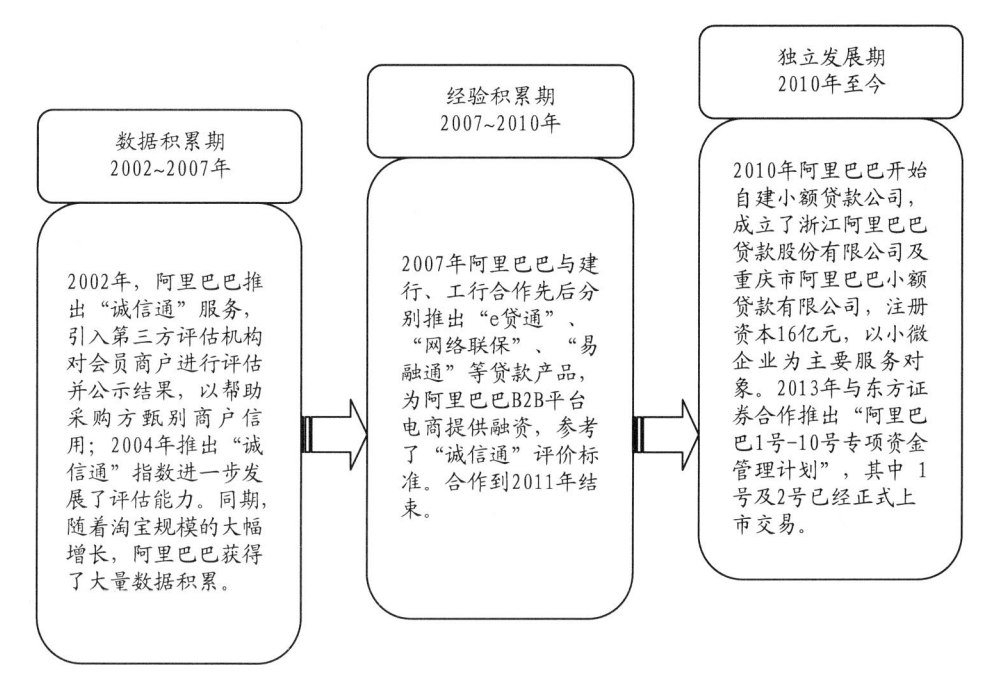

```
┌─────────────┐         ┌─────────────┐         ┌─────────────┐
│ 数据积累期   │         │ 经验积累期   │         │ 独立发展期   │
│ 2002~2007年 │         │ 2007~2010年 │         │ 2010年至今  │
└─────────────┘         └─────────────┘         └─────────────┘
```

2002年，阿里巴巴推出"诚信通"服务，引入第三方评估机构对会员商户进行评估并公示结果，以帮助采购方甄别商户信用；2004年推出"诚信通"指数进一步发展了评估能力。同期，随着淘宝规模的大幅增长，阿里巴巴获得了大量数据积累。 ⇒ 2007年阿里巴巴与建行、工行合作先后分别推出"e贷通"、"网络联保"、"易融通"等贷款产品，为阿里巴巴B2B平台电商提供融资，参考了"诚信通"评价标准。合作到2011年结束。 ⇒ 2010年阿里巴巴开始自建小额贷款公司，成立了浙江阿里巴巴贷款股份有限公司及重庆市阿里巴巴小额贷款有限公司，注册资本16亿元，以小微企业为主要服务对象。2013年与东方证券合作推出"阿里巴巴1号-10号专项资金管理计划"，其中1号及2号已经正式上市交易。

图3-3 阿里巴巴开展小额贷款业务历史

定，无须抵押或担保，系统在综合评价申请人的资信状况、授信风险和信用需求等因素后自动核定授信额度。信用贷款一般期限较长，额度较大，不良率稍高。订单贷款基本用于商户快速回款，商户以个人（企业）名义，用店铺中处于"卖家已发货，买家未确认收货"状态的订单申请贷款，系统会对这些订单进行评估，在满足条件的订单总金额范围内计算出可申请的最高贷款金额，发放贷款。与信用贷款相比，订单贷款期限短，额度小，且以应收为保证，不良率较低。

运营模式。阿里小贷属于封闭式运行模式，目前客户只限于淘宝商户和天猫商户。信用贷款为0.06%（年利率约21%），订单贷款日利率为0.05%（年利率约18%）。放贷流程如图3-4所示，商家可同时申请两项贷款，累计总额度同样是100万元，最长期限12个月。[①] 若客户逾期还款，按合同将被收取罚息，通常是日息的1.5倍。针对逾期还款的客户，阿里金融还推出一项信用恢复机制，对于非恶意欠贷且具备一定资质的客户，利用电子商务平台的运

---

① 马春园. 解密阿里巴巴信贷业务：一笔B2B贷款的旅行. 21世纪经济报道, 2012-8-29.

营手段，协助其恢复还款能力。

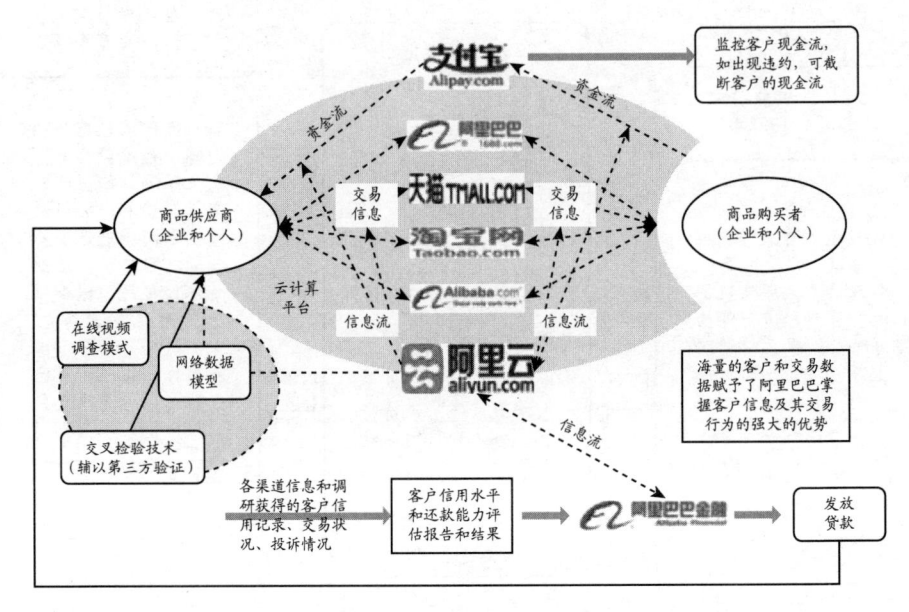

图 3-4 阿里小贷放贷流程

营运规模。尽管年中上市的"余额宝"理财类业务一度抢占了媒体头条，但是目前阿里金融最被看好的业务，仍然是阿里小微信贷。虽然与传统银行相比，阿里小贷并没有利率上的优势，但是其借贷金额小、期限短的特点仍然助推了阿里小贷的成功。根据阿里小微提供的数据，截至 2013 年 6 月底，阿里小微信贷累计投放贷款超过 1000 亿元，户均贷款 4 万元，不良贷款率仅为 0.87%。[1]

（2）融 360。

与阿里小贷相比，成立于 2011 年 11 月的融 360 属于机构网贷平台的新军。

主要特点。融 360 最大的特点在于承担金融服务的比价功能，资金需求者通过登录网站后明确自己的贷款类型，期限以及资金需求额度，通过平台进行搜索后就会有众多贷款选项供其进行选择。例如，某用户计划申请 1000 万元的经营贷款，登陆平台后输入相关需求信息就可以快速查询有哪些家金融机构提供这种贷款，还可以详细查看贷款的条件，如是否需要房产抵押、担保等，

---

[1] 滕晓萌. 阿里巴巴马云如何做银行：小微信贷业务被看好. 理财周报，2013-7-29.

还可以知道放款时间、贷款额度等，并对比在各家贷款方借贷成功的概率。凭借这些透明的信息，借贷申请者可以自行选择贷方。

融360的贷款主要面向有稳定工作，有房、车的用户，投向一般以车贷以及房屋装修贷款为主，这一信用选择的导向为控制风险奠定了基础。与拍拍贷、众筹等个人网贷平台相比，融360的业务增长速度应该不是最快的，但是其抵御风险的能力应该更胜一筹。

营运模式。融360是一款专注于融资贷款产品的搜索平台。与阿里小贷不同，融360自身并不发放贷款，而是通过平台为资金的需求方匹配合适的贷款。

目前，融360的盈利模式有三种：一是用户每提交一笔申请后，融360从银行拿到固定的费用；二是效果付费，即银行批准贷款后，融360从中抽取贷款金额的一定比例；三是广告模式，所占的比例非常小，不到5%。

营运规模。自2011年底上线以来，融360取得了骄人的业绩。目前其信贷服务涵盖了经营、消费、购车购房等领域。2013年7月份，融360还上线了信用卡频道，用户申请后最快2小时内就能获得银行人员的上门服务。

截至2012年底，融360月度页面浏览量已达到3000万，搜索次数达800万，每个月通过融360搜索推荐的贷款申请金额超过100亿元，增速大致在30%~40%之间。与此同时，融360的风险投资对此模式也表示了极大认可，截至2013年8月，上线仅500天，就已经完成新一轮融资3000万美元，距离上一轮700万美元的投资仅1年4个月。截至2013年9月，有超过2000家金融机构、9000多个款贷款产品（含信用卡），过万名信贷经理进驻融360平台；服务覆盖86个城市、全国80%的目标用户。[①]

3. 业务发展

在小微企业以及小额个人信贷这一传统金融机构服务的真空领域，倚靠互联网强大的信息和数据优势，机构网贷平台一经建立，即获得了快速的发展。这一发展的态势通过小贷公司的领头羊——阿里小贷的发展就可见一斑。

机构网贷平台的成功从理论来看也不难解释。通过大数据时代的信息发掘与整合，网贷机构可以形成更准确的客户定位。互联网最重要的功能之一就是提供信息支撑，而信息又是信用形成和金融交易的基础。例如，对于小微企业

---

① 小宁. 融360：搜出来的金融王国. 商业价值，2013（10）.

来说,由于缺乏信用评估和抵押物,往往难以从传统金融机构获得融资支持,但在电子商务环境下,通过互联网的数据发掘,可以充分展现小微企业的"虚拟"行为轨迹,从中找出评估其信用的基础数据及模式,为小微企业信用融资创造条件。[1]

专栏3-3 成熟的商业模式——PayPal

PayPal 于 2002 年被 ebay 收购,目前拥有超过 1.1 亿活跃注册账号,在全球 190 个国家和地区以 25 种货币使用。2011 年 PayPal 收入 44 亿美元,同比增长 28%,国际业务占比 50% 左右。总交易额 1180 亿美元,同比增长 29%,跨境贸易占 25%,移动支付 40 亿美元,2012 年移动支付额达到 100 亿美元。PayPal 还推进了金融产品的多元化发展,提供包括延期付款、买方信贷、信用卡、货币市场基金等多种服务和产品,这些也成为 PayPal 新的利润增长点。

资料来源:互联网金融正悄然改变中国. 国信证券行业研究报告,2012-10-8,p.3.

(二) 个人网贷平台

传统金融机构借贷成本的高企一直是小微项目的筹融资之殇。尤其是美国次贷危机后,为防范债务风险,传统银行惜贷现象蔓延,这一情形更是加剧了小微项目贷款的难度和成本。在此背景下,以 P2P 网贷平台为代表的个人网贷平台渐成气候。

1. 基本情况

与阿里小贷等电商内部封闭运行的信用贷款或订单贷款的运营模式相比,个人网贷平台以自然人而非机构作为贷款出资人,其特点是以收益率作为回报的开放性的借贷平台。最为典型的模式即是 P2P (Peer to Peer) 网络借贷平台,又称为"人人贷"。除了作为传统金融机构的销售渠道,互联网也逐步开始替代传统金融中介。

P2P 平台填补了我国个人小额信用贷款的空白。作为投资渠道,P2P 平台项目贷款利率最低的也在 15%,最高的则可达 24% 左右,利率高低主要取决

---

[1] 杨涛. 互联网金融:让理财更"民主". FT中文网,2013-7-19.

于借贷者的信用情况。高额的利率回报吸引了众多的互联网企业进入这一领域,然而,监管的困难以及进入企业的良莠不齐,也使得这一领域成为目前互联网金融业务的最高风险之地。

目前,多数网贷平台注册的是"网络信息服务公司"和"咨询类公司"。对网络借贷平台,法律尚未给出明确定义。行业自律的不足以及监管的缺失,导致中国的P2P行业非常混乱,一定程度上限制了中国P2P网贷的发展。

2. 主要产品

(1) 拍拍贷。

拍拍贷成立于2007年8月,是中国首家P2P纯信用无担保网络借贷平台。网站隶属于上海拍拍贷金融信息服务有限公司,公司总部位于上海。拍拍贷是P2P网络借贷行业内第一家拿到金融信息服务资质的公司,并且在经营范围里面有了内容更为广泛的"金融信息服务"。目前,拍拍贷已开发推出"拍拍精英贷"、"拍拍投资贷"等多种网贷产品。作为国内第一个个人对个人信用网上借贷平台,拍拍贷创立的目的是提供一个更加安全、高效的平台,让个人对个人之间的借贷行为更加规范、安全、有效,如图3-5所示。

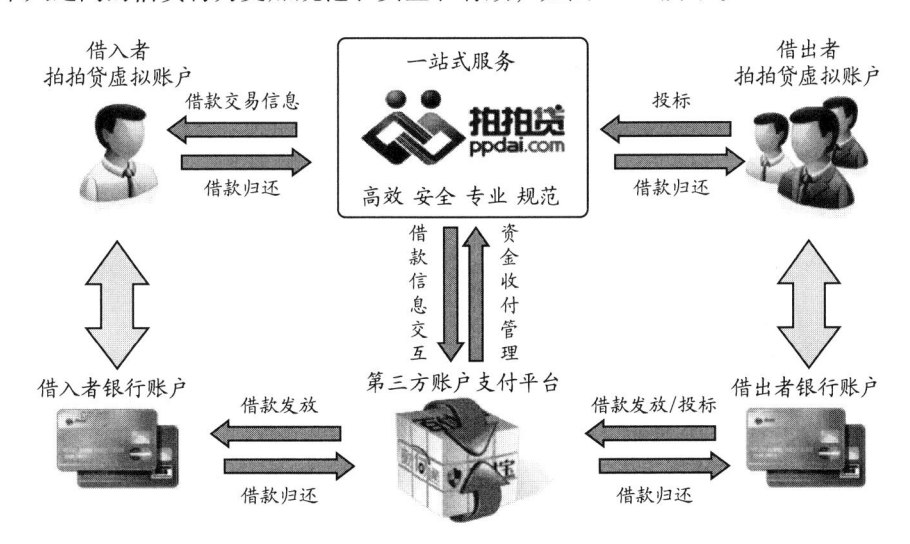

图3-5 拍拍贷产品运行原理

资料来源:互联网金融行业专题报告:金融遇上互联网. 国金证券行业研究报告,2013-7-2,p.24.

主要特点。作为一家典型的 P2P 贷款企业，拍拍贷给借款和贷款方提供借贷平台，从中收取手续费用。根据其规定，对资金借出者不收取费用，对于借入者，借款期限 6 个月（含 6 个月）以下的，借款成功后收取本金的 2%；借款期限 6 个月以上，收取本金的 4% 作为手续费。

营运规模。2009 年上半年以前，该公司的半年计成交额较为清淡。2009 年下半年以后至今，拍拍贷有了一个快于此前的增长。截至 2013 年 10 月，拍拍贷现有 200 万注册用户，已成功借过款的用户有 4 万多名，月交易量达 5000 万元。公司目前设定的目标是，到 2015 年中拥有千万用户。

（2）点名时间。

点名时间是 2011 年 5 月在北京成立的，初衷是为了帮助国内一些有想法、有创意但缺乏资金和机会的人成立的。

无论项目发起人是设计了一个创意产品，还是想拍摄一部独立电影，抑或是想举办音乐演出，都可以来到点名时间，向大家展示自己的想法，只要获得足够多的人支持，就可以去做其想做的事情了。

主要特点。点名时间不同于一般的商业融资方式，项目发起人享有对项目 100% 自主权，不受支持者控制，完全自主。而对于项目支持者，若项目在规定时间内支持金额未达到 100%，所支持的款项将全额退回。若成功，在项目完成后将得到事先约定的回报。由于国内法令的限制，回报不可涉及现金、股票等金融产品，从商业模式上众筹更像是预购。在项目筹资成功后，点名时间会从项目筹资额中抽取 10% 作为手续费。①

点名时间的网站风格是青春活力型，符合其创新融资的主题。考虑到投资者需要浏览项目再决定是否资助，网站将项目分成了艺术、漫画、舞蹈、设计、服装、电影、食品、游戏、音乐、摄影、出版、科技和戏剧类，以抓住投资者的兴趣爱好倾向。项目发起者可以通过文字、图片、音频、视频等形式介绍项目并预先设置目标金额、结束时间及回报，放到点名时间网站供网友浏览。网友在浏览项目过程中，对自己感兴趣的项目进行支持，帮助项目发起者完成梦想。

点名时间是通过行业细分来获得发展的，将创意投资从小额贷款中开发出来，以众筹的模式对其进行资助，从而获得收入。其难度是要说服甲方为创意项目这一细分市场投资，市场规模受限。

---

① 中国融资平台型互联网金融现状分析. 中商情报网，2013 - 8 - 12.

营运规模。作为上线最早的众筹平台,点名时间也是国内最大发展最成熟的众筹网络平台。自 2011 年 7 月上线以来,不到两年就已经接到了 7000 多个项目提案,有近 700 个项目上线,项目成功率接近 50%。截至 2013 年 4 月,点名时间是国内众筹单个项目的最高筹资金额 50 万元人民币的保持者。

专栏 3-4　海外第一个众筹平台——Kickstarter

Kickstarter 于 2009 年上线,是由一位热爱艺术期货的美籍华人创办,是海外最具代表性的众筹平台之一。Kickstarter 是产品预售式众筹的代表,这一平台上主要存在两类角色,一类是产品、项目的提供者,另一类是对梦想或者创意的资助者。这一平台的运行模式主要由提供者在平台上将产品或项目进行展示,相关资助者能根据不同的价位获得除现金和股权之外的回报。在募资前,项目提供者设立一个规定的资金目标,如果募集超额即项目完成,如果募集不及目标,所募的资金将自动返还。

最大的众筹项目是 2012 年的 Pebble 蓝牙智能手机及手表,筹到 1030 万美金,在这个众筹项目的帮助下,Pebble 得以在 2013 年推出产品,目前这一产品已经成为美国圣诞节最火热的礼品之一。迄今为止,Kickstarter 上已经拿到资金的项目超过 40%,已有 500 万人对大量创业项目提供了接近 10 亿美元的融资支持。项目内容涉及舞蹈、设计、时装、电影、视频、食品、游戏等不同主题。

3. 业务发展

自 2007 年 8 月第一家个人网贷机构——拍拍贷成立以来,得益于国内个人经营消费信贷以及个人投资理财的庞大市场需求,加之客户互联网使用习惯的成熟和 P2P 平台自身实力的加强,公司数量呈现爆发式增长。截至 2012 年底,全国个人网贷平台总数超过 500 家,互联网成为小额信用交易的重要平台。P2P 的业务规模如图 3-6 所示。

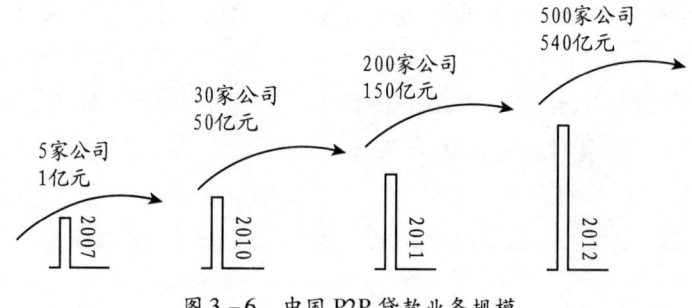

图 3-6 中国 P2P 贷款业务规模

2012 年全年交易总量高达 200 多亿元,其中排名前 15 的个人网贷平台交易额接近 70 亿元,占比在 45% 左右,如图 3-7 和图 3-8 所示。网贷之家的统计数据显示,2013 年全国主要 90 家 P2P 平台总成交量 490 亿元,平均综合利率 23.24%。①

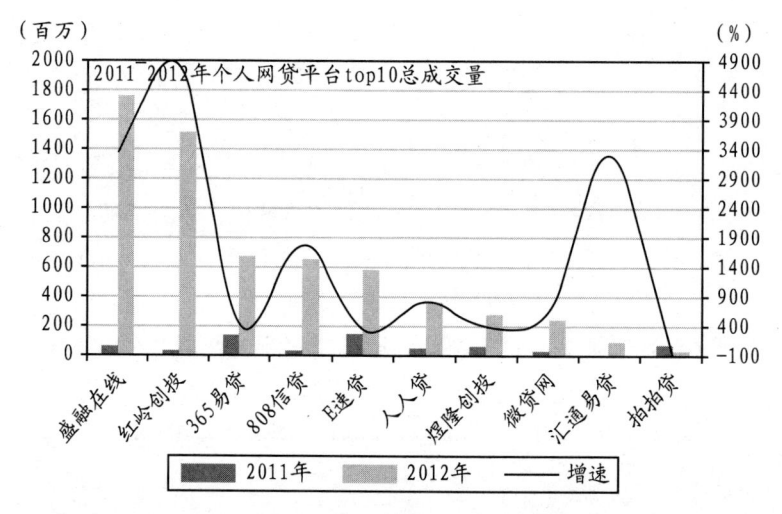

图 3-7 2011~2012 年个人网贷平台 TOP10 成交量

信用和监管的缺失导致 P2P 的发展面临挑战,违约风险正在积聚、发生。从 2011 年开始,多家 P2P 信贷中介卷款跑路,令投资者损失巨大。2012 年 6 月 12 日,P2P 贷款网站"淘金贷"创办人在平台上线一周后携款百万跑路。此后半年,另一家网贷平台"优易网"在上线 4 个月后卷款 2000 余万元跑路。2013 年 4 月初,"众贷网"上线仅 1 个月就宣告倒闭,再次将 P2P 网贷的行业

---

① 互联网金融行业 2013 年年度报告:谁动了我的奶酪?. 华宝证券行业研究报告,2014-1-27,p.9.

乱象和监管漏洞曝光在众目睽睽之下。2013年10月末,国内出现了一波P2P倒闭潮:东方创投、川信贷、宜商信贷等多家P2P平台爆出问题。仅2013年10月,倒闭的P2P公司就达18家。2013年10月15日,上线仅3天的"福翔创投"倒闭,创营运时间最短纪录。

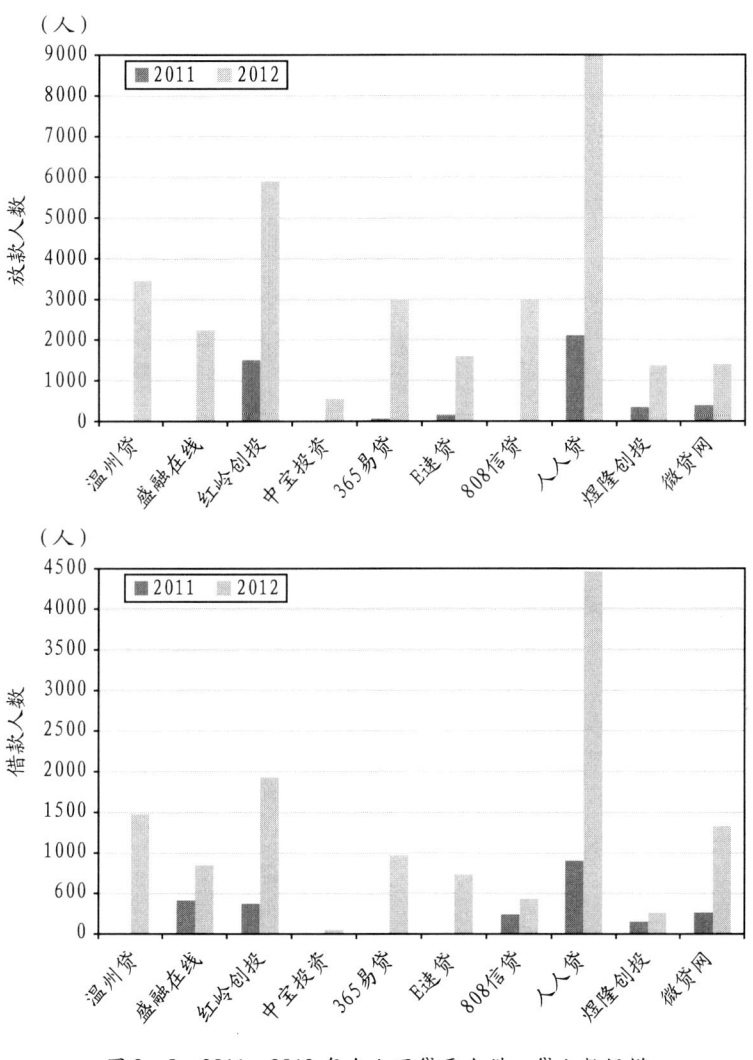

图3-8 2011~2012年个人网贷平台借、贷人数规模

> **专栏 3-5　"网赢天下"——高收益利率显著高出同业存疑**
>
> 　　2013年8月10日，P2P贷款服务平台网赢天下发表公开信称，已全面停止所有网贷业务的运行，仅负责对之前欠款的还款安排。这家经营仅仅4个月的P2P平台累计成交金额已经近7.8亿元；截至目前，该平台贷款余额约为1.5亿元，涉及1500多名投资人。
>
> 　　由于贷款品种的高收益，网赢天下平台在短短4个月实现7.8亿元的成交量。根据海树网统计的数据，网赢天下从成立至今，1个月的标占总成交量的21.82%，1个月以下的标则占到了44.74%。其正常借款标加上综合奖励等，年化收益均已经高达50%以上。
>
> 　　网赢天下网站信息显示，在7月18日，即发生天标逾期之后，该平台还曾三次发放了总金额为1200万元的"天标"，以筹资应对短期的流动性困难。借款期限均为20天，到期总收益为3.25%~3.55%。以此测算，该"天标"的年化利率最高约为65%。而对比同业，红岭创投目前最高的年化收益不超过18%。从目前在人人贷平台上成交的交易来看，平均投资的年化收益在12%~14%之间。
>
> 　　从成交量来看，网赢天下做到7.8亿元的规模仅用了4个月时间，而其团队不过数十人。红岭创投截至2012年末的贷款余额约2.68亿元。而该平台已经经营了近4年，整个团队超过150人。而国内第一家P2P平台拍拍贷，上线6年，截至2012年末的贷款余额约为8579万元。

三、理财平台类业务初战告捷

　　相对于支付业务和网贷业务而言，理财平台业务发展相对迟缓。2013年，余额宝和百度百发产品登场，再度掀起互联网金融的热潮。

（一）货币市场基金

1. 基本情况

　　互联网企业通过建立基于互联网的货币市场基金形式开展了理财业务，即货币市场基金的网络化销售。

　　互联网的成本优势和信息优势，以及传统金融行业理财门槛的高企助推了互联网金融理财业务的发展。近年来，银行活期存款年利率只有0.35%左右。手头更宽裕的顾客已开始将资金转移至银行的理财产品上，这类产品比利率受到管制的银行存款回报率更高，不过投资门槛很高。普通人可以把零散的资金通过互联网企业的支付平台实现对基金产品和理财产品的购买。

2. 主要产品

（1）余额宝。

余额宝是支付宝针对支付宝账户余额打造的一款理财增值服务，于2013年6月13日上线。余额宝推出的初始功能是帮助用户管理在线支付账户里富余的资金。

产品特点。通过余额宝，用户不仅能够得到较高的收益，还能随时消费支付和转出，无任何手续费。用户在支付宝网站就可以直接购买基金等理财产品，并获得较高的收益，同时余额宝内的资金还能随时用于网上购物、支付宝转账等支付功能。转入余额宝的资金在第二个工作日由基金公司进行份额确认，对已确认的份额开始计算收益。

营运模式。余额宝对接的是天弘基金的增利宝货币基金，其在设计上涉及三个主体：支付宝、天弘基金和支付宝用户。其中，支付宝是支持用户进行基金交易和第三方结算工具的提供者；天弘基金是基金产品的供应商；支付宝用户则是基金产品的购买者。余额宝的运作流程见图3-9，支付宝用户将支付宝余额转入余额宝，即视为天弘增利宝货币基金的投资行为，能够获取超越活期存款的收益，同时余额宝内的资金还能随时用于网上购物、支付宝转账等支付功能。此外，在计息方式上，用户在T日申购，在T+1日

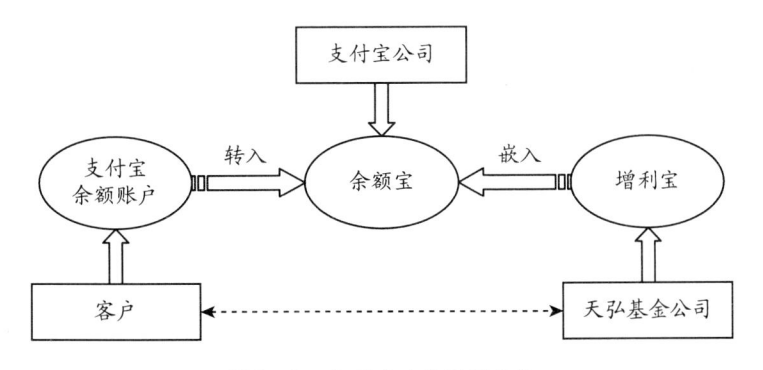

图3-9 余额宝业务运行框架

即可享受收益。

这种运转模式，成为阿里巴巴、天弘基金和支付宝客户的"三赢"局面。支付宝的存量资金得以盘活，余额宝的高收益吸引了更多的资金主动充入支付宝，支付宝的海量客户则成为天弘基金的宝贵资源。

余额宝成功的根本在于降低了中间环节的成本，借助支付宝力量，融合线下货币基金机构，通过互联网的低成本特征实现货币经济的改变。实现给客户高流动性、高利率的回报，同时保障基金操作机构仍然有利润空间。当经济稳定或者上升期，货币基金能够稳定在5%左右的年化收益率。但这种运作模式也存在一定的风险性。但当经济出现问题的时候，货币基金也将因为其流动性首先被撤走基金，同时收益率降低，将在短期内引起挤提和收益率降低的连锁反应，失去投资者信任。

营运规模。依托第三方支付平台强大的客户群，余额宝大幅拓展了货币基金的消费支付功能，成为国内首支募集资金过千亿元的货币市场基金。数据显示，余额宝上线仅1个月的时间，销售额就突破100亿元。截至11月底，余额宝已募集1000亿元资金，是国内首支募集资金过千亿元的货币市场基金。截至2013年12月31日，余额宝上线不到6个月，客户数便达到了4303万，户均持有额4307元，其间累计为用户发放收益17.9亿元。[①] 据英国《金融时报》基于官方数据的计算，自6月份以来，中国企业和个人每向中国各银行存入12元人民币，就会往余额宝户头存入约1元人民币。尽管与中国银行体系的存款总额相比，余额宝吸纳的资金仍然很少，但资金从银行流向余额宝的速度正在不断加快。

（2）百发。

理财平台类产品在2013年异军突起。国内互联网企业开发的理财产品，规模较大的还有百度和华夏基金联手推出的"百发"、"百赚"等。

产品特点。2013年10月28日，百度和华夏基金合作推出的组合投资理财计划。最低支持1元起购，售后支持快速赎回，即时提现。与阿里巴巴和天弘基金的强弱搭配不同，百度和华夏基金属于强强联合。前者是全球最大的中文搜索平台，后者是业内规模最大排行第一的基金公司。

营运规模。"百发"上线首日有超过12万用户参与购买，理财销售超过

[①] 互联网金融行业2013年年度报告：谁动了我的奶酪？. 华宝证券行业研究报告, 2014 - 1 - 27, p. 7.

10亿元。12月23日，百度"百发"理财产品两个月后再次登场，此次与嘉实债券基金达成合作，采用"团购金融"模式。百发后端对接的首期金融产品是嘉实1个月理财债券型证券投资基金，该基金投资方向是银行协议存款。在产品收费方面，收益率8%以上才收取正常管理费。百发的基金管理费为0.3%，不过年化收益率小于3%时不收费，3%~8%收取0.2%管理费，8%以上收取0.3%管理费。

专栏3-6 新浪"微财富"

在互联网金融正如火如荼发展之际，又一互联网巨头"新浪"也开始跃跃欲试。新浪微博也将要推出互联网金融产品——"微财富"。目前新浪微博已经取得第三方支付牌照，"微财富"产品正在积极准备当中，预计年底将正式上线。该产品将在上海运营，类似一种理财产品销售平台，主要售卖基金、保险等理财产品，并会考虑接入P2P业务。预计首批上线产品将是低风险货币基金。对于拥有5.36亿用户的微博平台而言，强大的支付体系无疑是未来新浪实践更多业务创新的基石。新浪不仅可以帮助金融机构低成本的获取用户（企业级用户、个人用户），而且还可以通过搭建各类金融平台并提供类似于专属的微博私信、专属秘书等，为用户提供更多个性化的理财服务。

3. 业务发展

依托第三方支付平台强大的客户群，余额宝成为国内首支募集资金过千亿元的货币市场基金。上线仅1个月的时间，货币市场基金的销售额就突破100亿元。余额宝用户的投资数额没有上限也没有下限。和银行活期存款一样，余额宝用户能随时从余额宝账户提取资金。而过去1个月余额宝的平均年化收益率则约为5%。余额宝的大受追捧引发了互联网金融理财产品的开发热潮，一系列产品竞相上市，如表3-2所示。

表 3-2　　　　　　　较具规模的互联网金融产品情况

产品名称	所属公司	绑定基金	7日年化收益	备注
余额宝	阿里巴巴	天弘增利宝	6.517%（2014/01/18）	截至2014年1月15日规模超过2500亿元
百发	百度	华夏现金增利	8%	30亿元
添金计划	网易	汇添富现金宝	超过11%	限售5亿元，网易理财补贴5%的收益
零钱包	苏宁	广发天天红、汇添富现金宝	6.934%（2014/01/18最高）	2014年1月14日正式上线
理财通	腾讯	华夏财富宝	6.503%（2014/01/18）	2014年1月15日正式上线，目前只能再移动终端购买

资料来源：根据中信建投证券行业研究报告整理。

（二）证券、保险类业务

早在2013年初，中国平安就与腾讯与阿里巴巴开展合作，联手设立"众安在线财产保险公司"，并获得保监会批文。而在余额宝、百发等产品成功抢滩货币市场基金理财业务后，三大互联网巨头百度、阿里巴巴、和腾讯纷纷开始探索与证券、保险类公司合作的模式。11月23日，国金证券发布公告，宣布与腾讯公司开展战略合作。公告表明，双方将在网络券商、在线理财、线下高端投资活动等方面展开全面合作。

阿里金融的理财产品成绩也为互联网企业开辟网上理财业务奠定了底气。据阿里官方的数据，2013年"双11"基金理财产品的支付宝总成交额9.08亿元，其中，国华人寿总成交额5.31亿元，易方达基金总成交额2.11亿元，生命人寿总成交额1.01亿元，是"双11"中互联网金融获利最丰的明星。[①]

[①] 中国安邦集团研究总部．"双11"揭示互联网金融趋势．FT中文网，2013-11-13．

第二节 互联网企业在金融领域发展的战略意图

借助互联网技术、在一系列经济行为中嵌入金融元素，进而产生了互联网金融。互联网金融在传统金融发展过程中狭处逢生，"狭处"空间越大，互联网金融愈发有生命力。这种"狭处"空间很大程度上取决于中国的金融抑制和互联网技术的发展。基于互联网企业的自身优势与金融布局，目前来看，以支付促进电商消费、拓展企业盈利增长点是其首要的战略目的，如表 3-3 所示。

表 3-3　　　　　　BAT 三巨头互联网金融布局纵览

企业	百度	阿里巴巴	腾讯
战略切入点	基于搜索平台	基于交易平台	基于社交关系链
战略地位	重要的发展方向	与电商并列的业务	开放的互联网金融平台
组织架构	各事业部独立开展业务，锁定不同客户群	单独金融集团，资源高度集中	不明确
发展阶段	全面布局浮现，对传统金融尚未深入渗透	互联网金融和传统金融全方位模式	更多基于现有业务搜索金融方向，整体布局尚不明确
主要面向对象	金融客户、小微企业客户、公众网民	小微企业、公众网民	公众网民
现有业务布局	百度小贷、"金融知心"、百度理财（含百度钱包）	阿里小贷、支付宝（含理财）、担保、保险、基金、金融产品销售	会员以及游戏的增值服务、财付通（含理财）、微信支付（含理财）、金融产品销售
强势业务	基于流量分发的"金融知心"	阿里小贷	会员及游戏增值服务
未来方向	金融全产业链布局	金融全产业链布局	不明确

续表

企 业	百 度	阿里巴巴	腾 讯
核心优势	70%的搜索流量份额：搜索、大数据、云计算技术	最大的电商交易平台	强势的社交关系链
竞争最激烈的领域	针对用户个人理财中心的布局		

资料来源：根据方正证券行业研究报告整理。

一、促进电子商务消费

信息时代，完善电子商务基础服务对拉动消费的作用已经从阿里巴巴开发的支付宝产品中得到充分体现。

（一）增加支付便捷性促进电商消费

通过增加支付的便捷性以促进网络消费，是电商最初也是最关键的战略意图之一。阿里集团支付端业务总额的飞速增长已经很好地证明这一判断。阿里集团官方公布的数据显示，2013年11月11日当天，天猫、淘宝成交额总计350.19亿元，相当于同年10月份全国日均消费的一半（2013年10月，全国社会消费品零售总额21491亿元，日均693亿元），较2012年的191亿元增长83%。再加上其他平台的贡献，如京东100亿元（11月1日至12日），易迅11亿元（11月4日至11日），阿里所引领的"双11"热潮，成为刺激消费的最佳代名词。

（二）缓释商户资金压力促进资金投放

阿里巴巴金融通过互联网数据化运营模式，为阿里巴巴、淘宝网、天猫网等电子商务平台上的小微企业、个人创业者提供可持续性的、普惠制的电子商务金融服务，向这些无法在传统金融渠道获得贷款的弱势群体提供"金额小、期限短、随借随还"的纯信用小额贷款服务。

京东采用与银行合作的模式，用信用及应收账款为抵押，让供应商能够获得银行贷款从而缩短账期。京东金融发展部总监刘长宏，强调京东推出的"供应链金融服务"是利用京东的规模和信用帮助供应商从银行获得资金，并不占用供应商资金。电商打造的"供应链金融"服务模式，其意在通过信用质押的方式，获取低成本的经营和周转资金，以缓解供应商的资金压力。

二、拓展企业盈利增长点

通过搭建综合性的金融服务平台，还可以利用企业已有客户群优势，实现企业客户范围的扩大，为企业开发新的商机。

（一）盘活沉淀资金创造盈利机会

电商可以利用其平台服务的流量客户通过支付工具获得沉淀资金并进一步转化成金融产品，进而在金融服务领域创造新的盈利增长点，如图 3-10 所示。

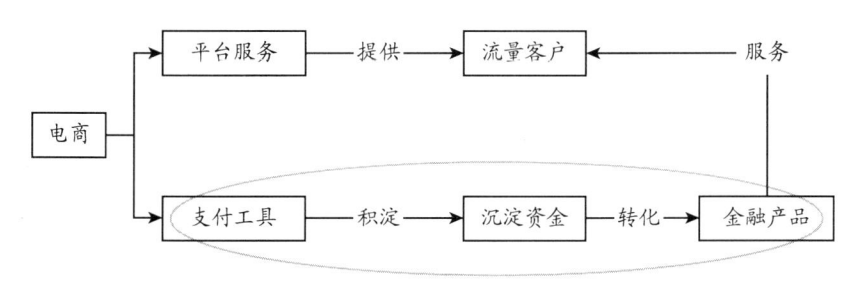

图 3-10 消费支付与金融产品创造逻辑

（二）通过理财通道实现服务收费

2013 年 11 月 22 日，腾讯与国金证券签署《战略合作协议》，核心内容包括：在网络券商、在线理财、线下高端投资活动等方面开展全面合作。腾讯将开放核心广告资源，协助国金进行用户流量导入，并进行证券在线开户和交易，在线金融产品销售等服务。战略合作有效期 2 年，国金将向腾讯支付相关广告宣传费用为每年度 1800 万元，如图 3-11 所示。

目前，腾讯的互联网金融的主要业务包括：基金支付、类余额宝业务、小额信贷和金融增值服务。腾讯计划打造开放的互联网金融平台：包括证券、基金、银行和保险等业务。

```
                    在线金融服务平台
        ┌─────────────────────────────────────┐
        │      每年1800万元广告费用  →         │
        │                                      │
  国    │            ┌─────────┐               │  腾
  金    │            │ 网络券商 │               │
  证    │            └─────────┘               │  讯
  券    │              ↙    ↘                 │
        │           全面合作                    │
        │       ┌──────┐   ┌──────┐            │
        │       │线下高端│ ↔ │在线理财│          │
        │       │投资活动│   └──────┘           │
        │       └──────┘                       │
        │   ←  开放核心广告资源；协助用户流量导入等│
        └─────────────────────────────────────┘
```

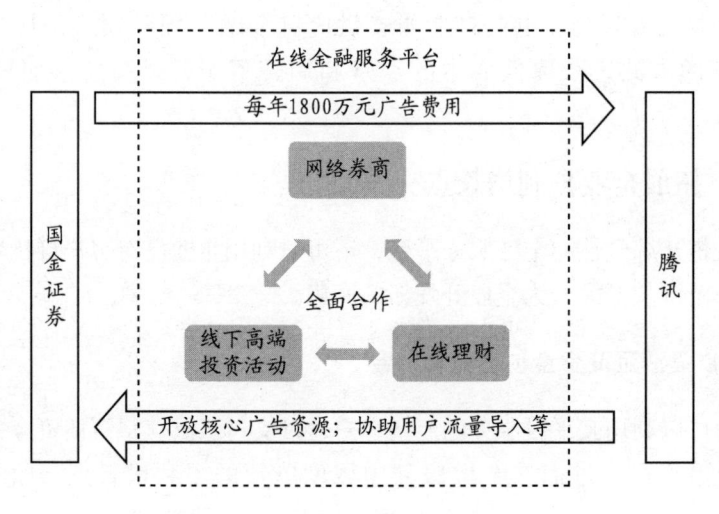

图 3-11　腾讯与国金证券的合作模式

三、推进金融业务布局多样化

电商的大数据优势还将推进互联网企业未来金融业务布局的多样化。

（一）构建综合性金融平台

在 BAT 中，阿里在互联网金融领域的思路和战略是最早最清晰的一个。早在 2012 年，马云就提出"平台、金融、数据"的三大战略。阿里巴巴金融平台目前已涉及网上支付、小额信贷、金融产品销售、财产保险、资产证券化等多领域，未来还将继续向其他金融领域延伸，金融布局将进一步多样化，如表 3-4 所示。

表 3-4　　　　　　　　阿里巴巴发展重要事件

年　度	发展重要事件记录
2006 年之前	推出诚信通，解决网络贸易信用问题
2007 年	与银行合作推出"阿里贷款"
2009 年	阿里贷款分拆成立阿里金融； 开始向贫困居民提供小额信贷金融服务
2010 年	成立阿里巴巴小额信贷有限公司； 网上销售退货运费保险

第三章　跨界：互联网企业开展金融服务

续表

年　度	发展重要事件记录
2011 年	小额信贷公司获跨省运营资格
2012 年	与山东信托发行阿里金融小额信贷集合计划； 公布三天无理由退息的贷款保障计划； 向海外客户提供信用卡融资服务
2013 年	阿里巴巴马云、平安集团马明哲、腾讯马化腾联合成立的众安在线财产保险公司已经进入了正式筹建期； 阿里巴巴成立金融事业群，下设共享平台（技术、客服等）、阿里金融（专注网上金融业务）、国内业务（专注支付宝国内业务）和国际业务（专注支付宝海外业务）

资料来源：根据国泰君安证券行业研究报告整理。

阿里巴巴 2013 年在金融领域的成功并非是偶然，其背后的阿里金融以家族式的业务板块布局保障了其金融业务多元化和金融领域战略布局的开展，如图 3-12 所示。

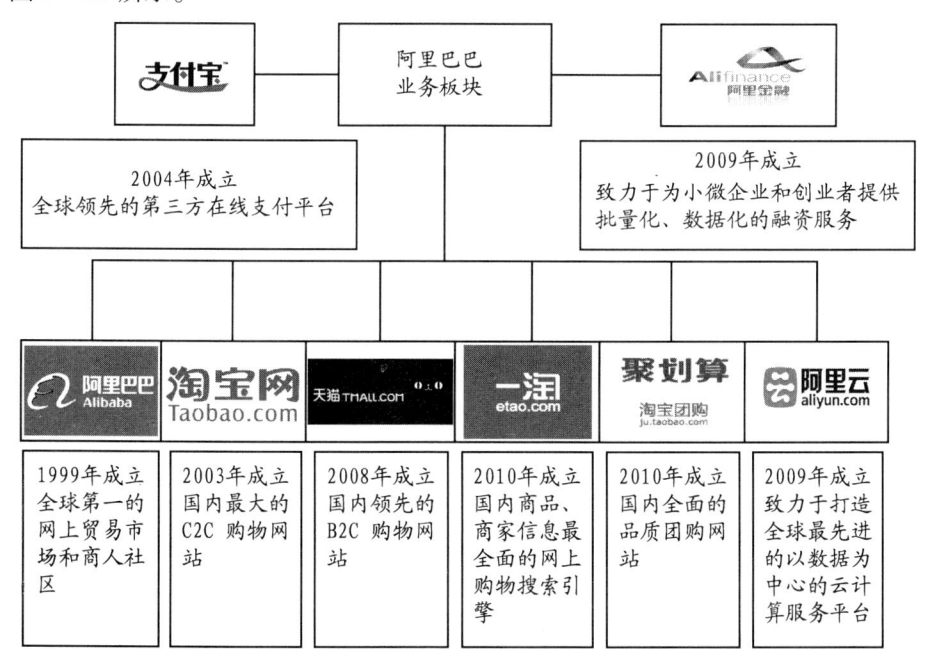

图 3-12　阿里巴巴业务板块结构

由社交平台向金融平台跨越是腾讯目前发展阶段的首要目标。腾讯以社交平台起家，目前坐拥超10亿的注册用户，虽然在不断丰富应用类型，但在互联网金融和电商领域，始终步阿里之后尘。平台效应、支付账号和支付场景是互联网金融乃至电商平台的三大核心要素。尽管腾讯在平台效应上胜过阿里，但支付账号和支付场景长期以来是腾讯的短板。但是通过其开发的"抢红包"游戏，支付账号和支付场卡绑定量短时间内由2000万张跃升至2亿张，极大地补足了支付账号的短板。由于参与"抢红包"的用户都必须把微信账号和银行账户绑定，这意味着腾讯从2013年7月开始力推的微信支付功能瞬间得到推广。与此同时，通过战略合作国金证券、注资好买网、入股华南城等运作，腾讯也在快速构筑支付场景。

专栏3-7 移动支付领域的"偷袭珍珠港"——微信"抢红包"游戏

惯于发掘用户需求的腾讯深谙国人春节发红包的习俗，利用旗下的社交软件微信，在春节前两天推出"抢红包"游戏，并迅速走红。"抢红包"游戏操作非常简单，用户进入一个微信账号，选择好友发红包的个数、金额，写上祝福语，就能把红包发到群里或通信录上的任意好友。同样，对方收到红包后，领取的金额会在一个工作日后到账。这其中需要的，只是一张与微信绑定的银行卡。但就是这一款操作极为简便的游戏，却引发了全民热潮。腾讯的统计数据显示，除夕夜参与红包活动的总人数为482万，平均每个红包10.7元。从除夕到大年初一下午4点，累计参与抢红包的用户超过500万，领取到的红包总计超过2000万个，平均每分钟有9412个红包被领取，最高峰出现在除夕夜的午夜时分，瞬间峰值达到每分钟2.5万个红包被拆开。[1]

腾讯的收获之一则是微信支付账号与银行卡绑定的数量在短短几天内猛增。仅仅是微信红包公众账号上线的第四天，有传言称"微信红包活动已经绑定了一亿银行卡用户"，对此，有网友戏称"微信一个晚上干了支付宝8年的活"。微信红包活动的大获成功也被网友比喻为是对支付宝的"偷袭珍珠港"。此外，1月29日，在香港上市的腾讯控股股价高涨5.77%，当日市值增加540亿港元，几乎所有分析师均把这份功劳记在了微信红包头上。

---

[1] 栗泽宇. 微信"红包"：大年夜的疯狂. 华夏时报, 2014-2-8.

（二）基于现金流发展成为股权投资者

相比战略型的阿里，拥有广泛社交资源的腾讯则期待利用自己的充沛现金流，扮演股权投资者的角色，而不只是局限于某个特定的行业。

以腾讯的微信支付为例。利用微信支付，仅在和基金、保险公司的合作上，腾讯就存在很多可能。近期微信也已经开发出专门的理财平台，通过微信账号推出的"微财富"已成为基金公司角逐的中央市场。微信支付还与中国人保财险合作，为用户推出基于微信支付安全问题的全额赔付保障。

同时，腾讯的海量用户和移动特性，在证券业务中都具有绝对优势。马化腾表示，未来腾讯在前海的投资不会少于100亿元。具体营运业务包括互联网金融、微信支付、小额贷款、股权投资和外汇业务。腾讯也将打造一个开放性的平台，计划与更多基金公司，甚至是券商、保险机构合作。

第三节 互联网企业开展金融业务的经验与启示

无论是从国外互联网金融的发展脉络来看，还是从目前国内互联网金融已经呈现的发展态势来看，互联网企业从事金融业务绝非是一片坦途，而是将会面临着信息、制度、成本等多方面的因素影响。充分考察和总结互联网金融发展的经验与教训，无论是出于对互联网企业自身的健康有序发展而言，还是对于监管部门、客户乃至整个金融系统可持续发展也好，都具有十分重要的现实意义。

一、充分运用大数据优势

互联网金融是基于互联网、大数据和云计算三个核心技术发展起来的，大数据优势是互联网企业的立足之本。大数据具有规模大（Volume）、速度快（Velocity）、类型多（Variety）和价值大（Value）的"4V"特征，其不仅是适应时代发展的技术产物，更是一种全新的思维理念，即基于数据资产的商业经营模式。因此，无论是传统的金融行业还是现代互联网金融，都要基于大数据尤其是金融数据来开拓互联网金融市场。

（一）全面评估客户信用

互联网平台上庞大信息源真实性更强，通过对这些信息间交互性和相关关系的分析，例如，对客户资信调查、信贷记录、违约记录、偿还情况以及各种消费情况、购买力调查、资产情况的分析和筛选，可以为贷款业务提供信用分析的有效支持，实现对客户信用的全面评估。

以阿里小贷为代表的机构网贷平台和京东、苏宁为代表的供应链金融均运用了大数据服务平台的模式。例如，阿里开展小贷利用阿里巴巴B2B、淘宝、支付宝等电商平台上客户积累的信用数据和流水，通过技术分析，评估客户的还款能力和还款意愿，从而可以给出客户的信用评价，然后再决定贷款授信。

同时，互联网企业还可以基于大数据优势，通过建模和分析客户交易数据的做法，针对性更强地对客户群体形成"黏性效应"。

（二）深入评测业务风险

互联网企业尤其是电商往往掌握了很多企业以及个人的交易数据，基于大数据优势，通过建模等方式，可以更为全面合理地评估客户的信用和风险。

与国内P2P平台的"短命"现象形成鲜明对比的是，美国Lending Club的良好运营，这离不开其充分运用大数据方式评估风险的模式，这也恰恰是国内互联网金融业务尤其是个人网贷平台需要学习和借鉴的一个方面。Lending Club充分利用政府支持的信用系统和社交网络的大数据来评价风险，给每一笔贷款制定精准的利率，并能保持非常低的违约率，既可以让需要的人贷到款，又可以保障债权人的利益。同时，利用互联网和社交渠道高效运作和几乎为零的边际成本，支撑极低贷款利率和手续费，让利于借款人和贷款人。此外，严格遵守法律和监管，只做中介不做担保。

2008年4月，Lending Club曾经全面无限期停止公司所有新贷款业务，目的就是为了向美国证券交易管理委员会申请新的6亿美金"Member Payment Dependent Notes"众人支付票据，同时申请改变贷款利率的计算公式。直至同年10月美国证券交易管理委员会批准才全面恢复营业。

（三）强化服务的供需对接

随着人们参与到互联网比例的不断提高，互联网企业囤积着大量的客户资源和客户信息，形成了大量的半结构化，非结构化的数据。这些数据客观反映了用户的消费习惯、消费需求等行为特征。通过对这些数据的挖掘、储存、分析、筛选和整合，不难找到用户现实的金融需求和可供激发的潜在需求，增强金融产品和金融服务设计与销售的针对性，精准地提供客户金融服务。

同时，互联网具有直面客户的优势，再加上其便捷的交互功能，也能够令潜在客户主动地反映提出自己的需求，从而实现金融产品与金融服务的供需匹配。

此外，互联网金融擅长技术和数据整合，流量和渠道开发，并能充分分享开放的平台，从而带来直接和快速的规模效应，最终降低产品中间环节和成本。这意味着互联网以及移动互联网不仅进一步降低了显性的经济成本，更降低了包括时间成本在内的各种隐性成本，显著提高了信息和服务的可获得性。从而，还有利于互联网金融获取广泛的客户群体。

二、服务重点定位小额资金

以小微客户作为金融业务的核心目标是国内外互联网金融业务的共同点，这一特征在融资和理财业务上表现得尤为明显。由于客观风险较大，且贷款方与借款方信息又不对称，这就造成小微客户成为传染金融机构贷款主动回避小微客户的主要原因。

（一）重点把握小额资金

互联网金融产品在投资层面并未实现更大的创新，更多地体现在把互联网作为一个小的销售渠道，在技术层面做了改进，从而吸引了大量从没有接触过基金产品的小额投资人。

以余额宝为例，余额宝的投资者呈现以下几个特点：一是以中青年客户为主，平均年龄为28岁；二是单个账户投资金额很小，传统理财客户投资额均值为7万~8万元，而余额宝用户的人均投资额仅为2000元左右；三是投资目标在流动性强、风险低的货币基金。而这个细分市场恰恰是基金公司之前较少关注的。P2P投资者也体现出类似的几个特征，首先投资者群体的主力是中青年男性，其中20~40岁的投资者占到投资群体的80%，且投资群体中85%是男性；其次，年收入20万以上的占比仅为15%，而年收入10万元以下的投资者占比则达60%。[①]

互联网金融的劣势是监管难、风险大，对于大项目投资而言，恐怕很难通过互联网平台达成。这也恰恰为小规模投资开辟了市场。

---

① 网贷之家.2013P2P投资者调查报告.每日经济新闻，2013-10-9.

（二）落实普惠金融理念

普惠金融的实质是让每一个人都能享受到相应的金融服务。传统金融机构将注意力集中在"高大上"的客户群体上，并形成了一套相应的运营、服务、征信和风险监管体系。而囿于传统金融机构的经营模式和风险定价模式的限制，而同样存在强烈金融服务需求大部分群体，则因其被忽略而被排除在金融服务的视域之外。互联网金融服务恰恰为这部分需求创造了平台，互联网企业数以亿计的"长尾"客户群促动了互联网金融的火热。

普惠金融最重要的内涵之一是金融送达。金融送达的实现至少需要两个条件，服务意愿和服务能力。受限于自身服务群体的定位，传统金融机构难以把相应的产品和服务送达那些收入水平相对不高的客户群体中去，这也为互联网金融实施普惠金融创造了条件。互联网金融具有快捷性、便利性和灵活性等特点，可以丰富客户的支付手段，实现小额资金理财等金融服务需求。随着电子商务和网络信息技术的蓬勃发展，互联网金融将逐渐成为金融体系的有益补充，是实现普惠金融的重要手段。

专栏3-8 个人理财门户Mint 财富管理网 WealthFront

美国的个人理财网Mint于2007年9月上线，至今注册用户超过1000万，2010年10月被著名的会计软件公司以1.7亿美元收购。Mint的特色在于创造性地把客户收支等资产状况有机联系起来。通过授权，把用户的所有账户信息（如支票、信用卡、储蓄、投资，教育和退休金等）全部与Mint的账户连接起来，自动更新用户的财务信息和分类收支详细情况。通过对个人财务数据的整合，让用户在Mint上感觉就相当于拥有个人财务中心，可以对自己的财务状况与日常收支一目了然。在此基础上，Mint利用数据统计功能，帮助用户分析各项开支的比重，制定个性化的省钱方案和理财计划等衍生服务。

相比Mint，WealthFront更加注重财富管理，致力于提供投资组合的专业意见来使客户税后收益的最大化。WealthFront根据用户的投资额收费，对低于1万美元的投资不收取任何费用，超过这个额度则每年收取0.25%的服务费。截至2013年6月，WealthFront管理的资产超过2.5亿美元，仅在2013年就增长了150%。

三、注重信用体系建设

如果说互联网金融的精神核心是普惠金融的话,那么信用可谓是互联网金融的基石。而信用风险始终是互联网金融业务的阿喀琉斯之踵,互联网金融发展历程中必修的功课之一就是要完善风险投资机制,构建良好的信用体系。与此同时,构建信用体系,完善风险投资机制也是金融体系改革的应有之义。

(一)加强行业信用体系建设

基于大数据的企业本身信用评价能力,是网络金融生存的核心竞争力。为此,互联网金融企业需要加强自身信用体系建设。

作为互联网金融的领军人物,阿里金融的马云曾在多个场合强调建立信用体系的重要性,至今还在进行内部测试的"信用支付"也是以此为基础而诞生的产品。作为P2P业务开展佼佼者的宜信公司,其副总裁方以涵更是把信用比作是互联网金融的基石。金融很重要的职能就是风险控制,按照马云的理念,如果阿里金融拥有一套完整的风险控制体系,实现贷前、贷中及贷后环环相扣,利用数据采集和模型分析等手段,根据小微企业和个人用户在阿里巴巴平台上积累的信用及行为数据,对其还款能力及其还款意愿进行评估,就会首先形成阿里体内的自循环。这套系统一旦成熟,就可以作为全新的信用体系向社会开放。

信用对于从事信贷业务的P2P平台更是生命线。P2P平台的信用来源包括资金借出融入方的信用以及承载在平台上的担保或保障等相关服务带来的信用。2012年12月,由拍拍贷、陆金所等10家网络信贷服务业企业成立了"网络信贷服务业企业联盟",推出了网贷"黑名单",被列入黑名单的成员将不能再和这10家企业进行交易。这也成为互联网金融行业信用体系建设和行业自律的行为典范。

(二)争取金融管理部门的征信系统支持

人民银行牵头建立的国家金融信用信息基础数据库,是目前国家级的企业和个人信用信息来源。互联网金融如果能够达到其接入和使用要求,其海量、实时、准确的信用信息,将对互联网金融的发展起到极大的促进作用。

与欧洲和美国等发达经济体相比,中国征信体系建设较为落后,目前尚难以有效覆盖互联网金融。中国的市场化征信机构长期处于相对割裂和分散的状态，直接导致许多借贷平台的风险得不到有效控制。2004年，人民银行建成全国集中统一的个人信用信息基础数据库，2005年银行信贷登记咨询系统升级为全国集中统一的企业信用信息基础数据库。截至2012年底，8.2亿自然人纳入个人信用信息基础数据库，1859.6万户企业和其他组织纳入企业信用信息基础数据库。这意味着，国内是在最近十几年有了信用卡之后才有了所谓征信体系，而且没有商业化的手段把这些数据很好使用起来。

以P2P领域为例，在P2P整个流程中，由征信来主导完成的风控环节几乎是P2P平台的核心。而目前人民银行的征信体系仅对银行和部分小贷公司开放，并未覆盖到P2P领域。网贷公司尚无法对接到人民银行的征信系统，从而既不能直接进入征信系统查询借款人的信用记录，也不能讲借款人的信用记录纳入征信系统，也就很难实现对借款人失信行为的罚则。此外，人民银行的数据，对现有的互联网金融领域并不适用，有相当一部分的小微企业和绝大多数个人在央行并没有相关的征信记录。

缺乏统一的征信体系，就意味着很难判断企业与个人的信用情况，各种逾期、坏账等信息也不会进入征信体系，从而致使借款人失信成本低，也将给P2P平台的正常资金借贷流转带来威胁。

四、稳步构建监管体系

基于保护投资者利益的角度，国内相关机构需要探索和构建业务全面、数据严密的监管体系。同时，这也有利于保障互联网金融企业的健康持续发展。

构建监管体系过程中最需要关注的互联网金融业务之一即是P2P。与Lending Club等国外P2P平台相比，国内的P2P平台发展可谓是风声鹤唳。部分机构统计数据显示，截至2013年10月底，国内近50家个人网贷平台出现逾期提现、限期提现等异常状况，甚至出现了倒闭、倒逼跑路等现象，涉及金额数亿元。国内小微企业的平均寿命不到3年，现在看来P2P平台也存在同其他小微企业一样面临着成长的"魔咒"。而P2P网贷平台涉及众多投资人的利益，平台的异动将波及较大范围的投资群体，在引起经济纠纷的同时甚至可能演化变成影响社会稳定的因素。因此，P2P平台的发展尤其要引起监管层的重视。

第四节　互联网企业开展金融业务的发展趋势

作为互联网技术与金融元素的结合，与传统金融企业向比较，互联网企业有着成本和信息两大发展优势，互联网金融主体也在近期急速升温。然而，如果回顾国外、国内在该领域发展过程中的案例，尤其是那些一开始呼声很高、发展迅速，而后却遇到阻碍甚至衰落倒闭的公司，一系列的案例和实践告诉我们，必修要以市场的视角来客观看待互联网金融的发展。

一、支付结算业务前景依然广阔

（一）发展前景依然广阔

国内消费规模庞大且支付结算业务发展迅猛。2011年全球移动支付交易规模为1059亿美元，用户量为1.6亿人，人均年支付额度约为662美元。到了2012年，人均年移动支付额度则为817美元，同比增长23%。2012年我国第三方在线支付的规模大约有3.66万亿元，过去7年的年均增速达到111%。来自中国互联网信息中心的统计数据显示，截至2012年12月底，中国拥有2.42亿网络消费者，网民使用互联网购物比例提升至42.9%。网络购物市场交易金额达到了1.26万亿元人民币，约合2000亿美元（不计食品和旅游），是2008年的10倍之多，较2011年增长66.5%。①

以阿里巴巴为例。阿里巴巴的销售额如今超过了eBay和亚马逊（Amazon）之和，占到了中国国内生产总值（GDP）的约2%。中国所有的快递包裹中约有70%来自于阿里巴巴的销售。中国的电商交易中大约有80%是通过阿里巴巴的网站进行的。②

从国际及国内的经验来看，随着人民生活水平的不断提升，以及电商经营规模的扩张，网络消费需求也将逐步增加。以移动支付发展为例，2013年2月，我国已超过美国成为智能手机持有第一大国。目前国内已有12亿手机用

---

① 石磊. 支付助推互联网金融发展，券商零售业务转型压力增加. 方正证券行业研究报告，2013-11-4, p.5, 16.
② 吉密欧. FT2013年度人物：马云. FT中文网，2013-12-16.

户,但每年通过手机的移动支付只有21亿笔,仍有巨大潜力有待开发。[①] 为此,在基于第三方支付信用管理的框架下,网络支付需求依然会有广阔的发展前景。

(二) 业务竞争日趋激烈

电商之间未来的支付业务竞争必然愈演愈烈。12月中旬,腾讯注资好买基金网(Howbuy,一家共同基金在线交易平台),这或许是它将发布一款与阿里巴巴的余额宝类似的投资产品的先兆。2013年8月,该公司发布公告称,淘宝商家不得再发含有外链二维码的图片。阿里巴巴称,此举是为了防范滥发广告信息乃至诈骗,但分析师认为,其更大的顾虑在于微信利用二维码强化自己的支付平台,有效地蚕食了淘宝的交易量。早些时候,阿里巴巴采取"电脑终端转账收费,移动终端转账免费"的战略,开始向PC用户收取支付宝交易费,但仍免收手机支付服务费。阿里巴巴希望借此举鼓励其用户转向移动支付平台,以阻止微信掠夺更多市场份额,这也印证了电商需要通过支付业务促进自身业务的发展。

从消费者的视角来看,竞争好于共谋。电商之间支付业务的竞争,可以改善用户的体验标准,提升电商的服务能力。

(三) 移动支付将成为核心领域

第三方支付业务呈现出互联网转向移动互联网的趋势。受移动通信工具的广泛普及和人们支付习惯的改变,目前"移动支付"已成为第三方支付中发展最快的部分。在2013年"双11"成交的350.19亿元中,有53.5亿元来自手机淘宝,是2012年的5.6倍(9.6亿);手机淘宝单日成交笔数达3590万笔,占整体的21%;支付宝实现手机支付笔数4518万笔,占整体的24.03%;支付宝手机支付额突破113亿元,是目前全球移动支付的最高纪录。相比之下,2012年手机淘宝交易笔数只占整体的5%,移动电商正在快速崛起。[②]

移动支付将逐步成为主要支付结算手段,未来有望替代如信用卡、银行汇款等传统支付业务。根据咨询公司Gartner的报告,随着移动通信设备的渗透率超过正规金融机构的网点或自助设备,以及移动通信、互联网和金融的结

---

① 金融服务业:"互联网金融与资本市场"高端研讨会会议纪要.方正证券行业研究报告,2013-11-15.
② 中国安邦集团研究总部."双11"揭示互联网趋势,FT中文网,2013-11-13.

合,全球移动支付总金额从2011年的1059亿美元上升至2016年的6169亿美元,年均增速达42%。艾瑞咨询统计数据显示,2012年我国移动支付市场交易规模达1511.4亿元,同比增长89.2%,预计2016年交易规模将突破万亿大关。[①]

移动支付的市场发展空间比线下和线上支付更为广阔,传统的线下支付和互联网支付已经被行政和网络寡头垄断,资源和市场相对集中。移动支付则是一个更加开放的市场,市场应用渗透度低,还没有出现垄断者和成熟的应用和商业模式。同时,移动支付可以实现线下支付场景和线上支付应用的联通,即可以将互联网支付的手段和优势应用在线下支付中,从而颠覆线下支付的格局;并且,移动支付本身也可能具有许多创新模式,如基于微信平台的移动支付、二维码支付等,从而开创出新的市场空间。

二、投融资平台业务仍需攻坚克难

(一)需要破解资本困境

互联网企业开展信贷业务面临的首要问题是实有资本有限,杠杆率受限,进而限制了贷款规模。

以阿里小贷为例。阿里金融面临的最大问题是,由于没有银行牌照,无法直接揽存;也不像其他支付机构一样,依托于银行获取资金,因此其实际规模远小于外界估计和宣传。而尽管支付宝推出的余额宝获得空前成功,不少评论认为阿里金融已经同时布局了银行的存款和贷款系统。但实际上按照目前规定,支付宝内沉淀的备付金不能算作其资产,支付宝也没有处理的权利,而货币基金投资有严格规范,因此实际资金根本无法在阿里金融内部流动。

(二)合理控制信用风险

按照小贷业务普遍使用的大数原则来看,风险可控。阿里的网络放贷模式,大量依托于网络数据处理,部分调查通过视频进行,不需要像传统银行一样设网点、雇佣大量员工以及上门调查;运营成本极低。

虽然从数据来看,2013年第二季度阿里小贷0.87%的不良贷款率,令传

---

① 货币基金:互联网金融"梦"开始的地方. 方正证券行业研究报告,2013-12-3.

统银行业也为之艳羡。但不可否认的是,阿里小贷的不良率波动情况却远超传统银行。2011年上半年,其不良率一度达到2%左右,逾期贷款比例超过2.5%。但3个月后,就迅速跌回1%以下。① 其相对不透明的不良贷款核销标准也一度成为外界质疑其不良率迅速降低的原因。

信用和监管的缺失导致P2P的发展面临挑战,违约风险正在积聚、发生。网贷之家的统计数据显示,截至2013年底,国内已有74家P2P平台出现问题,主要原因可以归结于三个方面:脱离实际虚高的收益承诺、不规范的信用管理、不尽职的第三方支付以及欺诈性的营运模式。

三、理财平台业务有待市场考验

当前互联网企业正在积极利用其平台服务的流量客户通过支付工具获得沉淀资金并进一步转化成金融产品,而且这一趋势正由于支付工具的移动化而快速发展。货币基金的销售只是序幕拉开,一旦客户通过移动网络购买金融产品习惯形成,零售金融生态可能面临结构调整。但是,互联网企业理财业务的发展也面临以下几方面的考验。

(一) 面临传统金融行业竞争

互联网理财产品主要的竞争对手是银行活期存款以及银行推出的一系列理财产品。与银行的活期存款相比,互联网理财产品尽管在收益水平上占尽优势,但在支付结算和快速取现方面却有所不足。而相比银行的理财产品,收益率和流动性相当,但银行理财产品的最低资金门槛为5万元,显著高于余额宝,不过银行可通过放松对起始认购资金的限制来增强产品的吸引力。

在互联网理财产品推出后的追逐效应刺激下,银行纷纷开发各具特点的新型现金管理工具,产品门槛低、收益高、到账迅速,对以"余额宝"为代表的互联网金融理财产品形成了挑战。典型的产品如交通银行开发的"快溢通",平安银行开发的"平安盈"等。②

"快溢通"以货币基金为基础工具,将借记卡资金增值与信用卡关联还款等功能连接在一起,大幅提高了活期资金的收益率。"平安盈"则把一分钱起

---

① 滕晓萌. 阿里巴巴马云如何做银行: 小微信贷业务被看好. 理财周报, 2013-7-29.
② 尹娟. 银行理财工具1分钱起购 叫板"余额宝". 理财周刊, 2013-12-21.

购作为其亮点之一,投资标的为南方现金增利货币基金,与"余额宝"实时赎回仅能进行购物消费所不一样的是,"平安盈"内的资金真正支持T+0实时转出提现使用。而且,作为一款平台产品,"平安盈"打通了各种理财产品的界限,无需要进行赎回操作,投资者可以直接用"平安盈"内的资金购买基金、银行理财产品、转账或是信用卡还款等。在安全性上,通过登录银行电子账户财富e购买平安盈产品,除了录入网银登录密码,还有动态密码双重保障。

(二) 金融产品制造能力欠缺

互联网企业的优势更多地体现在金融产品的销售环节,但金融产品的制造能力有所欠缺。余额宝主要是给支付宝用户的沉淀资金创造附加价值,而百度自身没有庞大的用户资金账户体系,因而可提供的附加功能很少,远不如支付宝丰富,单纯靠比拼收益吸引客户,产品吸引力的持续性有待观察。微信用户据称有6亿户,但支付用户数量相对较少,微信支付理财的开通意在通过理财手段提高支付用户的转化率,增加客户的黏性,但这种方式能否取得成功,同样有待市场检验。

专栏3-9　PayPal货币市场基金业务的衰落

互联网货币基金的始祖是Ebay旗下的PayPal。在1999年,PayPal在其成立的第一年底便推出了货币市场基金,用户只需要开通货币基金账户,就可以每月获得收益,获得了很多用户的欢迎。但是到了2000年之后,随着美国利率大幅下降,原有的收益难以维持,PayPal不得不有时采用放弃管理费甚至补贴的方式来维持货币基金的收益率。随着2005年之后利率的大幅回升,PayPal货币基金的年收益率超过4%,规模猛增3.5倍,在2007年达到了10亿美元的巅峰。但在2008年金融危机之后,美联储实行了超低利率政策,导致整个货币市场基金行业再次面临困难,而后,美财政部在2009年后不再作为货币基金的最终担保人,货币基金刚性兑付被打破,货币基金收益直线下降,PayPal的货币市场基金在经营了十余年之后于2011年7月黯然退出市场。PayPal货币市场基金的收益率如图3-13所示。

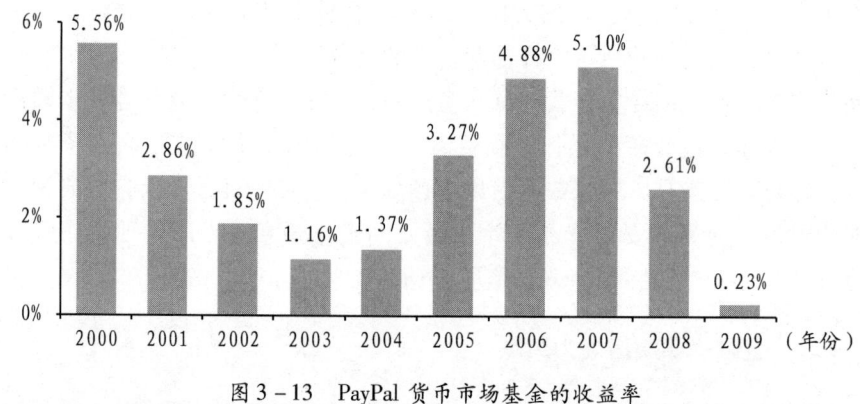

图 3-13　PayPal 货币市场基金的收益率

(三) 风险管理和控制亟须完善

互联网企业的理财业务除存在传统金融企业从事理财业务所面临的信用违约风险和期限错配风险外,还存在自身的独特风险。

法律风险。目前互联网金融行业尚处于无门槛、无标准、无监管的三无状态。由于缺乏门槛与标准,导致当前中国互联网金融领域鱼龙混杂,从业者心态浮躁、一拥而上,一旦形成互联网金融泡沫,并出现较大幅度违约的格局,就很容易导致中国政府过早收紧对互联网金融的控制,从而抑制行业的可持续发展。①

个人信息滥用的风险。首先,由互联网金融企业通过数据挖掘与数据分析,获得个人与企业的信用信息,并将之用于信用评级的主要依据,此举是否合理合法需要探讨。其次,通过上述渠道获得的信息,能否真正全面准确地衡量被评级主体的信用风险,这个过程中是否存在着选择性偏误与系统性偏差,也需要给予关注。

信息不对称与信息透明度问题。目前互联网金融行业处于监管缺失的状态。验证最终借款人提供资料的真实性,独立第三方进行风险管控,防范互联网金融企业自身的监守自盗行为都需要给予研究。

技术风险。与传统商业银行有着独立性很强的通信网络不同,互联网金融企业处于开放式的网络通信系统中,TCP/IP 协议自身的安全性面临较大非议,

---

① 张明. 警惕互联网金融行业的潜在风险, 经济导刊, 2013 (Z5).

而当前的密钥管理与加密技术也不完善,这就导致互联网金融体系很容易遭受计算机病毒以及网络黑客的攻击。目前考虑到互联网金融账户被盗风险较大,阻碍了不少人参与互联网金融,这其中绝非没有专业的金融或 IT 人士。因此,互联网企业必须对自身的交易系统、数据系统等进行持续的高投入以保障安全,而这无疑会加大互联网金融企业的运行成本,削弱其相对于传统金融行业的成本优势。

基于理财业务的特性和各种风险,国内互联网企业也需要从自身发展出发,总结和借鉴国外的信用体系构建经验,与监管机构形成合力,形成全面有力的风险防控体系。

第四章

变革：传统金融业开展互联网金融服务

随着互联网技术发展和互联网企业开始金融业务，传统金融业一方面感受到来自互联网企业向金融领域渗透所形成的挑战，另一方面也感受到基于互联网开展金融业务存在着巨大的空间。在这种情况之下，传统金融业也开始试图拓展互联网金融业务方面的业务，应对互联网企业所带来的挑战，如表4－1所示。

表4－1　　　　　2013年中国金融机构互联网金融业务重要事件

时　间	事　件
6月下旬	中国农业银行成立"互联网金融技术创新实验室"
7月	招商银行推出国内首家"微信银行"
8月1日	民生银行在深圳前海发起设立民生电子商务有限责任公司，面向小微企业及个人提供综合性电商和金融服务
11月28日	国泰君安证券"君弘金融商城"上线，实现一个账户整合证券、资金、资管、基金、期货、港股乃至融资融券等业务功能。通过综合性平台的构建，国泰君安试图满足投资者的资产配置要求
12月5日	众安在线财产保险股份有限公司首款产品"众乐宝"正式上线，成为国内首款保证金保险产品

资料来源：农业银行官网、招商银行官网、和讯网。

第四章　变革：传统金融业开展互联网金融服务

第一节　银行业开展互联网金融业务

银行业与互联网之间的结合最初主要表现为银行信息化的建设。国外银行信息化建设始于20世纪60年代，而国内则起步于20世纪70年代。通过银行信息化建设，银行节约了业务成本，实现了信息资源在更大范围内整合，推动银行信息化管理决策体系的建立。在这一阶段，互联网对于银行业渗透程度还比较低，其特征表现为通过利用互联网这一新兴事物改造银行原有业务。在此，互联网作为一种技术工具外在于银行核心竞争力之中。①

随着银行业与互联网的进一步接触，互联网开始向银行业进一步渗透，出现基于互联网的传统银行业务，如网络贷款等。在这种背景下，银行业感受到来自互联网企业的冲击，逐渐开始探索自身的互联网金融业务发展之道。从当前银行业开展的互联网金融业务来看，主要包括三种类型：支付类业务、非平台融资业务以及平台类综合型金融业务。②

一、银行业开展互联网金融业务现状

互联网向金融领域的渗透首先是从支付领域展开的。因此，支付业务也成为商业银行回应互联网企业挑战所最早涉猎的互联网金融领域。当然，商业银行开展互联网金融业务的背景是相对复杂的，并且其支付业务内容随着时代变迁而与时俱进。随着互联网支付业务的开展，商业银行也开始向非平台融资、平台类综合金融等互联网金融业务拓展，逐渐形成多元化互联网金融业务格局。下面对各类互联网金融业务发展现状进行介绍。

1. 银行业开展互联网支付业务概况

银行最早推出的互联网支付业务应该是网上银行业务。我国网上银行业务发展起始于1996年。1996年，中国银行正式投入开发网上银行系统建设。2000年8月28日，中国工商银行在北京、浙江分行试点投产了个人网上银行业务，提供个人查询、转账、汇款等服务，这标志着我国打开了互联网办理银

---

① 姜奇平. 互联网对银行核心竞争力渗透史. 互联网周刊，2012（3）.
② 平台类综合型金融业务是指基于互联网平台来开展支付、融资等多种金融类业务。不同平台所具备的金融功能具有差异性。

行业务的渠道。① 随着互联网和电子商务的发展，网上银行作为一种新型的银行服务系统，其功能得到了极大丰富。

中国各大银行的网上银行从开始发展至今已经初具规模，网上银行所必须具备的转账、支付、查询、汇款、业务咨询等业务日渐齐全，其界面也更加友好。网上银行的大力发展给银行带来了不少增量业务，对物理网点形成了有效替代，降低了银行的运营成本。同时，网上银行不断向以客户为中心、注重营销与服务的方向发展，增加了客户黏度，有效预防和缓解了客户流失。

随着中国手机网民规模和网购群体规模的迅速扩张，使得网上银行的发展并不能满足人们对于支付的便捷性的要求，移动支付作为一种新的支付方式开始出现。根据相关数据显示，截至2013年12月底，我国网民规模达6.18亿，而手机网民规模为5亿，占整体网民比例的78.5%。其中，网民规模同比增长3.7%，而手机网民同比增长19.1%。与此同时，2013年中国网购规模达到3.02亿人，使用率达到48.95，同比增长6%。② 手机网民和网购群体增长的叠加效应要求实现移动支付。在这种背景下，各种技术实现方式的移动支付业务迅速发展起来。

中国的移动支付发展大概经历了三个阶段：第一阶段（2000~2006年）2000年，中国移动正式推出短信服务，随后短信支付被广泛应用在互联网和移动互联网的小额收费业务中。这个阶段移动支付由服务运营商主导，银行零星参与。第二阶段（2007~2008年）。2007年，WAP支付伴随着手机WAP兴起而逐渐起步。很多WAP商家通过自己的支付方式与手机用户完成交易，银行和第三方支付也开始进入到移动支付产业链中，银行和第三方支付资金参与结算的比例逐步增加。第三阶段（2009年至今）。从2009年开始，远程支付和近场支付快速发展起来。2009年1月，工信部颁发移动3G牌照，移动3G进入正式运营和推广阶段。2012年12月14日，中国人民银行正式发布中国金融移动支付系列技术标准，明确采用13.56MHz的NFC技术标准。③

随着移动终端与数据传输网络的发展和成熟，互联网商户和传统的线下商户纷纷开发基于移动技术的商业模式。面对互联网企业的竞争，国内银行也顺

---

① 降磊. 互联网金融时代的商业银行发展模式研究. 西南交通大学硕士论文, 2013, p. 11.
② 中国互联网络信息中心. 第33次中国互联网网络发展状况统计报告. 2014. 1, p. 4.
③ 广发银行股份有限公司技术部. 移动支付：商业银行新的机遇和挑战. 中国金融电脑, 2013 (6).

应趋势，拓展在移动支付领域的新业务，以手机银行、手机钱包、微信银行等为代表的新型移动支付方式发展十分迅速。

手机银行是对利用移动通信设备来办理相关银行的简称。手机银行打破了消费者购买过程中的时间和空间的限制，使得消费过程更加简单快捷。从国外手机银行的发展历史来看，经历了一个从发达国家向发展中国家扩散的一个过程。世界上最早的手机银行于20世纪90年代诞生在捷克，由其国内银行 Expandia Bank 和移动运营商 Radiomobile 联合推出，其采用的运营模式为银行主导型。然而，随着手机银行向全球其他地区扩散开始出现包括运营商主导和第三方支付主导新的运营模式。而在手机银行发展最为迅速的非洲国家这两类模式都有体现。例如，肯尼亚的 M-PESA 作为全球接受度最高的手机支付系统，采用了移动运营商主导的手机银行模式；而赞比亚的 CelPay 则采用第三方支付公司主导的模式。[①] 紧跟全球手机银行的发展，近年来我国手机银行也取得了迅速发展。根据易观数据统计显示，截至2012年底，我国开通手机客户端的银行占比为83%。[②] 目前，大多数银行已经推出了手机银行业务，并且有些银行还针对不同的手机系统推出了多个版本。

"手机钱包"是把客户的手机号码与银行卡账号进行绑定，通过手机短信息、语音、GPRS 等方式，随时随地为拥有银行卡的中国移动通信集团公司手机客户提供个性化的金融服务。目前应用包括便民服务、缴费充值、休闲娱乐、其他应用等。招商银行在2012年9月推出了手机钱包业务，并先后和HTC、移动、联通等手机厂商和移动运营商签订了战略合作协议。消费者只需携带手机至银行柜台完成激活并存入现金，便可在全国范围内配备印有银联"闪付"标识的 POS 机和超时、快餐店、药店和便利店等商户中进行支付。2013年6月以来，光大银行、浦发银行、广发银行、中信银行也先后推出了"手机钱包"业务。但其作为一种新的业务，在快速发展的同时也伴随着一定风险。一方面，"手机钱包"的基础环境还需完善；另一方面，安全性问题也是银行在推出该业务时需要重点考虑的问题。手机钱包业务发展如表4-2所示。

[①] 刘海二. 手机银行、技术推动与金融形态. 西南财经大学博士学位论文，2013，pp. 42-43.
[②] 易观智库. 行业数据：手机银行发展迅速 增值服务成发展趋势. 2012-11-23, http://www.enfodesk.com/SMinisite/maininfo/articledetail-id-340173.html.

表4-2　　　　　　　　商业银行开展手机钱包业务

时　间	事　件
2012年9月	招商银行推出手机钱包业务，并先后同HTC、移动、联通等手机厂商和移动运营商签订战略合作协议
2013年6月	中国银行"手机钱包"上线，将在部分省市先期推广
2013年6月	浦发银行进入移动金融2.0时代，可通过"手机钱包"进行远程支付
2013年9月	光大银行携手中国联通发布手机钱包业务，实现近场支付功能
2013年12月	中信银行东莞分行在东莞地区率先推出NFC手机钱包业务

资料来源：各家银行官方网站。

如果说"手机钱包"是银行与运营商进行合作而形成的一项重要产品创新，那么微信银行则是银行与互联网企业之间联合进行产品创新的结晶。基于庞大的微信用户群体，使得微信作为一个重要的互联网入口，天然具有成为支付渠道的优势。2013年下半年以来，招商银行、工商银行、交通银行等多家银行均开通了微信银行服务平台，提供了包括业务咨询、自助查询、转账汇款、预约办理等银行服务，同时不少银行还尝试结合微信的特点推出了特色服务。虽然微信银行推出的许多服务与手机银行相差无几，但通过微信这一互联网渠道增加用户黏性对银行来说至关重要。其中，招商银行的微信银行业务最有代表。

专栏4-1　招商银行微信银行简介

2013年3月末，招商银行就推出了信用卡微信客服业务。同年7月初，招行宣布升级微信平台，成为国内首家推出"微信银行"业务的商业银行。尽管后来各家银行也开始推出微信银行业务，但是招商银行在微信业务发展方面走在了各家银行前面。

首先，招商银行微信银行的功能最为完备。除其他银行普遍存在的信息查询、信用卡还款功能之外，招行"微信银行"还能实现转账、贷款申请、手机充值以及跨行资金归集等功能。其次，招商银行"微信银行"非常注重互动性和用户体验感。例如，客户需到柜台办理业务前，可通过微信获取需提交材料；客户还可查询网点地图和排队人数，以便安排自身时间；客户进行业务预约后，客服人员会主动与其联系，提高办事效率。最后，招商银行"微信银行"还通过业务分类管理来建立安全保障机制。对于日常业务和便捷业务，客户可直接在其"微信银行"中办理。而凡涉及客户私密信息的业务，均在招行手机银行后台进行办理。

资料来源：阙星文．"微信银行"喷涌而出．互联网周刊，2013（18）．

2. 银行业开展其他互联网金融业务现状

在网络支付发展的基础上，互联网金融将触角延伸到线上融资业务领域。线上融资作为一种新的融资方式，具有成本低廉、流程简单、操作方便等优势，是我国金融领域里的一片"蓝海"。线上融资的兴起和发展大都离不开电子商务平台，以阿里巴巴为首的互联网企业正在利用其独特的优势，依托自有平台逐步开展线上融资业务。

面对互联网企业和电商企业对金融领域的步步紧逼，为了维护与客户之间的业务往来，一些银行也开始推出了线上融资业务。在推进线上融资业务方面，各家银行线上化程度不同。渣打银行推出的"现贷派"业务和光大银行线上抵押贷款业务更多是将贷款业务流程网络化，其互联网属性还不够深。而随着基于电商平台类融资的发展，使得商业银行强化了线上融资的互联网属性。

有的银行采取了和电商企业合作方式，开展线上融资业务。银行借助成熟的电商平台和支付平台，可以迅速推出自身具有优势的金融产品和金融服务，节省搭建平台的时间和成本，通过合作聚拢资金、数据、平台三大条件。同时，银行和新金融势力在合作中也能共享客户数据，实现互利共赢。2012年7月23日，交通银行和阿里巴巴合作推出交通银行淘宝旗舰店，2013年初，中信银行也与财付通开展了全面的战略合作，除了传统的资金结算服务外，还约定在网络授信与融资、联名卡、资金融通、备付金业务、理财业务等领域开展合作。

与此同时，许多银行在感受到电商平台巨大作用的同时，还纷纷自建电商平台。有的平台以促成交易为目的，试图增加普通用户黏性而设立的，如中国银行的"聪明购"等；有些平台的功能则具有综合特征，试图通过对平台客户信息的掌握来创新金融产品，如交通银行"交博汇"和建设银行的"善融商务"等。

> **专栏4-2　交通银行"交博汇"电子商城介绍**
>
> 　　交通银行在 2011 年底便推出了自有的电子商城平台——"交博汇"。该平台是涵盖 B2B 和 B2C 综合电子商务平台。目前,"交博汇"已经陆续开设了商品馆、生活馆、金融馆和企业馆。在个人服务方面,该平台汇集了网上购物、便民支付、金融理财等全面的业务功能。通过该平台;在企业服务方面,该平台让企业可以在十分钟内建立一个自己的网上商务平台,实现商品销售、企业采购、企业收款、品牌推广、在线促销、信息资讯、金融理财、融资授信等众多服务。
>
> 　　资料来源:交博汇,http://e.bankcomm.com/.

　　无论是综合类的电子商务平台还是以促进交易为目的电子商务平台,都在提供金融服务的同时提供信息服务,能够增加客户黏性、提升核心竞争力。与此同时,综合类的电商平台,一方面能获得更多真实交易数据,有助于建立、完善银行的商业信用体系;另一方面也能丰富完善金融服务平台。

二、银行业基于互联网的业务创新

　　总体来看,银行业受到互联网企业的冲击最大。因此,银行在互联网金融业务领域创新也最多,涉及支付、非平台融资、平台类综合金融服务等。下面对这些创新业务进行介绍。

　　1. 支付业务创新

　　支付是商业银行最为基础的业务,也是其和互联网竞争最为激烈的领域。在这种背景下,随着移动互联网的迅速发展,商业银行在巩固传统网络银行业务的基础上,开始推出手机银行和微信银行业务。下面分别进行介绍:

　　(1) 手机银行。

　　手机银行从其运营模式来看,主要存在三种模式:以银行为主导、以移动运营商为主导、以第三方支付服务商为主导的模式。从国际手机银行的发展现状来看:欧美发达国家和我国主要采用银行主导的模式,而包括非洲地区的欠发达国家主要采用非银行主导模式。本章主要考察银行主导下的手机银行模式。该模式以银行为核心来推动支付业务的发展,移动运营商以信息服务商的身份出现。在整个业务运行过程中,移动运营商处于整个价值链下游,不参与支付活动。在这种模式之下,手机用户可以直接登录所在的银行账户进行交易。而移动运营商、银行以及支付平台按照如下方式收取费用:由移动运营商收取的数据流量费用,由银行收取的数据费用以及银行、移动运营商以及支付平台共同平分的服务费用。目前,欧美发达国家已经推出消费、转账等功能的手机银行产品。

专栏4-3 欧美国家手机银行产品介绍

1. 澳新银行——GoMoney

该产品是澳新银行在iPhone手机上的一个应用。GoMoney的特色功能登陆方式较为简便,仅需要输入使用4位PIN码。在具体功能上包括:手机间的支付、转账、查询、存储和电邮支付业务收据、对个人账户进行个性化设置等。利用GoMoney向他人汇款非常方便,汇款人仅凭收款人的手机号码。

2. 美国ING Direct银行推出手机对手机支付产品

美国ING Direct银行开发出手机对手机支付的技术。使用这一应用需要从ING Direct银行官方网站上下载软件,而且使用双方均需拥有ING Direct银行的Electric Orange账户,并且只能在苹果系列产品上进行。使用手机对手机支付需要两部手机在同一地点,并同时连接互联网。

资料来源:何开宇. 国外手机支付的新进展及对我国手机银行业务的建议. 中国信用卡, 2013 (5).

手机银行从技术实现方式来看经历了从短信息、WAP再到客户端模式的演变历程,如表4-3所示。近年来,随着智能手机的飞速增长,客户端手机银行模式逐渐兴起,成为新的发展趋势。客户端手机银行在支付的便捷性、功能的多样性以及安全保障等方面均优于WAP模式下的手机银行。根据网易财经发布的《2012手机银行客户端评测报告》显示,16家上市银行中仅有华夏银行未推出客户端手机银行,其余均以推出该项业务。其中14家银行手机银行业务能够在苹果和安卓系统上同时实现。

表4-3　　　　　　　　不同技术实现方式手机银行比较

技术实现方式	特点
短信息	适用性广，实现业务较为单一，交互性差，安全级别低
BREW	界面友好、操作方便、传输速度快；维护开发成本高、工作量大
K-JAVA	与 BREW 类似，其开放性高于前者
WAP	无须下载客户端、门槛较低、通用性好、交互功能强、安全性较好
客户端	操作简便，支持信息存储，体现产品差异化，提供多种安全保障方式

从各家商业银行手机银行业务的开展来看，工商银行发展较为迅速，市场认可程度较高。从工商银行现有的业务开展来看，覆盖了短信、WAP 以及客户端三种技术方式下的手机银行业务。而在客户端模式的发展中，工商银行不仅推出了基于个人用户的手机银行，而且推出了企业用户的手机银行，并不断进行系统升级。

(2) 微信银行。

随着微信作为一个社交平台的广泛使用，商业银行也开始利用微信这一平台进行业务拓展。用户通过各银行官网主页扫描二维码或者通过微信平台关注其公共账号便能使用微信银行服务。

微信银行具有自身的一些特点。首先，微信银行基于其社交平台的功能，具有开放性特点，强调与用户的互动。手机银行本身是基于自身系统的一个封闭移动金融入口，通过各种技术实现方式来实现对客户的金融服务。而微信作为一个纯粹的移动互联网产品，天生就具有开放性。这种开发性使得其更加注重与用户之间的互动，强调用户体验。

其次，与支付宝同时注重资金存流量相比直接关注流量。所谓流量是指用户进行交易活动的现金流，而存量是指用户在进行交易、理财等行为活动时在账户中沉淀下来的资金。存量和流量资金之间这种属性上的差异将导致用户在产品使用上不同的体验。由于淘宝网实行担保交易，所以消费者需要首先将钱付给支付宝，确认收货之后再命令支付宝把钱付给卖家。

因此，支付宝实际上扮演资金居间管理的功能，其目标就是将资金留在自己账户中，实现存量资金的管理。而微信银行则不同，其支付过程则只关注流量。从微信支付页面上看，只存在银行卡标志，并不存在余额概念，更不存在其他支付账号。因此,微信银行产品只是对流量进行关注。基于这种专注于流量资金的目标,未来微信银行产品的设计上可以更加简洁,将财付通都可删除掉,将移动支付的便捷性发挥到极致。①

利用这种特点,传统商业银行可以实现两个目的:一是将轻量级的产品嵌入到微信平台之上,如账户查询、简单标准化理财产品、小额支付、生活缴费等,降低服务门槛,增加自身产品的易获取性;二是通过这一开放平台,借助包括图片、语音等多种交互方式,关注用户适时体验,增加用户黏性。

具体来看,商业银行微信银行有三种类型:第一类主要提供相关促销活动信息,如中国银行等。通过微信平台,用户可以及时了解该行当前的优惠活动和新产品信息。第二类是提供业务咨询活动,如工商银行和建设银行。工商银行微信银行服务包括全天候的人工咨询和信息查询。用户可以通过其微信平台实现对各类金融资产价格、优惠活动等信息的查询。第三类是集资讯、转账、还款、投资、贷款等功能为一体的微信银行,这以招商银行、广发银行为代表。招商银行的情况前面已做介绍,不再赘述。广发银行微信银行产品具有信息推送和自助查询功能之外,还支持信用卡还款、贷款申请等多种业务,以此来支持其个人零售业务发展,如表4-4所示。

表4-4　　　　　　　　　商业银行微信银行模式

模式类别	典型代表
信息推送式	中国银行
业务咨询式	工商银行、建设银行
多功能式	招商银行、广发银行

总体而言,目前大多数"微信银行"尚未实现多功能模式,服务层次较低。不少银行还需通过跳转进入到手机银行中操作。而在实现业务互动方面,浦发银行的微信银行产品比较有特点功能。浦发银行于2013年8月16日推出微信银行产品,力推交互式金融服务。浦发微信银行产品的大部分操作可在微信交互界面直接完成,无须跳转界面。浦发微信银行产品可实现理财产品查

---

① 康宁. 微信支付与支付宝的关键性差异. 虎嗅网, 2014-1-13, http://www.huxiu.com/article/26146/1.html.

询、购买、分享、理财经理互动等功能。对于部分难以通过线上购买的产品，客户还可通过微信银行来了解周边银行网点信息。与此同时，还可将购买理财产品的交易结果分享到朋友圈。①

2. 非平台融资业务创新

非平台融资业务是商业银行进行互联网金融业务创新的又一重要领域，在此仅考虑非平台类信贷业务创新，如表4-5所示。根据其业务流程线上和线下活动的比重不同可以分成如下两种类型。

表4-5　　　　　　　　商业银行非平台型信贷业务类别

模式类别	特　点
网银分页面式	适用于借款人为本行网银客户，采用O2O模式，线上为辅，线下为主，如工商银行网贷通产品
直接页面申请式	借款人资格不受本行网银客户这一条件限制，采用O2O模式，线上为辅，线下为主，如渣打银行"现贷派"产品
准全线上式	包括申请、审批、放款在内的绝大部分流程均在线上操作完成

（1）线上为辅，线下为主。

该类型又可分为两种情形：一是网银分页面式网络贷款；二是直接页面申请式网络贷款。

前者要求借款申请人是该银行的网银用户。网银用户可直接在网页上申请贷款。后者则并不要求借款申请人为网银注册用户。借款人可直接在线申请，并对该贷款事项进行预评估。上述两种情况一般主要在提交借款相关信息方面采用线上的方式，而对于审核、评估以及签约等环节还需采用线下方式。下面以工商银行的网贷通产品和渣打银行的"现贷派"产品为例进行介绍：

网银分页面式网络贷款以工商银行网贷通产品为代表。网贷通即网络循环贷款，是工商银行与企业客户一次性签订循环贷款借款合同，在合同规定的有效期内，客户通过网上银行以自助为主完成提款和还款行为。这一产品具有使用灵活、手续便捷、高效自主等特点。该项贷款申请人需为工商银行网银用户，并且对其信用等级和抵押品存在一定的要求。

---

① 高改芳. 浦发银行推出微信银行. 中国证券报, 2013-8-21.

专栏 4-4　工商银行网贷通产品简介

工商银行网贷通产品是工行为企业客户打造的一款循环贷款产品。该产品具有如下特点：第一，保障提款。在合同规定期限内，按照贷款额度进行提款有保证。第二，使用灵活。合约一次性签订，在规定期内均有效，随时可以使用。第三，手续便捷。一次性合约签订之后便可以完全在线操作。第四，高效自主。自主通过网上银行操作，借款、还款款项实时到账。第五，未使用贷款额度不计息，可自助提前还款，减轻财务压力。第六，高额授信。信贷额度最高可达 3000 万元。

该项信贷业务申请人必须具备如下条件：第一，具备工行企业信贷管理办法中申请办理信贷业务的基本条件；第二，借款人工行信用等级在 A+级（含）以上，若借款人为小企业，则信用等级在 A-级（含）以上；第三，借款人为企业网上银行证书版客户，并开通相应证书权限；第四，能够提供足值、有效的房地产抵押或低风险抵押、并与工行签订最高额担保合同。

资料来源：网贷通. http://www.icbc.com.cn/ICBC/公司业务/企业服务/网络融资/网贷通/.

渣打银行推出的现贷派网络贷款产品，则采用直接页面申请。现贷派是由渣打银行于 2007 年推出的一款"无担保个人贷款的产品"。通过几年的发展，该产品从产生到不断完善，其服务模式不断优化，通过其精准的定位和集约化的服务模式，获得了众多贷款客户的青睐。与中资银行个人消费贷款产品相比，该产品具有无担保、无抵押、贷款期限长等特点。

专栏 4-5　渣打银行现贷派产品简介

渣打银行现贷派产品是其针对有能力长期还贷却暂时无能力应对短期流动性短缺问题的年轻人而推出的一款产品。该产品具有如下特点：第一，主要依赖于个人信用记录。第二，贷款额度和期限均适中。贷款最高额度可达 50 万元。而贷款期限可自主选择，最长可达 5 年。第三，办理速度快。一笔贷款业务从申请资料完备到放款最快 1 天就可完成。第四，灵活的额度管理。通过"最大可贷额度"和"充值"功能可以实现贷款额度的灵活管理。

而该产品体系有两类：一是"充值贷"。该类贷款是2008年10月开始为特选优质客户增加的充值功能。该类贷款所针对客户群体是使用现贷派6个月以上，并拥有良好的还款记录的那些客户。这类客户能够再借已偿还之贷款金额，而免去了重新签约的相关手续。二是"激活贷"。这是指借款人在一定期限内在本行可获得的最大无担保个人贷款额度。当您申请现贷派的同时，存在一个最大申请额度。但该额度并不一定会一次用完。因此，渣打银行提供了半年期的"申请激活可用额度"，便于借款人灵活控制自身信贷额度。

而渣打银行还一直在不断完善自身的产品体系，2011年推出优质客户1天放款增值服务，2012年推出网上贷款直通车。

(2) 线上为主，线下为辅。

光大银行的融e贷产品质押贷款业务流程的线上化方面更近一步，整个过程仅首次网点签约须在线下网，其余流程均可通过线上完全完成，实现"自助申请→自动审批→自动放款"的全线上模式。该产品主要服务客户类型为小微企业和个人，客户通过网上银行将账户中的定期存款或国债作为质押就能自主发放贷款。整个产品具有门槛低、利率低和即时性的特征，具体表现在：贷款最低额度为1000元，执行利率为基准利率，申请成功后即可到账。

光大银行还在努力通过两种途径来优化融e贷产品：一是通过拓展新的业务办理渠道，实现手机渠道的全流程业务；二是增加新的金融产品抵押物来提高产品使用的可适性。①

3. 基于平台的业务创新

第三方电商平台之所以能够开展向金融大幅渗透，其根源在于成功建立起良好的平台，来获取大量而真实的交易信息。商业银行也体会到了平台在互联网金融业务开展过程重要性。于是，商业银行开始借助于平台来开展业务。具体来看，商业银行沿着两条思路来进行平台类金融业务创新：第一种思路是通过对接外部电商平台来进行开展金融业务。如中信银行对接神华集团电商交易平台；华夏银行对接宝钢、奥康等平台企业。第二种思路是商业银行自建电商平台开展金融业务。从实践来看，一般商业银行会选择对接外部平台和自身搭建平台两种模式相结合的方式推进平台型金融业务。而目前各大商业银行自建

---

① 光大银行官网．光大银行推出"融e贷"线上实时贷款服务．2013-3-12，http://www.cebbank.com/Info/110779842．

的电商平台又可分为网上商城模式、侧重于 B2B 模式以及 B2C 和 B2B 相结合的模式。下面对现存平台模式进行介绍：

(1) 网上商城模式。

目前，大多数商业银行均采用该种电商平台。这类电商平台针对本行的客户，提供 B2C 电商活动的相关金融服务。在商业银行的网上商城可以为客户提供在线服务、信用卡分期付款等服务，偏重于个人金融服务，在服务对象、支付方式以及业务产品方面均表现出单一性的特征。目前，工商银行网上购物商城和中信银行金融商城均属于此类。中信银行金融商城是一个开发方式、专业化的互动营销平台。目前，中信银行主要针对个人用户提供投资理财、贷款融资、信用卡申请、赴美签证缴费、便民服务等。该商城通过专属客户经理和微博互动平台来实现其互动性和专业性目标。而目前工商银行的网上商城则主要以购物为主，其对应的金融业务主要是支付和信用卡业务。

(2) 侧重于 B2B 模式。

2013 年 4 月，"E 商管家"电商服务平台正式上线。在互联网金融的大潮之下，"E 商管家"以其定制化的行业应用、全流程的供销管理、多渠道的支付结算、开放式的平台管理，开创了银行电商平台深度融合企业经营管理流程的先河。[①] 该平台主要提供 B2B 交易金融服务，以金融助力企业电商梦。"企业管家"电商平台突破了时空限制，实现了企业经营管理的一体化和便捷化，并向企业提供全天候、大范围、跨地区的实时金融服务。

"E 商管家"电子商务服务平台主要包括以下功能：多渠道支付、财务管理、销售管理、订单管理、物流管理、客户管理和统计分析等。企业通过"E 商管家"能够全面打通实体渠道与网络销售、订单采集与资金收付、生产经营与市场营销，实现对自身以及供应链上下游财务结算、采购销售、营销配送等的全方位管理。企业无须自行搭建平台，利用农业银行提供的商务金融云服务，即可完成在电子商务领域的快速部署，成功构建实体与虚拟、线上与线下有机结合的交互式、立体化经销网络和管理体系，极大降低传统企业转型电商的时间和资金成本。[②]

---

① 农业银行同样存在网上商城型电商平台。这是农业银行平台业务下另一个电商平台。
② 李新平. 农业银行电子商务服务模式创新策略研究. 农村金融研究, 2013 (6).

(3) B2B 和 B2C 相结合的模式。

该类型的平台综合最高，采用了 B2B 和 B2C 交易相结合的模式，同时兼顾与第三方机构的合作，服务对象和金融产品业务种类多样化。目前，已经建成的该类电商平台包括：建设银行善融商务和交通银行的"交博汇"等。两家银行的电商平台在准入条件和交易成本方面表现出相似的特点。为保证平台中入驻商户的质量，两家银行均设定了一定的准入条件。其中，善融商务平台要求入驻商户注册资本在 300 万元以上，而营业收入也至少为 50 万元；交博汇企业馆商务仅对本行网银客户开放，而商品馆内商户注册资本需在 100 万元以上。①

专栏 4-6　平台服务类案例——善融商务

善融商务与传统的电商平台不同的特点是亦融亦商，商务和融资均在同一平台内部实现。具体包括房 e 通、个人商城和企业商城三个模块。其中，房 e 通主要有两个功能：提供房屋信息，并帮助客户办理与住房相关的融资、托管以及住房基金等业务；个人商城定位为 B2C 平台，面向个人，推行加盟商模式，有商旅服务、龙卡商城、联盟商城、信用卡消费信贷、金融超市等模块；企业商城定位成建设银行自有的 B2B 平台，面向企业用户，业务包括专业市场、企业融资、企业信息等内容。在企业融资模块，提供基于平台的多种类型融资相关业务，包括 e 贷通、e 贷款以及 e 点通等。

在直接提供电子商务和金融服务的同时，善融商务还注重通过运营管理与风险管理来保证业务的顺利开展。善融商务采用集中运营的方式，集中进行市场管理、资金管理、融资受理、后台维护等工作。依托建设银行高等级的安全系统架构和先进的防范技术，形成全流程的业务运行风险管理机制。②

总体而言，善融商务已经搭建起一个集 B2B 和 B2C 为一体的"电子商务＋融资"的平台。这一平台的建立依赖于建行自身特定的优势：第一，成本优势。建行凭借其雄厚的资金实力，提供了许多免费服务。如减免商户租金、交易佣金并为优质商户提供免费推广服务等，吸引大量商户入驻。第二，优质的电商客户资源。通过建行个人和企业客户数据库，记录大量客户的真实和完

---

① 王佳颖，王觉民．商业银行电子商务平台发展研究．金融纵横，2013 (6)．
② 银行的电商之路．互联网周刊，2013 (12)．

整信息资料。这些客户成为善融商务的天然资源库。第三，完善风险控制的机制。善融商务通过准入、在线交易风险、系统风险管理等手段搭建起较为健全风险控制机制。

三、银行业开展互联网金融业务的战略布局及意图

面对互联网企业的冲击，传统银行纷纷在互联网金融领域进行战略布局，重塑自身的业务流程，拓展业务范畴。

1. 银行业开展互联网金融业务的战略布局

各家商业银行在推进互联网金融业务的进程不尽相同，战略布局重点也存在一定差异，如表4-6所示。

表4-6　　　　　　　各家银行互联网金融战略

银行名称	互联网金融战略
建设银行	围绕"智慧、泛在、跨界"的发展方向，到2015年搭建"国内领先、国际一流"的电子银行体系
工商银行	打造"支付+融资"以B2C为主的综合型平台，实现资金流、信息流、物流三流融合
中国银行	以电子商务为核心的网络银行建设与发展作为核心战略，着力构建移动化、服务型电商为核心的网络银行
交通银行	依托互联网建立支付中介平台、建立信用中介平台、建立信贷中介平台"三步走"战略实现传统银行向互联网金融转型
民生银行	采用两条腿走路原则：单独设立民生电商公司，推进小微金融业务；与阿里巴巴建立战略合作关系，全面推进业务合作

建设银行在推动互联网金融业务开展方面应该走在了前列，并将其列入电子银行业务整体规划之中。《中国建设银行2011～2015年电子银行业务发展规划》中提出了"智慧、泛在、跨界"的发展方向。"智慧"被放在了首要位置，这要求未来电子银行更加智能化，能够更加精准地定位客户需求以及更加

高效的互动服务。"泛在"即让银行服务能够摆脱时间和空间的限制，可以便捷地实现第三方服务商与建行平台的对接，并及时将建行的产品和服务推送到客户身边。"跨界"即让银行突破传统边界，向客户源头进行延伸，获取和分析相关信息，以提供相应的金融产品。通过利用电商平台进行数据挖掘，实现跨界经营。①

沿着这一发展方向，建设银行采取一系列战略行动。一方面，和不同类别的服务商建立同盟关系，如新浪微博、腾讯微信、UC 浏览器等，将他们的服务与建行的服务如微博客服、微信银行、手机浏览器插件支付之间建立起某种关联性。另一方面，建设银行积极研发互联网金融产品，包括微信银行、个人现金管理类产品等。

交通银行紧跟建设银行步伐提出商业银行向互联网转型的提出三步走战略：第一，依托互联网建立支付中介平台，通过与各类机构合作，丰富平台服务内容；第二，建立信用中介平台，为理财产品互联网销售创建相应渠道；第三，建立信贷中介平台，服务小微贷款业务。通过数据挖掘技术实现信息流、资金流和物流的合一，降低信贷风险。②

在建设银行和交通银行纷纷在互联网金融领域进行战略布局的同时，工商银行也提出通过"支付+融资"的综合电子商务平台搭建来推进互联网金融业务发展。根据工商银行布局，工商银行将打造以 B2C 为主，以"支付+融资"为主体的综合电子商务平台即将上线，并与 2013 年推出的个人小额消费信用贷款产品"易贷"。与此同时，工商银行将以信息流为中心，实现信息流、资金流和物流三者的合一。如通过网上购物数据和供应链数据的挖掘来推动各项互联网金融业务，构建大数据的业务体系等。③

中国银行在互联网金融的推进方面进展相对缓慢，但其也提出了明确的互联网金融发展战略。中国银行明确把以电子商务为核心的网络银行建设与发展作为核心战略，着力构建移动化、服务型电商为核心的网络银行。中行的网络银行将借助开放的技术与业务平台，建立新的商业模式，包括易金融、泛金融、非金融、自金融四个维度。中行的网络银行将体现生活化、虚拟化、个性化和全球化的特点。目前，中国银行已经成立专门的网络银行办公室，通过打

---

① 建设银行. 建行在虚拟网络中打造全新金融世界. 证券时报，2013-10-18.
② 牛锡明. 互联网金融将颠覆商业银行传统模式. 新浪财经，2013-2-24.
③ 柳灯. 工行电商平台10月上线：布局B2C积累用户数据. 21世纪经济报道，2013-9-6.

造"中银易商"这一新的电商平台来实现互联网金融业务发展。①

而民生银行在平台建设方面采取两条腿走路的原则：一方面，通过旗下的民生电子商务公司，发展互联网金融业务。民生电商平台将向中小微企业及个人提供完善的信息平台、服务平台、撮合平台、做市平台等综合性电商和金融服务。其业务将涵盖阿里集团旗下所有的金融业务。另一方面，通过与阿里集团建立战略合作伙伴关系，进行全方位金融业务合作。从阿里巴巴与民生银行的战略合作内容来看，除了传统的资金清算与结算、信用卡业务等合作外，理财业务、直销银行业务、互联网终端金融、IT科技等诸多方面也成为合作的重点。②

2. 银行业开展互联网金融业务的战略意图

通过对各家银行在互联网金融业务领域的战略布局，可以发现银行业在这一领域的战略意图：

第一，利用互联网技术和渠道，改造现有商业银行业务，实现现有业务的网络化。基于云计算、搜索引擎等互联网技术的发展，可以降低银行服务的交易成本，实现客户业务办理的便捷性需求，使得商业银行技术实现方式互联网化成为趋势。与此同时，移动互联网的发展使得人类的互联网活动频率进一步提高，形成不同互联网入口。这些互联网入口成为商业银行开展业务活动的重要场所，成为新兴的业务渠道。

第二，积极布局电商平台，开展基于平台的互联网金融业务，创新业务模式。通过各家银行所公布的互联网金融发展战略来看，几乎都把平台业务放在核心位置。根据自身实力的差异，不同银行在自建平台和借助第三方平台方面进行权衡。但无论如何，平台在商业银行开展互联网金融业务中的战略地位不容置疑。通过互联网电商平台，可以积累大量客户信息，评估客户的信用风险，并在此基础上网络贷款等创新业务。

四、银行业互联网金融业务的发展趋势

未来传统银行业会在互联网金融领域采取新的行动以应对互联网企业的挑战。而基于对商业银行互联网金融业务发展现状及战略布局的分析，传统商业

---

① 刘诗平. 中国银行布局互联网金融 促进传统业务转型升级. 参考消息·北京参考，2013-10-28.
② 金融界网站. 阿里巴巴与民生银行战略合作 进军互联网金融领域. 2013-9-17, http://bank.jrj.com.cn/2013/09/17175715853732.shtml.

银行的互联网金融业务发展存在一些趋势性的规律。

1. 注重客户分类，发展不同移动支付业务模式

随着移动互联网的发展，移动支付已经成为不可逆转的趋势。商业银行在未来移动支付业务创新上会通过两种模式满足不同的风险偏好和支付规模客户的需求。一是创新手机银行业务。在支付业务中，始终在安全性和便捷性之间权衡。银行与互联网企业相比，在支付业务独立创新上更加注重对安全性的考虑。因此，由银行所主导的手机银行业务将在支付安全性上得到更好的保证。这种移动支付方式对于那些风险承受度较低，日常单笔支付金额较大的客户比较适用。二是通过与互联网企业合作创新移动支付业务。目前，商业银行已经开展了与第三方支付公司、微信等移动支付合作业务。未来，这一领域的创新还将层出不穷。其中，微信支付将会在商业银行移动支付跨界合作业务中占有重要地位。基于庞大的客户群体，微信已经成为移动互联网的重要入口。与此同时，微信支付专注于流量服务的特点，将能够最大限度关注用户支付过程的体验感，增强用户与业务人员、其他用户之间的互动性。

2. 提高非平台融资业务线上化程度，丰富产品种类和服务对象

由于网络渠道在节约交易成本和时间成本上的优势，商业银行在满足风险控制要求的前提下，将尽可能推进非平台融资业务的线上化程度。与此同时，采用O2O业务模式将风险控制和提高业务效率有机结合在一起。通过线下审核等环节控制业务风险；而通过线上申请等环节提高业务办理效率。与此同时，非平台融资的产品还比较单一，许多银行的服务对象也仅限于本行客户。在未来，商业银行的非平台融资产品将覆盖信用贷款、抵押贷款、供应链贷款等多个产品品种，服务对象也将向非本行网银客户拓展。

3. 推进多种平台建设模式　完善平台功能及相关产品

未来银行在电商平台类建设方面将继续沿着两种思路推进：一是采用自建电商平台；二是通过和第三方互联网企业电商平台合作的模式。在前一种模式演进中，平台功能将从单一向多样性发展。在后一种模式演进中，将可能产生多种平台类产品创新。

平台在未来互联网金融领域居于核心地位主要基于以下原因：第一，构建支付业务核心优势的基础；第二，平台成为推进大数据应用的持续性信息来源；第三，平台由于巨大的投入成本和网络具有自然垄断的特征，进而产生"胜者全得"的博弈准则。在这种局面下，商业银行需要根据自身的业务规模来权衡在自建平台和借助于第三方平台上不同的收益和成本。对于那些资金实

力更加雄厚，业务规模更大的银行将采用自建平台的方式；而对于那些资金实力相对较弱，业务规模相对较小的银行将采用借助于第三方互联网企业平台的方式推进平台类业务发展。

目前，从商业银行自建平台类型来看，大多属于网上商城类型，平台服务的功能为单一，主要提供购物、支付、信用卡等较为简单的金融功能。而从这些商城的实际运营来看，存在用户认可度低、交易不活跃等问题。这些问题本质上反映出银行在电子商务经营上还无法同有经验的电商企业相比。因此，各家商业银行纷纷挖掘平台功能，从单纯的交易平台逐渐向支付、融资、理财等多功能平台转型。多功能平台的开发，一方面可以借助银行资金实力方面的优势，为客户提供更好的融资服务；另一方面，可以银行金融业务完整性的优势，为客户提供一站式金融服务。

此外，商业银行通过与第三方互联网平台合作可能出现多种新的金融产品。第一，互联网平台可根据其平台之下的贷款客户信用记录、交易记录等信息，为其客户在商业银行贷款进行担保；第二，互联网平台可以成为信贷资产转让平台，使平台贷款成为商业银行资产管理业务配置的新选择。为增加互联网平台贷款的流动性，未来将出现网络贷款的转让平台。而商业银行也可通过购买这些信贷资产增加其资产管理业务配置品种。

第二节　保险业开展互联网金融服务现状

跟随传统银行业的步伐，传统保险行业也开始利用互联网拓展自身的金融业务，实现保险业务的创新。互联网保险由于摆脱了时间和空间的限制，满足客户对产品的个性化需求，加之相关保险营销相关法规的出台，取得了迅速发展。2013年11月6日，由阿里巴巴马云、中国平安保险马明哲以及腾讯马化腾联手打造的国内首家互联网保险公司——众安保险成立，专注于基于互联网交易活动的保险业务，成为互联网保险领域的标志性事件。

一、保险业开展互联网金融业务现状

从国内外保险业的互联网金融业务发展历程来看，可以发现互联网保险业务的兴起都是从网络销售开始的。国外网络保险营销较国内要早。而国内网络保险营销受互联网电子商务平台发展较大。下面概览一下国内外保险业开展互

联网金融业务的现状。

1. 国外保险业开展互联网金融业务现状

从保险业的互联网金融发展历程来看,国外自20世纪90年代就兴起,并迅速发展。以美国国民第一证券银行首创通过互联网销售保单为标志,网络保险在美国诞生。此外,1995年,著名的第三方保险公司InsWeb成立,1997年其网站用户就发展到66万户,而1999年增加300万户,两年间增加3倍多。随着美国互联网保险的迅速发展,其他国家互联网保险业务也迅速发展起来,如表4-7所示。

表4-7　　　　　　　　国外互联网保险兴起大事件

国家	事件
美国	国民第一证券银行首创互联网保单销售;1995年,美国最著名的第三方保险销售平台公司InsWeb在加州成立
意大利	KAS保险公司建立网络保险服务系统,并提供网络保险报价
英国	1999年设立"屏幕交易"网站,提供多家保险商车险、旅游险产品
日本	1999年6月,American Family保险公司实现车险的网上申请与结算;2001年1月,由日本朝日生命保险公司、第一劝业银行、伊藤忠商事等共同出资设立网络保险公司正式营业,专门从事保险销售活动

资料来源:国外互联网保险发展小史. 保险经理人,2013-10-14.

1997年,意大利KAS保险公司利用微软技术创建出一套可提供最新网络报价的网络保险服务系统,此后该公司保单销售规模迅速上升,由当初的170套增加到1700套。而英国和日本则经历了类似的情形。1999年,在英国建立的销售车险和旅游险的"屏幕交易"网站,用户数量每个月以70%的速度递增。1999年9月成立的网络保险销售公司日本索尼损害保险公司,到2000年6月19日其通过互联网签订的订单已经突破1万件。

发展至今,国外网络保险业务在发达国家已经相对成熟,成为各国保险产品一个重要的销售渠道。例如,目前,美国部分险种网上交易额已经占到30%~50%。英国2010年车险和家财险的网络销售保费占到47%和32%,韩国车险网络销售占比在20%以上,日本车险业务网络销售占比41%。[①]

---

① 国外互联网保险发展小史. 保险经理人,2013-10-14.

2. 国内保险业开展互联网金融业务现状

早在2000年左右，传统保险机构就开始向互联网金融领域拓展。2000年9月，泰康人寿成立网络保险公司——泰康人寿，并诞生了我国第一张网络保单。① 但是，网络保险并未就此兴起，而保险网络销售在保费收入中占比一直较低，一直未能形成比较成熟的商业模式。即便对于行业的领头者泰康人寿、平安保险也是如此。进入2003年之后，诸多传统保险机构开始进行战略收缩。

随着互联网企业开始主动进入保险领域，开始与保险公司合作，保险产品借用互联网平台销售业绩大幅提升。2010年，传统保险机构开始进入淘宝团购平台，取得了非常优异的销售业绩。2012年12月初，国华人寿在"淘宝聚划算"平台上架了3款万能险产品，短短3天时间就实现销售额达1.05亿元。② 在初次尝试获得成功之后，国华人寿又相继利用其他互联网平台来开展，可实现微信投保、支付、在线客服、产品展示、查询等功能。

与此同时，其他保险公司也纷纷开始进入各个电商平台。如阳光保险、华泰保险进驻淘宝商城；生命人寿、海康人寿进驻天猫商城；中国人寿、天平人寿、阳光保险进驻京东商城。目前，通过第三方平台进行销售的保险产品主要是一些简单的意外险、健康险、小额保险理财产品，复杂寿险、健康险、医疗险等产品仅在小范围试点中。从不同平台的产品分布来看，天猫商城上理财类保险产品较多，短期化为主，门槛较低；京东商城的保险产品则以汽车保险、意外险、健康险为主，长期险种为主。

各大保险公司除了利用互联网第三方平台进行销售之外，还通过网上第三方保险机构进行代销。2012年初，北京大童保险经纪公司、深圳慧择保险经纪公司、泛华世纪保险销售公司等九家企业成为首批获得保监会批准的具有保险网销资格的保险中介，开始进军互联网保险销售领域。③ 目前这些第三方网销平台商业模式还不清晰，整体处于摸索之中，如慧择旗下慧保网采用O2O模式，通过对客户信息了解分析，向其推荐产品和其他咨询服务。而泛华保险则采用"立体营销"模式，并引入B2C的理念，整合多种营销手段和资源。④

在与第三方合作创新营销模式的同时，许多大型保险机构还通过自筹方式进行网络销售。目前，已有多家保险公司在其官网设立销售平台，实现官网直

---

① 李丽娜. 泰康.COM. 互联网周刊, 2001 (3).
② 陈有天. 国华人寿被指借发万能险"补血". 信息时报, 2012 - 12 - 17.
③ 杨芮, 李静瑕. 保险电商多模式备战: 互联网 + 移动终端. 第一财经日报, 2013 - 6 - 7.
④ 杨佼. 盈利模式不明 保险网销陷多方混战. 第一财经日报, 2012 - 2 - 27.

接销售，其中 10 余家财险公司可以实现车险官网直接投保。而中国太平洋保险集团（以下简称中国太保）和中国平安集团是这一领域的先行者。中国太平洋保险公司成为首家设立电商平台公司的保险机构，并通过增资方式为其互联网创新提供支持。而中国平安已经通过其官网试点复杂保险产品的销售。中国平安已能实现复杂寿险产品的完整线上投保流程。

  随着传统保险机构对互联网介入程度的不断升华，逐渐在网络营销渠道之外，开展网络产品创新。网络保险产品的创新基于新兴的互联网活动而产生。在网络游戏等过程中，形成了包括游戏装备等虚拟财产。这些财产由于可以交易形成一定货币价值。然而这些虚拟财产经常出现被盗的现象。因此，应对这一问题而出现的虚拟财产保险就产生了。为了给玩家提供更为贴心的服务，2011 年 7 月 6 日，阳光保险与网络游戏公司 GAMEBAR 联合推出全球首款虚拟财产保险——"网络游戏运营商用户损失责任险"，并于 7 月 12 日正式上市。该款创新险种有一个很大的特点在于引进了第三方数据托管机构——中国版权保护中心。① 该保险险种的发布，是保险在虚拟财产领域及游戏领域内的一次重要尝试，具有里程碑式意义。此后，虚拟财产险开始兴起。如虚拟物品在线交易平台 5173 联合中国人保在其网络平台上销售专门的虚拟财产险。② 中国平安旗下的财险公司与腾讯联合推出国内首款面向个人客户的网游装备虚拟财产保险产品，服务对象是腾讯游戏旗下网游《御龙在天》的用户。③

  除了虚拟财产险之外，传统保险机构基于互联网在满足客户个性化需求上的优势，推出了针对某一节日的题材险。目前推出的题材险有"中秋赏月险"、"脱光险"等。除上述两种互联网保险产品的创新之外，更为重要的保险品种创新是基于电子商务活动的产品创新。2010 年，华泰保险就曾为淘宝定制过退货运费保险。④ 而 2012 年，中国人保财险联合金山毒霸推出"网购敢赔险"，成为国内第一款面对个人用户提供病毒、黑客等导致的计算机软件系统出现问题的保险品种。⑤ 2013 年 12 月 5 日，众安保险首款产品"众乐宝"正式上线。"众乐宝"是国内首款网络保证金保险，其服务对象为淘宝集市平台上的卖家。"众乐宝"通过对卖家履约能力提供保险实现买家和卖家双赢的局面。一方面，通过淘宝的商业信用来保证商品品质，为买家提供保障；另一

---

① 李延霞，王文帅. 阳光保险首推虚拟财产险. 新华网，2011 - 7 - 8.
② 王新. 互联网金融试水保险 有望改变市场格局. 成都日报，2013 - 8 - 6.
③ 付艳燕. 平安联手腾讯首推个人虚拟财产保险. 财新网，2013 - 6 - 8.
④ 李碧雯. 双十一：华泰保险绑定淘宝垄断"退货运费险". 理财周报，2013 - 10 - 28.
⑤ 杨帆. 金山与人保联合推出网购敢赔险. 法制晚报，2012 - 7 - 13.

方面帮卖家减轻负担，提高资金周转效率。

二、合作中的多业务创新

1. 基于互联网渠道的营销业务创新

目前来看，基于互联网搭建保险产品营销平台的模式有两种：一是自建网站销售平台；二是与第三方平台合作。与第三方合作又存在两种形式，包括与专业性第三方平台和综合型第三方平台合作。

一是自建网销售平台。通过自建网站销售，保险公司可以对营销方式、产品设计、价格等有完全控制权。但缺点是需要保险公司采用有效的营销战略并且配合大量的营销投入，从而达到把消费者眼球和访问流量吸引到自家网站的目的。因此，自建网销平台比较适合大型保险公司。这种模式在国内外均存在。国外以日本 Lifenet 是典型代表，而国内许多大型保险公司均已建立。

专栏 4-7 日本 Lifenet 保险公司案例分析

日本 Lifenet 公司于 2008 年成立，专门从事网络保险销售，开业保持有效保单增长率在 10% 以上。之所以取得这样的成绩与 Lifenet 的发展策略密不可分。

第一，营销简单、低价产品。该公司的客户群体以中青年为主。针对这类群体，提供人寿、医疗和失能三类保险产品；只开发责任单一的品种，不考察附加险和分红的因素；产品仅在官网销售，节省许多交易成本。

第二，创建学习型平台，探索便于客户理解的产品展示方式。该公司并不采用"攻势型"营销主动向客户推销产品，而是将官网打造成一个学习平台，并推出便于理解的产品介绍方式。客户通过官网可以获得一般性的保险知识，并通过免费电话和电邮服务实现互动。与此同时，在设计保险条款时力求简单易懂，并配合动画、音乐等形式进行产品介绍。

第三，办事效率高。Lifenet 理赔过程一般在 5 个工作日就能完成，非常注重办事效率。

第四，注重信息披露。Lifenet 会在其官网上公布其月度绩效报告并公开相关产品信息。

资料来源：张琼之. 国外保险网络营销案例分析和经验借鉴. 现代商业，2013（8）.

可以看出，日本 Lifenet 采用搭建学习型的直销平台，销售简单低价的保障类产品的商业模式。而国内保险网络直销尚未建立起比较明晰的商业模式。目前，自建网络平台的保险公司包括：太平洋保险、泰康人寿、中国平安。从三家公司的自建网销平台来看，各自侧重点有所不同。

太平洋的险种和平安的综合性较强，而泰康人寿的险种则侧重于寿险。与此同时，太平洋和平安保险还分别拥有"生活广场"、"车生活"版块。"生活广场"包括提供汽车养护、健康养生、母婴亲子、生活服务；而"车生活"有相关的积分活动，并且为用户提供违章服务，包括免费违章代办、违章短信提醒、快速违章查询。

二是与第三方平台合作。第三方平台合作是一种较快捷的获取目标客户群的方式，第三方网络平台直销则可以借助对方的平台优势，利用平台的聚客能力和流量快速地实现营销。但是，这一模式缺点是保险公司缺乏主导权，合作存在丧失控制权的问题。

在综合型平台营销方面，主要存在两种类型：一是通过水平门户网站进行销售。这在国外较为普遍，雅虎就是其中的代表。而国内采用这种形式有泰康、平安、太平洋保险等公司。2009 年，泰康人寿和新浪合作推出在线保险销售平台——新浪保险超市，其销售产品涵盖意外保险、健康保险、儿童保险、养老保险、旅游保险、投资保险等品种，成为国内第一家销售保险种类最全的网络保险超市。[①] 而 2011 年，网易也与中国平安、中国太保以及阳光保险合作正式推出保险平台，首推车险业务。[②]

综合型平台营销的第二类是通过电子商务平台进行销售。国内采用此类渠道进行销售的保险公司普及性非常高。进入的电子商务平台包括淘宝、天猫、京东、苏宁等。从入驻三家平台保险公司来看，京东的数量明显要少于天猫和淘宝。从销售的产品类型来看，意外险、旅游险和车险产品较多。

在专业型平台营销方面，国内外均有比较典型的代表：国外有 InsWeb、QuickenInsurance 等，而国内则以慧择网和保网等为代表。这些平台以专业性为切入点，为保险产品的网销提供更为专业的服务。下面按照先国外，后国内的顺序进行介绍，如表 4-8 所示。

QuickenInsurance 与 InsWeb 采用了两种不同的商业模式。前者作为一家独

---

① 新浪网．泰康人寿联手新浪打造网上保险超市．经济参考报，2009-6-26．
② 高国辉．门户网站进军保险销售　网易保险平台正式上线．南方日报，2011-12-7．

表4-8　　　　　　　　第三方垂直门户平台对比分析

名称	特点
QuickenInsurance	网络保险代理商，以佣金为主的收入模式
InsWeb	聚合站模式，以通过提供销售线索获取介绍费为主的收入模式。现在已向电子商场模式转型
慧择网	国内首家第三方保险平台，采用垂直交易模式
保网	专业型车险第三方平台，采用立体营销模式，线上线下协同

立的网上保险代理机构，主要功能是进行撮合交易，收入来源主要是佣金；而 InsWeb 是作为一家网上保险聚合站进行经营的，其功能主要是为多家保险经销商提供销售线索，其收入来源主要是通过提供优质销售线索获取介绍费。

专栏4-8　国外垂直门户网络保险平台

QuickenInsurance 是一家独立的网络保险代理机构，主营业务是销售保险产品。与此同时，该公司还为各种保险产品和服务提供信息、分析工具并给予指导。QuickenInsurance 收入主要来源于销售每件产品所提取的佣金。此外，QuickenInsurance 收入来源还包括系统整合产生入门使用费收取，维护经销商网站域名的年度维护费收入。最后，QuickenInsurance 还通过向离线销售的代理处提供推荐信息获得收入。

InsWeb 是作为一家网上保险聚合站进行经营的。公司为36家网上保险经销商提供报价、提供客户教育以及产生销售线索。这些经销商包括销售汽车、定期人寿、个人健康和家庭财产/租赁，但 InsWeb 并不自身在网上销售保险单。2000年，InsWeb 年度收入69%来自汽车保险报价。随着网上呼叫中心保险代理处的建立，其商业模式开始从聚合站向电子市场转型。InsWeb 收入主要是通过提供"优质"销售线索获取介绍费而实现的。优质销售线索通过如下两种方式产生：一是当顾客在特定的报价基础上要求保险时，向顾客提供即时网上报价的保险公司必须为销售线索支付费用；二是当顾客自己点击网站获得报价之时，提供电子邮件和离线报价的保险公司就必须为销售线索支付费用。

资料来源：Lynda M. Applegate、Robert D. Austin、F. Warren McFarlan 著，阎达五等译. 公司信息战略——教程与案例. 机械工业出版社，2004，pp. 63-67.

慧择网是中国首家集产品对比功能、保险垂直交易与预约购买及为客户提供保险专业咨询互动为一体的综合型第三方保险电子商务平台。慧择网运行主要有两大特点：第一是中立的产品比较平台，能够为客户提供客观、公正的分析和咨询；第二是采用保险垂直交易的模式。此外，慧择网本身属于一个B2C平台，而慧择网旗下的保运通则是一个B2B平台。保运通网站为慧择网旗下的企业客户平台，保运通网站以会员制模式运营，以货运险为市场切入点，为中小企业提供相关保险服务。

而保网是泛华保险服务集团下属一家第三方保险电子商务平台，专注于车险产品销售和比较分析，采用立体营销的模式，实现线上和线下系统作业。其立体营销的模式将网络、电话以及地面连接起来，将网站、呼叫中心以及地面客服人员整合在一起。

专栏4-9 专业车险第三方平台——保网

泛华保险服务集团通过收购保网试图为其公司打造专业第三方保险电子商务平台，构建"鼠标＋电话＋地面"三位一体的立体化商业模式，使网络营销与地面服务有机结合。网站、呼叫中心、地面服务人员将搭建一个"天、地、人"三合一的新型保险电子商务商业模式。"天"是指保网网站，通过线上多品牌产品的展示选择、价格比较、投保交易、社区互动、资讯分享等模块搭起一个网上金融社区，成为吸引客户的最佳入口；同时，通过与各合作保险公司、支付宝等第三方支付平台的系统实时对接，既满足保险产品保单生效时间对于支付时效性方面的要求，又解决支付环节资金安全性的问题，帮助客户放心选择、安心投保。"地"是指地面机构，泛华保险服务集团线下机构布局已覆盖全国23个省市，超过600个销售网点。辅以先进的移动终端，泛华保险服务集团全国各地地面机构为客户提供就近的直接服务，包括辅助交易、物流配送、售后服务、增值服务等；"人"是指呼叫中心等后援支持人员，以及覆盖全国的地面销售和服务人员，为客户提供辅助交易、落地服务等支持，搭建起连接线上线下的桥梁。

资料来源：百度百科．保网 http：//baike.baidu.com/view/3009991.htm.

2. 互联网保险产品创新

目前，保险公司的互联网金融创新虽然主要集中在渠道领域。但是，互联网保险产品创新发展速度也非常快。产品创新主要表现在三个方面：主题险、虚拟财产险以及电商活动险，如表4-9所示。

表4-9　　　　　　　　互联网保险产品类型、名称及特点

产品类型	产品名称及特点
主题险	包括"中秋赏月险"、"爱情险"、"脱光险"等，通常附加在主险品种之上，是一种营销手段
虚拟财产险	虚拟财产损失险和虚拟财产责任险
电商活动险	包括淘宝退货运费险、支付险、众乐宝等，市场价值高

一是主题险。互联网的发展能够更好地满足用户个性化、多样化的保险需求，主题险作为一种能够满足特定群体个性化保险需求产品应运而生了。从目前推出主题险品种包括："中秋赏月险"、"爱情险"、"脱光险"。这些险种往往是附加在别的保险品种之上，具有明显的营销特点。

"中秋赏月险"是由安联财险与阿里小微金融服务集团（筹）旗下淘宝保险共同合作推出的产品。指被保险人针对中秋之日是否因为天气原因在赏月城市看到月亮而投保，根据情况获得理赔的保险。"爱情险"是众筹网携手长安责任保险股份有限公司联合一款产品。"脱光险"是平安产险针对单身人群推出一款保险产品，是为鼓励单身青年寻找爱情，购买了这款产品的消费者若是1年后结婚即可获得一定数额的蜜月礼金。

专栏4-10　形形色色的主题险产品

"中秋赏月险"的主险责任为在2013年9月19日中秋节当日，被保险人因遭受意外伤害事故导致身故、残疾或烧烫伤，保额最高为10万元；附加保险责任为中秋节当日20：00至24：00，被保险人指定的赏月城市的天气情况是阴或雨导致被保险人不便赏月，则保险人向被保险人支付赏月不便津贴。"赏月险"的保费设置分为两档。其中一档投保价格为20元，若被保险人在赏月城市由于天气原因看不到月亮（即阴天或雨天），可获保险理赔50元。第二档投保价格为99元，赏月城市也从3个增加到北京、西安、乌鲁木齐等41个城市，可获保险理赔188元。理赔标准将依据2013年9月19日中秋节当天20：00至24：00中国天气网的天气播报进行评判。

"爱情险"每份520元,寓意"我爱你";5年后投保人凭与投保时指定对象的结婚证,可领取每份999元婚姻津贴;18~36岁周岁的未婚、已婚爱侣均可购买,每人限购5份,情侣和夫妻之间不重复购买。

资料来源:中秋赏月险. 百度百科, http://baike.baidu.com/view/10874360.htm;李倩. 众筹网联手长安保险推出"爱情险". 金融时报,2013-11-7.

二是虚拟财产险。随着网游产业的发展壮大,网络游戏中的虚拟财产及网络购物中的虚拟账户盗窃案日益增多,虚拟财产保障需求越来越大。基于虚拟财产的保险品种应运而生。

虚拟财产保险可被初步划分为虚拟财产损失险和虚拟财产责任险。前者是指投保人将游戏装备、游戏币、游戏号等资产作为保险标的,当发生损失时,保险人根据保险合同以及损失情况进行赔付的险种;后者是指网游公司和玩家存在有偿合同关系时,网游公司因游戏设计漏洞以及对账号保管不慎等原因造成玩家损失需承担相应的民事赔偿责任。网游公司可以将这种民事损害责任通过风险转移的方式由保险人承担,当被保险人发生民事损害责任时,由保险人依据保险合同规定对玩家履行相应的经济赔偿责任。

目前,具有代表性的事件是平安保险和腾讯联合推出为《御龙在天》游戏玩家的个人虚拟装备保险和阳光保险与GAMEBAR推出的"网络游戏运营商用户损失责任险"。前者属于虚拟财产损失险,由玩家个人投保;而后者属于虚拟财产责任险,由网游公司进行投保。在产品设计中,后者通过引入中国版权保护中心作为第三方数据托管机构,保证了理赔过程的公平性。

专栏4-11 阳光保险与GAMEBAR首推虚拟财产险

与面向个人玩家不同,此款责任险由网游公司向保险公司投保购买,按照保险合约来保障网游玩家以及自身的相关利益。当网游玩家的游戏账号数据发生被盗或丢失时,如果管理数据的游戏运营商负有责任,那么就可能需要对网游玩家进行经济补偿,保险人则会按照保险合同约定承担相关责任,在网游运营商赔偿玩家之后,保险人再向网游运营商支付相关赔款。同时,产品对玩家在玩网络游戏时所面临的一些意外伤害风险也进行了保险设计,为网游玩家提供更周到、更全面的保障。

第四章 变革：传统金融业开展互联网金融服务

对于理赔定损的障碍，公司在理赔上引入第三方数据托管机构，即中国版权保护中心。公司、网游运营商和中国版权保护中心三方将共同设立'宝物银行'系统，这个系统由中国版权保护中心托管，保存游戏数据，为保障玩家权益提供数据基础。中国版权保护中心作为独立的第三方将对游戏数据进行监督，出具独立的数据分析报告，并将报告作为网游玩家在事故发生时确定赔偿金额的依据，而相关赔偿结果及报告也会通过系统公示。

资料来源：李延霞，王文帅．阳光保险首推虚拟财产险．新华网，2011-7-8．

三是基于电子商务活动的保险。目前，该领域出现的保险产品包括淘宝运费险、支付险、众乐宝等。电子商务活动险是整个互联网保险领域最为重要的险种。华泰财险在2010年7月推出的"退货运费险"是与淘宝网共同合作推出的产品，最初主要是针对淘宝卖家设计的，主要是为了降低卖家的物流成本，提高客户的服务满意度，解决退货中对于运费纠纷的问题，现在又推出了买家版的退货运费险。这一产品具有保费低、投保易、理赔快等特点。

平安保险则针对网络支付活动过程的风险推出了支付险产品，包括针对支付宝和网银的产品。以支付宝为例，当出现支付宝被盗刷的情况时，应先向淘宝客服报案，并向公安机关备案，之后根据平安保险公司的要求提供网银安全支付索赔表、身份证及报案回执，银行卡信息及支付宝交易账户，若核实属实，则通过公司转账的形式将赔款支付给客户。

专栏4-12　众安在线首款产品——众乐宝

众乐宝系众安在线财产保险公司推出的国内首款保证金保险产品，它将为淘宝集市平台加入消保协议的卖家履约能力提供保险，属于一种信用保险。由于淘宝集市卖家数量众多，为保障消费者利益，卖家需要缴纳一定金额的消费者保障基金。而淘宝卖家加入"众乐宝"，自行选择保险额度后，无须缴纳消费者保障基金，即获得消费者保障服务资格、消保标示，并获得详情页面最高可达20万元保障额度的展示。

通过"众乐宝"可以实现对保证金的释放。"众乐宝"在理赔和追赔的形式上采取"先行垫付、事后追赔"的方式，即一旦买卖双方发生维权纠纷，需要店铺对买家赔付，"众乐宝"会先垫付理赔款，事后再向卖家追款。这样的理赔形式，对于卖家来说，提高了资金的使用效率；对于买家来说，保险的先行赔付可以缩短维权过程，更好地提升买家的购物体验。

资料来源：王可心. 众安保险首款产品众乐宝今日正式上线. 腾讯科技，2013-12-5，http://tech.qq.com/a/20131205/009430.htm.

三、保险业互联网金融的战略布局及意图

鉴于互联网保险业务未来的发展潜力和利润空间，保险公司纷纷加快在这一领域的布局。下面对保险公司的战略布局进行介绍，然后说明保险公司在互联网保险业务领域的战略意图。

1. 保险业开展互联网保险业务的战略布局

太平洋作为首家自建电商平台的保险公司将在未来继续推进互联网保险业务。在未来发展中，公司将以"太平洋保险在线商城"为核心，依托公司四大战略优势，满足七大类保险需求。其中，四大战略优势包括：在线客服提供更便捷的沟通渠道；个性化智能推荐让保险选择更容易；全流程投保模式让购买更简单；多接触点沟通及时满足客户需求。而其覆盖的保险需求包括：汽车保险、医疗保障、子女教育、出差旅行、养老规划、安居乐业、保险理财。[①]

而中国平安集团的互联网保险业务战略布局是建立在中国平安互联网金融战略基础之上的。中国平安推行围绕"医食住行"的门户策略——即围绕和个人用户关系最紧密的"医食住行"来和客户产生高频的接触和互动。其业务战略并不讲究大而全，而是突出跟生活的关联度以及自身所具备的优势。与此同时，平安集团还提出通过非金融业务来吸引客户、留住客户，同时转化成金融业务的客户。在此战略布局下，2013年5月，二手车交易平台"平安好车"上线，网站提供车辆检测、竞价、保险等服务，一方面切入到客户日常生活之中，另一方面也注重提供非金融服务吸引客户。[②]

2. 保险业开展互联网保险业务的战略意图

第一，拓展网络销售渠道，减低营销成本，拓展销售规模。网络营销不受时间和空间的限制能够，使得保险公司能够实现一对多的产品营销，大大增加

---

① 和讯保险. 以商网建设为核心，太平洋保险探索互联网保险创新. 2013-8-9, http://insurance.hexun.com/2013-8-9/156961857.html.

② 高翔，颜剑. 平安互联网金融战略：创新业务推动客户迁徙. 上海证券报，2013-11-22.

了潜在客户的规模。借助于互联网平台入口性质，保险公司的产品通过互联网平台能够让更多的客户看见，从而避免了采用一对一营销模式对客户数量的限制，能够实现同时对多个客户的影响，有利于扩大销售规模。与此同时，网络营销还通过规模经济、降低交易成本等途径实现保险公司的总体成本，增加保险公司利润。

第二，以搭建互联网平台为核心拓展互联网保险业务。目前，保险行业已经形成了多样化的网络保险平台。无论自建平台还是借助于第三方平台都凸显出了平台在保险业务开展过程中的核心地位。一个良好的平台一方面可以增强与客户之间的互动性，提高客户的黏性，另一方面可以通过积累大量客户的信息，分析客户行为特点，实现对客户需求的精确化定位。

第三，开发基于互联网活动的保险产品，寻找新的利润增长点。随着电子商务等互联网活动频繁，互联网活动的风险也需要进行规避。而开发基于互联网活动的保险产品就成为保险公司一个新的利润增长点。在保险行业竞争日益激烈的今天，通过对互联网活动中的风险进行分析，研发出对应的保险产品，控制相关环节风险，促进互联网商务活动的进一步繁荣。

四、保险业互联网金融业务的发展趋势

根据国际经验来看，中国互联网保险业务才刚刚兴起，未来发展空间会很大。因此，有必要对未来的发展趋势进行展望，抓住历史性的机遇。

1. 互联网保险销售平台发展将继续保持多样化格局

由于平台资源的重要性决定了搭建和发展互联网保险在整个互联网保险中的基础作用。预计，在未来不同类型的保险公司依然会通过自建、收购、战略合作等途径构建和发展保险产品销售平台。多样化的格局并不代表所有的平台类型具有生命力。以新浪、网易为代表的门户网站型第三方综合型平台将不具有发展前景。由于门户网站在功能定位上主要是提供相关信息，并不适合作为营销的渠道，所以该类综合型平台在未来的发展空间并不大。而自建的网络直销平台和其他第三方平台还将继续处于摸索、寻求稳定的商业模式。由于自建平台面临巨额的固定成本，所以大型保险公司相比于小型保险公司具有规模效应，更宜采用自建这一模式。

2. 互联网保险创新从渠道向产品延伸

现阶段，随着互联网保险领域的创新仍然以渠道创新为主。而随着互联网购物、游戏等网络活动更加频繁，相关立法越来越完备，基于互联网活动而形

成的保险产品日益丰富。互联网保险产品创新的深入将在一定程度上改变保险公司和互联网平台之间的市场地位，将互联网的概念延伸到全业务流程之中。而在未来的互联网产品创新活动，基于电商活动的保险产品创新将是主流。目前，存在三类互联网保险产品：主题险、虚拟财产险和电商活动险。其中，主题险往往是具有附属品的性质，难以成为未来发展的主流；虚拟财产险在未来存在一定的发展空间，但是受虚拟财产价值以及相关活动的重要性程度影响，发展空间还比较有限。而电商活动险由于电子商务活动的交易规模进一步扩张将成为互联网保险产品创新的主流。

3. 互联网保险产品将朝定制化方向发展

保险行业创立之初，就是以数据和基于数据的科学分析来安身立命，通过分析不同人群的共性，结合精算原理，设计各种保障产品。然而以往由于数据的不可得性、数据分析的高成本性，整个保险行业就只用一张生命周期表来开展产品设计，产品同质化异常严重，差异化竞争无从谈起。随着信息社会的到来及大数据技术的兴起，消费者的行为、个体特征及由此产生的各类数据均能较为有效地被记录、分析，使得基于大数据开展定制化保险产品设计成为可能，能根据一类人群的各方面特征，精细化地推出与之相适应的产品。在产品方面的"互联网的保险"趋势，是基于互联网特定人群，通过对互联网行为的跟踪、记录和分析，进行保险产品定向投放，也是未来精准化互联网保险的走向。

第三节　证券行业开展互联网金融服务

国内证券行业的互联网金融发展较为迟缓，远远赶不上国外也无法与银行和保险行业相提并论。进入 2013 年，在感受到互联网企业的强烈冲击之后，证券行业的互联网金融发展步伐才有所加快。目前，从国内证券行业的互联网创新来看，主要集中在数据分析、销售渠道、经纪业务等方面。在整个证券行业的子领域中，证券公司和基金公司的互联网金融业务发展相对较快，期货公司相对缓慢。

一、证券业的互联网金融服务现状

国外证券业互联金融业务发展目前已经形成多种比较成熟的模式，而国内证券行业互联网金融业务才刚刚兴起，还存在很大的发展空间。

1. 国外证券业开展互联网金融业务现状

从证券业的发展历程来看，国外在经历互联网的冲击之后，逐步推行佣金自由化的改革，进而实现证券公司的互联网金融模式转型。以最早推行佣金自由化改革的美国来说，逐渐形成了美林模式、嘉信理财模式以及 E*Trade 三种模式。

美林证券受到冲击之后，将其经纪业务分成两个部分：一部分是基于金融顾问（FC）的高端业务部分，推行高价格和高质量的"双高策略"。其金融顾问依赖于 TGA 信息平台和研究部门的支持。研究部门的相关成果通过 TGA 系统进行固化，进而通过 FC 为客户提供投资和财务建议。另一部分是推出 MLG，将几乎所有业务与互联网连接，实现多层次的客户群体。

嘉信理财的发展模式则经历了一定的变化。进入 20 世纪 90 年代之后，嘉信理财通过推出网上交易系统，降低交易成本。但受到价格竞争激烈的影响，其开始推行信息咨询服务与经纪业务的捆绑的模式。利用廉价的佣金费率吸引中产阶级，再通过对其咨询的服务赚取利润，资产管理和研究咨询开始成为其主要业务。

E*Trade 是一家基于互联网发展起来的纯网络折扣券商，主要对于价格敏感性客户服务。通过互联网技术和多种优惠套餐来发展其经纪业务，同时借助于各个垂直门户进行推广。但进入 21 世纪之后，该公司开始向银行业务拓展。[①]

2. 国内证券业开展互联网金融业务现状

目前，国内证券行业已经开始利用海量交易信息推进互联网金融业务开展。2012 年，国泰君安基于大量交易数据，建立起个人投资者景气指数。同年，海通证券利用 100 多万条客户交易信息记录，分析客户交易特征，并建立起客户分类、偏好以及流失的概率模型。[②]

从总体来看，国内证券行业在互联网金融领域的主要创新主要在网络销售、经纪业务等领域。2013 年 3 月 13 日，方正证券旗下网店正式入驻天猫商城。方正证券"泉友会旗舰店"目前主要定位为业务展示及服务产品销售。和方正证券做法类似的是齐鲁证券。不过，齐鲁证券选择进驻成本较低的"淘

---

① 易欢欢. 借鉴美国证券业三种模式 实现我国中小型券商弯道超车. 证券日报，2013 - 10 - 25.
② 忻尚伦. 券商正探索大数据初级模型. 东方早报，2013 - 6 - 25.

宝网"，并命名为"齐鲁证券融易品牌店"。

除此之外，还有一些券商自建网上商城。2013年2月，华创证券上线了具有浓厚电商特色的网上商城，其上架金融产品较少，而多维服饰、化妆品等，具有明显的电商合作特征。2013年11月28日，国泰君安证券"君弘金融商城"上线，实现一个账户整合证券、资金、资管、基金、期货、港股乃至融资融券等业务功能。通过综合性平台的构建，国泰君安试图满足投资者的资产配置要求。而2013年上线的华泰证券所开设的"涨乐网"也与"君弘金融商城"类似。①

随着《证券投资基金销售机构通过第三方电子商务平台开展业务管理暂行规定》颁布，基金公司开始利用互联网的渠道功能销售基金产品。在这种背景下，阿里巴巴与天弘基金合作推出了余额宝产品。余额宝的实质是支付宝用户将账户余额转入购买货币基金，获取货币基金收益作为"利息"，而此前支付宝里的资金没有任何收益，余额宝中的货币基金份额可以随时在网上购物与支付。余额宝的认购火暴直接推动了基金公司和电商平台之间的合作。一时间，博时、南方、华夏、海富通、广发等基金公司均进入支付宝平台来实现基金产品。

与此同时，其他电商企业和平台也寻求和基金公司的合作。苏宁通过旗下的易付宝公司来打造基金销售渠道。与余额宝相比，易付宝除销售各类基金外，可以帮助商户投资理财。早在2012年，南方基金与腾讯旗下的财富通之间的合作协议将利用这一平台来进行基金销售。

从基金销售的品种来看，主要以货币基金产品为主，债券型基金、指数基金、QDII基金产品等均已面市。如国泰基金在淘宝网上发行了一只债券型基金，易方达在淘宝上推出了创业板ETF指数联接基金，鹏华基金则推出了QDII——鹏华美国房地产基金。

除了证券公司和基金公司，期货公司在利用互联网金融业务方面也取得了一些进展。2012年4月23日，生意宝推出了国内首款移动互联网产品"期货通"。该款产品为相关人员提供期货方面的即时资讯。与此同时，经过半年多努力，中国中期于11月获得虚拟运营商牌照。这实际上为期货公司通过互联网进行产品销售奠定了良好的基础。

---

① 孟祥轲．中小型券商发展互联网金融的模式研究．经济视角（下旬刊），2013（8）．

二、证券业与互联网企业初步合作下的业务创新

总体来看,证券行业的互联网金融业务发展速度较慢,和互联网企业之间的关系主要表现为合作关系。具体来看,主要表现在证券公司互联网金融平台创新和基金理财产品创新。

1. 证券公司互联网金融平台创新

从证券公司互联网金融平台的发展来看,主要采用两种模式:一是借助第三方交易平台;二是自建垂直型电商平台。前者以方正证券为代表,后者以国泰君安、华泰证券为代表。2013年3月,方正证券宣布其进入天猫商城,"泉友会旗舰店"开始营业,成为首家进入第三方B2C电商平台的券商。该门店定位为业务展示和服务产品销售,此次上线的产品包括泉量化投资决策软件、泉秘书、短信资讯、网页资讯、财富管理套餐、电话会议系列、套利工具等,其售价从十几元到上万元不等。而国泰君安、华泰证券则通过自建方式搭建互联网金融平台。两家公司通过建立网上金融商城,打造专业的投资销售平台。其销售产品包括:相关软件、投资资讯、投资顾问套餐、研究报告以及各类理财产品。

2. 基于大数据的互联网金融服务创新

证券行业大量高频交易所产生的海量数据为其大数据技术的应用创造了良好的条件。国内一些实力较强的证券公司开始探索大数据的应用,如国泰君安就是其中的典型代表。2012年7月,国泰君安证券发布了"个人投资者投资景气指数",又称3I指数。该指数通过对海量个人投资者真实投资交易信息的深度挖掘,解读个人投资者交易行为的变化、投资信心的状态与发展趋势。与此同时,海通证券还利用大数据技术建立起客户特征分析模型,防止客户流失,保证客户来源。[①]

专栏4-13 海通证券客户行为特征分析

2012年,海通证券应用大数据技术,进行客户行为特征分析。根据海通100多万客户的历史交易记录,为每一位客户打上交易行为特点的标签,并建立客户分类、客户偏好、客户流失概率模型。基于该模型,根据客户类型和特

---

① 忻尚伦.券商正探索大数据初级模型.东方早报,2013-6-25.

点，为客户提供特定服务。如根据购买某商品的客户特征，向那些具有同样特征但没有购买该商品的客户进行推销；根据流失客户的特征，对那些还未流失，但具有同样特征的客户进行针对性弥补。

三、证券业开展互联网金融业务的战略布局及意图

随着互联网技术和互联网企业的冲击深入，国内证券行业必然面临转型的问题。为此，一些证券公司开始进行长远布局，推进其互联网金融业务战略。如国泰君安和华泰证券等。但总体来看，证券公司并未对其开展互联网金融业务进行过比较深入的战略考量。

1. 证券业开展互联网金融业务的战略布局

证券业在看到银行业和保险业纷纷布局互联网金融业务之后，也开始探索互联网证券业务的发展，并制定了相应的战略。其中比较突出的是国泰君安证券公司和华泰证券公司。

国泰君安通过互联网金融转型，实现综合金融服务功能。国泰君安通过设立"君弘金融商城"，实现多业务功能集成。该平台实行账户分层管理，以一户通为基础，整合证券资金、信用资金、资管账户和基金账户，并积极申请期货和港股账户。与此同时，提高信用业务的线上化程度，客户可在网上直接对融资融券等信用类业务提出在线申请。在未来，散户的相关业务需求将通过移动互联网手段进行满足。为推进公司互联网金融业务发展，国泰君安还将原本负责经纪业务的零售客户部，分离并新设网络金融部，专门负责线上平台的设计。[1]

而华泰证券在开展互联网金融业务领域提出两个转型：一是基于互联网理财业务转型。华泰证券将依赖于"涨乐网"这一互联网服务平台，形成多层次的服务支持体系，为分析客户需求、实施服务计划提供技术支持。二是基于互联网营销模式转型。华泰证券通过大力推进和实施互联网战略，持续探索网络营销模式，顺应客户投资习惯与需求提供各种基于互联网服务，全面建立网络营销体系，建立健全客户分级管理办法，扩大投顾业务试点规模，全面覆盖统一服务营销并持续完善紫金理财服务体系，推进创新型客户服务工作。[2]

---

[1] 吕雯瑾. 国泰君安证券上线金融商城 互联网布局初落地. 腾讯财经, 2013-12-3.
[2] 天拓咨询. 互联网金融未来发展方向分析. 2013-9-2, http://www.tianinfo.com/news/news5984.html.

2. 证券业开展互联网金融业务的战略意图

第一，拓展产品销售渠道，提高销售业绩。在渠道为王的约束之下，通过发展网络销售渠道成为证券行业发展的必由之路。一方面，通过借助互联网企业平台在人气聚集、用户体验感强的优势，获取新的用户群体，提供销售收入；另一方面，通过自建互联网直销平台，为未来互联网营销的发展创造经验。

第二，搭建业务平台，为未来实施大数据战略奠定基础。部分证券公司正在推进自身的互联网平台建设工作。平台的建设将为未来实施大数据战略奠定基础。通过平台建设促进客户的交易，保留相应的交易痕迹。而这些交易痕迹将为证券公司开展实施大数据战略奠定基础，以支持未来证券公司各项业务的开展。

四、证券业互联网金融业务的发展趋势

证券业互联网金融业务方兴未艾，在未来的发展前景也比较广阔，具有如下发展趋势：

1. 互联网业务平台朝多功能方向发展

目前来看，证券公司在平台搭建方面发展速度较慢。而且从现有证券公司平台来看，功能也较为单一。未来证券公司互联网平台将朝向"投资自动化、休闲一体化、知识简约化"等多功能综合平台发展。

在"投资自动化"方向上，未来证券公司互联网平台将为客户的财富管理服务，提供许多自动化工具。平台将涵盖多种类型的金融资产，利用大数据技术和专业投资工具为客户建立定制化的资产投资组合，并评估相应的风险。在此，原本复杂专业的投资策略将转化为简单易操作的自动化投资工具，作为客户投资的重要参考。

在"休闲一体化"方向上，未来证券公司互联网平台将通过引入俱乐部、微博链接等形式分享成功投资经验和其他信息、聊天交友等内容。通过这种形式增加客户的黏性，提高使用网站其他金融服务的可能性。

在"知识简约化"方向上，未来证券公司互联网平台将为投资者提供一个集知识性、趣味性为一体的大众学习场所。由于金融产品种类繁多，专业性较强，对于一个普通投资者来说很难对每样产品都很精通。在这种情况下，有必要通过一个网络平台来介绍相关金融知识，介绍形式要具有生动性和趣味

性，注重用户体验，从而增加用户对网站的依赖度和满意度。①

2. 互联网金融业务盈利来源将从经纪业务逐渐向财富管理业务转型

从美国证券公司的互联网转型来看，随着互联网技术的广泛应用，佣金将持续下降，甚至出现零佣金的局面。在这种情况下，证券公司互联网金融业务将从经纪业务向财富管理业务转型。低佣金或零佣金策略将吸引客户进入平台，增加平台的活跃程度，证券公司通过提供财富管理等增值服务来实现盈利。通过互联网平台的建设和运营，可以掌握大量的客户信息，并利用大数据战略来分析客户信息，更加精准地满足客户投资需求，实现互联网金融业务重心向财富管理业务转型。

3. 基金网络直销将可能出现类 FOF 基金

当前，互联网企业和基金公司合作发行了多款货币基金理财产品，实现了对不同用途资金的短期管理，覆盖了不同细分市场的理财需求。而不同的细分市场理财产品需要登录多个账号来实现财富增值，资金也需要在各个账户中分配。由于细分市场的存在，使得未来网络基金超市发展受到限制。而代之出现的更可能是类 FOF，即基金中的基金。在这种模式下，投资者可以通过一家公司实现一站式资金分配，并在不同细分市场配置理财产品。②

4. 基金公司在互联网金融业务领域长期地位可变

对于基金行业正在及将要发生的互联网金融变化，我们可简单地将其分为三个阶段：资源整合期、平台竞争期、产品为王期，各个阶段特点不同，但最终将重构现有基金公司的销售及服务模式。在近期，由于基金公司产品同质性较强，渠道为王的格局依然不变。因此，近期基金公司在与第三方电商平台合作过程中，仍处于相对不利局面。从长期来看，随着产品为王的到来，基金公司将在其产品销售过程中起主导作用。当平台竞争结束，互联网的透明、开放特性会进一步强化金融行业所特有的专业化优势，如基金公司能够快速提供满足细分用户需求的产品，充分凸显自身品牌和服务的差异化。③

---

① 德邦证券．创新业务前瞻　互联网金融之美国发展（一）．2013 – 7 – 4，p. 15.
② 德邦证券．互联网金融"市梦率"是一场梦吗？．2013 – 8 – 1，p. 1.
③ 徐科．产品为王时期来临　基金公司吃定互联网苹果．证券日报，2013 – 10 – 22.

第 五 章

挑战：互联网金融发展的风险

当前，互联网金融在井喷式发展的同时蕴含着风险。互联网金融风险来源于互联网和金融两个方面，集中表现在信息安全风险、政策与法律风险、操作风险、流动性风险、信用风险等方面，不仅面临与传统金融类似的风险，而且具有比传统金融风险更隐蔽、易突发和强传染的特性。互联网金融的本质是金融，风险控制是互联网金融持续健康发展的根本。我们将在系统分析互联网金融风险的基础上，对互联网金融风险进行归类划分，并对每类风险辅以案例进行具体的分析。

第一节 互联网金融风险概述

我们首先总结分析当前学术界和实务界对互联网金融风险的分类，并进一步提出互联网金融风险的完整架构，在此基础上深入探析我国互联网金融的风险特征及产生风险的原因。

一、互联网金融风险的分类

基于本书对互联网金融的定义，互联网金融包括所有基于互联网平台所开展的金融业务，即包括互联网平台企业利用大数据、移动技术等开展的金融业务——互联网金融，也包括传统银行利用互联网平台开展的金融业务——金融互联网。所以，本部分的分析将包括该两方面互联网金融业务所产生的风险。

（一）当前学术界对互联网金融风险的分析

张玉喜（2002）认为，网络金融的发展将面临不同于传统金融的新的金融风险，并将网络金融风险进一步分为两大类：即基于网络信息技术导致的技术风险和基于网络金融业务特征导致的业务风险，其中网络金融技术风险又可具体划分为安全风险、技术选择风险；而业务风险又可具体细分为信用风险、流动性风险、支付和结算风险、法律风险及其他风险。[①]

谢平等（2012）认为，互联网金融模式中资源配置的特点是：资金供需信息直接在网上发布并匹配，供需双方直接联系和交易，不需要经过银行、券商或交易所等中介[②]。显然该模式是未来互联网金融发展所能达到的理想状态，该模式下金融运行的基础条件已完全具备，特别是信用体系、法律法规、网络安全等各方面都完善成熟。但在当前我国金融体系架构下，互联网金融所处的发展环境是金融体系面临转型改革，相关法律法规不健全，监管体系存在漏洞，信用体系不完善，互联网金融的发展必然带来新的风险。

赵继鸿等（2013）根据互联网金融服务主体的不同，即主要有以互联网技术来延展传统金融业务的银行机构、具有第三方支付业务的电商机构、网上借贷平台，对比分析了三种不同主体开展互联网金融业务可能存在的风险，主要有征信风险、信用风险、流动性风险、信誉风险、操作风险、收益风险、技术风险、纵向竞争风险、法律风险、破产关停风险等十类，该十类风险在三种不同的运营主体之间是不同的。[③]

王汉君（2013）从金融稳定的视角研究认为，互联网金融的虚拟化决定了互联网金融运行中存在的风险不仅具有传统金融风险的特征，还有其特殊性，并具体指出主要风险有：高技术性带来的操作风险、高联动性造成的传染风险、法律不明确导致的法律风险、声誉风险、流动性风险、市场风险、信用风险等。[④]

闫真宇（2013）认为，互联网金融风险是基于互联网金融业务所产生的

---

① 张玉喜. 网络金融的风险管理研究. 管理世界，2002（10）.
② 谢平，邹传伟. 互联网金融模式研究. 金融研究，2012（12）.
③ 中国人民银行开封市中心支行课题组. 基于服务主体的互联网金融运营风险比较及监管思考. 征信，2013（12）.
④ 王汉君. 互联网金融的风险挑战. 中国金融，2013（24）.

不确定性和不可控性以及发生损失的可能性。互联网金融风险不同于传统金融风险,既有金融风险,又有互联网风险。特别是基于互联网技术,决定了金融风险的复杂性、多变性。可以将互联网金融风险归于以下几类:法律政策风险,业务管理风险,网络技术风险,货币政策风险和洗钱犯罪风险。[①]

以上多名学者给出的风险类别具体对比,如表 5-1 所示。

表 5-1　　　　　　当前学术界关于互联网金融的风险归类

定义者	风险类别	具体释义
吴玉喜	安全风险	由于银行系统计算机系统停机、磁盘列阵破坏、网络外部的数字攻击以及计算机病毒破坏等因素带来风险
	技术选择风险	由于技术选择带来的兼容性差,或被技术变革所淘汰等带来的风险
	信用风险	网络金融交易者在合约到期日不完全履行其义务的风险
	流动性风险	网络金融机构没有足够的资金满足客户兑现电子货币的风险
	支付结算风险	网络金融支付结算系统的国际化运作所带来的结算风险
	法律风险	网络金融立法相对落后和模糊而导致的交易风险
	其他风险	市场风险,即利率、汇率等市场价格的变动对网络金融交易者的资产、负债项目损益变化的影响,以及金融衍生工具交易带来的风险
赵继鸿等	征信风险	由于客户信用评估体系不健全,难以对客户的资信进行全面有效的判断,从而为互联网金融业务的开展带来征信风险
	信用风险	指交易主体无法履约带来的风险
	流动性风险	由电商或网贷平台由于资金流动性不足所带来的经营困局、无法兑付
	信誉风险	指互联网金融运营主体推出的产品或服务无法正常实现;客户信息泄露造成用户的质疑

[①] 闫真宇. 关于当前互联网金融风险的若干思考. 浙江金融, 2013 (12).

续表

定义者	风险类别	具体释义
赵继鸿等	操作风险	由于不完善或有问题的内部操作过程、人员、系统或外部事件而导致的直接或间接损失的风险，此类问题涉及客户在网络申请的账户的授权使用、安全管理和预警、各类客户间的信息交换、电子认证等
	技术风险	网络技术的稳定性、安全性所可能带来的系统性风险
	收益风险	主要是指传统银行开展金融业务可能带来的成本投入增加从而面临成本收益风险
	纵向竞争风险	指互联网金融业务各经济主体之间由于相互竞争引发的经营风险
	法律风险	由于法律法规、行业制度，业务运营主体容易出现违法、违规情况，从而带来的法律风险
	破产关停风险	由于经营不善带来的平台关闭，导致严重的经济和社会问题
王汉君	操作风险	指由于系统在可靠性和完整性方面存在重大缺陷带来操作上的风险
	传染风险	由于互联网信息传播的快速高效，某一环节出现的风险损失带来的波及面会更广，风险传染得更快
	法律风险	由于互联网金融相关立法的滞后所带来的如消费者权益保护、涉嫌非法洗钱、隐私得不到有效保护等问题
	声誉风险	机构自身经营不善，金融交易的技术故障、欺诈，外部黑客攻击等行为造成声誉上的损失
	流动性风险	指互联网金融机构以合理的价格销售资产或者借入资金满足流动性供给的不确定性
闫真宇	法律政策风险	针对互联网金融新业务的市场准入、资金监管、交易者的身份认证、个人信息保护、电子合同有效性的确认等方面缺乏明确法律规定带来的风险

续表

定义者	风险类别	具体释义
闫真宇	业务管理风险	由于互联网金融业务经营者缺乏金融风险的足够重视,且缺乏完备的风险防范措施,从而带来经营风险
	网络技术风险	由于计算机网络系统的缺陷带来的潜在风险
	货币政策风险	互联网金融的虚拟性将对货币层次、货币政策中间目标产生影响,通过创造具有较高流动性和现金替代性的电子货币,从而影响传统金融市场的运行及传导机制
	洗钱犯罪风险	电子支付行业法律体系不健全、监管体制不完善带来了网络洗钱风险

以上多名学者对互联网金融风险的类别进行了深入的研究。其中,学者吴玉喜开展研究时,互联网金融尚处于起步发展阶段,未形成完整的概念,其归类更多的是偏重于传统金融机构的网络银行所开展的互联网金融业务。其他学者基于当前互联网金融大发展背景所进行的归类,从多角度对互联网金融的风险进行了较好的归类,能基本涵盖当前互联网金融所存在的风险。

但是,上述研究并未就具体的互联网金融模式进行深入分析,这是因为不同的互联网金融模式,面临的风险是不同的。本部分将在大类分析的基础上,就具体的互联网金融模式深入分析互联网金融风险。

(二)业界对互联网金融风险的分析

互联网金融的快速发展也引起了业界和监管层的关注。2013年互联网大会上,中国人民银行副行长刘士余表示,互联网金融给金融监管带来了挑战,有两个底线是不能碰,一个是非法吸收公共存款,一个是非法集资。

无独有偶,在2014年的全国"两会"期间,中国人民银行副行长潘功胜也表示,互联网金融主要存在两方面问题:一是监管缺失,监管规则不统一,存在着监管套利;二是具有一定的风险。他认为,要鼓励互联网金融创新与发展,但同时要完善监管,应该明确监管主体。互联网金融产品由于是交叉性产品,应加强金融监管协调机制,完善监管规则。

招商银行原行长马蔚华也表示,互联网倒逼金融改革,建议支持金融创新,要正确引导、趋利避害。监管方目前担心的是风险,特别是普通消费者的风险，所以不管是线上线下，都要引导其不要产生技术、流动性等风险，使金融业在互联网的推动下健康发展。

由上可以看出，目前监管层对互联网金融风险有基本的共识，监管层会适时推出监管措施，防范互联网金融风险，以促进互联网金融行业的良好互动发展。

（三）互联网金融风险分析框架

基于对当前多名学者对互联网金融风险的分析归类，结合目前发生的互联网金融的相关案例，本书对互联网金融风险进行了重新归类，基本分为两类风险，第一类是传统金融机构和互联网企业开展互联网金融业务可能面临的共同风险，主要包括信息安全风险等，意即金融互联网和互联网金融所面临的共同风险；第二类是互联网企业开展金融业务所面临的风险，主要包括政策法律风险、操作风险、流动性风险和信用风险等。具体的风险分析框架如图 5-1 所示。

- 传统金融机构
  - 信息安全风险
    1. 互联网金融平台系统存在漏洞、流程设计不规范使得易遭受外部攻击
    2. 内部人员恶意泄露用户资料

- 互联网企业面临的风险
  - 政策与法律风险
    1. 互联网金融入门门槛法规缺失带来行业野蛮生长
    2. 互联网金融运营及监管法规不健全带来流动性和信用风险
    3. 互联网金融平台涉嫌信用卡套现、洗钱等非法经营活动
  - 操作风险
    1. 银行业务适实性差
    2. 产品期限错配
    3. 沉淀商户交易资金
  - 流动性风险
    1. P2P信贷公司为保本付息，可能遭到出借人提现
    2. P2P信贷公司采取违规拆单行为，提高新出借人的积极性
    3. 余额宝类理财产品承诺高收益，但可能出现大规模刚性兑现难
  - 信用风险
    1. 信息不对称，助长违约行为
    2. 资金运营有漏洞
    3. P2P信贷公司虚构债权

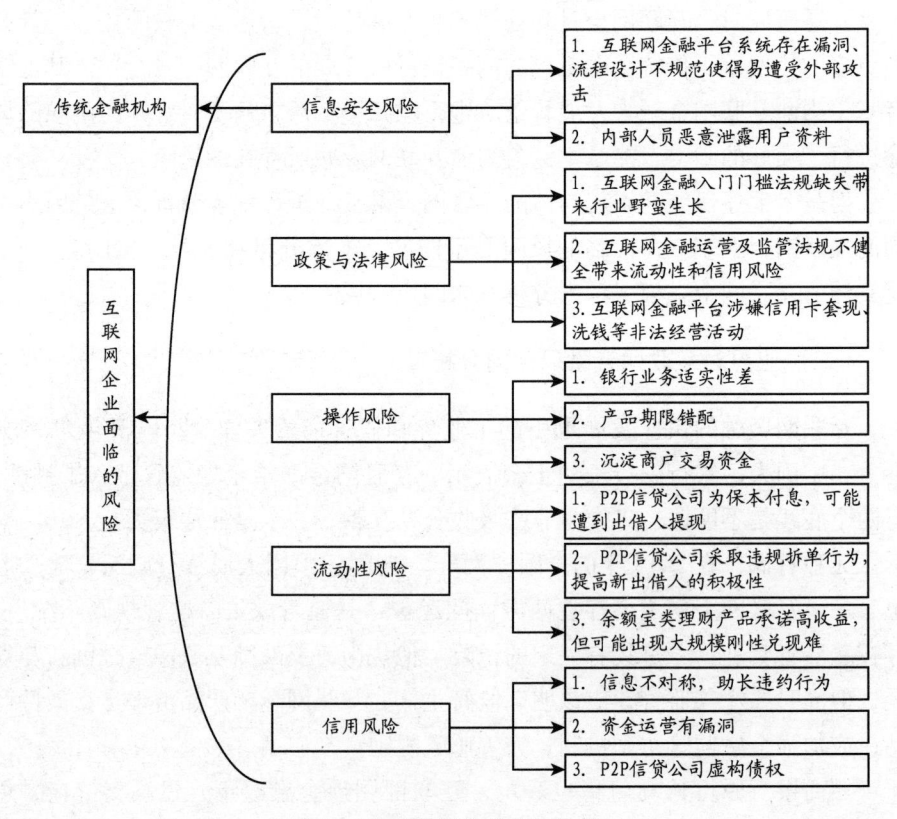

图 5-1　互联网金融风险框架

1. 金融互联网和互联网金融所面临的共同风险——信息安全风险

信息安全风险是指人为或自然的威胁利用信息系统及其管理体系中存在的脆弱性导致安全事件的发生及其对组织造成的影响[①]。在这里具体是指，在互联网金融业务开展的过程中，无论是传统金融业务的互联网化——金融互联网业务，还是互联网平台开展的金融业务——互联网金融业务，现代信息技术、信息系统广泛应用于业务处理过程中，由于信息系统自身的脆弱性、信息技术和相关协议的内在漏洞，来自自然的因素如硬件、系统故障等，以及人为的因素如内部人恶意破坏、外部黑客、病毒及木马入侵等因素带来的风险及损失。

2. 政策法律风险

政策法律风险是由于国家针对互联网金融行业法律、法规的缺失，使得行业经济主体的行为无法得到有效约束，一方面，可能致使互联网金融平台经营不善，从而带来严重的流动性风险和信用风险，使得合法投资者的正常权益得不到有效保障。另一方面，平台可能涉嫌从事非法经营活动。这里主要表现在，互联网金融入门法规、运营法规不健全导致整个行业野蛮成长；互联网金融监管法规不健全从而有平台参与洗钱、信用卡套现等非法行为。

3. 操作风险

操作风险是指互联网平台在运营过程中，由于自身策略制定、平台内部人员操作不熟练等因素带来的平台的损失。主要体现于银行业务适实性差、产品期限错配、沉淀商户交易资金三部分。

4. 流动性风险

流动性风险是指互联网金融平台在运营的过程中，由于金融从业经验不足，或是对市场风险缺乏有效把握，使经营过程中的流动性资金不足，从而带来无法实现对客户投资的回报或资金链断裂，引发严重的信用风险。主要呈现为三个内容：P2P信贷公司为保本付息、P2P信贷公司采取违规拆单行为、余额宝类理财产品承诺高收益。

5. 信用风险

信用风险是指互联网金融平台在经营过程中，出借人违约、资金运营漏洞、对P2P信贷公司到期的债权债务关系无法正常履约，从而引发投资者的恐慌，引发一系列信用危机。

---

① GB/T 20984—2007 信息安全技术信息安全评估规范. 2007.

二、互联网金融风险的特征

(一) 高累积性

金融风险在理论上表现为因信息不完全或不对称使决策者无法确知资产的当前和未来价格水平,从而导致获利或损失的可能性,并且在可观测的经济现象中,初期可观察到社会个体金融行为趋于投机和加剧动荡金融风险[①]。对于互联网金融业务来说,其本质仍然是金融,因此金融风险的许多特征同样适用于互联网金融。当前我国互联网金融井喷式发展的大背景是,互联网金融开展的重要基础——征信体系尚无法支撑行业的良性发展,在该种条件下,信息不对称在互联网金融行业更为突出,由此行业投资者对于资产的价格水平更难把握,必然带来互联网金融行业风险的累积。此外,互联网金融的从业者特别是互联网企业,在金融业务的开展经验特别是风险防控手段和技术方面,都与传统金融机构有较大的差距,必然使得我国互联网金融风险呈现比传统金融风险更高的累积性。

(二) 易突发性

由于微观金融主体的投机化行为模式,金融风险具有加速累积的特点,该特性在互联网金融行业更为突出。当前我国互联网金融行业法律法规体系不健全,如P2P网贷、众筹的入门许可、业务开展规范基本缺失,致使我国互联网行业呈现无序发展态势,据艾瑞最新数据显示,我国P2P网贷平台将保持每年不低于3.5%的增长率,预计到2015年达到近400家。这就使得P2P平台"跑路现象"频频突发,不但给投资者带来了巨大的损失,也给整个行业的健康发展蒙上了阴影。

(三) 强传染性

在现代金融市场中,各种金融资产、各类金融机构密切联系,相互交织成一个复杂的体系,市场的紧密联系使得金融资产价格波动极易相互影响,非常容易出现一荣俱荣、一损俱损的特征。在我国的互联网金融行业,安全事件的发生极易传染至其他机构甚至整个行业,我国的P2P贷款行业,恶性事件频发

---

① 张亦春,许文彬. 风险与金融风险的经济学再考察. 金融研究, 2002 (3).

引起了监管当局的关注，2011年9月14日，银监会发布《人人贷有关风险提示的通知》，提示注意P2P的经营风险，P2P贷款行业面临全行业洗牌，劣质的公司将被淘汰，并且新的进入者将会趋于谨慎，频发的事件也使人们对整个互联网金融行业产生担忧和质疑。

三、互联网金融风险的原因分析

（一）法律法规缺失，易带来行业的流动性风险和信用风险

法律法规对一个行业来说，起着至关重要的作用，是规范行业市场秩序、约束市场主体行为及参与者权利义务关系的重要基础。当前我国金融行业的法律法规，如《商业银行法》、《银行业监督管理法》、《证券法》等是基于传统金融体系构建的，该体系对于新兴的互联网金融行业来说，监管存在覆盖不到的情况。

针对目前我国的互联网金融行业来说，仅有的法规是中国人民银行于2010年6月14日颁布的《非金融机构支付服务管理办法》。规定经营第三方支付业务应当取得支付业务许可证。针对互联网金融的其他业态模式如P2P贷款、众筹、阿里小额贷款等，基本没有法律法规进行约束。这就事实上造成了互联网金融行业发展无入门门槛，从业者良莠不齐尤其是缺乏金融行业业务的运行经验，这样就很容易带来整个行业运行风险的积聚。

阿里巴巴余额宝的出现带来众多"宝类"新型互联网理财产品涌入理财领域，众多"宝类"产品的刚性高收益承诺符合互联网的"眼球经济"规律，但是不符合金融行业规律，一旦将来无法兑现收益，必将引起行业的流动性风险和信用风险。同样的情况出现在P2P网贷领域，在法规缺失尤其是保护投资者权益的法规缺失的情况下，P2P平台一旦运行出问题，必然会引起市场恐慌，通过互联网络迅速扩散，带来更大的流动性风险和信用风险。

（二）安全技术规范缺失以及业务流程的不规范是操作风险的重要源头

互联网金融行业是信息技术密集型运用行业，整个系统的安全性直接关系到系统平台资金流的运行安全。相对于较成熟的传统金融行业技术规范来讲，目前针对互联网金融行业的信息技术规范基本处于缺失状态，仅有针对第三方支付的相关规定。2012年1月5日，中国人民银行发布了《支付机构互联网支付业务管理办法（征求意见稿）》指出，支付机构开展互联网支付业务采用

的信息安全标准、技术标准等应符合中国人民银行关于信息安全和技术标准的有关规定。目前互联网金融平台在进行系统建设的过程中，无技术规范可依。

同时，由于美国软件出口对 SSL 协议密钥长度的限制①，致使当前我国使用的 SSL 协议级密较低，协议数据很容易被篡改，从而带来系统的脆弱性。曾经破坏性极强的支付宝大盗病毒、浮云木马病毒，均是利用此脆弱性盗取客户的资金。而此类情况较少发生在传统银行的网上系统中。此外，互联网金融行业的所有业务几乎全部基于互联网平台完成，没有传统的柜台，在有些业务流程的设计上，过多地依赖于手机，这就使得一旦手机丢失，账户的资金安全将面临着重要威胁，这些都是系统操作风险的主要来源。

（三）全社会征信制度的缺失使互联网金融的经营带来潜在的风险

互联网金融平台依托新兴的技术手段，通过平台完成了相关的支付、贷款业务，在业务流程上体现了很大的创新。相对于传统金融机构事前通过抵押担保预防风险、事后通过专业金融队伍追偿风险，互联网类金融贷款特别是 P2P 类贷款，主要依靠大数据获取的数据来支撑对贷款者信用的评估。但重要的征信信息目前仅限于银行系统内部，且不对互联网金融平台开放。即使将来征信体系适用于所有的互联网金融机构，但以传统银行体系为主的征信体系能否完全适合于互联网金融的发展仍存疑问，真正适合于互联网金融的征信体系还需要不断完善发展。所以，就当前不完善的情况下，无有效征信体系支撑的互联网金融运营必须潜藏着风险，积聚到一定时刻，发生资金断裂甚至平台倒闭等流动性风险和信用风险是必然的。

第二节　信息安全风险

信息安全风险是互联网金融行业面临的主要风险，不仅是新兴的互联网金融平台存在此类风险，而且成熟的传统银行的网络银行平台亦存在此类风险。相对于其他风险的积累性特点来说，信息安全风险给互联网金融行业带来的损失更加直接。我们参考国家关于银行信息系统风险评估标准的相关规范，分析

---

① Claessens, Joris, Valentin Dem, and Danny De Cock, etc. On the Security of Today's Online Electronic Banking Systems. *Computers & Security*, 2002, 21 (3): 257-269.

互联网金融平台的脆弱性,并逐一通过案例进行分析。

一、互联网金融信息安全风险的威胁来源分析

分析威胁互联网金融信息安全的来源,是进行风险防范和系统加固改造的重要基础,如表 5-2 所示。

表 5-2 信息安全评估威胁分类

来源		描述
环境因素		断电、静电、灰尘、潮湿、温度、鼠蚁虫害、电磁干扰、洪灾、火灾、地震、意外事故等环境危害或自然灾害,以及软件、硬件、数据、通信线路等方面的故障
人为因素	恶意人员	不满的或有预谋的内部人员对信息系统进行恶意破坏;采用自主或内外勾结的方式盗窃机密信息或进行篡改,获取利益 外部人员利用信息系统的脆弱性,对网络或系统的保密性、完整性和可用性进行破坏,以获取利益或炫耀能力
	非恶意人员	内部人员由于缺乏责任心,或者由于不关心或不专注,或者没有遵循规章制度和操作流程而导致故障或信息损坏;内部人员由于缺乏培训、专业技能不足、不具备岗位技能要求而导致信息系统故障或被攻击

资料来源:GB/T 20984—2007 信息安全技术信息安全风险评估规范.2007.

从目前发生的典型案例看,互联网金融面临的主要信息风险威胁来自恶意人员包括内外部分人员带来的人为因素影响。基本的实施路径有以下两种:一是外部人员利用互联网金融平台系统的脆弱性,利用病毒或木马等手段,对网络或系统的保密性、完整性、可用性进行破坏;二是内部人员利用管理或流程上的漏洞,故意泄露用户隐私数据,从而带来相应风险。

二、互联网金融风险的具体分析

(一)互联网金融平台存在漏洞、流程设计不规范使得易遭受外部攻击

当前我国互联网金融业务的开展,无论是金融互联网业务,还是互联网金融业务都是从 20 世纪 90 年代末开始的。传统银行金融机构在进行网络平台建

设的过程中，经历了各自为战走向标准统一，国家针对金融系统包括网上银行、网上证券等都推出了国家级的信息技术安全标准。相对来讲，各银行系统的信息安全程度更高一些，但即使如此，仍有案例显示网上银行存在严重的安全漏洞。

专栏5-1 光大银行网银事故频发 银监会亲自问诊

针对光大银行信息系统的重大漏洞，2011年8月，银监会专门委托了权威的国家信息安全测评机构对该行网上银行和网站系统进行测试，发现光大银行存在银行内部信息泄露风险、钓鱼网站攻击风险、信息安全防护措施不严密等三方面重大漏洞，并责令其立即整改。

银监会认定，光大银行网站存在内部敏感信息泄露风险，可能为外部攻击者利用以了解网站机制、内部网络结构，甚至获取管理权限，进一步攻击网站。例如，网站主页和网上银行等页面没有对网页出错信息进行有效保护，出错信息包含内部地址及网站配置信息，信用卡中心页面网站和基金咨询页面网站源代码包含内部地址信息，外部攻击者可进一步了解当前网站所属网络的结构情况、收集有关应用程序的敏感信息。

银监会同时认定光大银行信息安全防护措施不严密。该行网站养老金管理中心页面登录请求信息在发送至服务器的过程中使用明文传输，易造成用户登录信息被截获。银监会的检测还发现，光大网银有被钓鱼网站攻击的风险。光大银行养老金管理中心页面和基金咨询页面存在钓鱼漏洞风险，由于网站应用程序未对用户的输入参数进行有效检验，恶意攻击者可能诱骗用户访问含有恶意脚本代码的链接地址，窃取用户敏感信息。

资料来源：金荣.光大银行网银事故频发 银监会亲自问诊.每日经济新闻，2011-8-19.

专栏5-2 广发信用卡屡遭盗刷 手机动态密码或存致命漏洞

原本为了增加安全系数的手机动态密码，如今却成了广发网银最大的漏洞。近段时间，广发信用卡盗刷事件频发，作案者手段几乎一致：在受害者网银中修改手机号码，利用新号码接受动态密码，从而完成盗刷支付。

近 10 名被盗刷者向《IT 时报》记者提出的相同问题是：网上支付环节中最重要的一环——手机，为什么能如此轻易修改？第三方支付平台能否承担更多的风险控制功能？经过对多名受害者采访，《IT 时报》记者基本复盘了整个被盗刷的经过。5 月 20 日，广发信用卡的新网银上线，其中一项重要修改是，取消原有固定的支付密码，而采用手机动态密码的方式，也就是说，每次支付前，手机将收到一条动态密码，以此作为支付凭据。然而，这种新操作模式有个致命的弱点，除非用户设置了"私密问题"，否则黑客只需知道网银登录名和密码，便可在网银上修改手机号码，且修改后的密码直接发送至新号码处，从而完成支付。

资料来源：李志宇. 广发信用卡屡遭盗刷　手机动态密码或存致命漏洞. IT 时报，2011 - 8 - 29.

通过案例可以发现，运行多年的传统银行的网银系统仍然存在着不同程度的漏洞以及支付流程存在脆弱性，这些漏洞会被不法人员利用，通过短信诈骗、木马病毒等工具实施攻击，从而造成用户的损失。

与此同时，第三方支付平台自 1999 年首次在我国出现以来，各类互联网金融平台至今仍以自己建设平台为主，没有统一安全技术标准可依，并且随着近几年的迅猛发展，互联网金融平台交易的不断加大，使得其经常成为被攻击的对象。

专栏 5-3　支付宝用户余额被盗一空　实名认证靠谱吗？

2011 年 6 月 22 日清早，北京朱女士一打开邮箱，发现 21 日 19 时许竟然有十余封来自支付宝的邮件，显示刘某某、黄某两人，请一位名叫徐某某的人，代付 43.46 元、92 元两种价格的商品。代付邮件为何会发到朱女士邮箱？邮件中显示的代付人徐某某又是什么人？

带着这些疑问，朱女士致电支付宝客服热线，被告知其支付宝账号被盗，不仅里面 1400 多元的余额被席卷一空，盗窃者还在 21 日当晚用"徐某某"这个名字做了实名认证。朱女士询问如何阻止，以及如何追回款项，支付宝客服人员回答会冻结该账号。至于余额能否追回，则要在受害人所在地警方报案，警方做出认定后，支付宝公司才能配合做工作。之后余额能否追回，得看实际情况。朱女士又询问，盗号者是如何完成实名认证的？为何在实名认证过程中，账号原使用者竟然毫不知情？对此，客服人员解释不清，只介绍盗号者的确通过了实名认证程序。

朱女士认为，实名认证不仅非实名更非本人，支付宝的实名认证程序让人不能信任。6月22日上午10时，支付宝公司给朱女士邮箱又发了一封邮件，提醒账户异常，并对账户锁定。朱女士说："既然支付宝公司也发现了账户异常，为何不能将交易进行冻结？十余笔的可疑消费记录，支付宝公司为何不及时对账户做出监管？"朱女士随后拨打北京警方110报警电话，并到北京朝阳区呼家楼派出所现场报警。接案民警介绍，近一个月内，仅呼家楼派出所已受理三四起网络盗窃案，6月18日刚受理了一起涉案金额5000余元的支付宝账户被盗案。对于网络盗窃案如何侦破，接案民警介绍说，网上犯罪会留下轨迹，警方查办类似案件需要涉案企业的大力配合。但该民警同时也表示，目前警方对网络盗窃案侦破率不高。

资料来源：杨艳．支付宝用户余额被盗一空　实名认证靠谱吗？．人民网，2011－6－24．

通过上述案例可以看到，无论是传统银行的网上银行系统，还是第三方支付平台，系统存在的漏洞都会被不法分子利用，从而使用户遭受不同程度的损失。通过总结分析收集到的互联网金融平台被盗案例，互联网金融系统被攻击的原因及路径主要有以下几种情况，如表5-3所示。

表5-3　　　　　互联网金融系统风险原因及攻击路径分析

被攻击原因	攻击路径	具体影响
用户中木马病毒	木马窃取密码→非法访问→账户资金被盗	资金被盗，可通过杀毒或用户教育避免
用户缺乏安全知识，被诱骗上当	仿冒官方客服骗取密码→非法访问→账户资金被盗	
	通过短信或邮件诱骗用户登录钓鱼网站→骗取密码并非法访问→账户资金被盗	
支付协议漏洞	木马远程控制→截获传输数据→篡改目标付款账户→账户资金被盗	资金被盗，如系统不修复，较难避免再次被盗
系统流程漏洞	远程侵入目标账号→非法重置账户关键信息→账户资金被盗	

第一种方式是木马病毒窃取用户密码等信息实施盗取。具体过程是，在用户购物和浏览的过程中，通过邮件或 QQ 传递藏有木马病毒的文件使用户感染，然后通过木马远程操控或截取，将用户关键信息如登记密码、支付密码等发送至黑客，黑客利用得到的密码非法登录账户，对资金实施盗取，从而使客户遭受损失。

第二种方式是用户缺乏安全知识，被诱骗上当。一般是不法分子冒充官方客服发送短信、打电话或发送邮件等方式，声称系统升级或账户异常需要进行实时保护，骗取用户的密码、手机验证码等信息，然后非法登录账户进行盗取。

第三种方式是支付协议存在漏洞。用户在支付的过程中，受到木马病毒劫持，传统过程中的关键信息如支付金额、付款账户等被非法篡改，从而在用户很难发觉的情况下，支付资金被非法转移到了他处。

第四种方式是支付流程设计存在隐患。主要表现在某些关键环节如密码重置、更改关键信息等过分依赖于手机验证，或是更换手机、实名认证等流程未进行强身份认证，从而使不法分子进入账户后，非法篡改账户关键信息，重置密码信息，更改登记手机等对账户资金进行盗取。

（二）内部人员恶意泄露用户资料

内部人员泄露客户资料，是指互联网金融平台相关内部人员，利用职务上的便利，蓄意将客户资料透露给第三方，从而造成用户的损失。该种情况无论在传统金融机构或是新兴互联网金融平台均存在。

专栏 5-4 央视曝光招行工行泄露客户信息

个人信息泄露时有发生，伴随而来的是网上银行失窃案。招商银行、工商银行在"3·15"晚会上被曝出黑幕，员工通过中介向外兜售客户个人信息将近 3000 份，造成损失达 3000 多万元。

招商银行信用卡中心风险管理部贷款审核员胡某利用职务上的便利，向朱某某出售个人信息 300 多份，通过中间人拿到朱某某要求查询的人员名单，打印出来以后再扫描好发给他。中国工商银行客户经理曹某某则通过中介向朱某某出售了 2318 份个人信息，"在工行有一个跟银行接口征信查询系统，帮他查出来，查出来再通过邮箱传给他"。朱某某拿到这些个人征信报告后，仔细分析其中详细的个人信息如客户的收入、详细住址、手机号、家庭电话号码,甚至职业和生日等,筛选出最有可能的六位号码。之后逐个进入网银进行破译。朱某某被抓时,造成受害人损失 3000 多万元。

资料来源:中国经济网. 央视曝光招行工行泄露客户信息. 网易,2012 - 3 - 16.

传统银行系统存储着社会公民大量重要、隐私的个人信息。这些信息一旦被滥用,给全社会带来的损失将是巨大的。

专栏 5 - 5　支付宝内鬼泄密　20G 海量用户信息被盗卖

2013 年 11 月 27 日,从事电商工作的张某因"涉嫌非法获取公民个人信息罪",而被杭州市公安局西湖分局刑事拘留,羁押于杭州市三墩镇振华路看守所。

张某案发,由李某牵出。李某系阿里巴巴旗下支付宝的前技术员工,其利用工作之便,在 2010 年分多次在公司后台下载了支付宝用户的资料,资料内容超 20G。李某伙同两位同伙,随后将用户信息多次出售予电商公司、数据公司。

经阿里巴巴廉正部查悉,下载支付宝用户资料的行径或为李某所为,并在杭州报案。杭州警方将上述四人予以控制。犯罪嫌疑人张某系李某团伙的第一个"客户",其以 500 元的代价,从李某处购得 3 万条支付宝用户信息。

资料来源:仇子明. 支付宝内鬼泄密　20G 海量用户信息被盗卖. 经济观察报, 2014 - 1 - 4.

通过对收集到的案例的具体分析,互联网金融平台内部人员泄露用户关键信息从而使得用户资金被盗的路径分析,如表 5 - 4 所示。主要表现在,互联网金融系统内部人员,利用职务之便,将在系统平台上存储的用户关键信息,通过各种手段泄露给不法分子,不法分子通过暴力破解、穷举等方式非法访问用户的账户,从而造成用户账户资金被盗。以上案例显示,此种情况下,内部人作案更多的是外部案例牵连破案,内部管控较难发现。因此,对于互联网金融平台来说,需要谨慎设计内部流程,最大化地防止内部人作案。

表 5-4　互联网金融系统内部人员泄密致使用户损失路径及原因分析

被攻击原因	攻击路径	具体影响
内部管理流程漏洞	内部人员工作之便泄密至不法人员→不法人员采取穷举或暴力破解方式非法访问用户账户→账户资金被盗	资金被盗

第三节　政策与法律风险

政策与法律风险是由于国家互联网金融行业法律、法规的缺失，使得行业经济主体的行为无法得到有效约束。一方面，可能致使互联网金融平台经营不善，从而带来严重的流动性风险和信用风险，使得合法投资者遭受损失且正常权益得不到有效保障。另一方面，平台可能涉嫌从事非法经营活动。

政策法律风险主要表现在，互联网金融经营入门门槛法规、运营法规不健全导致整个行业非理性快速生长；互联网金融监管法规不健全，使得互联网金融平台违规经营，参与洗钱、信用卡套现等非法活动。

一、互联网金融行业运营法规不健全导致行业非理性快速生长

对于传统金融行业来说，任何国家的政府都会对其准入和运营实现严格的法律约束，规范金融活动经营主体的行为和市场秩序，规避市场经营风险的累积。而对于互联网金融行业来说，其在我国的产生和发展是以互联网经济大发展为背景。就互联网金融的运营而言，以 P2P 网贷为例，其入门门槛及其运营的要求相当高，P2P 网贷公司作为平台，其主要的作用是"牵线搭桥"，保障投资者的知情权及与借款方的及时有效沟通。P2P 网贷平台如果运行良好，则必须要保证有足够数量的投资人、放贷人，同时要有足够数量的优质借款人。在运营方面，P2P 网贷平台一方面要让没有见过的投资人相信能通过平台进行安全投资；另一方面，还要让有信用的借款人通过平台借钱，并且有能力有意愿还钱。

当前我国在互联网金融入门门槛、业务标准等方面的法规基本缺失，这就造成了事实上的无门槛、无标准，从而带来了近两年来互联网金融行业的井喷

式野蛮生长，行业规模不断扩大。但与此同时，行业安全事件不断，这些都不利用互联网金融行业的健康发展。

专栏5-6 P2P网贷野蛮生长：无门槛无标准无监管

投资2000元做一套程序，再找上几个人，一个P2P网贷草台班子就能搭建成功，也因此成为这个行业最大的风险。P2P平台繁荣发展的背后，坏账风险和政策风险一直是抹不去的心病，这也成为吞噬投资者财产的罪魁祸首。

进入门槛太低，成为P2P野蛮生长的一大催化剂，也成为P2P平台"跑路"的一大诱因。有些P2P平台，全公司只有3个年轻人，根本无法把握住风险。不需要专业的从业人员，平台成本低廉，这些都导致了P2P平台犯罪成本太低。

P2P借贷平台可以快速复制，也成为这个行业的一大弊病。北京的一家P2P公司，竟然有超过80%的员工是从另一家大型P2P公司挖过来的。最为恶劣的是，一些惯使欺诈手段的平台充斥其中，一旦投资者碰上他们，投资就会血本无归。目的就是为了圈钱的P2P平台性质最恶劣。网上影响较大的案例淘金贷的案件是有人报案、有媒体报道，所以知道的人比较多。还有许多小型的网站，骗的数目相对少，没人报警，就没有消息了。

在P2P平台上，面对"赖账者"，平台只能冻结信用额度和资金账户，并在网上公开。因为各个平台没有信息共享机制，也让这些看似严厉的措施收效甚微。但银行等金融机构对于信用违约者可以列入征信记录，所有银行都可以共享这些信息。

如果遭遇"赖账者"，P2P平台能做的，就是和投资者一起通过电话和网络的方式追讨。当坏账太多的时候，P2P平台也会支撑不住，只能倒闭走人。数据显示，P2P的坏账追回率只有30%~40%，更多的情况则是，拖了很长时间后不了了之。一旦发生大规模的坏账，P2P平台公司需要自行偿付，可能会导致公司破产，投资人投入也很难保障。

资料来源：王奇. P2P网贷野蛮生长：无门槛无标准无监管. 投资与理财，2013-8-1.

互联网金融行业的立法问题，难度将远超传统金融领域。互联网金融涉及信息技术、科技金融、经济管理等很多领域，市场准入、资金流动与退出、投资人和借款方的身份认证、电子合同的有效性确认等方面，涉及资金保护、实名制、客户隐私的问题。因此，互联网金融交易监管体系是一个任重而道远的过程。

二、互联网金融监管缺失带来行业运营风险

互联网金融行业所从事的业务实质上来说是金融业务。金融业务的开展需要专业的人员、征信体系、监管法规等。互联网金融目前处于无门槛、无监管的状态。理论上而言，P2P网络借贷平台从事的是金融业务，但这些平台无金融中介机构所应有的金融许可证，多数P2P网贷平台在工商部门注册的是"咨询类公司"。对于此类公司从事金融业务，尚存监管空白。

在网络借贷平台网站上的"法律政策"一栏，多数引用了《最高人民法院关于人民法院审理借贷案件的若干意见》和《合同法》的条例作为其运营的法律依据，比如"民间借贷的利息可适当高于银行利率，但最高不得超过同期银行贷款利率的4倍，超出部分的利息法律不予保护。"但并没有对提及网络借贷平台的法律定义。

目前我国P2P网贷平台的监管主管部门不清晰。在2011年9月，银监会办公厅下发了《关于人人贷（P2P）有关风险提示的通知》，银监会称为"人人贷信贷服务中介公司"的P2P网络贷款平台，被提示具有大量潜在风险，但目前针对该类平台的监管尚无主管部门。

专栏5-7 一边生长，一边倒闭：P2P行业寻呼法律监管

2013年下半年以来，因为门槛过低和监管缺失，P2P行业进入"多事之秋"，湖北"天力贷"、浙江"非诚勿贷"等多家P2P出现挤兑或难以兑付事件。一些此前运营良好的公司也开始发生坏账的情况。

近日，一份关于"濒危P2P公司"的名单在网上疯狂流传。这份名单中一共列举了从2013年4月2日至2014年1月27日期间，85家出现问题的P2P业务公司。网贷之家CEO徐红伟此前曾表示，2013年已经有超过70家公司倒闭或者卷款跑路，主要集中在10月之后，大概涉及的金额是12亿元左右。

上述名单中的公司和数据尚未能被全部核实，但却从一个侧面反映出目前P2P行业存在野蛮生长的境况。不完善的监管体系成为这个新兴行业的一个硬伤，而被点名的企业"出问题"的主要原因，都是集中在"逾期提现"或是

"提现困难"这两方面。

实际上,这正是目前一些 P2P 公司所普遍面临的最主要困境。截至 2013 年 12 月 31 日,网贷之家监测到已有 74 家 P2P 平台出现问题。尤其是民间借贷最繁荣的浙江、广东、江苏三省,也即 P2P 平台最多的地区,浙江有 17 家、广东 11 家、江苏 9 家,占全国总数的 50%。

2013 年 8 月,深圳的网赢天下、武汉的中财在线、浙江的非诚勿贷等知名 P2P 平台接连出现挤兑风波。2014 年伊始,位于浙江、广东的两家 P2P 发布公告称,其提现遇到了很大的压力。

近日,民生证券研究员沈海兵在提到目前中国 P2P 的发展情况时指出:"关于中国在 P2P 企业目前的状态,目前简单来说就是处于三无时代,野蛮生长的时代。三无就是没有太多的准入门槛,也没有太多的标准,也无机构监管,对目前来说既是机遇也是挑战,所以我们看到很多的企业在比较快速的成长。"

事实上,截至目前政府仍没有专门的文件和监管主体来规范 P2P 网贷平台。不少民间资本进入 P2P 行业都是披着各种"外衣",有的注册成电子商务公司,有的注册成金融信息服务公司。不仅如此,目前部分平台还存在期限错配、资金池、风控能力良莠不齐等潜在的风险,会导致流动性风险的产生,从而对整个行业的发展带来负面影响。

资料来源:曹晟源. 一边生长,一边倒闭:P2P 行业寻呼法律监管. 21 世纪经济报道,2014-3-17.

此外,互联网金融某些领域,如理财领域,某些投资者在未真正了解产品本质的情况下进行购买,互联网金融机构为了占领市场刚性承诺高收益,采取补贴、担保等方式来放大收益,已经偏离纯粹的市场竞争行为,当金融理财产品无法兑现高收益的情况下,其运营就会出现流动性风险。

三、互联网金融平台涉嫌洗钱、信用卡套现等非法经营活动

近年来,互联网金融在中国的飞速发展,但由于监管等原因,互联网金融平台涉嫌洗钱、信用卡套现等非法经营行为屡见不鲜。近年来一路高歌猛进的第三方支付,确实存在不少监管盲区——无论是国内还是国外通过第三方支付平台即大量存在此类情况。

专栏 5-8　警惕洗钱犯罪借道 IT

目前国内依托第三方支付的洗钱模式主要有 3 种。

首先是有账户体系的洗钱模式，包括"木马洗钱"及"P2P 洗钱"。所谓"木马洗钱"，就是用木马病毒在后台建立的订单取代用户的网购订单，如用户在支付时没有察觉，便把正常向第三方支付平台付款的行为变为向黑客付款；"P2P 洗钱"则主要发生在撮合借贷交易的中介网站上，原本只作为中介的网站直接参与借贷活动，先放款给借款人，再把这些贷款以"理财产品"等形式打包出售给贷款人，这其中有不少隐藏的风险。

其次是利用虚拟货币洗钱的模式。一些棋牌类游戏平台通常会用"银子"等虚拟货币作为游戏筹码，游戏平台只出售、不回兑这些"银子"。但平台上还活跃着一些同时出售和回收虚拟货币的"银商"，在虚拟货币和法定货币之间架起桥梁，使部分游戏玩家能在平台上从事类似赌博的活动。

此外，还有"跨境汇兑洗钱模式"。买家先在境内用人民币购买电子礼品卡，再在境外将礼品卡兑现成美元，以此来实现资金的跨境流动。

资料来源：赵怡雯. 警惕洗钱犯罪借道 IT. 国际金融报，2013-6-19.

互联网金融平台的套现、洗钱等违法经营行为，规模较大时将严重影响国家金融运行，带来外部金融风险，监管部门必须适时制定法律、法规进行规范约束。

综上分析，政策法律风险是互联网金融行业所面临的重要风险，直接关系到整个行业的持续健康发展，其风险机制总结如表 5-5 所示。

表 5-5　　　　互联网金融政策法律风险原因及机理分析

风险原因	风险机理	风险结果
门槛及运营法规缺失	入门法规缺失→良莠不齐的经营者大量涌入→运营不善→全行业风险积聚→流动性风险和信用风险	投资者直接损失、行业洗牌
监管法规缺失	运营法规缺失→业务操作无规范→违规运营或刚性承诺高收益→运营不善→流动性风险和信用风险 运营法规缺失→从事信用卡套现、洗钱的活动→外部金融风险	投资者损失、外部金融风险

第四节 操作风险

操作风险是指互联网平台在运营过程中,由于自身策略制定、平台内部人员操作不熟练等因素带来的平台的损失。为了深入分析互联网企业开展金融服务面对的操作风险,主要从操作风险产生的原因、具体表现形式、造成的影响三部分进行探讨。

一、操作风险产生的原因

互联网具有的独特优势。随着信息技术的不断发展,互联网络的迅速普及,网民数量的逐年攀升,足以证明互联网已成为人们传递信息、结交朋友、商品交易等方面不可缺少的重要媒介。同时,以互联网为依托进行经营行为的互联网企业,利用互联网高效、共享、资源丰富的独特优势,几乎零成本地获取客户信息,并迅速掌握客户需求,从而推出适合客户"口味"的产品。例如,2013年互联网金融元年,淘宝、百度、苏宁云商等互联网企业,在发现储户不满银行汇率低的情况下,联手货币基金公司,迅速推广高利率的理财产品,受到大多数储户的关注与购买。

互联网金融市场存在恶性竞争现象。2013年互联网金融产品呈现井喷式的增长,尤其是P2P平台投融资项目。在国内中小企业或个人融资难的背景下,P2P信贷平台成为投资者"钱生钱",融资者需要钱的撮合平台,P2P信贷公司在此过程中收取平台项目交易手续费和平台资金管理费作为营业额,显然,平台的投融资项目越多,营业收入就越高。因此,一些P2P信贷公司出台出借人本金担保、借款人贷款利息低等多种"优质"政策,与其他平台抢占市场份额,形成恶性竞争的局面。

互联网金融市场缺乏监管。过去的一年中,互联网金融虽发展飞速,可互联网金融市场监管仍然处于"真空"状态,这给一些P2P信贷公司带来资金操作"机遇"。例如,P2P信贷公司通过蓄意调配,位于第三方支付公司虚拟账户中的沉淀资金,以弥补信贷平台资金短缺问题。但少数中小型的P2P信贷公司,可能出现公司负责人,为达到卷款跑路的目的,竟然轻易地挪用平台多个项目投资人的本金,从而造成投资人资金受损。

二、操作风险的具体表现形式

（一）银行业务适实性差

长期以来，相对于券商、保险公司、典当行等非传统银行金融机构，银行在政策红利、资金成本、信用成本和作业成本四个方面占据了绝对优势。互联网金融产品的不断创新，借助互联网信息快速传播的特点，新金融势力凭借日益扩大的社会影响力，以及近乎零成本的平台信息获取方式，逐步使互联网金融公司占据了平台贷款交易的主动性。而传统银行收获信息的时间完全低于互联网金融公司，所以金融业务的适实性不如互联网金融公司更新得快。

因此，互联网金融公司已逐渐抢占了传统银行的客户，尤其是个人和中小型企业客户。再则互联网金融业务也不断蚕食传统银行的业务领域，其替代效应日益凸显。传统银行出现了客户流失严重、获得信息的渠道受到挤压、资产业务竞争加剧等。从业务本质上而言，与传统银行相比，互联网金融公司依托互联网传输速度快、便捷性强的特征，超越了传统银行获取客户信息的时间，同时少数互联网金融公司利用技术手段，阻断了传统银行对客户信息的获取渠道，导致传统银行无法针对客户的金融需求升级金融产品和服务。

（二）产品期限错配

国内一些互联网 P2P 信贷公司为了吸引更多的投资人，利用互联网理财产品投资资产期限较长和负债期限很短的特点，进行产品期限错配的操作。他们将短期资金转化为长期资金，采取提升产品收益率的方式，募集很多投资者的资金。如联想到百度百发给出的承诺是允许投资者随时赎回，这无疑是最大限度地加剧了流动性风险。既要允许随时赎回，还能给出 8% 的预期收益率，这当然令缺乏经验的投资者欢欣鼓舞，可这样操作将发生流动性风险[①]。

然而，对于传统金融机构来说，传统金融机构也会面临不同程度的期限错配，但与互联网金融公司相比，传统金融机构最终能够获得央行提供的最后贷款人支持，这种支持需要传统金融机构花费较大的代价。例如，商业银行必须缴纳 20% 的法定存款准备金、自有资本充足率必须高于 8%、必须满足监管机构关于风险拨备与流动性比率的要求等。

---

① 张明. 警惕互联网金融行业的潜在风险，经济导刊，2013（Z5）.

专栏 5-9 中国式 P2P 网贷：交易量泡沫 期限错配陷阱

近年来，随着天使计划、淘金贷、优易贷等 P2P（Peer to Peer，人人贷）风险事件的接连爆发，看似"蓬勃发展"的 P2P 行业正遭受越来越多的争议和质疑。安信证券在 2012 年 12 月的报告中表示，国内活跃的 P2P 平台已超过 300 家，2012 年 P2P 行业的成交量预计将高达 200 亿元。无论从机构数量还是交易金额来看，国内网贷行业已初具规模。

然而，伴随着 P2P 行业的急速扩张，监管缺位导致的信用风险，以及担保杠杆过高导致的市场风险日益显露。再加之，在行业竞争加剧的压力下，国内的 P2P 市场正异化出更多的"毒素"。

超短期的标的中标率高，流转速度快，对于 P2P 平台而言，这是一个快速提升成交量的"秘密武器"。上海某 P2P 网站副总向本报记者表示，一方面是由于投资人的信任度有限，期限过长的投资令他们没有安全感；而另一方面，期限短的标其收益率往往也更具吸引力。"有的 P2P 平台上，10 个标的里有六七个都是 1 个月及以下期限的。这个比例太高了，很难相信这些超短期标的的真实性。"他说。

昨日，本报记者随机进入广东某知名 P2P 网站发现，该网站挂出来的 21 个借款标的中，期限为 1 个月的标的有 13 个，3 个月的有 6 个。而从上述 21 个标的年利率来看，3 个月及以下期限的年利率普遍能到 20% 左右，而 6 个月和 12 个月期限的年利率在 10% 左右。随后，在另一家深圳知名的 P2P 平台上，记者发现，当天首页挂出的 14 个招标项目中，1 个月及以下期限的标的则占到了 10 个，平均年利率在 10.5% 左右。

上述副总表示，由于缺乏有效的监管，很难验证这些 P2P 网站上挂出标的内容和期限的真实性。并且，单纯从技术层面来讲，网站后台要"修改"这些信息是很容易的事情。该副总称，淘金贷、优易贷等事件属于特例，毕竟从注册信息到公司业务全都造假，一开始就为了捞一笔做铺垫的 P2P 公司肯定还是极少数的。但目前，P2P 公司在标的期限和内容上动手脚的情况却并不鲜见。

他举例称，一个 12 个月标的，P2P 公司就可以用自己的资金提前贷给借款人，然后再将这个标的拆成 1 个月期限的挂在网上，不停循环就可以了。"这是一种比较常见的提高 P2P 平台成交量的做法。"上述 P2P 网站副总进一步解释道，假设一个 P2P 网站有 5000 万元的存量资金，如果投资一年，那么每月回款也就 400 万元左右，一年的总成交额也就 1 亿元。"但如果 5000 万元都是投资一个月期限的标的，循环 12 次，一年的成交量就是 6 亿元。"

他表示，不少 P2P 网站都是通过在期限和金额上动手脚，造成了成交量的虚高，但实际上，这些数字存在很大的"水分"。"因为现在大部分的 P2P 业务都是'保本'的，所以表面上来看，对于投资者而言没什么差异。但对于 P2P 公司而言，这就存在如期限错配等问题，潜在的流动性风险很大。"上述副总说。

资料来源：洪偌馨. 中国式 P2P 网贷：交易量泡沫　期限错配陷阱. 第一财经日报，2013 – 1 – 14.

（三）沉淀商户交易资金

P2P 信贷交易过程中，平台账户作为中介方，处理借款人和出借人之间的资金往来，借贷双方的资金也只有通过平台中间账户才能实现交易。然而，我国现有监管体系并不健全，借贷双方的交易资金监管处于真空状态。即使部分 P2P 信贷平台在第三方支付开设一个对公的虚拟账户，通过对接第三方支付机构的方式进行资金托管，用户到平台投钱时，可以看到自己在平台用户的资金流动情况，这些资金都是沉淀在第三方支付机构中。

但第三方支付机构无权限和义务去监管这笔资金，P2P 信贷公司也没有一套严格管理、保护和使用资金的规章制度，一旦出现 P2P 信贷公司业务人员违规操作，把资金填补到其他项目的还款数额里。甚至，有些品性恶劣的业务员或公司高层，利用资金调配的权利，挪用多个项目的资金到个人账户中卷款潜逃，将对该项目出借人资金造成难以偿还的局面。因此，P2P 平台必须严格隔离自有资金与客户资金，客户资金由第三方账户管理（与中国人民银行核准的第三方支付机构合作），P2P 平台不得以任何方式挪用客户资金[①]。

---

① 谢平，邹传伟. 我国 P2P 网络贷款监管的核心理念. 和讯网，2014 – 4 – 2.

专栏 5-10　网贷平台优易贷跑路　投资者追讨 2000 万放款

2013 年 12 月 20 日，江苏南通网贷借贷平台优易贷突然停止经营，所有工作人员全部失踪。据投资者粗略统计，涉及金额达 2000 万元。目前投资者已经报案，南通市公安部门也已受理此案。网贷平台跑路绝非首例，2013 年 6 月，淘金贷创办人在平台上线一周后就携款百万跑路。

优易贷受害的投资者已经组成维权联盟，目前有 60 多位投资者参与。一位投资者告诉证券时报记者说："与优易网联系以使用 QQ 居多。上周五上午 10 点，客服 QQ 上发消息说，办公楼停电，要下午 3 点才能正常办公。但等到下午 3 点，所有的客服在网上都联系不上，客服电话也打不通。于是我就感觉可能出事了。"

另一位投资者刘先生告诉证券时报记者："上周五我就猜想肯定是跑路了。因为当天我应该有一笔回款（回收借出款项的本金和利息），但是钱一直没有到账。"刘先生是此案件中受损失最为严重的投资者之一，现在他通过优易贷放出去的贷款还有 90 多万元没有收回来。

优易贷工作人员的突然失踪，引起了投资人的警觉。于是在上周六，近 10 位网贷平台的受害人火速从全国各地赶往南通实地了解情况。参与实地调查的一位浙江投资者说："优易贷注册地和办公地根本不一致，其办公地连一点办公的痕迹也没有了。于是我们就在南通市报案了。"

至今在优易贷的官方网站上，还可以查询到企业法人营业执照复本。复本信息显示法人代表是蔡月珍，注册资金 1000 万元。不过，公司经营范围内不但没有涉及任何金融业务，甚至连一般网贷平台公司普遍拥有的电子商务中介服务等资质也没有。

据一位投资者介绍，优易贷原来的注册资本是 50 万元，由于香港亿丰国际增资，才提高到 1000 万元。但是案发后，投资者对该企业法人执照复本产生了怀疑。证券时报记者对这一信息尚在核实中。

该投资者汇集了信息后认为，表面上优易贷有 3 个客服，可是实际上这 3 个客服可能就是网站仅有的 3 个成员。3 个成员中，除了蔡月珍外，还有王永光和缪忠应，3 个人都是 "80" 后。缪忠应是最初的法人代表，而王永光的角色更为关键。"如果借钱出去，钱是打入优易贷公司账户；而如果是回收款项（本金和利息），则是由王永光的个人账户转给投资者。"该投资者说。

投资者为何上当受骗？一个重要原因是优易贷自称是香港亿丰国际集团倾力打造的网络投融资平台。投资者投资优易贷，主要是因为投资人信任香港亿丰国际。

昨日，香港亿丰国际在其官方网站上发布声明撇清与优易贷的关系。该声明称："香港亿丰国际集团投资发展有限公司旗下成员，从未有所谓的南通优易电子科技有限公司。因此，凡南通优易电子科技有限公司及优易网等网络载体以'本集团旗下成员'的名义对外发布的信息及其他的经营行为及活动，其所产生的一切后果及责任，均由其自行承担，本集团公司概不负责。"虽然发出声明的日期是昨日，但是声明落款日期却是12月21日。

优易贷是一家典型的P2P网络贷款平台。投资者通过网络平台，将资金借给有资金需求的借款者。借入方和借出方的资金往来都要经过网络平台。

资料来源：杨丽花. 网贷平台优易贷跑路 投资者追讨2000万放款. 证券时报，2012-12-25.

三、操作风险造成的影响

传统金融机构散户流失严重。在2013年中，互联网企业推出了一系列的金融业务，给传统金融机构带来了挑战。例如，P2P信贷公司出台长、短期等多个投融资项目，并通过产品期限错配的方式，调配平台内部项目资金，实现用之前长期项目资金，偿还即将到期项目本金与利息，进而提升新投资者进入平台的积极性，增加平台投融资项目的交易数量。同时，也抢占了传统金融机构的大量散户，尤其是商业银行的贷款客户，对商业银行的贷款业务量与营业收入造成了巨大打击。

P2P平台投资者的资金受到威胁。P2P信贷公司为了提高平台项目交易量，出台多种吸引投资者眼球的投融资项目，表面看来这些项目的收益比率都向出借人与借款人倾斜，但实际上，高收益的背后往往隐藏着严重的操作风险与信用风险。例如，P2P信贷公司有权支配处于第三方支付公司虚拟账户里的资金，公司会用这笔资金填补到期项目的利息和本金。一旦平台出现信用信息，将遭到多数出借人到平台兑现项目资金的不信任行为，从而形成由平台操作风险，向平台信用风险引发的传导效应，如表5-6所示。

表 5-6　　　　　　　　操作风险的传导路径分析

风险原因	传导路径	具体影响
市场缺乏监管、存在恶性竞争	互联网金融市场缺乏监管→P2P 平台通过产品期限错配的方式，违规操作平台内部项目资金（操作风险）→平台出现信用信息，将遭到多数出借人到平台兑现项目资金的不信任行为（信用风险）	P2P 平台投资者资金受损、传统金融机构客户流失

第五节　流动性风险

流动性风险是指互联网金融运营平台在运营的过程中，由于金融从业经验不足，或是对市场风险缺乏有效把握，使经营过程中的流动性资金不足，从而带来无法实现对客户投资的回报或资金链断裂，引发严重的信用风险。互联网企业在开展金融服务过程中，流动性风险将直接影响企业资金链的正常运转，因此，流动性风险产生的原因、具体表现形式、造成的影响是本节探讨的重点。

一、流动性风险产生的原因

互联网企业之间抢占市场份额。2013 年是互联网金融的元年，多家互联网企业纷纷推出余额宝、百发等理财产品，阿里小额贷款、融 360 等投融资项目，赚钱的触角逐渐从商品交易跨向金融业务领域。正因为越来越多的互联网企业涉足金融行业，除了抢占传统金融机构的稳定客户外，互联网企业之间也展开了激烈的竞争行为，例如，P2P 信贷公司间为了拥有更多的客户源，它们采取出借人保本付息、项目违规拆单、提高出借人收益率的方式，互相争夺市场份额。

P2P 信贷平台资金链周转失灵。在互联网金融这块"大蛋糕"的诱惑下，国内诞生了一大批 P2P 信贷公司，可这些 P2P 信贷平台在拓展投融资项目的同时，也遭受了项目带给平台的致命伤害。例如，P2P 信贷平台通过各种优惠计划，吸收多数出借人资金。假设平台出现信用信息，一方面，出借人为防止本金受到损失,他们会立刻向 P2P 信贷公司进行资金兑现;另一方面,平台为了稳住客户,向出借人履行承诺,它们通过拆单或抽取注册资金的方式,垫付出借人本金与利息。但是,当提现人数越来越多,平台无力返还出借人资金时,必然导致平台资金链周转失灵,从而引发平台的流动性风险。

二、流动性风险的具体表现形式

(一) P2P 信贷公司为保本付息,可能遭到出借人提现

2013 年,互联网金融行业迎来了井喷式的发展,国内 P2P 信贷平台数量由之前十几家发展到 800 多家,这种发展形势,就像当年团购网站那样一夜兴起。但随着平台数量的剧增,平台之间竞争日益凸显,多数 P2P 信贷公司为抢占信贷交易市场,吸引更多出借人的眼球,它们推出了保本付息的信贷计划,就是针对每个项目,保证出借人投资的本金,同时也确保出借人一定能拿到借款利息。

然而,这类计划的背后,P2P 信贷公司担受着一个巨大的风险,如果在项目还款当中,借款人出现了违约的情况,P2P 信贷平台为履行投资人的承诺,用公司自有资金或注册资金先行垫付给出借人本金与借款利息。一旦这个项目的担保额度超过平台注册资本,或者平台发生了多个项目借款人的违约,出借人要求提现,那么庞大的项目坏账,导致 P2P 信贷平台的自有资金无法垫付所有借款人的本金与利息,平台资金链彻底断裂,将面临流动性风险。

(二) P2P 信贷公司采取违规拆单行为,提高新出借人的积极性

P2P 平台除了上述采取保本付息计划吸引出借人外,它们还利用"拆标"方式,就是把一个长期借款的项目拆成短期,金额大的项目拆成小金额,造成期限和金额的错配。实际上,这种方式主要抓住了出借人对项目期望投资期限短、资金回报利息高的心理,而借款人希望借款资金时间长,借款利息比较低的目的。所以,多数 P2P 信贷公司为了提升平台项目交易数量,提高新出借人的积极性,满足出借人和借款人的需求,才推出项目"拆标"的方式。

当然,"拆标"其实与操作风险中的产品期限错配原理相近,都是利用"以旧还新"的手段,但这两种方式带来的风险程度大不相同,操作风险只是

流动性风险的前段。针对多数 P2P 信贷平台的"拆标"方式，当平台不信任信息产生时，将引来很多投资人的兑现，集中提现可能造成平台拿不出这么多的资金，必然露出端倪，导致平台资金链断裂，出现流动性风险。数量或资金巨大的项目，平台直接破产、倒闭。

专栏5-11 P2P网贷倒闭潮背后：自融平台爆发危机

2013 年 8 月，P2P 平台网赢天下出现逾期提现问题，10 月，东方创投、天力贷先后逾期提现，这几家在投资者眼中有一定知名度、"类安全"的 P2P 接连出现状况，在圈内引起恐慌。很多投资者纷纷提现，于是发生挤兑。P2P 公司资金只出不进，资金链猝然断裂。

危机背后，自融、高息的"伪 P2P"平台乱象浮出水面，甚至存在同业"拆借"现象。在铜都贷倒闭后，同样位于安徽铜陵市的徽煌财富、华强财富将资金支援铜都贷，导致自身平台也提现困难。

此外，投资者"组团投资"现象也助推了这波 P2P 倒闭潮。

P2P 行业内人士认为，此次危机主要发生在自融 P2P 平台中，尚未触及 P2P 的核心。但随着 P2P 交易规模越滚越大，一些经营不善、不具备风控能力的公司必然遭到淘汰，或将发生更严重的风险事件。

作为互联网金融重要分支的 P2P 网贷开始进入大众视野。有数据统计，目前 P2P 网贷平台已经超过 500 家。越来越多的从业者进入 P2P，一时之间鱼龙混杂。

据初步分析，在过去倒闭的数十家 P2P 公司中，主要原因有三类：一是纯诈骗公司；二是自融平台；三是经营不善的平台。10 月以来倒下的则多为自融平台。自融，即自融自用，一般拥有实业背景，目的是解决公司本身或关联公司的资金难题。"融资用于自身，在政策上有非法集资的风险。"拍拍贷 CEO 张俊说。

这些自融平台多在 2013 年成立，为了吸引投资者，大多采取高息、拆标的玩法，承诺高回报率。P2P 投资者"蜂蜜柚子茶"说，平台之间为了争夺资金，承诺的收益率一路攀升。2012 年底，P2P 平台每个月利息约 2 分 5，2013 年初涨到 3 分，7~9 月涨到了 4 分，年化收益率和奖励加起来达到 40%~50%，这一数字远超出正常经营企业所能承受的资金成本。

"如果给投资者的回报是月息 4 分、5 分，那会是什么项目？除非是饥不择食、穷途末路的项目。利息高，本身就是巨大的风险。"人人聚财 CEO 许建文说。另外，这些 P2P 平台的项目周期短、金额大，有些标的仅有几天。"什么公司常年经营借款只有几天的生意，这是一个真实的借款吗？很可能是虚假捏造或者拆标。"许建文说。

所谓的"拆标"是指长期借款标的拆成短期，大额资金拆成小额，造成了期限和金额的错配。例如，某公司欲借款 1000 万元，期限为 1 年，但由于期限长、金额高，投资者不敢投资。这些平台为了迎合投资者，将其拆成很多个 1 月标。当第一个 1 月标到期后，用第二个 1 月标投资者的钱去还上一个投资者的钱。

"这是一个击鼓传花的游戏。当投资者对 P2P 平台产生不信任时，就会发生挤兑。"一家 P2P 公司创始人说，这波倒闭潮的爆发即是因为拆标和挤兑。

"只有虚假的 P2P 才有挤兑风险。如果投资者不提现，资金会一直滚下去。但集中提现那一刻，平台拿不出资金，从而'露馅'。"许建文说，"正规的 P2P，并不存在挤兑问题，投资者投了多长时间的标，借款人到期即会回款。除非出现大面积坏账无法兑付。在正常情况下，平台能承受 1%~5% 的坏账率，利用收取的中介费就可以覆盖。"

"此轮倒闭潮主要是拆标引发的挤兑高峰，主要发生在自融、高息平台上。这类危机越早爆发越好，金额几千万以内损失可控，如果未来资金滚到 10 亿元规模，要出大问题。"一位 P2P 创业者提醒道，除去诈骗平台、自融平台这些"伪 P2P"，P2P 行业真正的经营性风险还没有到来。

资料来源：王可心. P2P 网贷倒闭潮背后：自融平台爆发危机. 腾讯网，2013-11-20.

（三）余额宝类理财产品承诺高收益，但可能出现大规模刚性兑现难

相比 P2P 信贷平台的保本付息和"拆标"计划，余额宝类理财产品也进入到了抢占市场客户的竞争中。2013 年 6 月 13 日，阿里巴巴集团旗下支付宝与天弘基金合作推出了余额宝理财产品，该产品年收益率为 6%~7%，受到多数支付宝用户的青睐。然而，在这种大环境下，部分互联网企业推出高风险、高收益产品，用预期的高收益来吸引眼球、做大规模，但不一定如实揭示

风险①。

市场纪律不一定能控制有害的风险承担行为。在我国，针对投资风险的各种隐性或显性担保大量存在（如隐性的存款保险，银行对柜台销售的理财产品的隐性承诺），老百姓也习惯了"刚性兑付"，风险定价机制在一定程度上是失效的。因此，支付宝公司推出的余额宝类理财产品，抢占传统金融机构的理财市场，虽一时持有高利率的年化收益，并不代表能长期绑定客户。随着国内货币基金市场出现大幅波动，导致余额宝的年收益率呈下降趋势，余额宝的投资者为控制风险，有些赎回资金。

针对少数余额宝用户进行资金赎回，支付宝还是有一定的储备资金能予以支付。但是，从集体行为的角度而言，理财产品类用户如出现大规模的"刚性兑现"行为，一旦互联网金融企业不能有足够的资金支付给多数用户，很可能产生资金链无法周转的现象，容易引发流动性风险。

专栏 5-12　美国版余额宝是如何垮掉的？

大名鼎鼎的第三方支付先驱 PayPal 在 1999 年创立了第一支 MMF（Money Market Fund，货币市场基金），2007 年规模达到 10 亿美元。不仅仅 PayPal，美国市场上 MMF 规模蓬勃发展，在 8 年内从政策开放时的一片空白到 2008 年 3.75 万亿美元规模。

但在 2008 金融危机时，撑起 MMF 快速成长的两大基石——现金级别流动性和保本纷纷垮掉。由于 MMF 为了提供给客户比市场无风险基准利率更高的回报，不可避免投资在短期的政府债券、企业短期商业票据等高质量短期资产。

在 2008~2009 年金融危机期间，以往被认为安全的资产全部陷入困境，大量 MMF 破天荒第一次 Break the buck（1 元 MMF 不值票面价），不再保本了。投资者习惯假定 MMF 是保本的，哪怕损失一点儿都会产生极大恐慌。

在当时金融危机环境下，Only Cash is the King（只有手里持有现金才是王道）。不开玩笑地说，那时候投资人晚上搂着老公/老婆还不够，还得搂着现金才睡得着觉。大量投资者的蜂拥赎回让另一块基石——流动性也垮了。

---

① 谢平. 互联网金融监管的必要性和特殊性. 财新网，2014-3-23.

最后美国财政和美联储不得不联手对其中一小部分 MMF 提供暂时担保，保住 72 个 MMF 的命运。当时 MMF 市场也被毁得差不多了。后来再加上美联储为了刺激经济，把短期利率压到接近 0，PayPal 和其他在金融风暴后幸存的 MMF 都大幅亏本，先后都无奈地退出市场。

最近国内 MMF 的发展可谓如火如荼，7% 甚至 10% 的 MMF 铺天盖地而来，但是投资者应该保持清醒的头脑，谨记金融界最重要一条金科玉律：No Risk No Return（任何高回报都伴随着高风险的）。

由于新事物没有严格的监管，国内的业者为了抢夺 MMF 这个"大蛋糕"，用了各种各样办法"创造"出较高的回报率：协议存款，用回购方式加大杠杆，买卖上时间差，收益和成本的不同计价方法，甚至自己倒贴钱的方式，等等。这些都是以投资者承担较大隐形风险换来的，这种方式在美国的监管体系里是不可能被允许的。

业者为了让投资者放心，有的 MMF 还提供企业担保，但是这些担保在真正危机和风险来临的时候，企业还能独善其身吗？他的担保有多少可信度呢？Lehman（雷曼兄弟）在倒掉以前够大牌，它担保的企业债券最后还不是惨不忍睹！只有央行和美联储动用国家信用的担保才是唯一可以靠得住的。

资料来源：蔡凯龙. 美国版余额宝是如何垮掉的？. 和讯网，2014-2-17.

三、流动性风险造成的影响

P2P 信贷平台的投资者难以收回本金。P2P 信贷公司为抢占互联网金融市场，推出了多种投融资项目，吸引了多数项目投资人的资金。然而，一些 P2P 信贷公司为稳定客户源，通过违规操作资金的方式，发布客户黏性强的投融资项目。一旦平台由信用问题引起客户集体挤兑行为，将导致平台难以兑现大部分投资者的资金。因此，P2P 信贷公司对项目的违规操作风险，必然降低客户对平台的信用评级，促使客户流失，引发平台资金链周转失灵，进而形成平台的流动性风险。

引发互联网信贷市场恐慌。部分 P2P 信贷平台出现的流动性风险，将导致多数投资者和借款人失去对 P2P 信贷公司的信任，使得 P2P 信贷公司流失众多客户，平台交易量急剧下降，资金链断裂，从而产生倒闭关门的局面，造成人们对互联网信贷市场的恐慌心理，如表 5-7 所示。

表 5-7　　　　　　　　流动性风险的传导路径分析

风险原因	传导路径	具体影响
抢占市场份额、P2P信贷平台资金链周转失灵	抢占市场份额→P2P平台违规操作平台项目资金（操作风险）→平台因信用问题引起客户集体挤兑行为（信用风险）→平台难以兑现大部分投资者的资金，导致资金链周转失灵，产生P2P信贷公司倒闭关门的局面（流动性风险）→人们对互联网信贷市场的恐慌心理	P2P平台投资者本金难以追回、网络信贷市场恐慌

第六节　信用风险

信用风险是指互联网金融平台在经营过程中，出借人违约、资金运营漏洞、对P2P信贷公司到期的债权债务关系无法正常履约，从而引发投资者的恐慌，引发一系列信用危机。由此，信用风险对于互联网企业开展金融服务具有重要影响，本节主要从信用风险产生的原因、具体表现形式、造成的影响三个方面进行深入分析。

一、信用风险产生的原因

互联网金融行业征信系统不完善。2013年互联网金融市场表现出极度活跃的形势，互联网金融业务也像"雨后春笋"一样越来越多。然而，当今互联网金融市场环境，正处于监管制度不完善，央行征信系统难以实现与互联网金融业务数据对接的情况，尤其是多数P2P平台投融资项目借款人的行为没有纳入央行征信系统，一旦出现项目借款人逾期还款等信用缺失行为，将引发平台信用风险。

P2P信贷公司追求高收益。国内多家P2P信贷公司为了加快项目交易进度，增加平台项目交易数量，提高平台营业收入，而蓄意简化借款人的信用审核程序，削减项目成本开支。另外，部分P2P信贷公司，通过资金违规操作、虚构债权人等方式，调动出借人进入平台投资的积极性，促使平台投融资项目的高成交率，从而给P2P信贷公司带来丰厚收益。

二、信用风险的具体表现形式

（一）违约行为

中国互联网金融市场，由于互联网金融公司无法接入人民银行征信系统，造成信用信息环境较差，不能建立一个完善和共享的信用信息机制。同时，针对借款人的信用审核，仍然采取线下独立采集与分析信用信息，非常依赖于公司自身的审核技术和策略，从而造成信用信息遗漏或不准确的现象，最终难以制定借款人违约后的惩罚条例。因此，国内互联网金融市场因信息不对称和违约的低成本，将诱发互联网金融公司恶意骗贷、借新还旧等风险问题，导致市场秩序混乱。

然而，很多国家对互联网金融市场的信用体系建设较为完善，例如，在英、美等发达国家，P2P借贷业务本身起步就早，根据他们国家征信体系的相关规定，借款人或互联网金融公司申请P2P借贷业务账号时，必须要提供他们的社保账号，而且每个账号都关联着银行账号、学历、以往不良交易行为的历史记录等信息，每个部门之间信用信息共享程度较高，由此提升了借款人的违约成本，削减了互联网金融交易的诈骗行为。

另外，P2P平台也要具备基本的经营条件。例如，在IT基础设施方面，要有条件管理和存放客户资料和交易记录，要有能力建立风险管理体系。[①]

（二）资金运营有漏洞

以国内互联网金融P2P信贷操作为例，互联网金融公司在整个信贷交易中，是资金流量的主要入口，但部分互联网金融公司采取线下审核的评价方式，与传统金融机构的评价方式类似，没有突出互联网的特性。同时，与利用期限错配对抗坏账的传统金融机构相比，缺乏制度性的保障措施，将容易造成投资人的资金损失。

除了P2P信贷公司的资金运营出现问题外，由于互联网金融市场缺乏有效的担保和监管，国内多数第三方网络平台在互联网金融中扮演着资金周转的角色，他们往往会滞留用户的交易资金，大概两天到数周不等，达到沉淀资金的目的，从而避免平台放款资金短缺的情况。一旦第三方平台出现了资金流动性

---

① 郭杰群. P2P网贷监管究竟面临哪些问题. 南方都市报, 2014-3-6.

管理的问题,将会增加第三方平台信用风险指数,并引发大规模的支付缺资行为。

(三) P2P 信贷公司虚构债权

一些 P2P 信贷平台为了吸引出借人的资金,增加平台项目成交数量,它们通过虚假消息、虚假债权、虚构借款人、虚假交易数据等虚假信息,隐瞒资金的真实用途,一旦出现风险信息,最终受害者必将是投资人的本金。例如,少数 P2P 信贷平台利用虚假借款人的信息,提供给出借人,让出借人相信借款人"正确"的资金用途和"强大"的还款能力,实际上,出借人资金很可能衔接到地下银行的借贷业务,如果该项目到期,地下银行与 P2P 信贷平台无法偿还出借人的本金,平台将对出借人产生信用风险。

又如,部分 P2P 信贷平台,推出"秒标"、"天标"等贷款项目,利用高收益利率,吸引很多投资者的光顾。P2P 信贷平台提前告知什么时候发布这样的贷款项目,而对此项目感兴趣的出借人,需要提前把借款打到平台的账户中,待开标后,出借人认领各自份额,募集到目标数额方关闭交易系统,进入审核阶段。再过几小时,出借人可以领取出借资金和利息,交易完成。显然,这种投资项目,只能给一些数额较大的借贷项目投资人看,以证明平台信用度。

但是,我国 P2P 网络贷款行业已经出现良莠不齐局面。部分 P2P 平台中,客户资金与平台资金没有有效隔离,出现了很多平台负责人卷款"跑路"案例。[①]"秒标"、"天标"之类的贷款项目,极有可能为实现个别平台负责人圈钱跑路的计划,而吸引了更多盲从投资人的资金。

专栏 5-13　网贷秒标利息诱人藏地雷　秒客投入 50 万网站跑路

"我现在每天都逛不同的 P2P 网贷平台,参加各种'秒标'活动,获利相当可观。"一位游走于 P2P 网站之间、尝到"秒标"甜头的投资人姚琳(化名)兴奋地介绍,"秒标"回款快,通常一两个小时就能回收本息,而且利息相当诱人。

"秒标"是 P2P 网贷平台为招揽人气发放的高收益、超短期限的借款标

---

① 谢平. 互联网金融监管的必要性和特殊性. 财新网,2014-3-23.

的，通常是网站虚构一笔借款，由投资者竞标并打款，网站在满标后很快就连本带息还款。网络上由此聚集了一批专门投资秒标的投资者，号称"秒客"。

2013年11月，姚琳开始参与P2P网贷平台的"秒标"，第一笔投了5000元，2小时后即收到回款5038元，相当于获得利息38元。第二笔投资1万元，当天收到本息回款，利息70元。试水成功后，姚琳的胆子渐渐大了起来，每天乐此不疲地在多家P2P网站上寻找"秒标"机会，参与"秒标"的投资额逐步增加，最高时单笔投资达10万元。

姚琳这种"秒客"数目庞大，但并非都是幸运儿，"秒客"冯涛就遭遇了P2P网贷平台卷款跑路的悲剧。2013年9月，冯涛注意到优易网推出了一个总额2000万元的秒标活动，他出资3000元尝试了一下，活动结束第二天网银收到3030元的回款。他从优易网的网页上了解到，其母公司号称是香港亿丰集团，股东之一是实力雄厚的浙江巨豪集团。冯涛多次参加优易网的"秒标"都能按时拿到本息，月利率折合2%~5%，于是对该网站"秒标"活动的信任度持续提升，投入金额从最初的3000元逐渐增加到5万元、10万元甚至20万元。

"以前本息都能很快到账，前10名投资者还有额外奖金可拿，我都利滚利投入下一次'秒标'，最后一次'秒标'投入了50万元，但没想到网站竟然卷款跑路了。"冯涛表示，2013年12月21日早上优易网发布公告称，网站将于当日11时至15时停电，所有事务将在之后处理。但15时之后，客服仍未上线，公司所有电话均无法拨通。

优易网跑路后，投资者才知道该网站由江苏南通优易电子科技有限公司创建，注册资金才100万元，与香港亿丰集团、浙江巨豪集团毫无瓜葛。

除优易网外，此前还有淘金贷等P2P网贷平台卷款跑路的先例，它们通过"秒标"等方式在短期内大量圈钱。"淘金贷"2013年6月3日上线，自称"国内最大最安全的网络借贷平台"。为了聚集人气，该网站以"开业庆典"的名义推出50万元的"秒标"，每笔投资最高限制3888元，利率达8.88%，还有本金0.28%的奖励金。这个"秒标"在几分钟内就满标了。6月8日，投资者发现"淘金贷"网站无法打开，官方QQ群解散，客服人员无法联系，网站负责人的手机也关机。

"某些P2P网贷平台的'秒标'可能就是庞氏骗局，给投资者以诱饵，利用新投资者的钱向老投资者支付利息和短期回报，制造赚钱的假象，进而骗取更多投资。"一位曾经参与"秒标"的投资者说，"秒标"其实是P2P网站虚构的借款,根本没有真正的借款人,网站通过"秒标"送利息的方式吸引眼球、提高知名度。

有律师表示,P2P 网贷平台目前仍处于监管的真空地带。由于 P2P 网贷平台存在的坏账风险和道德风险,多数商业银行不愿托管或者监督网贷公司的资金款项。P2P 网贷平台推出的"秒标"活动潜藏巨大风险,一些"秒客"吃下诱饵、尝到甜头后追加更多的投资,或者带动更多投资者涌入,而网站一旦卷款跑路,受损失的将是投资者。

资料来源:万晶. 网贷秒标利息诱人藏地雷 秒客投入50万网站跑路. 中国证券报,2013-2-7.

三、信用风险造成的影响

P2P 平台出借人本金受损。部分 P2P 信贷公司通过资金违规操作、虚构债权人等方式,提高更多出借人进入平台的积极性,但是,平台出现借款人逾期还款或违约的信用行为,将导致出借人为保资金安全,纷纷到平台进行兑现,造成平台因无法归还多数出借人的本金,产生资金链断裂,引发流动性风险的现象。

P2P 信贷公司声誉降低。由于平台遭受流动性风险的影响,很多投资者降低了平台及其所属 P2P 信贷公司的声誉和信用,致使 P2P 平台投融资项目的交易额直接下滑,平台陷入被出借人追债的困境中,同时,P2P 公司也面临倒闭关门的危机,如表 5-8 所示。

表 5-8 信用风险的传导路径分析

风险原因	传导路径	具体影响
行业征信系统不完善、P2P 信贷公司追求高收益	行业征信系统不完善→P2P 平台简化借款人的信用审核程序,削减项目成本开支(操作风险)→平台出现借款人逾期还款或违约的信用行为,引起出借人集体挤兑资金(信用风险)→平台难以兑现多数出借人的资金,导致资金链周转失灵,产生 P2P 信贷公司倒闭关门的局面(流动性风险)	P2P 平台出借人本金受损、P2P 信贷公司声誉降低

第六章

考验：互联网金融创新与监管平衡

在金融创新领域中，全球监管者都面临着一个永恒的难题，即如何在改善金融效率和维护金融稳定之间寻找平衡。在互联网金融迅猛发展的态势下，我国金融监管部门面临着如何监管、怎样协调安全与创新的难题。2014年政府工作报告指出，要"促进互联网金融健康发展，完善金融监管协调机制，密切监测跨境资本流动，守住不发生系统性和区域性金融风险的底线"。面对当前蓬勃发展的互联网金融，监管层只有在加强监管和保护创新之间找到微妙的平衡点，才能推动互联网金融行业健康规范发展。

第一节 中国互联网金融监管的现状与困境

互联网金融发展是大势所趋。随着"两停一限"（暂停二维码支付、叫停网络信用卡、限定第三方支付的个人转账额度①）措施出台，在经历了近两年的快速生长后，互联网金融监管的"空窗期"即将结束，开始被纳入中国金

---

① 2014年3月，中国人民银行公布的《支付机构网络支付业务管理办法（征求意见稿）》第二十五条规定，"个人支付账户转账单笔金额不得超过1000元，统一客户所有支付账户转账年累计金额不得超过1万元。超过限额的，应通过客户的银行账户办理。"有分析认为，继被叫停网络信用卡和二维码支付后，第三方支付企业可能迎来一条更严厉的"紧箍咒"。

融业的制度体系和监管框架。在层出不穷的跨界融合式创新中,世界范围内完善的互联网金融监管体制尚未出现,如何有效监管互联网金融,仍然是一个普遍性的难题。

一、互联网金融监管的现状

面对互联网金融的"野蛮生长",央行、银监会、证监会、保监会、工信部、商务部等相关监管部门纷纷改变了过去"静观其变"的态度,开始频频"发声"。总体来看,尽管目前第三方支付等模式和环节已在一定程度上受到监管,但就如何对 P2P、众筹等互联网模式进行监管还没有明确措施。因此,我国互联网金融的监管在前期仍处于"空窗期"[①],2014 年则有望开启互联网金融的"监管年"。

(一) 互联网金融监管的"空窗期"

总体上说,在互联网金融发展初期,各监管部门对于互联网金融这一新生业态基本持肯定态度。例如,在 2012 中国电子银行年会上,央行官员曾表示:"互联网金融服务、支付服务将继续引领风骚,成为百姓生活中不可或缺的服务。"央行副行长刘士余也曾指出,互联网金融正在成为科学化和包容性增长的、越来越大的、贡献越来越多的正能量,不可不视,更不可小视。当然,监管部门也承认当前的金融监管体系尚不完善,存在一定的监管缺位。因此,这一阶段属于互联网金融监管的摸索期,各监管部门提出了一些监管意见,但并未能就监管部门、监管方法等形成相关规范文件,互联网金融的监管实际上属于"空窗期"。

在此阶段,监管部门官员指出,互联网金融存在两个绝不能触碰的底线:非法吸收公共存款和非法集资[②]。按照最高法院的解释,如果一个人一笔款面对的人数超过 30 个人,或者向多个人融资的数额超过 20 万元,就会触犯非法集资的上限。监管部门将其设置为互联网金融的底线,主要是为了避免大金额或多人数对社会稳定造成不利影响[③]。据"网贷之家"统计,仅 2013 年 10 月陷入危机的 P2P 网贷平台就有 20 余家。天力贷、东方创投均涉嫌非法吸收公

---

① 经济学上对于重大改革时期有关政策的试行观察期称之为政策"空窗期"。该"空窗期"时间太短,不利于制定出完善的监管政策;但如果"空窗期"时间太长,则可能带来负面影响,所以时间尺度拿捏十分重要。
② 李静瑕. 刘士余:尊重互联网金融发展规律 两个底线不能碰. 第一财经日报, 2013 – 8 – 14.
③ 吴晓灵. 互联网金融的监管挑战. 陆家嘴月刊, 2013 – 11 – 4.

众存款,出现了资金兑付困难。

作为新兴的金融模式,互联网金融无疑对金融监管提出了严峻的挑战。2012年以来,国内的互联网金融"大军"日益庞大。其中,利用互联网金融监管的"空窗期"打擦边球的也不在少数。淘金贷、优易网、安泰卓越等多家网贷公司先后曝出跑路丑闻,互联网金融的潜在行业风险逐渐显现[①]。虽然现阶段并未触发大规模的风险问题,但潜在风险却在不断集聚。这些风险一旦爆发,将在一定程度上导致系统性和区域性风险,影响社会经济的稳定和发展。当前,我国金融分业监管的现实确实导致了互联网金融监管的空白和缺失,尽量缩短互联网金融监管的"空窗期"是十分必要的。

专栏6-1 P2P"倒闭潮"

目前,P2P平台尚未建立资金的第三方托管机制,存在"沉淀资金"的问题。在缺乏外部监管的情况下,极易引发挪用资金甚至携款跑路的风险。2013年第四季度爆发的P2P"倒闭潮",使得互联网金融监管的迫切性和重要性凸显出来。

有数据显示,截至2013年年底,互联网P2P理财平台数量或超过800家。据"网贷之家"统计,2013年全国主要90家P2P平台总成交量490亿元,平均综合利率为23.24%。截至12月31日,网贷之家监测到共有74家P2P平台出现提现和还款等问题,拖欠投资者投资款超过10亿元。其中,大部分集中在第四季度:10月倒闭的平台有18家,11月有30家,12月有10家,形成了一股P2P"倒闭潮"[②]。

出现问题的P2P平台主要呈现出两个特点:一是平台年化收益率高。"网贷之家"的数据显示,出现提现困难的平台年化收益率普遍高于40%(浙江安吉的利率达到了66%),陷入了"收益率陷阱"。以常规的商业逻辑判断,极少有企业可以承担如此高的资金成本。与之对应的,运作正常的平台收益率大都处于较低水平,如陆金所综合利率仅为8.61%。二是成立时间短。出现问题的74家平台中,仅有3家为2012年设立,其余均为2013年设立。更有甚者,在成立的当月就出现了问题,如福建厦门的福翔创投于2013年10月成

---

① 裴昱. 互联网金融发展有空间 监管待加强. 中国社会科学报, 2014-1-11.
② 胡群. P2P倒闭潮袭来: 行业待收金高达数十亿. 经济观察报, 2014-1-4.

立，并于当月倒闭，留下80万元的待收金。此外，虽然出现问题的P2P平台成立时间不长，但其待收金额却不少。据"网贷之家"统计，近40家出现问题的P2P平台的待收金额达到了11.51亿元，其中广东深圳的网赢天下待收金额达2亿元。

P2P平台出现问题的主要原因包括真实标的不断拆标后导致资金断裂，项目逾期超平台承受能力，自融平台实体生意经营不善等。其中，前两个原因属于经营不善，而后者则是由于平台成立的动因是为解决大股东或者幕后老板线下生意的资金短板。一旦实际控制公司出现问题，平台公司自然随之引火烧身。从行业发展的角度来看，经历了2013年第四季度P2P平台"倒闭潮"的洗牌，生存下来的P2P平台大都收益率较为合理、发展较为稳健。同时，投资者在经历惨痛的教训后，也开始增强安全意识，投资趋于理性。

P2P平台的"倒闭潮"同样引起了监管部门的广泛关注。2013年11月25日，在由银监会牵头的九部委处置非法集资部际联席会上，央行条法司负责人指出："应当在鼓励P2P网络借贷平台创新发展的同时，合理设定其业务边界，划出红线，明确平台的中介性质，明确平台本身不得提供担保、不得归集资金搞资金池，不得非法吸收公众存款，更不能实施集资诈骗。"12月3日，中国支付清算协会互联网金融专业委员会发布《互联网金融自律公约》。12月26日，央行条法司司长公开表示，互联网金融要分类监管，对P2P等新业务的监管力度会更高。可以预见，对P2P网贷平台等互联网金融的监管"空窗期"即将结束。

目前，我国互联网金融企业也积极借鉴国外经验，加强行业自律。2013年8月9日，京东商城、当当网、拉卡拉、用友软件等33家单位发起成立了中关村互联网金融行业协会，该协会是全国首家互联网金融行业组织[①]。12月3日，中国支付清算协会互联网金融专业委员会成立，包括商业银行、证券公司、综合性金融集团、互联网公司、支付清算、P2P网络借贷平台等多个领域的75家会员单位审议通过了《互联网金融专业委员会章程》及《互联网金融自律公约》[②]。

此外，央行牵头的中国互联网金融协会已获得国务院批复。互联网金融

---

① 赵淑兰. 首家互联网金融行业协会成立. 经济日报, 2013-8-10.
② 朱丹丹. 75家机构发起成立互联网金融专业委员会. 每日经济新闻, 2013-12-4.

协会是一个一级协会,之前成立的互联网金融专业委员会是一级协会下面的一个工作委员会,这表明监管层对互联网金融的重视程度进一步提高。由于监管存在一定的滞后性,在具体监管政策出台之前,协会可以为监管层和企业提供一个相互协商的平台,同时也有利于政策出台后的解读和完善。因此,该协会将为互联网金融行业提供自律平台,在一定程度上弥补监管方面的不足①。

(二) 互联网金融"监管年"的开启

2014年3月4日,央行行长周小川强调互联网的金融业务发展是一个新事物,所以过去的政策、监管、调控,各个方面不能完全适应,需要进一步完善。目前,央行已经会同银监会、证监会、保监会、工信部等多个部委起草一份有关互联网金融的监管办法。据悉,该办法将采取负面清单的理念②。当前的种种迹象表明互联网金融监管的"空窗期"即将结束。如果说2013年是互联网金融迅速崛起的"元年",那么2014年则有可能成为互联网金融监管的"元年"。

1. 部分业务的监管政策呼之欲出

2013年底,国务院办公厅颁布的《关于加强影子银行监管有关问题的通知》(国办发〔2013〕107号),将新型网络金融公司、第三方理财机构等互联网金融纳入影子银行范畴。"107号文"指出,"第三方理财和非金融机构资产证券化、网络金融活动等,由人民银行会同有关部门共同研究制定办法。"文件明确提出规范网络金融活动:"金融机构借助网络技术和互联网平台开展业务,要遵守业务范围规定,不得因技术手段的改进而超范围经营。网络支付平台、网络融资平台、网络信用平台等机构要遵守各项金融法律法规,不得利用互联网技术违规从事金融业务。"目前,初步确定的分工为:银监会负责监管P2P行业,众筹由证监会监管,央行则负责第三方支付的监管。

央行正联手银行业、证券业及保险业监管机构制定策略,以保护客户信息免遭窃取或滥用,并确保网络投资产品充分披露风险,禁止非法融资活动。中国人民银行相关司局从2013年开始对互联网金融进行调研,并在

---

① 朱丹丹. 互联网金融协会已获国务院批复 业内人士称不久将挂牌. 每日经济新闻, 2014 - 3 - 21.
② 刘田. 央行划定互联网金融底线 监管套利空间恐遭挤压. 第一财经日报, 2014 - 3 - 25.

2013年12月向国务院提交了长达90页的调查报告,同时上报的还包括互联网金融监管指导意见的草案①。2014年1月16日,由国务院部署、央行牵头的互联网金融发展与监管课题组已正式向国务院作了汇报,提出的监管思路包括:支持和包容互联网金融发展,但绝不能踩非法吸收公众存款和非法集资的底线。

证监会将加强对互联网金融实时有效的监管、加强信息披露和诚信系统建设、加强信息安全管理,加强对货币市场基金风险的管理。保监会表示,下一步将重点研究制定关于互联网保险的监管思路。目前,保监会正在抓紧起草网络保险业务的监管办法,主要的思路可能围绕在以下五个方面:一是促进网络保险业务的健康发展;二是切实保护广大保险消费者的权益;三是线上与线下的监管标准完全一致;四是强化对保险公司的监管;五是强化信息的公开、透明和安全②。

2014年3月18日,有监管层人士撰文建议将余额宝等互联网金融货币基金实施存款准备金管理。该人士指出余额宝本质上是货币市场基金,余额宝类基金产品将绝大部分资金投向银行协议存款更使其具有存款特性。因此,货币市场基金也与存款一样面临流动性风险、涉及货币创造等问题。该人士建议对货币市场基金实施准备金管理可以以其存放银行的款项为标的,此举将缩小监管套利空间,让金融市场的竞争环境更加公平合理,让货币政策的传导更加有效。③

第三方支付在发展10年后,获得央行颁发的第三方支付牌照。P2P网贷平台的资金挪用、涉嫌非法集资、信息不透明以及盲目扩张等多重风险均已暴露出来,未来通过监管对P2P网络借贷的发展进行介入、规范和引导是十分必要的。从线下搬到线上的业务应该严格遵守线上业务的监管规定,未来统一线上线下的监管标准成为互联网金融监管的重要原则。2014年,P2P监管措施呼之欲出。

2014年3月13日,央行发布《关于暂停支付宝公司线下条码(二维码)支付等业务意见的函》,要求暂停二维码支付、虚拟信用卡等支付业务和产品,称相关支付产品安全性有待完善。3月14日,《支付机构网络支付业务管理办法(征求意见稿)》突然曝光,引起了业界的普遍关注与讨论。3月19

---

① 由曦,刘文君,董欲晓. 立规互联网金融. 财经,2014(9).
② 陈莹莹. 互联网金融监管政策呼之欲出. 中国证券报,2014-1-17.
③ 盛松成. 余额宝投资银行存款应受存款准备金管理. 中国新闻网,2014-3-19.

日，监管层表态说，《支付机构网络支付业务管理办法》① 短期内不会落地实施，也无意打压第三方支付行业的发展。同时，监管层也表示即将出台的一些互联网金融规范文件，将是一个引导发展的规划，绝不会是限制性的监管措施。

2. 规模不大的互联网金融监管暂缓

伴随互联网技术发展的金融创新也层出不穷，如何平衡创新所带来的风险与监管的跟进，成为监管层面临的一大难题。

央行条法司牵头起草的互联网金融监管的指导意见，拟将互联网金融模式分为第三方支付、P2P、众筹、互联网理财和互联网保险，并就相应领域作出原则性规定。对于这些领域的具体规则，则由对应的监管部门出台细则。例如，证监会近期将针对网络销售的货币市场基金出台相应的规范。②

目前，监管层表示对于一些处于发展初期、规模不大、风险较低的互联网金融模式（如众筹），将在坚持底线思维的基础上，包容失误，为其创新和发展提供广阔的空间③。监管部门表示，将从更高的层次，用适当的法律，规范市场发展，并使其发挥更多的作用，同时进行行业监管，发展行业自律。

3. 监管层支持互联网金融发展创新的方向不会改变

"监管年"的开启并不意味着"一棒子打死"，而是强调监管和包容并举。央行明确表示不会取缔余额宝。因此，2014 年 3 月 6 日，央行副行长潘功胜强调鼓励互联网金融的创新，但要完善监管规则，注意不同业态监管方法和强度的不同。为增强监管政策和措施的针对性和有效性，监管部门将会考虑对互联网金融的不同模式区别对待。一方面，对于 P2P 等风险高、问题比较突出的模式，监管的力度可能会加大；另一方面，对于出现时间不长、规模不大、风险较小的众筹等业务，则会为其提供更多的发展空间④。同时，现在很多金融活动和产品都是跨市场的，需要监管部门利用部际协调会议机制平台协调监管。

---

① 该办法第二十五条规定，支付公司个人支付账户转账单笔不超过 1000 元，年累计不能超过 1 万元；第二十六条规定，个人单笔消费不得超过 5000 元，月累计不能超过 1 万元。有分析认为，这种限额体现了监管机构监管指向，即希望将第三方支付公司的业务限制在小额支付领域内。
② 由曦，刘文君，董欲晓. 立规互联网金融. 财经，2014（9）.
③ 梁宵. 一行三会定调互联网金融监管. 中国经营报，2014 - 1 - 20.
④ 陈莹莹. 央行官员：对互联网金融监管力度将提高. 中国证券报，2013 - 12 - 28.

二、互联网金融监管面临的难题

中国的监管层对互联网金融基本持肯定态度,认为互联网金融与传统金融形成了互相博弈、互相促进的态势,尤其是其创新精神值得肯定。但是,互联网金融的参与者众多,带有明显的公众性,极易触及法律底线,甚至引发系统性金融风险。互联网金融的监管是个世界性的难题,我国互联网金融的监管主要存在着监管主体不明确、法律法规不完善以及社会信用体系不健全等问题。

(一) 监管主体不明确

互联网金融的业务同时具备多种业务属性,难以清晰界定其监管归属,因此存在着监管主体不明确的问题。以 P2P 网贷业务为例,目前并无监管部门明确对 P2P 网贷业务进行监管。如果将开展 P2P 业务的企业定性为金融企业,但并没有银监会发放的牌照;如果将其定性为互联网企业,但很多业务根本不在互联网上发生,工信部也很难像对待其他互联网公司一样来监管 P2P 平台;而工商部门受限于地域问题,对于网络化的 P2P 业务也束手无策[①]。此外,由于没有明确的监管机构,P2P 网贷业务也没有任何行业规范。P2P 网贷企业没有必要也没有动力对外披露其运作信息,即便一些企业进行了信息披露,公众也无法核实其披露信息的真实性。

在"真空"的监管状态下,互联网金融企业游离于央行、银监会、证监会、保监会等部门的监管之外,经常出现"打擦边球"、"踩红线"的情况。此外,互联网金融业务可能同时涉及不同的监管部门,这使得监管问题"雪上加霜"。未来,应重点研究如何完善监管分工与合作机制,针对不同的业务类型进行监管,明确监管主体。探讨如何根据互联网金融涉及的领域,加强监管部门之间的协调,避免监管重复或漏洞,以实现全方面、多层次的协调监管[②]。

(二) 法律法规不健全

目前,我国法律对于包括 P2P 平台在内的部分互联网金融机构的法律地位、经营范围一直没有做出明确的规定。互联网金融的监管政策一直处于灰色

[①] 冯涛. 中国互联网金融面临监管困境. 英国《金融时报》中文网, 2013-8-14.
[②] 裴昱. 互联网金融发展有空间监管待加强. 中国社会科学报, 2014-1-11.

地带，极易出现模糊业务边界、逃避监督管理的现象①。《中国互联网金融发展报告（2013）》指出，我国互联网金融主体地位和经营范围尚不明确，一旦发生系统性风险，将给行业带来巨大打击。

互联网金融具有普惠性、数字化、便利化的特征，能够满足实体经济网络化、信息化的需求，具有良好的发展前景。但互联网金融的风险正在逐渐集聚并暴露出来，基于线下的法规对线上交易行为规范十分有限，亟须监管机构尽快完善互联网金融的相关法律法规。当然，对互联网金融的监管，需要与互联网金融企业自身风险管控、行业自律结合起来②。

此外，目前我国有关互联网金融消费权益保护的法律制度框架也有待完善。现在人人都可以成为互联网金融的消费者，但金融交易内在的复杂多样和专业性仍然存在③。与高技术的互联网行业结合在一起，金融消费者准确理解和掌握互联网金融产品和服务的难度加大，个人信息泄露、资金亏损的风险日益暴露。因此，应适时出台相应的互联网金融消费权益的法律制度，界定互联网金融问题，规范市场主体的交易行为。此外，对投资者金融知识的普及也十分重要。

专栏6-2　百度"百发"违规宣传

百度旗下的支付工具——百付宝，于2013年7月10日获得第三方支付牌照。自此，百度迈开了互联网金融的实质性步伐。2013年10月21日，百度官方微博发出一条题为"百度华夏联手推出理财计划，年化收益率8%"的微博。微博称10月28日，百度将上线"百度金融中心—理财"平台，并与华夏基金联合推出首项理财计划"百发"，年化收益率高达8%。此外，百发最低投资门槛1元，售后支持快速赎回，即时提现④。

市场将百发称为百度版的"余额宝"，由于当时余额宝的年化收益率约4.8%，收益率近乎其两倍的"百发"引起了业界的高度关注。同时，对于"百发"的性质，业界也发出了质疑声。如果百发是一款基金产品，据现行基

---

① 陈天俏. 管政策模糊P2P平台存在大隐患. 中国日报，2014-2-7.
② 2013年12月3日，中国支付清算协会互联网金融专业委员会发起成员单位大会在北京召开，专业委员会是首家由金融监管系统主管的自律机构。包括银行、证券、第三方支付及P2P等75家机构共同参与并审议通过了《互联网金融专业委员会章程》及《互联网金融自律公约》。
③ 王继高. 互联网金融的"冰与火". 中国经济时报，2013-7-16.
④ 孙琪. 百度版余额宝收益宣称8% 产品性质至今未明. 上海青年报，2013-10-22.

金销售管理办法，除了分级基金的优先份额，否则承诺或预测基金收益的宣传行为，就涉嫌违规。如果不是基金产品，百度卖的又是什么？对此，10月22日，百度召开媒体沟通会，对百发计划进行解读。百度金融中心负责人表示，"百发"不是一款产品，而是一个互联网金融模式的创新，是一项组合形式的理财计划。负责人同时表示，百发计划并非"保本保收益"，年化收益率8%是作为"目标"。

证监会随后也对此事进行了回应，"百度联合华夏基金推出的理财计划目标年化收益率8%，不符合相关法律法规的要求。下一步，将根据百度及相关机构报送的书面材料，就该业务的合规性予以核查。"承诺目标年化收益率8%不符合相关法律法规要求。按照当前我国《基金法》的规定，公开披露基金信息不得有预测投资业绩、违规承诺收益或者承担损失等行为①。互联网基金销售业务也理应遵守上述相关规定，但此前监管部门并未对此做出明确规定或说明。百度本想"钻个空子"进行"百发"的宣传，但在业界舆论及证监会回应的压力下，百度迅速"收敛"，表示将严格遵守监管部门的规定，确保业务在合法合规的前提下良好运行。百度删除了"百发"的相关宣传官微，"百发"网站上也不再有"8%"的宣传字样②。

（三）社会征信体系不完善

统一的社会征信体系是互联网金融发展和监管的重要基础设施。中国的征信体系已经发展了近十年。2004年，中国人民银行建成全国集中统一的个人信用信息基础数据库，2005年中国人民银行信贷登记咨询系统升级为全国集中统一的企业信用信息基础数据库。中国人民银行《中国征信业发展报告（2003－2013）》的数据显示，截至2012年底，8.2亿自然人纳入个人信用信息基础数据库，1859.6万户企业和其他组织纳入企业信用信息基础数据库。

中国的社会征信体系建设取得了明显的成效，但和欧美等发达国家相比仍比较滞后，市场化的征信机构还处在相对割裂和分散的状态。在P2P业务的整个流程中，由征信主导的风控环节几乎是P2P平台的核心，而目前央行的征信体系仅对银行和部分小贷公司开放，并未覆盖到P2P领域。此外，央行征信体

---

① 韦夏怡，侯云龙. 百度推百发挺进互联网金融 高收益引业内质疑. 经济参考报，2013－10－22.
② 陈净. 百度没基金销售及基金支付牌照 何以能卖基金. 国际金融报，2013－10－23.

系的数据对现有的互联网金融企业并不完全适用，有相当一部分的小微企业和绝大多数个人在央行并没有相关的征信记录。此外，当前P2P平台各自为营，没有实现平台间的资源共享①。

统一的社会征信体系的缺位，一方面造成无法判断互联网金融业务中大多数企业与个人的信用情况，另一方面也使得逾期、坏账等信息无法进入社会征信体系，为整个行业的发展埋下了隐患。未来，可考虑将互联网金融领域的信用档案纳入央行的征信系统，逐步扩大央行征信体系的覆盖范围，降低互联网金融行业的风险率、促进其健康平稳的发展。同时，互联网金融的借贷行为是信用经济的创新发展，把互联网金融领域的信用档案纳入央行的征信系统对健全社会信用体系具有重要作用。

专栏6-3 网络金融征信体系（NFCS）正式上线

2013年6月，中国人民银行征信中心旗下上海资信推出了全国首个基于互联网的专业化信息系统——NFCS，用于收集P2P网贷业务中产生的贷款和偿还等信用交易信息，并向P2P机构提供查询服务。NFCS是网络金融开展业务的必要基础设施，是央行征信系统的有效补充。

NFCS的正式上线，能够有效提升P2P行业的风险控制水平。该系统优化服务于国家金融信用信息数据库尚未涉及的网络金融领域，为网络金融机构业务活动提供信用信息支持。该系统收集并整理了P2P平台借贷两端客户的个人基本信息、贷款申请信息、贷款开立信息、贷款还款信息和特殊交易信息，通过有效的信息共享，帮助相关机构全面了解授信对象，防范借款人恶意欺诈、过度负债等信用风险。

NFCS的最终目标是，打通线上线下、新型金融与传统金融的信息壁垒，实现网贷企业之间的信息共享，让网贷违约无处遁形，为央行个人征信系统提供补充，记录个人线上线下融资的完整债务历史，探索网贷业务与传统信贷业务的不同之处，为网贷企业定制与传统征信服务不同的服务产品，从而保障出借人资金的安全。

NFCS对中国互联网金融行业具有重大的推动和规范意义。随着NFCS的完善，信用报告和信用评分等相关增值服务陆续出现，将对整个小贷行业的发

---

① 张楠. 互联网金融前哨难题：征信数据割裂　系统缺位. 网易科技，2014-1-17.

展起到战略性的推动作用。

资料来源．为互联网金融护航——网络金融征信体系（NFCS）正式上线．2013 - 07 - 22，http：//finance.21cn.com/stock/express/a/2013/0722/15/22947515.shtml.

第二节 国际互联网金融监管的经验借鉴

欧美国家的金融互联网和互联网金融早于我国，尽管他们也没有建立较为完善的互联网金融监管体制和法律体系，但已经积累了一些经验。借鉴主要发达国家的监管经验，对于建立我国互联网金融监管体系具有重要的意义。

一、第三方支付的国际监管经验

美国、欧盟等国家和地区的第三方支付起步较早、发展较快。对第三方支付的监管指导思想也发生了改变，从最初"自律的放任自流"转向了"强制的监督管理"[1]。在监管指导思想转变的情况下，美欧等发达国家和地区先后制定了一系列有关电子支付以及非银行类金融机构和金融服务的法律法规，形成了较为完善的法律监管框架与模式。美欧对第三方支付的监管在理念和原则上有相似之处，在监管模式等方面则各有特点。本节拟从监管模式、监管原则和监管措施三个方面梳理和归纳其较为成熟的第三方支付的监管经验。

（一）美国对第三方支付的监管

1. 监管模式

美国对第三方支付实行的是功能性监管，即强调对过程进行监管，而不是对机构进行监管。在美国，第三方支付被视为货币转移业务，本质上是传统货币服务的延伸。因此，美国并没有将第三方支付作为一类新的业务进行监管，而是将第三方支付的部分监管纳入银行业的监管体系。

美国银行业的监管奉行的是权力分散和相互制约，构成了联邦和州政府的纵向双线监管部门[2]。其中，财政部货币监理署、美联储、联邦存款保险公司

---

[1] 巴曙松，杨彪．第三方支付国际监管研究及借鉴．财政研究，2012（4）.
[2] 任高芳．美国第三方支付监管体系对我国的启示．金融发展评论，2012（10）.

等联邦层面的监管部门,先后颁布了一系列适用于第三方支付机构的法律法规,如《金融服务现代化法》、《统一货币服务法案》、《美国金融改革法》、《隐私权法》、《统一商法典》和《电子资金转移法》等。

2. 监管原则

对于第三方支付,美国等发达国家的总体监管原则是建立和维护稳定、健全和高效的第三方支付体系,保证第三方支付机构和第三方支付市场稳健发展,从而推动经济和金融发展。在此基础上,坚持消费者保护以及强化监管与支持创新兼顾这两条具体原则。

(1) 消费者保护的原则。

在防范系统风险的前提下保护消费者权益是发达国家经济监管的核心原则之一,第三方支付行业也不例外。在法律方面,美国相关的消费者保护主要是从消费者使用信用卡、借记卡以及电子现金等支付工具进行支付的角度来规定,通过第三方进行的支付也被纳入其中。相关的法律法规包括《诚实借贷法》、《统一商法典》、《公平信用卡和签账卡信息披露法》、《电子资金转移法》、《多德——弗兰克华尔街改革与消费者保护法案》等十几部法律以及美联储制定的 E 条例、D 条例等[①]。

《诚实借贷法》是美国关于金融消费者保护最早的法律,其第 1643 条有关信用卡的民事责任规定:"消费者或持卡人对未经授权的消费最多承担 50 美元的责任",这一规定已成为美国法律保护持卡人权益的典范论据。《多德——弗兰克华尔街改革与消费者保护法案》的实施也有重要意义。根据该法案,美联储成立了独立的金融消费者保护局,承担实施消费者教育计划、受理投诉、收集和公布数据、制定并实施监管规则等职责。

(2) 强化监管与支持创新兼顾的原则。

美国是全球第三方支付业务和互联网电子商务的主导者、先行者,也是全球最大的受益者。美国政府主张尽量减少管制措施以促进第三方支付和互联网金融的发展。因此,尽管美国针对第三方支付建立了较为完备的监管框架,但为鼓励创新,在一些具体问题上并未做十分严格的规定。例如,尽管《统一货币服务法》对拟从事货币服务的机构规定了严格的准入条件,但对注册资本金却没有要求,仅需要其维持较低金额的资本净值。

---

① 巴曙松,杨彪. 第三方支付国际监管研究及借鉴. 财政研究,2012(4).

3. 监管措施

美国对第三方支付平台设置了准入门槛，要求第三方支付平台需通过审批取得执照。对已进入的第三方支付平台实施动态的审慎监管，从而对第三方支付平台进行风险控制、确保其维持良好的经营和财务状况。此外，美国还对第三方支付机构进行沉淀资金以及反洗钱监管。

（1）严格的准入要求。

美国通过《统一货币服务法》对第三方支付平台实行有针对性的业务许可，并设置了准入门槛。按照《统一货币服务法》的规定，所有从事货币汇兑等业务的机构都必须登记注册、取得许可。按照美国纵向双线的监管模式，第三方支付平台在联邦层面必须履行相应的登记、交易报告等程序；在州层面，第三方支付平台必须取得州监管当局的专项业务经营许可。

《统一货币服务法》对货币服务业务的种类进行了划分，每一业务都有相应的业务许可要求。同时，该法案还从投资主体、营业场所、资金实力、财务状况、业务经验等方面对货币服务业务的提供者做出了详尽的规定。这种安排能够更有针对性地监管从事不同类型业务的第三方支付机构。

（2）动态的检查、报告制度。

美国通过《统一货币服务法》对第三方支付平台建立了动态的检查、报告制度。按照《统一货币服务法》的规定，从事货币汇兑等业务的机构必须定期接受现场检查；若要变更股权结构，必须先获得批准。同时，第三方支付机构还必须维护客户资金安全、满足流动性的要求。同时，获得许可的机构必须每年登记一次。对于不再符合规定的企业，需接受监管部门的终止、撤销和退出管理。《统一货币服务法》规定，在特定条件下，可以终止、撤销业务许可或要求从事货币汇兑等业务的机构退出该业务领域[1]。

（3）对沉淀资金的监管。

第三方支付机构是资金划出方和资金收到方之间的纽带，但客户之间资金划出和资金收到的时间并不一致，从而使得一部分资金在第三方支付机构的账户中暂时停留，形成沉淀资金。沉淀资金可能带来一系列的问题，比如第三方支付机构对沉淀资金的不规范处理可能引发流动性问题。另外，不完善的监管制度可能为这部分资金提供从事非法转移和洗钱等犯罪活动的可能性[2]。

---

[1] 巴曙松，杨彪. 第三方支付国际监管研究及借鉴. 财政研究，2012（4）.
[2] 石磊. 支付助推互联网金融发展，券商零售业务转型压力增加. 方正证券研究所行业深度报告，2013-11-4，p.19.

对于第三方支付的沉淀资金，美国主要由联邦存款保险公司（FDIC）负责实施监管。FDIC认定第三方支付机构的沉淀资金是负债，而不是联邦银行法中定义的存款。美国联邦存款保险公司通过提供存款延伸保险实现对沉淀资金的监管。第三方网上支付平台的沉淀资金需存放在该保险公司保险的银行的无息账户中，每个用户账户的保险额上限为10万美元①。另外，在州监管层面，要求第三方支付机构必须持有一定金额的担保债券或保持相应的流动资产，以保障客户的资金安全。

（4）反洗钱监管。

第三方支付机构还须接受反洗钱监管。美国、欧盟等国家和地区十分重视反洗钱监管，都设有反洗钱机构。金融监管部门需配合反洗钱机构监管第三方支付机构履行反洗钱义务。同时，第三方支付机构必须及时汇报可疑交易，记录和保存交易记录，未能履行相关义务的第三方支付机构将受到处罚②。

（二）欧盟对第三方支付的监管

1. 监管模式

对第三方支付的监管，欧盟与美国的最大区别就是监管模式。与美国的功能监管不同，欧盟对第三方支付的监管为机构监管，即对第三方支付机构进行明确界定。在第三方支付发展初期，欧盟考虑将其认定为银行将不利于业务创新，因而将第三方支付机构认定为电子货币机构。欧盟各成员国有权根据第三方支付机构的业务特点自主认定其属于哪一类机构（也可认定为银行）。第三方支付机构在获得电子货币机构或者银行营业执照后，才能从事相关业务，在电子货币的发行、交易清算、回赎等方面接受相关监管机构的监管。

2004年，英国向PayPal颁发的是电子货币机构许可。而2007年，卢森堡却根据PayPal的申请，向其颁发银行牌照。需要注意的是，从2011年4月30日起，欧盟废除了《电子货币机构指令》。PayPal等第三方支付机构被重新认定为信贷机构，有关电子货币机构的特殊监管要求融合在《信贷机构指令》、《支付服务指令》等法律文件中③。

2. 监管原则

在监管目标方面，世界主要发达国家和地区具有较高的一致性。欧盟也不

---

① 刘小麟，金钢. 借鉴国外经验完善我国第三方支付监管. 中国经济时报，2008-9-8.
② 张洪伟，张运燕. 国外互联网第三方支付的监管比较. 金融科技时代，2013（6）.
③ 吕力恒. 欧盟对电子货币的监管研究. 前沿，2012（7）.

例外，在建立稳定、健全和高效的第三方支付体系的同时，非常重视对消费者权益的保护。欧盟委员会 1997 年发布了《增进消费者对电子支付手段的信心》的通告，其中指出了与消费者保护相关的两个重要问题：一是为维护消费者信心，监管机构必须向电子货币的发行人和使用者提供透明度、责任和争议解决程序的指南；二是为保护消费者，监管机构必须考虑欺诈和伪造的风险，提高安全性。

另外，欧盟在构建严格的监管框架的同时，也强调对第三方支付业务的鼓励和促进，为其创造相对宽松、广阔的发展空间。如欧盟规定第三方支付机构只要取得一个成员国的"单一执照"，就可在整个欧盟通用。

3. 监管措施

与美国的监管措施相似，欧盟对第三方支付机构也设置了较为严格的准入要求，对已进入的机构进行动态监管，同时加强对沉淀资金的监管以及反洗钱监管。

按照欧盟的相关法律法规规定，各成员国必须对电子货币机构以及支付机构实行业务许可制度。按照最新的《2009/110/EC 指令》，第三方支付机构获得电子货币机构资格的条件是具备不低于 35 万欧元的初始资本金，并且必须持续拥有资本金。同时，申请者还须向所在会员国的主管当局提交一份详尽的申请材料，包括设立的电子货币机构的商业计划、初始资本金证明、内控制度、总公司及高级管理人员的相关材料等。

同时，欧盟对第三方支付机构实行动态的监管。在记录和报告制度方面，第三方支付机构必须定期提交财务报告、审计报告等，同时须记录和保留一定时间内的交易记录。监管部门还会对第三方支付机构业务进行现场检查，对于不符合规定的机构设定了相应的退出机制。另外，《2009/110/EC 指令》也对第三方支付机构的沉淀资金的投资活动进行了严格的限制，防止其进行投资犯罪。

二、P2P 网络借贷的国际监管经验

自 2005 年以来，以 Zopa、Lending Club、Prosper 为代表的 P2P 借贷模式在欧美国家兴起，随后在世界范围内迅速推开。从单一的线下模式到线下线上并行，再到 P2P 网络借贷平台，P2P 表现出了强大的生命力与创新力。对于这一新兴模式，监管部门并无先例可循，想在效率与成本之间取得平衡也并非易事。即便是金融市场发达的英美国家，对 P2P 的监管也都处于探索阶段[1]。虽

---

[1] 李雪静. 国外 P2P 网络借贷平台的监管及对我国的启示. 金融理论与实践，2013（7）.

然美英等国监管机构对 P2P 网络借贷行业的监管尚未成熟，且对于是否应当监管以及多大程度上监管存在一定的争议，但其监管思想仍能给我国监管机构以借鉴和启示。

（一）美国对 P2P 网贷的监管

美国对 P2P 网贷平台的监管思路延续了其金融监管的传统。其中，有两点非常明确，即对消费者给予充分的保护和对 P2P 网贷的行为监管。

1. 对消费者给予充分的保护

确保消费者受到充分的保护，是美国金融监管系统的主要目标之一。美国监管体制对于消费者的保护主要有三个方面，包括公平对待所有消费者（主要是投资者），保护消费者的隐私（主要是借款者）以及对消费者的教育（借款者和投资者双方）。美国的监管机构认为，在金融机构提供真实、全面、无偏的信息披露和风险提示的基础上，作为理性经济人的消费者就可依据自身情况做出合理选择[①]。因此，美国的监管机构致力于采取措施解决投资者和借款者之间的信息不对称问题，确保他们在信息充足的基础上做出正确的决定。

为消费者提供充分的信息得力于美国 SEC 较为严格的监管要求。首先，SEC 的注册要求对 P2P 设置了较高的市场准入门槛，有效阻止了一些不合格的新的参与者的进入。SEC 要求 P2P 平台的注册文件和补充材料涵盖其经营状况、潜在风险、管理团队构成和薪酬以及公司财务状况等大量信息。其次，P2P 网贷平台还要每天至少一次或者多次向 SEC 提交报告。全面的信息披露有利于 SEC 的监管，能够更好地维护借款者的利益。P2P 网贷平台的借款人可通过 SEC 的数据系统或是 P2P 平台网站获取相关信息，从而更好地了解 P2P 网贷平台的风险，自身的风险承受能力理智地做出决定。

除了遵守相关的法律和监管条例外，一些 P2P 平台也采取了相应措施保护消费者。如 Lending Club 将投资者的投资上限设为其净财产的 10%，以降低投资者投资失败造成个人财务毁灭的可能性。另外，Prosper 和 Lending Club 都设有破产后备计划。一旦平台破产，就会有第三方机构接管平台的运营，继续为投资者服务。Prosper 还设立了 Prosper Funding，以减少 Prosper 破产对投资者利益的损害。同时，Prosper 和 Prosper Funding 还通过多方面的努力来增强自

---

① 陈敏轩，李钧. 美国 P2P 行业的发展和新监管挑战. 金融发展评论，2013（3）.

身的风险管理能力，降低违约风险，并且对投资者进行恰当的风险定价①。

当然，美国监管部门同样重视对 P2P 借款人的保护。在 P2P 平台上，借款者面临的个人信息泄露风险要比传统信贷渠道大②。为了在 P2P 平台上成功融资，借款者必须按照 SEC 要求进行大量的信息披露，而这些信息有可能使得 P2P 平台上的投资者或其他人推断出借款人的具体身份。为此，美国 P2P 平台在接受 SEC 监管的同时，还必须服从于大量联邦和州法律法规的监管，以确保借款者（也包括投资者）的隐私。

2. 对 P2P 平台进行行为监管

行为监管是美国金融监管体制的另一个重要特点。美国的金融监管机构很少根据性质对各类机构进行划分，而是根据各个机构的业务行为进行相应的监管。2008 年 10 月，SEC 对 Prosper 下达了暂停业务的指令。因为 Prosper 向放款人出售收益权凭证，联邦政府 SEC 和各州的证券监管当局将其视为证券行为，要求其披露每一笔收益权凭证的信息③。

专栏 6-4　SEC 对 Prosper 下达暂停业务指令

2008 年 10 月，SEC 对 Prosper 下达了暂停业务的指令，认定 Prosper 出售的凭证属于证券，要求 Prosper 必须提交有效的注册申请。SEC 在 Prosper 运营了 3 年之后才发出暂停营业的指令，部分原因在于当时美国经济状况相当糟糕。事发前一个月，雷曼兄弟宣布倒闭，美联银行和华盛顿互惠银行都处在破产边缘。SEC 感到了巨大的压力，于是决定转变对 P2P 行业放任自流的态度。

一些业内观察人士认为，当时 SEC 的指令来得非常不是时候，在信贷资源很稀缺的情况下，切断了消费者急需的贷款渠道。很多人指出，这个指令只是因为监管者觉得在安然丑闻这一灾难性事件之后，除颁布《萨班斯-奥克利法案》之外，必须"做点事情"，并不是因为这是最好的选择。此外，登记注册的要求也阻止了其他潜在的市场进入者。事实上，Zopa 当时正准备进入美国市场，但是鉴于在 SEC 注册的成本（Lending Club 付出了 400 万美元）高得惊人，Zopa 放弃了这个决定。

---

① 王朋月，李钧. 美国 P2P 借贷服务行业发展简史. 第一财经日报，2013-5-10.
② 刘雁. 美国网贷监管要求贷款信息透明. 证券时报，2013-8-21.
③ 萧索. P2P 监管应无为而治. 证券日报，2013-12-13.

同时，由于 P2P 借贷业务涉及金融消费，因此美国消费者金融保护局（CFPB）也可凭联邦消费者保护法赋予的权力对其进行行为监管。同样，联邦贸易委员会（FTC）对银行和 P2P 机构同样没有明确的管辖权，但是如果银行或 P2P 机构采取了法律意义上的"不公平或者欺骗性行为"，FTC 就可以对其采取执法行动。

2011 年 7 月，美国政府责任办公室（GAO）向美国国会提交了一份关于 P2P 的报告《Person-to-Person Lending, New Regulatory Challenges Could Emerge as the Industry Grows》，该报告提到了对 P2P 监管的两种可行方案[1]：一种是维持现在的多部门分头监管，州与联邦共同管理的监管架构，SEC、CFPB 和 FTC 都参与监管。对放款人的保护主要借助联邦和州的证券登记与强制信息披露条款，对借款人的保护主要借助消费者金融服务和金融产品保护相关条例，对于"不公平或者欺骗性行为"则由联邦贸易委员会采取行动处理；另一种方案是将各部门，联邦和州的职责集中在一个单独的部门，由该部门统一承担保护放款人与借款人的责任。

为了衡量这两种监管方案的利弊，该报告构建了一个包括成功金融监管方案九个关键要素的评估框架（见图 6-1）。报告认为其中最为重要的三个衡量标准是对消费者和投资者持续的保护、灵活易用以及有效性和高效性。目前，美国部分业内人士赞成现有监管体系，但也有人支持统一监管方案。但是，对新的监管体系可能给 P2P 相关方带来的影响则持保留意见。可以说，无论选择何种方式，P2P 模式的不断发展与创新将会给监管带来更多新的挑战。

（二）英国对 P2P 网贷的监管

近年来，英国 P2P 网络借贷平台的发展也十分迅速。目前市场上主要的 P2P 公司有 3 家，即 Zopa、RateSetter 和 Funding Circle。其中，Zopa 是全球第一家 P2P 公司。在 P2P 发展的初期，英国并没有任何监管机构针对 P2P 出台相关监管政策。2011 年 8 月，Zopa、Rate Setter 和 Funding Circle 这 3 家 P2P 公司自发成立了英国 P2P 金融协会（Peer-to-Peer Finance Association）。协会成立的初衷是为借款人的保护设立最低标准要求，同时建立自我约束机制，促进 P2P 市场的有效监管。除了这 3 家 P2P 公司，英国其他的 P2P 公司规模相对较

---

[1] 陈敏轩，李钧. 美国 P2P 行业的发展和新监管挑战. 金融发展评论，2013 (3).

小，不能满足 P2P 金融协会的经营要求①。因此，目前，协会的成员仍只有这 3 家公司。

```
评估金融监管方案的关键要素
├── 对消费者和投资者持续的保护
├── 灵活易用
├── 有效性和高效性
├── 监管目标清晰
├── 监管覆盖范围适当
├── 金融监管持续一致
├── 监管机构的独立性、权威性、公信力
├── 对系统性的关注
└── 纳税人负担最小化
```

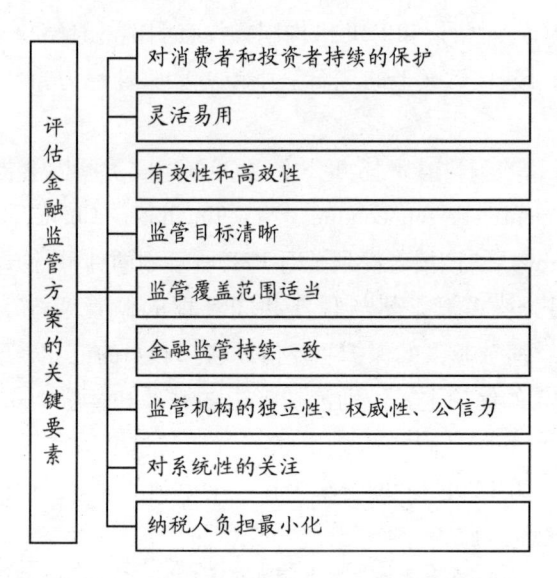

图 6-1　评估金融监管方案的 9 个关键要素

资料来源：美国政府责任办公室报告 Person-to-Person Lending, New Regulatory Challenges Could Emerge as the Industry Grows, http://www.gao.gov/products/GAO-11-613.

到目前为止，英国政府对 P2P 监管的发展可以主要分为以下三个阶段：

1. 卡梅伦上任前，英国政府对 P2P 并无监管

P2P 发展初期，英国并没有专门的监管机构或专门的法律适用于 P2P 市场。以全球第一家 P2P 公司 Zopa 为例，该公司在英国信息专员办公室进行了注册，是英国反欺诈协会的成员，申请了英国公平贸易局的信贷许可证。但由于 Zopa 借贷交易市场的业务很新，不符合英国金融服务监管局（Financial Service Authority, FSA）的任何监管类目，因此并未受 FSA 监管。但由于 Zopa 的业务范围包括销售保险产品，因而受到了 FSA 的密切关注。

2. 卡梅伦上任后，英国政府开始探索对 P2P 的监管

卡梅伦上任后，政府对英国金融监管体制进行了深刻改革。政府赋予了英格兰银行维护金融稳定和对其他银行及金融机构进行审慎监管的权力，取消了 FSA，即改变了英格兰银行、财政部、金融服务管理局（FSA）的"三方"管

---

① 李雪静. 国外 P2P 网络借贷平台的监管及对我国的启示. 金融理论与实践, 2013 (7).

理体制。

具体来说，英国政府在英格兰银行下新设了金融政策委员会（Financial Policy Committee，FPC），作为宏观审慎监管机构，FPC 负责监控和应对系统性风险；同时，新设了审慎监管局（Prudential Regulation Authority，PRA），PRA 负责对各类金融机构进行审慎监管；另外，还新设了金融行为监管局（Financial Conduct Authority，FCA），FCA 负责监管各类金融机构的业务行为，促进金融市场竞争，保护消费者。换句话说，原 FSA 的审慎监管职能和行为监管职能分别由新设立的 PRA 和 FCA 负责，而 FPC 在宏观审慎监管方面对 PRA 和 FCA 进行指导。PRA 和 FCA 对银行、保险和某些投资公司等具有审慎重要性的金融机构进行双重监管，而其他所有金融机构则由 FCA 单独监管。

3. 2014 年 4 月起，P2P 正式纳入英国政府监管

2013 年 10 月 24 日，FCA 召开了针对网贷平台和民间集资收紧规则的咨询会。会议决定 2014 年 4 月起，英国 P2P 行业将正式被 FCA 监管。咨询会的分析表明 Zopa、Rate Setter 和 Funding Circle 这 3 家英国 P2P 行业自律金融协会成员已经满足了新规定里的大部分条例。但是 P2P 发展势头迅猛，在投资者追求高息的助推下，大量的 P2P 公司应运而生，造成了行业的良莠不齐。FCA 对以退休人员（小投资人）为目标市场的 P2P 平台十分担忧，因为这些依赖退休金的投资者可能会面临不同程度的风险。同时，FCA 对那些缺乏投资经验的年轻人同样表示担心①。

英国业内人士表示，P2P 纳入政府监管后，行业良莠不齐的现象将会有所改善，一些粗放式管理的公司可能面临倒闭。当前，P2P 平台投资人的资金安全暂不受英国金融服务补偿计划（Financial Services Compensation Scheme，FSCS）保障②。英国政府在试图从立法上对 P2P 进行监管的同时，也正在与欧盟协商建立多边协商框架，以满足欧盟对于网络服务，包括保险、支付等业务的相关制度。

三、众筹的国际监管经验

众筹起源于 2008 年成立的美国 Kickstarter 平台，普通人在平台上展示自

---

① 网贷之家译. 英国监管部门将针对 P2P 网贷和民间集资推出新规定. http://www.wangdaizhijia.com.
② FSCS 是英国针对金融服务公司客户设立的最后补偿基金。只有 FSA 授权并监管的公司，才能受到 FSCS 的补偿。当一个 FSCS 的成员面临倒闭时，FSCS 会对存款人或投资人作出赔偿，使客户资金受到全面保障。

己的创意和想法，投资者则可自愿选择项目进行资金支持，若项目筹资成功，则投资人可获得相应的产品和服务作为回报。目前，Kickstarter 已发展成为全球最大最知名的众筹平台。Kickstarter 官方 Twitter 的数据显示，截至 2012 年 11 月底，Kickstarter 上推出的项目达 78497 个，成功融资 3.62 亿美元。实际上，近几年来，不光是 Kickstarter，全球众筹平台的数量和业务都呈现出爆发式的增长。与此同时，互联网众筹平台的业务模式也渐渐发生了改变。2011 年上线的 Crowdcube 成为全球首个股权众筹平台（equity-based crowdfunding），投资者在选择项目进行投资的同时还可获得项目的股份和权益。

不论是 Kickstarter 还是 Crowdcube，都属于新生事物，其迅速发展引起了许多国家和地区的关注。2011 年 9 月 28 日，葡萄牙组织了一场国际会议专门对众筹进行研讨。2011 年 11 月 18 日，欧洲发展机构协会（European Association of Development Agencies）发布了正式声明，提出了欧盟成员国应对未来互联网众筹趋势的指南。当然，最引人注目的还是美国对众筹监管的立法探索，从初期的立法尝试到 JOBS 法案出台，逐渐勾勒出了相对完整的监管框架[1]。

（一）初期的立法尝试

在美国的联邦证券法下，众筹面临着诸多问题。如一些（并非所有）众筹模式涉及证券销售，从而需要满足《1933 年证券法》的注册要求。对于众筹服务的小型项目发起人而言，注册成本极其昂贵，而且众筹并不适用于当时的注册豁免[2]。于是，美国的立法机构提出了几项探索众筹获得联邦证券监管豁免的法律草案，力图在保护投资者的同时减小众筹面临的监管障碍。美国在初期的立法探索，为 JOBS 法案的出台奠定了良好的基础。

2011 年 11 月，美国众议院通过了《企业融资法案》（The Entrepreneur Access to Capital Act），其中重要的部分就是为众筹创建了证券法的豁免权。该法案规定：众筹融资总额的上限是 100 万美元，但具有经审计的财务报告的筹资者则可最高募集 200 万美元。同时，筹资者必须向投资者进行风险提示并通知美国证券交易委员会，以尽可能保护投资者；对于个人投资者，其投资上限为 1 万美元或是其年收入的 10%；对于众筹平台，其必须设置统一的信息处理标

---

[1] 袁康. 互联网时代公众小额集资的构造与监管——以美国 JOBS 法案为借鉴. 证券市场导报，2013（6）．

[2] Bradford, C. Steven. Crowdfunding and the Federal Securities Laws. *Columbia Business Law Review*, 2012（2012）：1 – 1.

准以提高信息的可信度。

其后,有参议员向参议院提交了《民主化融资法案》(Democratizing Access to Capital Act)。该草案与众议院的《企业融资法案》保持了整体的一致性,但进行了一定的变动。第一,要求筹资者在获得联邦证券监管豁免的同时,必须接受州和北美证券管理协会(NASAA)的监管;第二,规定个人投资者的投资上限由 1 万美元或年收入的 10% 降低到 1000 美元;第三,要求众筹必须通过集资门户完成。

同年 12 月,参议员 Jeff Merkley 提出了《网上融资中减少欺诈与不披露法案》(Capital Raising Online While Deterring Fraud and Unethical Non-Disclosure Act)。该草案对众筹投资者投资额度的限定更加详细,也更加严格。该草案将个人投资者分成三类:年收入 5 万美元以下的投资者单笔投资不能超过 500 美元,年度投资的总额不能超过 2000 美元;年收入 5 万~10 万美元之间的投资者单笔投资不能超过年收入的 1%,年度投资的总额不能超过年收入的 4%;年收入 10 万美元以上的投资者单笔投资不能超过年收入的 2%,年度投资总额不能超过年收入的 8%。另外,在该草案下,众筹平台需承担较多的责任,包括对筹资者的审查、教育,对投资者分类以及接受 SEC 监管等。

(二) JOBS 法案对众筹的规定

2012 年 4 月 5 日,《创业企业融资法案》(Jumpstart Our Business Startups Act,以下简称 JOBS 法案)经美国总统奥巴马签署后正式生效,法案的主要推出过程见图 6 - 2。该法案对《1933 年证券法》和《1934 年证券交易法》中的部分条款进行了修订,对中小企业融资的诸多方面提出了"减负"措施[1]。此外,JOBS 法案还增加了对众筹的豁免条款,使创业者可以通过互联网众筹模式向一般公众进行股权融资。同时,该法案对投资者、筹资者以及众筹平台等均制定了一系列的限制条款,初期立法机构对众筹监管的很多有益探索都在 JOBS 法案中有所体现。

按照 JOBS 法案,通过众筹模式在 12 个月内融资额不超过 100 万美元的筹资人不受联邦证券法的监管,即试用于联邦证券法的豁免。同时,法案对投资者的投资限额进行了规定。投资者年收入少于 10 万美元的,其投资额不得超过 2000 美元或年收入的 5%;投资者年收入等于或高于 10 万美元的,其投资

---

[1] 杂志编辑部. 美国 JOBS 法案的蝴蝶效应. 融资中国,2013 (5).

```
┌─────────────────────────────────────────────────────────────┐
│  2012年3月8日          美国众议院通过了JOBS法案              │
│                                                             │
│  2012年3月22日         美国参议院就JOBS法案关于众筹提出修改意见 │
│                                                             │
│  2012年3月27日         美国众议院通过了参议院的修改意见并    │
│                        将方案提交总统                       │
│                                                             │
│  2012年4月5日          美国总统奥巴马签署JOBS法案            │
└─────────────────────────────────────────────────────────────┘
```

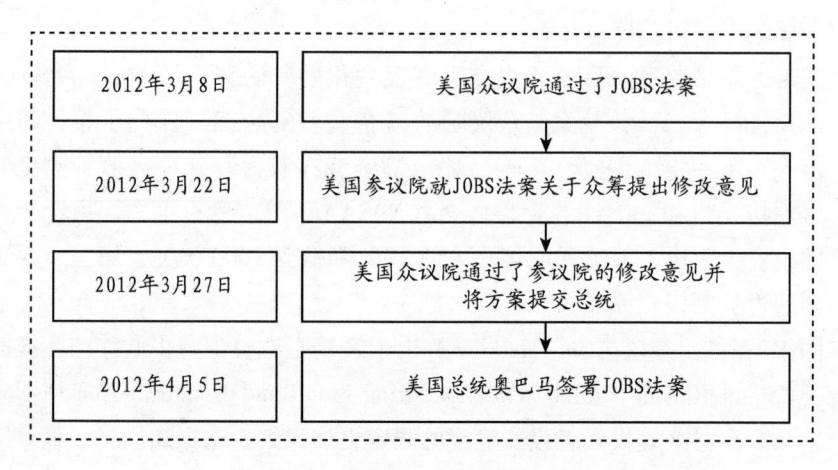

图6-2 美国JOBS法案的推出过程

额不得超过10万美元或年收入的10%。当单笔投资额超过上述要求时，将不再适用联邦证券法的豁免。另外，JOBS法案还对众筹中投资者数量到达触发注册标准的限制进行了豁免，将公开发行的人数限制由300人提高到1200人。

众筹融资放松股权融资后，投资者保护问题变得愈发突出。JOBS法案除了限制投资者的投资额度以降低投资者可能承担的投资风险总额外，还对众筹融资中的筹资者和众筹平台提出了相应要求，以进一步保护投资者利益[①]。对于筹资者，法案主要从四个方面做出规定：一是要求其在SEC备案，并向投资者和众筹门户披露相关信息；二是不允许其采用广告促进发行，但允许通过众筹平台向投资者发出通知；三是对发行人如何补偿促销者做出限制，SEC禁止促销者没有向投资者披露其将会从筹资者处获得的补偿的促销发行；四是要求其向SEC和投资者提交关于企业运行和财务情况的年度报告[②]。

对于众筹门户，JOBS法案提出了十余条要求，包括：必须在SEC登记为经纪人或集资门户[③]；必须在被认可的一家自律性协会（Self-regulatory Organization，SRO）进行登记，并接受SRO的约束；必须向SEC和投资者揭示相关风险、进行投资者教育；必须至少在众筹证券卖出前21天向SEC和投资者提供筹资者的相关信息；必须在筹资额达到或超过预定数额时才能将所筹资金提

[①] 人民银行西安分行课题组. 众筹融资的发展与规范问题研究. 金融时报，2013-12-16.
[②] 肖本华. 美国众筹融资模式的发展及其对我国的启示. 南方金融，2013（1）.
[③] 集资门户（Funding Portal）为JOBS法案首次提出的概念，指"任何人作为交易中介涉及到为他人账户发行或交易证券时，仅仅依据《1933年证券法》第4（6）条款"。根据该定义，集资门户不能向投资者提供投资建议或推荐证券，不能给予雇员、代理商或其他人在该网站上促销证券给予补偿。

供给筹资者；必须保证投资者没有超过对其投资额度的限制；必须采取措施保护投资者的隐私权；必须限制与筹资者有利益关系；必须采取措施减少众筹交易中的欺诈行为等。

美国总统奥巴马高度评价 JOBS 法案，他认为《1933 年证券法》使得很多人无法投资，80 多年发生了诸多变化，但法律却依然未变。而该法案的通过将使得初创企业和小企业获得大量潜在投资者，即美国民众。实际上，立法是一个平衡问题，一方面要保护投资者的利益，另一方面又要保护发起人的融资意愿，为其提供融资便利①。而 JOBS 法案就是围绕投资者保护的有效性和众筹融资的便捷性设计的。JOBS 法案并非十全十美，外界也对其提出了诸多质疑，但对于众筹这种新型的互联网金融模式而言，美国政府与时俱进、促使其规范化发展的努力是值得肯定和借鉴的。2013 年 10 月 23 日，美国 SEC 公布了对众筹监管适度"松绑"的试行规则，该试行规则是对 JOBS 法案中对众筹实行监管例外要求的落实。试行规则将在自发布之日起的 90 天内向社会征求意见。

四、电子货币的国际监管经验

近年来，随着支付需求的日益增加和信息技术的快速发展，电子货币作为现金的替代品之一，在不同国家和地区得到了广泛的应用。1996 年，十国集团（G10）央行委托国际清算银行调研全球电子货币的发展状况，从而使得电子货币监管问题正式纳入了货币当局的视野。

一直以来，各国对电子货币监管的理念存在着分歧。其中，以美联储为代表的意见认为过早引入监管规则会妨碍电子货币的创新和自由发展，所以主张采取引而不发（wait-and-see）的策略；而以欧洲央行为代表的意见则是对电子货币发行机构尽早实施审慎监管，以维护支付体系的信誉，保障电子货币市场的公平竞争，同时保护电子货币使用者的利益②。

（一）美国对电子货币的监管

1. 监管模式和原则

美国对电子货币的监管仍然实行功能监管。美国联邦、州二级政府将电子

---

① 刘真真. 法与平衡——众筹美国经验的启示. 支点，2013（5）.
② 孙浩. 电子货币监管体系的挑战与创新. 中国信用卡，2012（10）.

货币视为非储蓄业务，对电子货币按照货币服务功能进行监管。相关的法律法规包括《统一货币服务法》、《反洗钱法》、《电子货币划拨法》以及 E 条例、各州《遗弃财产法》、各州《消费者保护法》和各州《专业货币汇兑机构法》等。在"引而不发"的监管理念下，美国的电子货币监管体系较为宽松，其对电子货币的监管原则主要有三点：尽可能与私人部门和公众合作，避免过早的管制以及在必要时采取行动①。

2. 监管对象

美国对电子货币的发行主体资格提出了规范性的要求。美国《统一货币服务法》规定任何从事货币汇兑等业务的单位或机构，必须在所在州的监管机构注册登记，并接受相应的监督和检查。各个州根据《统一货币服务法》的宗旨和原则，制定本州的货币服务法律②。此外，一些州还把电子货币传输看做是实体货币的等价物，要求相关机构必须获得监管当局的专项业务经营许可，并对申请经营许可的程序和资质，如资本金等作了相应规定。总的来看，美国并没有对电子货币的发行主体做出过多的限制，为电子货币的发展营造了较为宽松的发展环境。

3. 监管措施

美国对电子货币涉及的资金及账户设置了较为严格的监管要求：一是设定最高限额。例如，美国对不记名电子货币有最高额规定，不记名的银行预付卡的最高金额不得超过 750 美元。

二是规定沉淀资金不得擅自使用或用于高风险投资。美国各州的《专业货币汇兑机构法》规定，沉淀资金应以高度安全的方式持有，沉淀资金应在特定时间内转移给获得许可的专业货币汇兑机构。

三是规定必须购买保险或建立保证金制度，以降低承兑风险。美国联邦法律规定金融机构类发卡者必须向 FDIC 购买保险。若无力承兑，卡内金额将由 FDIC 承担相应给付责任。

四是规定妥善处理电子货币余额，以保护消费者合法权益。美国各州的《遗弃财产法》规定，对于预付卡内超过有效期的剩余资金，拥有无主财产的法人实体在无法联系所有权人时，应将财产交付州政府，由其保管并获取利息。

---

① 孙毅坤，胡祥培. 电子货币监管的国际经验与启示. 上海金融，2010（2）.
② 王宏. 国外电子货币监管对我国的启示. 上海金融，2012（10）.

五是对运营中的信息披露进行监管。美国监管署公布的礼品卡发行指导意见要求发卡机构发行的礼品卡，须事先公开各项收费条款，禁止在营销礼品卡时误导消费者[①]。

（二）欧盟对电子货币的监管

1. 监管模式

欧盟对电子货币采取的是主体型监管模式。欧盟侧重对电子货币发行主体进行监管，相关法规政策包括《电子货币指引》和《支付服务指引》等。

实际上，电子货币在欧洲问世之初就受到了监管机构的关注。1994年欧洲货币管理局发布报告指出发行电子货币应被视为吸储活动，并建议发行权受限于金融信贷机构。然而，欧盟委员会却持有不同的观点。当时欧洲面临的主要问题之一是寻找新的经济增长模式，重塑欧洲经济地位。而电子商务被认为是未来重要的经济引擎，所以欧盟认为应该鼓励创新，尽快在这一领域确立自己的领导地位。在这个大背景下，欧盟委员会主张允许非银行机构发行电子货币，以竞争和创新促进电子货币发展。经过两年多的谈判协调，双方最终在2000年达成了政治共识：欧盟委员会成功地为电子货币确立了独立的监管框架，即同年颁布的电子货币监管指令（Directive 2000/46/EC）。该监管指令为减轻电子货币监管负担，促进创新与竞争打下了良好的基础[②]。

2. 监管对象

欧盟电子货币的监管对象为符合新指令条件的电子货币发行者，其中包括传统信贷机构、电子货币机构、欧盟各国家法律规定允许发行电子货币的邮政汇划机构、作为市场参与者的欧洲央行或国家中央银行、欧盟各成员国或其中央及地方机构等。同时规定各成员国的主管当局应该在方便市场准入、提供充分保护措施和防止恶性竞争这三者之间保持平衡，允许成员国主管当局在满足一定条件且仅发行有限金额电子货币的基础上，豁免其遵守2009/110/EC指令中的部分规定，并允许其记入电子货币机构的登记册，但是不享受提供指令所规定的各项支付服务的权利，且不能享受作为支付系统成员的权利。

3. 监管措施

欧盟按照审慎监管原则，制定了对电子货币机构的监管措施，主要包括：

---

① 孙毅坤，胡祥培. 电子货币监管的国际经验与启示. 上海金融，2010（2）.
② 孙浩. 欧盟电子货币监管的实践与经验. 金融电子化，2010（4）.

一是设定准予许可的条件。在欧盟国家要获得电子货币机构资格，申请者须向所在会员国主管当局提交一份包含操作方案、商业计划、初始资本金证明、公司治理制度等内容的申请材料。同时，新的指令降低了电子货币机构的市场准入门槛，将初始资本金的要求由原来的100万欧元降低到35万欧元，不仅降低了电子货币机构的市场准入门槛，而且为电子货币机构安全运转、履行各项法律义务以及防范化解各种风险提供了最基本的资金保障。

二是设定最低持续性发展自有资金要求。分别对电子货币机构开展电子货币发行业务和其他业务设定了不同的资金计算标准，如果发行电子货币，其自有资本金的最低持有量不得少于近6个月未兑现电子货币的相关负债总额平均值的2%。

三是建立专门电子货币兑换资金账户。为保护支付用户的利益不受损害，明确规定电子货币机构要确保通过发行电子货币所获得资金的安全，电子货币机构要将自身资金与未兑现的电子货币兑换资金完全分离，为电子货币兑换资金专门开立账户，此账户只能投资于主管当局认定的具有充分流动性的低风险资产。同时，明确规定在持有电子货币期间，禁止电子货币机构向电子货币持有人支付利息或给予其他利益或好处。

四是规定电子货币的可赎回性。取消了原来规定要求电子货币持有人在有效期内有权要求发行商赎回电子货币的要求，为增强消费者对电子货币以及整个电子支付系统的信心，电子货币发行机构必须明确其在任何时候都承担按照货币价值对电子货币进行赎回的义务。持有者在购买电子货币时双方应明确赎回的条件，如果赎回行为发生在合同到期前或合同到期1年后，发行者可按照合同规定收取一定费用，如果赎回行为发生在合同到期时或合同到期1年内，发行者必须免费赎回电子货币。

五是建立重要事项动态报告及撤销制度。明确规定当机构的资金保障措施发生重大变动或法人决策层出现重大调整时，电子货币机构必须要向主管当局报告并必须获得主管当局的同意，以确保主管当局及时掌握电子货币机构的经营情况。主管当局在特定情况下，出于规范电子货币市场正常运作的目的，有撤销电子货币机构经营资格的权利。

此外，欧盟还制定了针对电子货币的反洗钱规定。旧法令没有对电子货币相关交易制定明确的反洗钱规定，新法令通过限制电子货币的交易金额来防止洗钱犯罪的发生。新法令规定不能充值的电子货币存储额不得超过250欧元，可充值的电子货币1年内最高交易限额为2500欧元。其中，如果1年内要求赎回的电子货币额度在 1000 欧元及以上的情况除外。对于跨国支付交易，成员国及他们的交易国可以将不能充值的电子货币存储额限值从 250 欧元提高到 500 欧元①。

第三节　互联网金融监管的对策建议

互联网金融具有透明度高、参与广泛、中间成本低、支付便捷、信用数据更为丰富和信息处理效率更高等优势。互联网金融为我国金融创新开辟了广阔天地，也给金融监管提出了新的挑战和要求。我国金融监管层现有的政策、监管标准、调控手段等方面，已经不能完全适应互联网金融的发展。因此，必须积极探索和构建互联网金融的监管体系，促进互联网金融的健康持续发展。

一、互联网金融监管的目标

互联网金融的迅猛发展，对我国的金融稳定和金融监管带来了巨大的挑战。美国政府认为，清晰的监管目标是评估金融监管方案的关键要素之一。因此，我国的互联网金融监管也必须要制定清晰的目标。笔者认为，互联网金融监管的目标在于维护金融系统的稳定，保护中小投资者的利益以及推动互联网金融健康有序的发展等。

（一）防范系统性风险，维护金融体系稳定

互联网金融并没有改变金融的功能和本质，而是传统金融的有益补充。与欧美国家不同，中国不具备发达的资本市场和银行系统。中国传统金融业的资源配置能力有限，银行业贷款的范围也较为有限②。在金融产品和服务的创新方面，互联网金融能够弥补传统金融业的不足。例如，以阿里小贷为代表的互联网金融有效地缓解了小企业贷款难的问题，其对不同企业制定不同贷款利率的举措也对利率市场化起到了积极的推动作用。又如，"余额保"的问世为社会闲散资金流入资本市场提供了渠道，对缓解流动性紧张起到了一定的积极作用。

---

① 刘胜军．欧盟电子货币监管制度最新发展及其启示．金融与经济，2010（3）．
② 车亮．互联网金融监管拟以鼓励为导向．中国证券报，2014－1－13．

当然，相较传统金融而言，互联网金融的风险也十分突出，在一定程度上对我国金融体系的稳定构成了威胁。互联网金融准入门槛低，可能会使非金融机构短时间内大量介入金融业务，降低金融机构的特许权价值，增加金融机构冒险经营的动机。此外，互联网金融的信息科技风险突出，其独有的快速处理功能，在快捷提供金融服务的同时，也加快了相关风险积聚的速度，极易形成系统性风险，风险一旦爆发将会对金融体系的稳定产生巨大危害①。金融稳定对于一国的经济安全具有重要意义，因此，监管机构要对互联网金融进行有效的监管和引导，及时防范和化解系统性风险，维护我国金融体系的稳定。

（二）鼓励互联网金融的普惠性，保护中小投资者的利益

党的十八届三中全会通过的《中共中央关于全面深化改革若干重大问题的决定》中提出，发展普惠金融，鼓励金融创新，丰富金融市场层次和产品。互联网金融的支付中介、信用中介业务，满足了消费者网络支付、小额理财等方面的金融需求，是实现普惠金融的重要手段②。

美国 JOBS 法案的推出就是为了促进小企业和初创企业融资，法案允许创业公司每年通过网络平台募集不超过 100 万美元的资金。JOBS 法案对融资中介的资格、行为都作出了明确规定，以防不正当交易损害公众和投资者的利益③。目前，中国中小企业同样面临着的融资困境，融资成本高，渠道少等问题。互联网金融正是解决中小企业融资、实现普惠金融的有效方式。2013 年，P2P 网贷平台"倒闭潮"在很大程度上或源于投机成分过大，未来 P2P 行业发展应更多回归普惠金融，服务于真正有需要的个人与小微企业④。同时，加强对 P2P 等模式的监管，切实的保护中小投资者的利益。

（三）打击金融违法犯罪行为，推动互联网金融健康有序发展

2013 年以来，互联网金融风起云涌，互联网金融领域存在的诸多风险和隐患也逐渐暴露出来。比如，在支付领域，支付机构的交易流程缺少认证，沉淀资金缺少监管，消费者在享受便利的同时，面临着交易欺诈、资金被盗、隐私暴露等多重风险。在融资领域，P2P 等机构正在快速扩张，在提高社会资金

---

① 张晓朴. 互联网金融监管十二原则. 第一财经日报，2013 - 1 - 20.
② 李文龙，杜冰. 互联网金融需要引入适当监管. 金融时报，2014 - 1 - 17.
③ 鲁公路，李丰也，邱薇. 美国新股发行制度改革：JOBS 法案的主要内容. 网易财经，2013 - 3 - 15.
④ 陈莹莹. 互联网金融监管靴子亟待落地 业内称应回归普惠金融. 中国证券报，2013 - 12 - 16.

运用效率的同时,引发的信用风险也正在不断积聚①。

此外,随着互联网金融的快速发展,行业内还出现了良莠不齐的现象。少数互联网企业运营中基本没有建立数据的采集和分析体系,而是披着互联网的外衣不持牌地做传统金融,有些平台甚至挑战了法律底线。如一部分P2P脱离了平台的居间功能,先以平台名义获取资金再进行资金支配甚至挪作他用,投资人与借款人并不直接接触,这已突破了传统意义上P2P贷款的范畴。因此,必须不断跟踪研究互联网金融模式的发展演变,划清各种商业模式与违法犯罪行为的界限,依法严厉打击金融违法犯罪行为,推动互联网金融健康有序发展②。

专栏6-5 央行暂停二维码支付业务和虚拟信用卡业务

2014年3月13日,央行支付结算司下发紧急文件,要求支付宝、财付通全部暂停线下条码(二维码)支付、虚拟信用卡有关业务。并采取有效措施确保业务暂停期间的平稳过渡,妥善处理客户服务、减少舆论影响。此前,阿里巴巴和腾讯先后宣布将与中信银行合作推出虚拟信用卡。

对于此次暂停二维码支付业务和虚拟信用卡业务,央行回应称:二维码在制造业、物流业、零售业等领域早已得到广泛应用。近年来,国际国内对二维码技术在移动支付方面有所尝试和拓展,但总体上有关技术、业务模式仍处于探索阶段,尚无统一的技术标准和检测认证标准,存在一定风险隐患。一是二维码生成机制和传输过程存在风险隐患;二是支付终端的安全性较难保障;三是二维码支付指令验证手段较为单一,安全性屏障不够。有关国家中央银行、银行卡组织和金融机构等出于风险顾虑,对二维码支付在金融领域的应用均较为谨慎,全球尚未有在金融服务领域大规模应用的案例。近年来,国内已陆续发生了许多关于二维码支付的风险案件,客户因为扫描二维码导致个人信息泄露、账户资金被盗。在没有建立相关安全技术标准、统一的业务规则和相应的消费者权益保护制度安排的情况下,拥有上亿用户的支付公司全面推广二维码支付可能引发的多种风险难以想象。

对于虚拟信用卡,央行指出:虚拟信用卡的发卡流程全程网络化,省略了

---

① 杨凯生.加强对互联网金融的监管必须且紧迫.第一财经日报,2013-10-10.
② 张晓朴.互联网金融监管十二原则.第一财经日报,2013-1-20.

风险控制的关键环节，突破了现有发卡面签审核等基本管理要求，对反洗钱法律制度和账户实名制度产生较大冲击。同时，由于办卡流程无法有效确认客户本人办卡意愿，在目前个人身份信息非法买卖行为未得到有效遏制的情况下，还存在较大的冒名办卡风险，极易发生损害消费者合法权益的问题。此外，"虚拟信用卡"发行与实体信用卡发行的监管标准不一致，必然引发发卡市场的不公平竞争。

叫停风波过后，央行表态"鼓励互联网金融发展创新的理念、方向、政策始终没有改变，也不会改变。"有关机构拟推出的上述两项业务只是暂停，不是终止，并明确互联网金融的"底线"思维：即创新必须坚持金融服务实体经济、服从宏观调控和金融稳定、维护消费者合法权益、维护公平竞争市场秩序、充分发挥行业自律作用等五大监管原则。具体底线是：P2P和众筹融资要坚持平台功能，不得变相搞资金池，不得以互联网金融名义进行非法吸收存款、非法集资、非法从事证券业务等非法金融活动。①

二、互联网金融监管的原则

下一步，中国人民银行将会同有关部门按照"鼓励创新、防范风险、趋利避害、健康发展"的总体要求，进一步探索和完善监管，促进互联网金融的健康发展。总的来说，我国互联网金融的监管将会遵循以下五大总体原则②：

（一）互联网金融创新必须坚持金融服务实体经济的本质要求，合理把握创新的界限和力度

包括互联网金融在内的金融创新必须以市场为导向，以提高金融服务能力和效率、更好地服务实体经济为根本目的，不能脱离金融监管、脱离服务实体经济抽象地谈金融创新。互联网金融中的网络支付应始终坚持为电子商务发展服务和为社会提供小额、快捷、便民的小微支付服务的宗旨；P2P和众筹融资要坚持平台功能，不得变相搞资金池，不得以互联网金融名义进行非法吸收存款、非法集资、非法从事证券业务等非法金融活动。

---

① 欧阳晓红．互联网金融监管底线：应急式政策让市场焦虑．经济观察报网，2014-3-29．
② 刘田．央行明确互联网金融监管五大原则．第一财经日报，2014-3-25．

(二) 互联网金融创新应服从宏观调控和金融稳定的总体要求

包括互联网金融在内的一切金融创新，均应有利于提高资源配置效率，有利于维护金融稳定，有利于稳步推进利率市场化改革，有利于央行对流动性的调控，避免因某种金融业务创新导致金融市场价格剧烈波动，增加实体经济融资成本，也不能因此影响银行体系流动性转化，进而降低银行体系对实体经济的信贷支持能力。

(三) 切实维护消费者的合法权益

我国同欧美发达国家一样，也应将对消费者的保护作为互联网金融监管的重要原则。监管必须强调维护金融消费者的资金安全、信息安全，保护金融消费者的合法权益。例如，针对第三方支付中消费者面临的交易欺诈、资金被盗、信息安全得不到保障等问题，应针对性地加强风险提示，并及时采取强制性的监管措施。同时，互联网金融企业开办各项业务，应有充分的信息披露和风险揭示，任何机构不得以直接或间接的方式承诺收益，误导消费者。互联网金融企业开办任何业务，均应对消费者权益保护作出详细的制度安排。

(四) 维护公平竞争的市场秩序

在市场经济条件下，公平竞争是保证市场对资源配置起决定性作用的必然要求。把线下金融业务搬到线上的，必须遵守线下现有的法律法规，必须遵守资本约束。不允许存在提前支取存款或提前终止服务而仍按原约定期限利率计息或收费标准收费等不合理的合同条款。任何竞争者均应遵守反不正当竞争法的要求，不得利用任何方式诋毁其他竞争方。

(五) 处理好政府监管和自律管理的关系，充分发挥行业自律的作用

抓紧推进"中国互联网金融协会"的成立，充分发挥协会的自律管理作用，推动形成统一的行业服务标准和规则，引导互联网金融企业履行社会责任。互联网金融行业的大型机构在建立行业标准、服务实体经济、服务社会公众等方面，应起到排头兵和模范引领作用。

监管层表示，基于以上五点原则，我国对互联网金融将会予以适度监管，不会管得过多过死，要为创新和发展留有余地和空间，推动我国互联网金融继续保持全球领先地位。

三、互联网金融监管的对策

互联网金融在扩大微型金融服务供给，拓展投资渠道，丰富投资产品，提高交易效率，降低交易成本，推进利率市场化等方面发挥了积极作用。不过，目前我国的互联网金融存在监管缺失，监管部门应借鉴国际上的成功经验，抓紧推进互联网金融的相关研究工作，通过明确监管主体，加强金融监管协调，完善法律法规，强化行业自律，完善社会征信体系等完善互联网金融监管。

（一）明确监管主体

从互联网金融的国际监管经验来看，往往没有统一的主监管机构。即涉及谁的监管职责就由相应的监管机构负责，美国第一网络银行（SFNB）、贝宝支付（PayPal）等就曾分别由银行和证券监管机构负责监管[1]。对我国来说，也需逐渐明确各种互联网金融模式的监管主体。目前，虽然央行牵头的互联网金融监管的总体办法还在研究中，但央行已基本明确坚持"谁的孩子谁抱走"的原则、进行分业监管，在各自的领域发挥监管效力[2]。

目前，第三方支付需持牌经营，隶属央行管理。各大金融机构的对口监管单位也相继出台了有关网络销售相关金融产品的规定。对于处于风口浪尖的P2P网贷，监管层也于近期表示其属于信贷业务，可能由银监会负责监管[3]。此前，小贷公司因为不涉及吸收存款的业务，银监会一直未肯接手，初期由央行代管。2013年12月10日国务院针对影子银行发布的107号文中规定，小额贷款公司由银监会会同人民银行等制定统一的监管管理制度和经营管理规则，建立行业协会自律机制，省级人民政府负责具体监管。近期，监管层明确了P2P的监管主体，意味着监管P2P的步伐已经实质性的提上日程。

（二）加强金融监管协调

互联网金融横跨多个行业和市场，交易方式广泛、参与者众多，有效控制风险的传染和扩散，离不开有效的监管协调。我国可以借鉴美国的经验，对互联网金融实行功能监管，即根据互联网金融的功能确定相应的监管机构，建立既专业分工又统一协调的互联网金融监管机构体系。

---

[1] 张晓朴. 互联网金融监管十二原则. 第一财经日报, 2013-1-20.
[2] 杨璐. 互联网金融监管分工划定：P2P网贷由银监会负责. 财新网, 2014-3-11.
[3] 王雪, 古美仪. P2P纳入银监会监管, 底线原则将不可突破. 大公网, 2014-3-6.

2013年8月,为进一步加强金融监管协调,保障金融业稳健运行,国务院批准建立金融监管部际协调机制。下一步,应该利用好这一平台,充分发挥金融监管协调机制的作用①。加强跨部门的互联网金融运营、风险等方面的信息共享,沟通和协调监管立场。此外,监管还应注重以下两个方面的协调:一方面,以打击互联网金融违法犯罪为重点,加强司法部门与金融监管部门之间的协调合作;另一方面,以维护金融稳定,守住不发生区域性、系统性金融风险底线为目标,加强金融监管部门与地方政府之间的协调与合作。

(三) 完善相关法律法规

欧美各国都十分重视对互联网金融的监管,将互联网金融纳入现有的法律框架,强化相关的法律法规。消费者权益保护法、信息保密法、消费信贷法、第三方支付法规等,都是金融交易运行的重要制度基础。目前,中国的整个金融法律还不完善。不过,对于互联网金融这一新型模式,立法也需要一个适应的过程。比如,美国对众筹的监管就颇为谨慎,出于投资者保护措施的复杂性等考虑,SEC选择推迟众筹相关监管细则的出台②。

我国互联网金融相关法律法规体系的完善,可以从以下三个重要方面循序渐进地展开:第一,加快互联网金融发展基础性法律立法。梳理完善现行互联网金融法律法规制度,从法律层面界定互联网金融的范畴,建立较高行业准入门槛、规范市场主体交易行为等问题。第二,修正和完善互联网金融配套法律体系。修正和完善个人信息保护等互联网金融配套法律体系,对促进互联网金融发展涉及的框架性、原则性内容进行细化立法,系统构建与互联网金融相关的配套法律制度。第三,制定互联网金融相关的部门规章和国家标准。制定互联网金融相关的部门规章,发布网络金融行为指引文件和国家标准,为网络金融平台运营商、出借人、借款人等相关参与者提供具体化的规范引导③。

(四) 强化行业自律

相对于政府监管,行业自律的优势在于作用范围和空间更大、效果更明显、自觉性更强。美国的JOBS法案要求众筹门户必须在被认可的一家自律性

---

① 杨洋,潘功胜.进一步完善互联网金融监管 目前推出存款保险制度的时机和条件比较成熟.金融时报,2014-3-24.
② 王开.众筹融资模式的中国探索:会不会碰到非法集资红线.财经,2013-8-26.
③ 刘爱萍.如何促进互联网金融规范发展.光明日报,2013-7-29.

协会进行登记，并接受自律性协会的约束。由于目前 SEC 对于从事众筹融资的中介机构的监管细则还未出台，SRO（自律性协会）在监管中发挥着十分重要的作用。

在互联网金融监管措施和细则出台之前，互联网金融行业的自律程度将在一定程度上影响整个行业的发展。为此，要抓紧推进"中国互联网金融协会"的成立，充分发挥协会的自律管理作用，推动形成统一的行业服务标准和规则，引导互联网金融企业履行社会责任。特别的，互联网金融行业的大型机构要在建立行业标准、服务实体经济、服务社会公众等方面，起到排头兵和模范引领作用①。

（五）完善社会征信体系

互联网金融的快速发展，大大扩展了征信体系的数据范畴。在传统金融模式下，银行只能通过历史信贷信息判断授信对象的信用水平。而在互联网金融模式下，信贷机构可广泛应用信用评分模型，通过电子交易平台信息、物流信息、资金流信息等互联网大数据综合判断授信对象的信用状况。然而，P2P 等新型信贷平台的信贷数据仍游离于征信体系之外。因此，必须加快社会征信体系建设，健全企业和个人信用体系。此外，还应大力发展信用中介机构，建立支持新型互联网金融发展的商业信用数据平台，推动信用报告网络查询服务、信用资信认证、信用等级评估和信用咨询服务发展。

事实上，我国互联网金融监管中的挑战，也是全球监管者在金融创新领域中面临的永恒难题，即如何在改善金融效率和维护金融稳定之间寻找平衡。美国的次贷危机表明，只注重效率不注重稳定、"最少的监管就是最好的监管"等理念是行不通的。当然，单纯追求稳健而过度抑制创新，也远非良好的监管选择。第二节中我们讲到，美国等少数国家已经开始尝试评估互联网金融的监管框架，评估的要素包括对消费者和投资者持续的保护、灵活易用、有效性和高效性等 9 个方面。我国也可引入适当的评估框架，不断完善互联网金融的监管规则。此外，互联网金融作为一个新兴的金融业态，为探索金融创新的有效监管模式提供了一个难得的机遇。监管层应立足我国金融发展实际，把互联网金融作为践行良好金融创新监管理念的试验田，积极探索未来新金融监管的范式②。

---

① 王宇. 央行正面回应互联网金融监管：暂停相关业务为防风险. 新华网，2014 - 3 - 24.
② 张晓朴. 互联网金融监管十二原则. 第一财经日报，2013 - 1 - 20.

第七章

融合：中国互联网金融发展趋势

互联网金融对金融界带来的是冲击还是颠覆？互联网企业以网上支付为切入点，加速向投融资、金融信息服务、资产管理等传统金融领域渗透。互联网金融的崛起已产生"鲶鱼效应"，面对"搅局者"、"野蛮人"，"备受煎熬"的传统金融机构利用互联网技术积极"逆袭"互联网公司，主动"触网"加速传统业务转型升级，或者借互联网公司发力，力图在直接融资和小额贷款上突围。同时，互联网公司和传统金融机构的融合也在悄然加速，都开始以互联网思维来探索互联网金融发展，凭借各自的优势重新定位，重构行业格局和推动金融创新。

第一节 互联网金融的发展阶段及特征

互联网技术的不断发展，促使金融业和互联网业的深度融合，形成了互联网金融。互联网金融作为新兴的一种业态，必然有其自身发展规律，必须经历与传统产业一样的兴衰周期。我们借助卡萝塔·佩蕾丝（Carlota Perez）的"技术—经济范式"，对互联网金融的发展阶段及其特征进行解析。

一、佩蕾丝的"技术—经济范式"

佩蕾丝在《技术革命与金融资本——泡沫与黄金时代的动力学》中通过

"技术—经济范式"对人类历史上的五次技术革命①作了深入的分析。她认为,"技术—经济范式是一个最佳的惯行模式(a best-practice model),它由一套通用的、同类型的技术和组织原则所构成,这些原则代表着一场特定的技术革命得以运用的最有效方式,以及利用这场革命重振经济并使之现代化的最有效方式。"②她认为技术革命一般包含三项要素:一是某种适用于各个产业的低成本投入;二是服务于新技术体系的基础设施(如电报、电话和互联网);三是能够充分开掘新技术潜力的商业组织。一项重大发明成果的问世和普及并不能称作技术革命,只有使整个经济结果发生一项创新集群才属于本质上的技术革命。

佩蕾丝认为,技术革命每隔40~60年爆发一次,每次技术革命的发展浪潮大约持续五六十年,可以划分为两大时期,前二三十年称为"导入期",后二三十年称作"展开期",如图7-1所示。其中,导入期可细分为两个阶段:早期的爆发阶段,新产品和新技术在金融资本支持下显示了它们未来的潜力,强烈冲击这大体上由前一范式说塑造的世界;狂热阶段,后半段的狂热阶段,金融资本推动了新基础设施和新技术的集中开发,新范式的潜力已经在经济中牢牢地扎下根,做好了充分展开的准备。展开期可细分为两个阶段:协同阶段,所有条件都为生产和新范式的充分扩张做好准备,新范式已经明显占据了优势;成熟阶段,这时最晚出现的产业、产品、技术和改良都已引进,萎缩的投资机会和停滞的市场等迹象在技术革命的主要产业中出现了。

爆发阶段开启了技术革命的浪潮,是技术的时代,新旧断裂是这一阶段的特征。新范式强有力的活动越来越与旧产业的衰落相冲突。新的企业家逐渐将新的思想和成功的行动结合起来,使之成为新的最佳惯行方式的边界,将其作为指导模式或技术—经济范式。狂热阶段是范式导入期的后一阶段,是金融的时代,虚拟经济与实体经济相分离,金融与生产相分离,金融资本一统天下,人们开始探索由技术革命开辟的所有可能的道路,为创造新市场和重振旧产业开始大量试错性投资,充分挖掘正在扩散的新范式的潜力。狂热阶段是一个激烈的自由竞争阶段,后期在一般集中度基础上,逐渐走向行业的寡头垄断或卡特尔,该阶段晚期是一段金融泡沫时期。转折点反思和调整发展路线,是一段

---

① 五次技术革命是:产业革命,蒸汽和铁路时代,钢铁、电力、重工业时代,石油、汽车和大规模生产的时代,信息和远程通信时代。
② [英]卡萝塔·佩蕾丝著,田方萌等译. 技术革命与金融资本——泡沫与黄金时代的动力学. 中国人民大学出版社,2007,p.21.

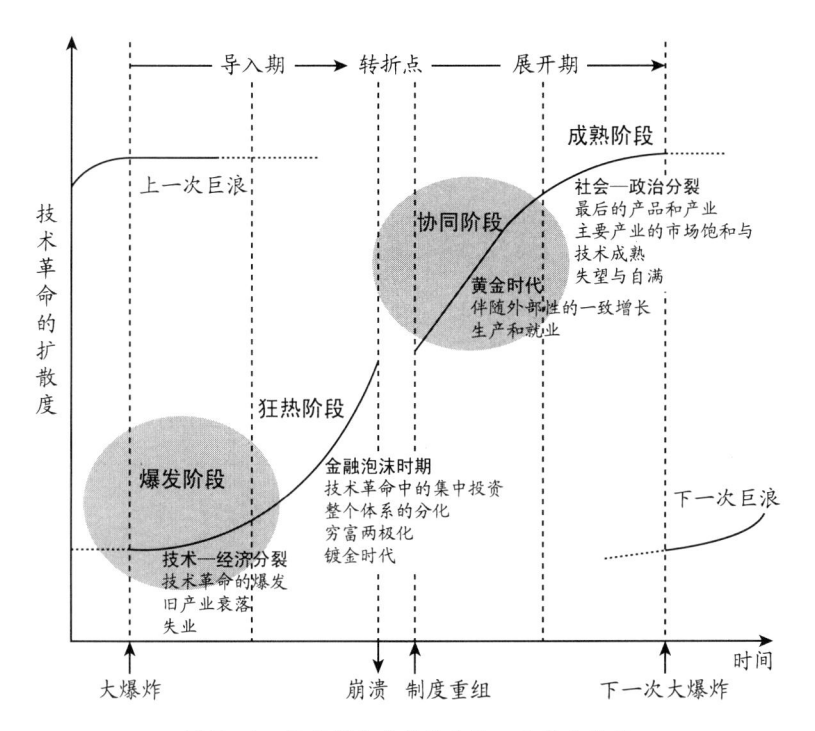

第七章 融合：中国互联网金融发展趋势

图 7-1 技术革命发展浪潮的四个基本阶段

资料来源：[英]卡萝塔·佩蕾丝著，田方萌等译. 技术革命与金融资本——泡沫与黄金时代的动力学. 中国人民大学出版社，2007，p.55.

在特定环境下发生的变革过程，经济从由金融标准塑造的狂热方式，转型到协同方式。

协同阶段是生产的时代，可以称作真正的"黄金时代"，范式革新的力量及其新基础设施的优势已经基本到位，并且迅速覆盖了整个经济，新范式占据了统治地位，其逻辑渗透到各项活动，包括传统经济部门。人们把技术视作一种积极力量，这是一个允诺、工作和希望的时代。成熟阶段是质疑自满情绪的时代，成熟阶段促使范式逐渐成熟，市场逐渐饱和，范式渐渐走向最终的结局，直至暴露出自己的局限，出现增长的极限。新技术处于耗竭的范式之外，整个增长方式的衰落已经不可避免，下一次技术革命的舞台已经搭好了。

根据佩蕾丝的技术经济范式，人类历史上五次技术革命的阶段划分如图 7-2 所示。两次技术革命的重叠和共存通常发生在爆发阶段，一个正在崛起，一个正在衰落，并带来导入期的典型的断裂。如从 1908~1918 年，第三次浪潮的成熟期和第四次浪潮的爆发期重合了。类似的事情发生在 1971~

1974 年间的第四次和第五次浪潮交替之时。

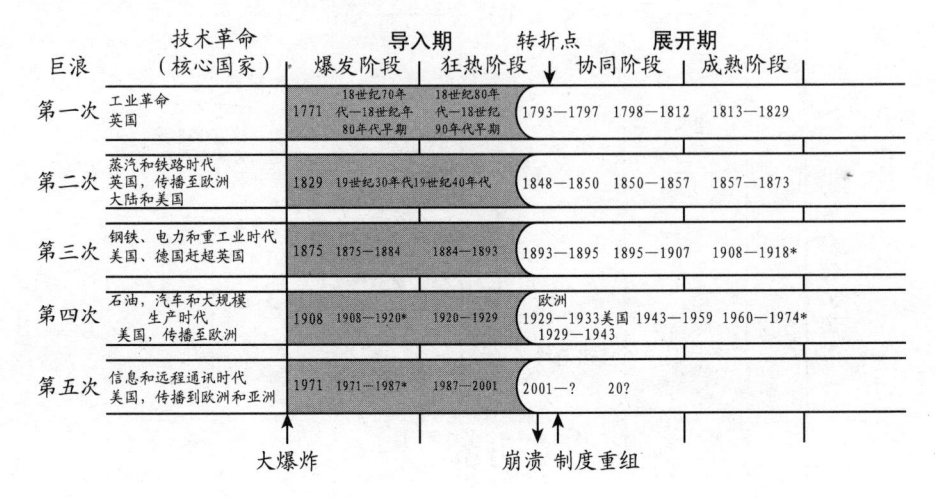

巨浪	技术革命 (核心国家)	导入期		转折点	展开期	
		爆发阶段	狂热阶段	↓	协同阶段	成熟阶段
第一次	工业革命 英国	1771	18世纪70年 代—18世纪 80年代早期	18世纪80年 代—18世纪 90年代早期	1793—1797	1798—1812 1813—1829
第二次	蒸汽和铁路时代 英国,传播至欧洲 大陆和美国	1829	19世纪30年代	19世纪40年代	1848—1850	1850—1857 1857—1873
第三次	钢铁、电力和重工业时代 美国、德国赶超英国	1875	1875—1884	1884—1893	1893—1895	1895—1907 1908—1918*
第四次	石油、汽车和大规模 生产时代 美国,传播至欧洲	1908	1908—1920*	1920—1929	欧洲 1929—1933 1929—1943	美国 1943—1959 1960—1974*
第五次	信息和远程通讯时代 美国,传播到欧洲和亚洲	1971	1971—1987*	1987—2001	2001—?	20?

大爆炸　　　　　　　　崩溃　制度重组

图 7-2 每次发展浪潮导入期和展开期的大致时间

注：*在连续的浪潮之间可观察到重叠现象。

资料来源：[英] 卡萝塔·佩蕾丝著，田方萌等译. 技术革命与金融资本——泡沫与黄金时代的动力学. 中国人民大学出版社，2007，p. 63.

二、发达国家互联网金融发展阶段的研判

依据"技术—经济"范式，我们首先从宏观层面解析互联网金融在人类以互联网信息技术为核心的第五次技术革命中所处的阶段，着重从技术、制度等层面分析互联网金融业态产生的原因；然后，借鉴佩蕾丝分析技术革命的模式，从微观行业层面分析当前互联网金融所处的具体阶段和特征。

(一) 互联网金融诞生于人类第五次技术革命的展开期

根据佩蕾丝的技术—经济范式，世界范围内的第五次技术革命以 2000 年为分界线，前期经历了自 1970 年开始的导入期，自 2000 年开始进入了展开期。

1970~1989 年为爆发期，在此阶段互联网的雏形基本形成，联网的终端逐渐增多，此时，由政府部门投资建设的，所以它最初只是限于研究部门、学校和政府部门使用。除了以直接服务于研究部门和学校的商业应用之外，真正的商业应用不多，发展速度比较缓慢，对生活方方面面的影响有限。

1990~2000 年为狂热期，标志性事件是 1989 年提出分类互联网信息协议，第一个检索互联网出现。1990 年 9 月，由 Merit，IBM 和 MCI 公司联合建

立了一个非营利的组织——先进网络科学公司 ANS（Advanced Network &Science Inc.）。ANS 的目的是建立一个全美范围的 T3 级主干网，它能以 45Mbps 的速率传送数据。到 1991 年底，NSFnet 的全部主干网都与 ANS 提供的 T3 级主干网相联通。此后，20 世纪 90 年代初商业网络开始发展，商业机构一踏入 Internet 这一陌生世界，很快发现了它在通信、资料检索、客户服务等方面的巨大潜力。于是世界各地的无数企业纷纷涌入 Internet，带来了 Internet 发展史上的一个新的飞跃。

狂热阶段，发达国家诞生了一批现在举足轻重的互联网企业。例如，国外的网景公司在上市的那个季度亏损 160 万美元，但上市 1 天之内其股价就上涨了 108%，公司的市值变成 55 亿美元。亚马逊公司截止到 1999 年 10 月净亏损再创 8600 万美元的新高，而其股票价格自 1997 年上市到 1998 年底，飙升了 2300%。1999 年，全美 70% 以上的风险投资涌入互联网，总额达到 300 多亿美元。2000 年 4 月，纳斯达克泡沫的破裂，是对互联网狂热的致命打击。欧美发达国家互联网发展，经过转折点进入展开期。

面对 2001 年，美国股市出现的恐慌性暴跌，未来学家阿尔文·托夫勒和夫人海迪·托夫勒在美国的《华尔街日报》发表了一篇题为《新经济：好戏还在后头》的文章，提出目前的股市阵痛并不证明新经济是不存在的。新经济①不仅真正存在，而且正准备启动自己的下一阶段。"信息技术与生物学革命的充分融合与前者反过来由后者的再造，将再次使你感到震惊。在第一阶段中，信息技术使生物学发生巨变。在第二阶段中，生物学将使信息技术发生巨变。而这将再次使经济发生脱胎换骨的变化。这些加在一起，将是人类历史上的一个转折点。"②

2003 年之后，互联网发展进入"Web2.0 时代"，出现了技术融合、产品融合、业务融合、市场融合和组织融合的趋势。Mary Meeker 发布的年中互联网趋势报告显示，到 2012 年，智能手机用户将达到 10 亿户；2013 年的第二季度季末，全球的智能手机和平板的安装基数将超过 PC。移动互联网满足了用户"碎片式"的消费需求，2012 年移动互联网在全球掀起一阵产业风潮。世界范围内的第五次技术革命正处于展开期的协同阶段，以信息技术、互联网、

---

① 1996 年 12 月 30 日，美国《商业周刊》经济编辑迈克尔·J. 曼德尔在一篇文章中，首次把新经济界定为"以信息革命和市场全球化为基础的经济"，并认为美国 20 世纪 90 年代出现的经济繁荣，是"新经济的胜利"，表明美国已率先进入新经济时代。

② 参见《参考消息》2001 年 5 月 5 日。

大数据、云计算、搜索引擎、社交网络等技术为主的第五次技术革命已经取得了飞速的发展，整个社会正在"黄金时代"享受技术革命带来的幸福时光。

专栏 7-1　互联网的明天：2014 年十大战略性 IT 技术趋势

高德纳咨询公司（Gartner）专业人士分析了"2014 年十大战略性技术趋势"。以下是对这些趋势的概述：

1. 移动设备的多样化和管理

高德纳认为，从现在到 2018 年，各种各样的设备、用户环境和互动模式将使"任何设备任何地点"的战略无法实现。自带设备办公（BYOD）模式产生了意想不到的后果，导致信息技术公司和金融机构的移动办公人数大增（高德纳估计增加了两三倍）。高德纳建议企业要更好地确定对员工自有硬件的预期，以实现灵活性与机密性和隐私要求之间的平衡。

2. 移动应用和应用程序

高德纳预测到 2014 年，JavaScript 性能的提升将开始推动 HTML5 和浏览器成为主流的企业应用开发环境。因此高德纳建议，开发者应致力于扩大包含更丰富语音和视频内容的用户界面模式，用新的、不同的方式将人们连接在一起。应用程序将会增长，而应用将会萎缩，延续已经进行了一段时间的趋势。应用开发市场将继续呈现碎片化（高德纳估计有 100 多个潜在的应用开发工具提供商），合并不可能很快发生。高德纳认为："用户体验的下一次进化将基于由情感和动作引发的意图，从而激发终端用户行为的改变。"

3. 万物联网（The Internet of Everything）

互联网正在进入企业资产和汽车、电视等消费品领域。问题在于，大多数企业和技术供应商尚未探索互联网扩展带来的各种可能性，在经营或组织结构上没有做好准备。高德纳确定了正在形成的四种基本的使用模型：

★ 管理　★ 创收　★ 运营　★ 扩展

这四种模式可以应用于人、物、信息和场所，因此所谓的"物联网"将被"万物联网"取代。

4. 混合云和 IT 作为服务经纪人

高德纳认为，个人云和外部私有云服务的结合势在必行。企业在设计私有云服务时应该考虑到未来的混合趋势，并确保在未来进行整合/互操作的可行性。早期的混合云服务可能将是更加静态的工程化结构。高德纳认为，随着云服务代理商的发展，更多的可部署结构将会出现。

5. 云/客户端架构

随着众多移动设备性能和容量的提升，对网络的需求的提高、网络的成本和管理带宽利用的需要"推动企业在某些情况下最大限度减少云应用计算和存储空间，并充分利用客户端设备的性能和存储"。高德纳还指出，移动用户将继续要求其移动设备提供更为复杂的用途，这将对服务器端计算和存储性能提出更高要求。

6. 个人云时代

对更多个人云技术的需求将导致从设备到服务的转变。设备类型将变得不再那么重要，因为个人云接管了设备的某些传统角色，多种设备都可以访问个人云。

7. 软件定义一切

软件定义一切（SDx）是指"云计算自动化、DevOp 和快速基础设施供应推动的基础设施可编程性和数据中心互操作性标准的提升"。在特定基础设施领域里处于领先地位的供应商可能不会遵守竞争更加激烈、利润率更低的标准，但终端用户将受益于简单性、成本降低的机会和整合的可能性。

8. Web-Scale IT

亚马逊、谷歌、Facebook 等大型云服务提供商正在重塑提供 IT 服务的方式。高德纳指出，这些公司的能力已经超出了"单纯的规模范畴，还涉及速度和敏捷性"。高德纳认为，IT 企业应该效仿这些领先的云提供商的流程、架构和实践。规模、速度、敏捷性和其他因素的结合就是高德纳对"Web-Scale IT"的定义。

9. 智能机器

高德纳认为"智能机器时代将是 IT 史上最具颠覆性的时代"。这些智能机器包括：

- 可感知环境的智能个人助手
- 智能顾问（例如 IBM 的 Watson 系统）
- 先进的全球工业系统
- 自动驾驶汽车

高德纳预测，在企业购买开始升温之后，智能机器的消费化大军将得到加强。

10. 3D 打印

预计 3D 打印机将在明年增长 75%，在 2015 年增长 200%。高德纳认为：

"消费市场的大肆宣传已经使企业意识到,3D打印可以通过改进设计、优化原型和缩短生产周期来实现成本节约,是真正可行的非常划算的成本节约方法"。

资料来源:互联网的明天:2014年十大战略性IT技术趋势.市场与企业导报,2013-12-20.

(二) 互联网金融是第五次技术革命展开期的创新发展

1. 导入期狂热阶段的发展为互联网金融的产生奠定了基础

托夫勒的预言是正确的,互联网技术的发展不仅没有停滞,而是不断渗透实体经济,并逐步与金融相结合。第五次技术规模进入新世纪后,经过前期导入期狂热阶段的发展,"范式革新的力量及其新基础设施的优势"基本形成。主要表现在:一是该时期互联网行业的充分投资使网络基础设施得到充分发展,网络接入设备、网络带宽、主机及域名数等达到空前的状态(加入相关数据);二是社会及网民对互联网时代规划的"学习"适应已基本完成,突出表现在网络应用的开展和网民渗透率的不断提升;三是新技术的不断突破,如大数据、云计算等为互联网金融的开展提供了技术上的可能。

2. 互联网金融是新技术—经济范式的重要革新力量

佩雷丝认为,"每次技术革命起先被看做是一批崭新的机遇,但很快就被看作是对企业、制度和社会当中已经确立的行事方式的威胁。"[①] 对于互联网金融来说,对全社会来讲既是机遇,也是对现行产业格局模式的威胁,但总体来说,是重要革新的力量,具体体现在:

第一,互联网金融对于金融行业来说,是重要的机遇也是巨大的挑战,对原有金融体系构成了相当的冲击。互联网金融的出现,使得金融业务的开展不再是金融机构的专利,其他经济主体如互联网企业也可以依托互联网平台和相关技术开展金融业务。

第二,互联网金融对于互联网行业来说是巨大的机遇。在金融史上,没有任何一段时期,除金融机构以外的金融机构可以如此大范围的开展金融业务,互联网通过开展互联网金融业务,在切入金融行业的同时,对整个经济社会的资源配置、竞争格局等的改变也起到了重要的推动作用。

---

① [英] 卡萝塔·佩蕾丝著,田方萌等译.技术革命与金融资本:泡沫与黄金时代的动力学.中国人民大学出版社,2007,p.31.

第三，互联网金融的开展对于现有经济制度尤其是金融监管制度的改革是重要的推动力量。互联网金融的开展突破了原有金融业务边界，所开展的业务带来了新的业务风险，这就迫切要求改变原有以传统金融机构为监管主体的监管框架，使得整个金融制度顺着互联网金融的发展，更加适合互联网金融带来的"技术—经济范式"，从而促进整个经济体的发展。

三、全球互联网金融发展呈现六大趋势

欧美发达国家的互联网金融已经进入展开期的协同阶段，互联网金融理念广为普及，传统银行的网络化程度较为完善，以P2P借贷、纯网络银行、众筹模式、第三方支付为代表的互联网金融在规模上也有了较大发展[1]。

目前，在全球范围内，互联网金融已经出现了六个重要的发展趋势。

（一）移动支付颠覆传统支付业务

支付发展大致经历了三个阶段：第一阶段是人工面对面阶段，主要是现金交易；第二阶段是有线面对面阶段，主要是银行卡通过销售点终端（POS）交易；第三阶段是无线非面对面阶段，主要是依托互联网进行的无卡交易。目前，我们处于第三个阶段，所有账户都能依托互联网平台实现支付功能。

随着移动通信设备的渗透率超过正规金融机构的网点或自助设备，以及终端设备、互联网、应用提供商以及金融机构相融合，移动支付为用户提供货币支付、缴费等金融业务，呈现出欣欣向荣的局面[2]。移动支付在日本普及率高达55%，约90%的韩国手机用户习惯用手机消费付款。在肯尼亚，手机支付系统M-Pesa的汇款业务已超过其国内所有金融机构的总和，而且延伸到存贷款等基本金融服务。到2012年末，肯尼亚移动支付客户数量接近1500万人，超过总人口的1/3。

顺应全球大趋势，移动支付将进一步替代转账、信用卡等传统的支付方式。美国市场研究机构高德纳估计，2013年全球移动支付交易总额将达到2354亿美元，全球使用移动支付的用户总数将达2.45亿。2009~2013年，全

---

[1] 芮晓武，刘烈宏主编．中国互联网金融发展报告（2013）．社会科学文献出版社，2014，p.61．
[2] 移动支付主要分为近场支付和远程支付两种。近场支付是指用手机刷卡方式进行的支付。远程支付是指通过发送支付指令（如网银、电话银行、手机支付等）或借助支付工具（如通过邮寄、汇款）进行的支付，如掌中付推出的掌中电商、掌中充值、掌中视频等均属于远程支付。

球移动支付年均增速超过60%。① 预计未来5年将以年均42%的速度增长，2016年将达到6169亿美元。② 未来互联网经济时代，商业银行账户可能变成支付账户的充值通道，资金从商业行账户转移到支付账户就近流通。支付账户，积分账户，证券、基金、保险账户，都可以依托互联网进入支付领域。

（二）P2P借贷发展迅猛面临监管挑战

互联网金融创新能够对传统银行借贷模式进行毁灭性的创新，为企业和个人提供更便捷、更低成本的信贷。随着WEB2.0的兴起，基于互联网的个人借贷P2P模式，抓住2008年全球金融危机爆发迫使传统银行机构收缩信贷的契机，在2009年之后得到迅猛发展。P2P借贷大幅降低了信息不对称和交易成本，以"自金融"的借贷模式运营，为投资者和借款人建立了新型金融中介服务模式。P2P在市场上同时存在营利性和非营利性两种模式，为世界各地的个人或者团体提供商业或者公益性质的借款。

目前，美、欧、日等发达国家的P2P借贷模式已经相对完善，借贷资金总量达到一定规模，展现了金融脱媒和互联网结合后的巨大能量。如Prosper和Lending Club是美国主要的两家营利性P2P平台。截至2014年3月，Lending Club已经突破贷款40亿美元的门槛，达到40.34亿美元，已经开始正式盈利；Prosper发放贷款6.92亿美元。Kiva是美国境内主要的非营利P2P平台，截至2013年3月31日，约57万名放款人通过Kiva在59个国家发放了约2亿美元的贷款。英国的P2P市场主要有3家公司：Zopa、RateSetter和Funding Circle。截至2014年3月，Zopa发放贷款5.05亿英镑，RateSetter和Funding Circle③分别达到1.32亿英镑和2.55亿英镑。总的来说，发达国家P2P借贷每年的增长超出100%，违约率为1.5%~10%。2012年，美国P2P贷款占银行个人贷款比重仅为0.03%，对传统银行融资业务的影响相对有限，未来有可能挑战银行的传统存贷业务。

随着P2P平台推出更多的贷款类型或者创造出全新的金融产品，如学生贷款、机动车贷款和抵押贷款，吸引更多的机构投资者进入这个市场，考虑IPO等因素，未来5年内P2P借贷还能保持现有的增长速度。Lending Club的CEO

---

① 巨头"肉搏"打开移动支付"钱景" 16股爆发在即.中国资本证券网，2014-2-7.
② 宗良.互联网金融呈三大发展趋势 银行业传统模式面临变革.证券日报，2013-10-25.
③ 2013年10月，融资成功的Funding Circle宣布，将与美国网络借贷平台Endurance合并，借以实现更大的目标："我们要成为中、小企业借贷平台的纽约证券交易所"。

拉普拉斯（Laplance）曾表示他希望将每月的增长率控制在 8%~10% 之间，也就是说年增长率在 252%~314% 之间。市场研究机构 Gartner 预计，2013~2017 年，Prosper 和 Lending Club 预计可以总共发放 1430 亿美元的贷款。这个数字看起来很大，但是只占到美国目前 3.4 万亿美元消费者信贷的 4%，而且不包括抵押贷款。不过，如果只是和美国信用卡市场的规模相比，P2P 信贷总量就可以占到 21%。①

随着 P2P 借贷的野蛮生长，P2P 行业的监管成为各国金融监管层高度关注的问题。有效的金融监管体系，既能平等保护借贷双方、严禁欺诈行为，又能保持足够的灵活性和弹性度促进市场的创新和发展，更重要的是防止出现金融系统风险。监管机构、业内人士、学者和消费者权益机构一致认为 P2P 借贷需要监管，但在缺乏先例可循的情况下，要在监管效率与监管成本之间取得平衡并非是易事，发达国家监管当局对 P2P 行业的监管也尚未达成共识，没找到真正成熟的方案。

关于 P2P 的监管存在两个争议的问题：第一，统一监管是否有效率。美国监管 P2P 借贷的监管机构有两种选择：一种是继续现有的多分支联邦监管体系，即通过证券监管部门来保护放款人，通过金融服务监管部门来保护借款人（并将囊括最近成立的 CFPB②）；另一种是将保护放款人和借款人的职责合并在一个联邦监管部门之下，如 CFPB。由于现行的监管模式存在着各个机构之间分工不明确，权力所引用的法律条例比较模糊，有落后于行业发展之嫌，因而统一监管的方案呼声较高。但是，转移到新的监管体系成本是极高的，因为企业必须重新适应新的监管方式和监管风格，而消费者也必须重新熟悉参与步骤，有可能会打击消费者参与的热情。同时，单一机构行使职责能否解决现在监管体制的所有问题还得打上一个大大的问号。③

目前，美国 SEC（证券交易委员会）已经把 P2P 行业纳入了监管的范畴，P2P 平台受到联邦和州的双层监管。在接受 SEC 监管之后，P2P 平台每天都要至少一次或者多次向 SEC 提交报告。目前的监管带来了高额的成本以及其他弊端，Prosper 已经在努力游说国会，美国 P2P 平台的监管并不完全符合美国

---

① 王朋月，李钧. 美国 P2P 借贷服务行业发展简史. 第一财经日报，2013-5-10.
② 2011 年 7 月 21 日，美国总统奥巴马正式签署《多德·弗兰克华尔街改革和消费者保护法案》。根据该法案，美国联储下设金融消费者保护局（CFPB），对提供信用卡、抵押贷款和其他贷款等消费者金融产品及服务的金融机构实施监管，保护金融消费者权益。
③ 第一财经新金融研究中心. 中国 P2P 借贷服务行业白皮书 2013. 中国经济出版社，2013，p.172，145.

国会办公室（GAO）评估 P2P 借贷相关的金融监管改革方案的框架中提出的原则——灵活性与适用性、效用和效率，希望能够转换到由消费者金融保护局（CFPB）领导的监管体制下。2014 年 4 月起，英国 P2P 行业将被金融市场行为监管局（Financial Conduct Authority）监管。取代英国金融服务管理局（FSA）的金融市场行为监管局（FCA），于 2014 年 4 月完成从英国公平交易办公室（OFT）接管信贷市场监管工作的程序。由英国公平交易办公室颁发的执照将于 2014 年 3 月 31 日失效，信贷公司需要申请由金融市场行为监管局颁发的临时执照。

第二，行为监管和机构监管哪种更有效率。美国金融监管层采用行为监管，监管机构很少对各种机构的性质进行区分，而是根据各机构的业务采取执法。美国的监管机构认为，只要金融机构提供了全面、真实、无偏差的信息披露和风险提示，作为理性人的消费者经衡量后，就可以根据自身情况做出正确的选择。比如，FTC（联邦贸易委员会）对于银行和 P2P 机构没有明确的管辖权，但是银行或者 P2P 机构如果采取了法律意义上"不公平或者欺骗性行为"，FTC 就可以采取执法行动。Prosper 和 Lending Club 在 SEC 登记之后，必须不断地发行说明书补充说明出售的收益权凭证和贷款的具体细节。有些国家的金融监管体制则是采取按机构监管的方法，比如中国。各机构按照细分的类型接受对应主管部门的监管。在 P2P 公司的机构身份尚未明确的情况下，P2P 行业也就缺乏明确的主管部门。①

P2P 已经在全球范围内爆发式增长，表现出旺盛的生命力和持续的创新能力。无论是否保留现有的监管制度，还是选择联合或统一监管的方式，现存的机制正面临新的风险与监管挑战。无论选择何种监管模式，如果这个行业继续发展，特别是随着大量机构参与者进入，新的监管挑战会继续出现。

（三）众筹融资有可能部分替代传统证券业务

2012 年 4 月，美国通过《促进初创企业融资法案》（Jumpstart Our Business Startups Act，JOBS 法案）。JOBS 法案规定，只要经由 SEC 注册的经纪人充当中介，私人公司可以不用到 SEC 注册就可以从众多的小投资者处筹集少量资本。该私人公司可以在 12 个月内通过发行受限证券（例如，转让限制）

---

① 第一财经新金融研究中心. 中国 P2P 借贷服务行业白皮书 2013. 中国经济出版社，2013，pp. 145 – 146.

的形式筹资不超过 100 万美元。每个投资者可投资数依据其年收入和净资产水平从 2000 元到 10 万元不等。该项法案无疑给了美国股权众筹平台创新型融资形式合法的地位，意味着众筹是企业除了 IPO、发债、贷款以外，可以尝试的一种融资方式。

众筹起源于在 2008 年成立的美国 Kickstarter 平台，提供创意的人可以在上面展示自己的创意和想法，网友可以自愿对其进行资金支持，获得的回报是相应的产品、会员卡或者捐助证明，不能是现金、红利、还款或者股权。2012 年 8 月 Crowdcube 平台的出现，颠覆了 Kickstarter 的经典众筹模式。Crowdcube 是美国第一家以股权众筹模式帮助创业者进行融资的网络平台，平台上的融资人必须承诺给投资人股权回报。不过，当时该平台并不被监管当局认可，直到美国 JOBS 法案生效之后，Crowdcube 模式才得到了法律的认可。此后，美国众筹平台开始从 Kickstarter 的经典众筹模式向天使投资众筹模式转化。当下众筹平台主要包括债券众筹、股权众筹、回报众筹和捐赠众筹四类主流模式。[1]

2013 年 10 月，世界银行发布的《发展中国家众筹发展潜力报告》显示，在各个地区范围内，从 2009～2012 年众筹的规模以 63% 的年复合增长速度扩张。基于股权的众筹平台有 114% 的年复合增长率，基于债权的平台为 78%，捐款平台为 43%，回报平台则为 524%。随着股权众筹和债权众筹的真正兴起，众筹平台的数量最近也在增加，尤其在北美，2012 年增长了 91%。2010 年以来拉丁美洲和加勒比海地区的增长超过其他所有地区，平台数量从 5 家增加到 41 家。截至 2013 年 10 月，美国有 344 家众筹投资平台，活跃平台数量在世界处于领先地位。英国拥有 87 家位列第二，法国则有 53 家位列第三。[2]

未来众筹市场有望迎来巨大的增长潜力。世界银行报告指出，众筹市场现在处于婴儿期，尤其在发展中国家，但是潜在市场是巨大的。据估计，在发展中国家有多达 3.44 亿个家庭可以对社区商务进行小规模的众筹投资。这些家庭收入每年至少 10 000 美元，拥有至少 3 个月的储蓄或者 3 个月的股权资本储备。到 2025 年，他们有能力一起构建每年 960 亿美元的众筹投资规模。最大的潜在机会在中国，尽管目前中国众筹融资规模小，未来市场规模可达 500 亿美元。接下来是东亚其他地区，中欧，拉丁美洲/加勒比海地区，中东和北非地区。

---

[1] 张莉. 众筹融资催生多元化商业模式. 中国证券报, 2014-4-4.
[2] The World Bank. Crowfunding's Potential for the Developing World, 24 October 2013.

随着监管框架的日益清晰，允许小企业通过众筹融资获得股权资本，这使得众筹融资替代部分传统证券业务成为可能。创业公司的公开融资可以通过传统的 E-mail、各个线上众筹平台、公司个人或第三方网站、公开演讲论坛、社交网络平台（Facebook、Twitter 等）、公开的视频等等渠道进行。尽管对于众筹投资者来说，首次公开发行可能是最合算的退出机制，但是在发达国家公司上市的概率很小，而在发展中国家这个概率甚至更小。为了培养良好的退出机制，众筹所能提供的最合乎逻辑的退出模式应该是利用直接债务或普通股。

（四）互联网保险将传统保险无纸化、智能化、定制化和个性化

在互联网金融日益冲击传统金融的时候，作为金融行业中市场化程度颇高的保险业，传统保险机构基本将互联网当作营销战场[①]，创新似乎乏善可陈。主流互联网保险主要有两种模式[②]，一种是网上直销模式，保险公司自建网站或成立网上商城，或设立电商子公司，在网上为客户提供全面的保险产品信息，也可以针对客户独特需要进行保险方案设计；另一种则是互联网保险代理模式，如全球最大的保险电子商务网站 InsWeb 公司，把优质保险公司和险种介绍给客户，同时把大量客户介绍给保险公司，通过互联网把保险公司和客户联结在一起。此外，出现了纯粹进行网上保险销售的公司，比如，eCoverag 公司通过互联网向客户提供从报价到赔偿服务，客户也可以通过公司网站低成本购买保单。

目前互联网保险仅仅是保险行业的一场"销售革命"，缺乏搅局者的"互联网保险"并没有真正脱媒。真正的互联网保险，是渗透互联网精神，传统保险行业核心业务与互联网相结合，依托互联网技术、移动支付、云计算、社交网络和基于大数据的数据挖掘等，将对保险业的发展模式产生根本影响的新型保险模式。

互联网精神渗透到保险领域，探索互联网技术、大数据等与保险核心业务深度整合的互联网保险商业模式，或将成为保险业的未来发展方向。未来互联网保险已经不再是把保险产品放到互联网上售卖这么简单，而是由客户被推销保险向按需定制、自主投保进行转变。未来互联网保险的产品应该是高标准

---

① 2014 年 2 月 25 日，中国保险业协会发布的首份《互联网保险行业发展报告》中，将互联网保险定义为一种新兴的、以计算机互联网为媒介的保险营销模式，保险公司、保险专业中介机构通过互联网开展保险产品销售或者提供相关保险中介服务等经营活动。

② 《互联网保险行业发展报告》提出，我国互联网保险已建立官方网站模式、第三方电子商务平台模式、网络兼业代理模式、专业中介代理模式和专业互联网保险公司模式等五种模式。

化、通俗易懂的产品，个性化服务将成为发展方向。未来互联网保险的发展方向是围绕移动终端开展全方位的保险业务，包括产品销售、保费支付、移动营销及客户维护服务等一系列业务活动，实现无纸化、智能化、定制化和个性化，打破时间、空间局限的全方位移动服务。这样才是真正的互联网保险革命。

（五）互联网银行走向 O2O 模式

40 年前，托夫勒就预言制造业、服务业之后，体验业将是产业升级的方向。10 年前，这个预言开始在世界范围成为现实。O2O（Online to Offline）是指把线上的消费者带到现实的商店中去——在线支付购买线下的商品和服务，再到线下去享受服务。展望 O2O 未来发展，移动化、定位化、社交化（约翰·杜尔在 2011 年初提出了 SoLoMo 的概念，即社交、本地和移动相结合）正在成为其走向。①

国外互联网银行发展的历史表明，尽管从技术层面可以建立没有实体依托的直接互联网银行，但在实际中潜在使用者还不能接受虚拟的、完全基于互联网的纯互联网银行。大多数纯互联网银行，比如美国的第一互联网银行（SFNB）和 Netbank、欧洲的"Egg"和 Entrium、新加坡的吉宝达利银行（Keppel Tatlee Bank），都无法摆脱被传统银行收购，成为传统银行旗下网上银行部门的命运。少数保留下来的互联网银行，比如荷兰国际集团（ING）旗下的直接网络银行（ING-Direct）、日本网络银行（JNB），都有传统金融机构的资金、客户渠道支持，或存在多种形式的实体店面。建立纯互联网银行，需要改变传统金融习惯和消费习惯。

从奢侈品到租车，从家具定制到私房出租，细分行业的 O2O 获得了相当多客户的青睐，也获得了国外银行的充分支持。银行介入 O2O，有三个切入点：第一是移动支付；第二是服务创新；第三是跨界融合。移动支付是银行介入 O2O 一个比较好的切入点，移动支付将打造一个全新的价值链，有利于银行增加中间业务收入，大大降低银行柜面的经营成本，为客户提供新的增值服务，提升客户的忠诚度。银行介入 O2O 需要用 O2O 和 ITM（互动交易模式）②的思路创新服务。银行自身的某些业务其实也可以利用线上与线下的结合来实

---

① 姜奇平. O2O 商业模式剖析. 互联网周刊，2011（19）.
② ITM 强调线上选购、预约，线下体验、交易和消费。该模式将电子商务和传统的实体店铺结合，使线上与线下资源全面整合。它和 O2O 模式不太一样，但都是涉及线上和线下的结合。

现信息共享和事件协同的服务过程。例如,网上营业厅可以有客户经理的加入,通过互联网进行在线互动营销,实现虚拟环境与实体网点的结合。当线上和线下形成闭环的时候,O2O 的价值才能够实现最大化。银行要善于发掘合适的行业,找到合适的切入点,填充起行业的闭环,让闭环内的商户、客户成为银行的忠实用户。金融加服务,将各自发挥自己的优势,为用户提供 O2O 最优体验。[①]

(六) 大数据技术深入互联网金融

继云计算、物联网之后,大数据在 IT 产业掀起了又一次颠覆性的技术变革。互联网金融的本质是金融,金融的本质是做信用。大数据技术提供的结构性和非结构性的信用数据,为构建互联网金融信用体系提供了基础和保障。未来金融相关业务的发展将围绕大数据展开,大数据技术将在互联网贷款、购买保险、证券投资等发挥极大作用,拥有大数据与技术的公司将拥有极大机会。

银行可以通过大数据的挖掘和深层分析,将信息"商业信用"转化为"银行信用"。在互联网技术支撑下,将庞大用户群的信息流、资金流、物流、商流整合起来,形成了基于客户交易行为的"大数据"。商业银行通过对这些大数据的积累、研究、分析和深层次挖掘,逐渐产生了客户的基于互联网数据分析下的"商业信用",体现了信息的潜在价值。商业银行可依据信息"商业信用"转化为"银行信用",从而可为客户提供更多更好的金融产品和服务。甚至,在互联网金融的纵深发展,银行作为天然的"信用中介"作用将日益突出和扩大,未来可能成为信用的担保者、信用信息的提供者、信用评级的评估者。[②]

大数据技术的运用将实现保险的精准定价、精准营销、精准管理和精准服务。运用大数据技术,保险公司可以从供给和需求两个角度为面临各种不同风险的标的提供准确的保险产品定价,并根据风险状况的变动情况持续地开展相应的定价调整。通过数据的挖掘和分析,精准推送保险产品与服务信息,把以大数据为基础、在互联网上开展精准销售上升为保险营销的主渠道,实现脱媒,从两个层面实施精准营销[③]。通过对大数据的分析,发掘出消费者共性的需求,再通过产品创新和渠道优化加以满足;挖掘个体消费者的差异化需求,制定"颗粒化"甚至定制化的产品,推出差异化服务;实现精细化的管理,

---

① 韩冬. O2O 给银行带来挑战: 或进一步侵蚀支付结算业务. 零售银行, 2012 (11).
② 谢璇. 互联网金融: 大数据时代下的银行角色转变. 财经网, 2013 – 7 – 25.
③ 张则鸣. 大数据时代 保险业用数据说话. 第一财经日报, 2014 – 4 – 8.

整合内部经营效率、组织完善服务体系，向客户提供精致周到、无微不至的各类服务。

大数据的挖掘和应用将会给证券行业的发展提供新的发展思路。例如，2011 年，英国对冲基金 Derwent Capital Markets 建立了规模为 4000 万美元的对冲基金，该基金是首家基于社交网络的对冲基金，该基金通过对 Twitter 的数据内容来感知市场情绪，从而进行投资。无独有偶，通过分析 Twitter 用户对股票的敏感度以及市场情绪也成为科学机构的研究对象，2012 年年初，美国加州大学河滨分校公布了一项通过对 Twitter 消息进行分析从而预测股票涨跌的研究报告[①]。

大数据不再停留在媒体与学术的讨论之中，一场数据旋风开始席卷全球。得大数据者得天下；谁敢勇于拥抱大数据，谁就将在未来的竞争中占据有利位置。

第二节　深度融合是中国互联网金融发展的大趋势

互联网金融未来的趋势是产业化，将数百种产品、模式形成产业集群。所以互联网对于金融来说，不是颠覆，也不是补充，而是最典型的产业融合。互联网金融呈现出快速发展创新的趋势，它将深度改变现代金融生态体系，并与传统金融业融合，形成全新的现代金融生态体系或系统。

一、中国互联网金融阶段划分及其特征

托夫勒曾表示，目前中国绝大部分人口仍处于第一次浪潮时期（农业时代），但随着中国手机、宽带的迅速发展和普及，中国有可能实现技术上的跳跃，从而超越第二次浪潮时期（工业时代），直接进入第三次浪潮时期（信息时代）。总体来看，我国互联网金融起步晚于欧美发达国家，目前处于导入期的狂热阶段。

（一）中国互联网发展处于展开期的协同阶段

互联网在中国的发展历程可以大略地划分为三个阶段：第一阶段为 1986

---

① Watchstor. 当证券行业遇到大数据：前景广阔，一站式方案或受欢迎. 2012 - 10 - 23, http://news.watchstor.com/stor-age-140622.htm.

年6月~1993年3月，是研究试验阶段（E-mail Only）；第二阶段为1994年4月~1996年，是起步阶段（Full Function Connection）；第三阶段从1997年至今，是快速增长阶段。随着电信、电视、计算机"三网融合"趋势的加强，未来的互联网将是一个真正的多网合一、多业务综合平台和智能化的平台，未来的互联网是移动+IP+广播多媒体的网络世界，它能融合现今所有的通信业务，并能推动新业务的迅猛发展，给整个信息技术产业带来一场革命。

我国的三大门户网站，新浪、网易、搜狐先后于2000年在美国纳斯达克上市。1999年，我国的阿里巴巴、携程等众多网站诞生，众多网站在商业模式不甚清晰的情况下，开始了"烧钱"。2001年后，经历了网络泡沫的破裂，网易在2001年3月跌破2美元，搜狐股价以0.94美元收盘。

2000年以后，第五次技术革命开始进入展开期，在经历互联网泡沫之后，网站开始理性回归商业模式。2002年我国的三大门户网站相继宣布盈利，在纳斯达克全线飘红。2003年，泡沫破裂后的互联网行业重新爆发出新的活力，整体产业呈现强劲的增长态势。经历2003年"非典"之后，国内的著名网站淘宝开始上线运营，并于同年推出了支付宝业务，网络购物、网络新闻、即时通信等互联网应用等逐渐兴起，人们开始慢慢"学习"并接受网络应用，我国网民数也呈现了爆炸性的增长，自从2002年，每年均保持高速增长。

2014年1月16日，中国互联网络信息中心（CNNIC）发布第33次《中国互联网络发展状况统计报告》（以下简称《报告》）。《报告》显示，截至2013年12月，中国网民规模达6.18亿，互联网普及率为45.8%，如图7-3所示。其中，手机网民规模达5亿，继续保持稳定增长。2013年中国新增网民中使用手机上网的比例高达73.3%，高于其他设备的使用比例，这意味着手机依然是中国网民增长的主要驱动力。在3G网络进一步普及、智能手机和无线网络持续发展的背景下，视频、音乐等高流量手机应用拥有越来越多的用户。

《报告》表明，2013年以网络购物、团购为主的商务类应用保持较高的发展速度。2013年，中国网络购物用户规模达3.02亿，使用率达到48.9%。在商务类应用中，团购市场的增长最为迅猛：2013年团购用户规模达1.41亿，团购的使用率为22.8%，使用率年增速达54.3%，成为商务类应用的最大亮点。搜索引擎用户规模达4.90亿，使用率为79.3%；网上支付用户规模达2.60亿，增长率为17.9%，如表7-1所示。

对比高速增长的网络购物和团购类商务应用，企业电子商务应用仍然存在

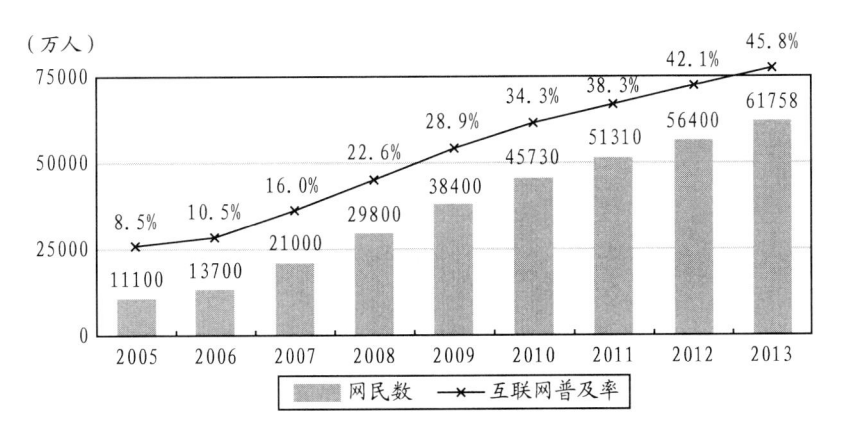

图 7-3 中国网民规模和互联网普及率

资料来源：中国互联网络研究中心．第 33 次中国互联网络发展状况统计报告．中国互联网络信息中心，2014-1-16．

提升空间。2013 年，中国企业在线采购和在线销售的比例分别为 23.5% 和 26.8%，利用互联网开展营销推广活动的企业比例为 20.9%。不同行业的电子商务应用普及率差距较大，其中制造业、批发零售业电子商务应用化较为普遍。在企业电子商务应用的规模方面，与大中型企业相比，微型企业对电子商务的应用普及还需要进一步加强。

表 7-1　　　　　2012~2013 年中国网民对各类网络应用的使用率

应用	2013 年		2012 年		年增长率（%）
	用户规模（万）	网民使用率（%）	用户规模（万）	网民使用率（%）	
搜索引擎	48966	79.3	45110	80.0	8.5
网络购物	30189	48.9	24202	42.9	24.7
网上支付	26020	42.1	22065	39.1	17.9
网上银行	25006	40.5	22148	39.3	12.9
旅行预订	18077	29.3	11167	19.8	61.9
团购	14067	22.8	8327	14.8	68.9

资料来源：中国互联网络研究中心．第 33 次中国互联网络发展状况统计调查．中国互联网络信息中心，2014-1-16．

(二) 我国互联网金融的"技术—经济范式"分析及其特征

借鉴佩蕾丝的"技术—经济范式",一项技术革命的产生与发展要经历导入期和展开期,而一项技术革命的实际发生背后是众多具体产业的发展轨迹构成,如2000年第五次技术革命的转折,互联网产业经历了网络泡沫的崩溃,即是技术—经济范式外化于产业的表现。如果借助该思想来分析互联网金融产业,则同样能看到我国互联网金融产业类似的技术革新带来的产业的增长、崩溃及整合成熟发展。我国互联网金融的阶段划分大致如图7-4所示。

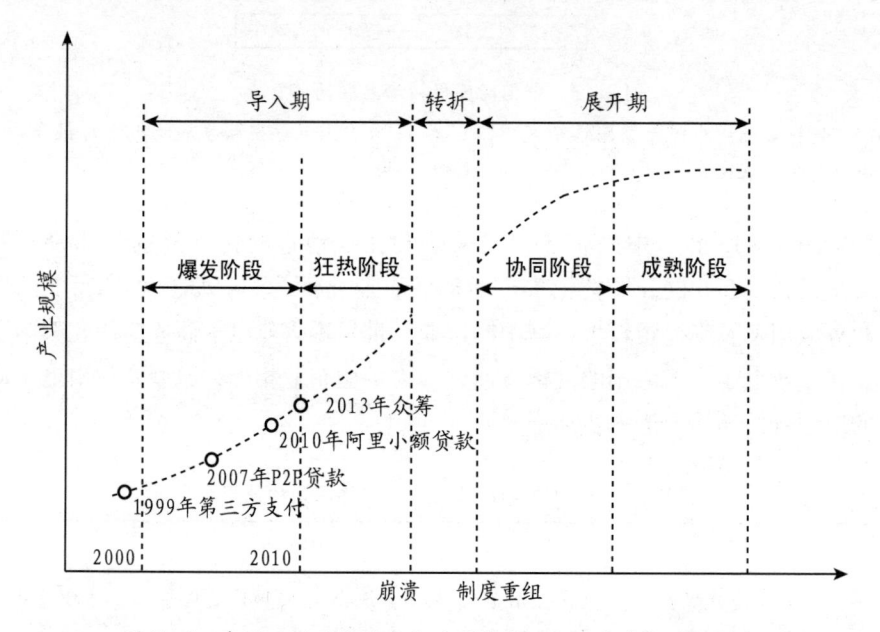

图7-4 我国互联网金融产业的"技术—经济范式"阶段划分

1. 我国处于互联网金融导入期的狂热阶段

在导入期阶段,互联网金融将经历从产生到狂热发展的阶段,整体阶段特征是行业投资及从业人员将急剧增加,行业竞争包括行业内部和与传统金融机构之间的竞争不断变化,未来新的互联网金融模式也将会产生。同时,随着市场规模的扩大,整个行业运营风险也将持续增加,可能产生的恶性事件会引起监管层的关注,将整体行业规模达到一定程度时,风险及行业利润的非对称,必然会带来行业的重组转折,并进入下一阶段的行业规范发展期。

我国互联网金融导入期的爆发阶段的时间跨度大致从1999~2012年。随着金融与互联网交叉渗透的深入,互联网的经济模式已经孕育出很多具有强大竞争力的创新金融模式。2005年以前，尽管在1999年产生了第三方支付，互联网与金融的结合主要体现为互联网为金融机构提供技术支持，帮助银行"把业务搬到网上"。2005年以后，网络借贷开始在我国萌芽，第三方支付机构逐渐成长起来，互联网与金融的结合开始从技术领域深入到金融业务领域。这一阶段的标志性事件是2007年产生了P2P贷款模式，2010年产生了阿里小额贷款模式，2011年中国人民银行开始发放第三方支付牌照，第三方支付机构进入了规范发展的轨道。互联网金融主要模式有其自身规律，2012年之前在中国所处发展时期如图7-5所示。

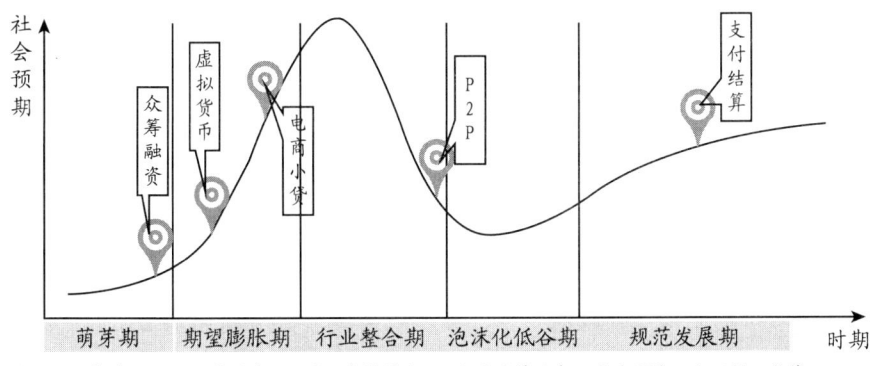

	萌芽期	期望膨胀期	行业整合期	泡沫化低谷期	规范发展期
时期特点	从业者稀少；用户规模小；社会预期低但弹性大。	从业者增多；用户规模放大；社会预期提高；监管初步介入。	恶性事件爆发；从业者规模增速放缓；社会预期趋于理性。	行业洗牌结束；劣质企业被淘汰；监管正式介入。	社会预期回归理性；监管深入；行业创新能力受限；寡头企业出现；行业交易规模稳步提升。

图7-5 互联网金融主要模式在中国所处不同时期

资料来源：艾瑞咨询集团.2013年互联网创新金融模式研究报告.2013-7.

2013年开始，我国互联网金融进入狂热阶段。2013年被称为"互联网金融元年"，是互联网金融得到迅猛发展的一年，以互联网支付、P2P网络借贷和众筹融资为代表的互联网金融蓬勃发展，向传统金融提出了明显的挑战，引起了社会各界的广泛关注。从这一年开始，P2P网络借贷平台快速发展，以"天使汇"等为代表的众筹融资平台开始起步，第一家专业网络保险公司获批，一些银行、券商也以互联网为依托，对业务模式进行重组改造，加速建设线上创新型平台。

我国互联网金融的狂热具体表现在：

在互联网支付领域，截至2013年8月，获得许可的250家第三方支付机构中，提供网络支付服务的有97家。2013年前三季度，支付机构共处理互联网支付业务122.59亿笔，金额总计达到6.55万亿元。

在 P2P 网络借贷领域，截至 2013 年 12 月 31 日，全国范围内活跃的 P2P 网络借贷平台已超过 350 家，累计交易额超过 600 亿元。据艾瑞最新数据显示，我国 P2P 网贷平台将保持每年不低 3.5% 的增长率，到 2016 年达到 410 家，平台交易量将达到 3462 亿元左右①。我国 P2P 贷款市场整体来讲处于监管真空地带，恶性事件频发引起了监管当局的关注。

在非 P2P 的网络小额贷款方面，自阿里巴巴推出小额贷款以来，各路竞争者争相加入行业的竞争，如电商系的百度、京东、苏宁等，银行系的如中国建设银行，都在积极布局自己的互联网金融。截至 2013 年 12 月 31 日，阿里金融旗下 3 家小额贷款公司累计发放贷款已达 1500 亿元，累计客户数超过 65 万家，贷款余额超过 125 亿元。据中国电子研究中心监测数据显示，2013 年中国电商小贷累计贷款规模已达 2300 亿元。

在众筹融资领域，目前我国约有 21 家众筹融资平台。以"天使汇"为例，自创立以来累计已有 8000 个创业项目注册入驻，通过审核挂牌的企业超过 1000 家，创业者会员超过 2000 人，认证投资人达 840 人，融资总额超过 2.5 亿元。

在金融机构创新型互联网平台领域，以建设银行"善融商务"、交通银行"交博汇"、招商银行"非常 e 购"以及华夏银行"电商快线"等为代表的平台日渐成熟。第一家网络保险公司"众安在线"也于 2013 年 9 月 29 日由保监会正式批复开业。

在基于互联网的基金销售领域，以"余额宝"为例，截至 2013 年 12 月 31 日，申购客户规模已经突破 4303 万户，基金存量规模达 1853 亿元，累计申购金额 4294 亿元。②

2. 我国互联网金融展开期的具体时间尚不确定

"转折点既非某一事件，也不是一个阶段，它是一段在特定环境下发生的变革过程。转折点可以持续或短或长的时间，从几个月到几年不等。一些清晰可辨的事件可以作为它的标志。"③ 互联网金融展开期的时间跨度还难以预料，但经历导入期的崩溃，该阶段最直接的表现就是产业重组，制度重建，尤其是针对互联网金融的监管制度必将在经历行业崩溃重组后逐步建立。在这一阶

---

① 艾瑞咨询集团. 2013 年互联网创新金融模式研究报告. 2013 – 7, pp. 12 – 13.
② 以上数据引自刘士余. 秉承包容与创新的理念正确处理互联网金融发展与监管的关系. 清华金融评论，2014（2）.
③ [英] 卡萝塔·佩蕾丝著，田方萌等译. 技术革命与金融资本：泡沫与黄金时代的动力学. 中国人民大学出版社，2007, p. 59.

段，可以预见，与互联网金融发展高度相关的全社会范围的征信体系将逐步建立。

从本质上来讲，互联网金融的核心仍然是金融，而金融的核心是风险管理。从目前互联网金融的开展来看，P2P 贷款、众筹在我国目前无论是从监管当局还是企业自身，都未找到合适的监管手段和风险控制措施，基本处于监管真空地带。这一方面是由于行业的发展尚未步入正轨，正处于摸着石头过河的阶段；另一方面，对这一新兴事物的监管尚无前车可鉴，也是需要在互联网金融实践的发展中探索。

二、中国互联网金融发展趋势的争论

关于互联网金融的发展，目前我国较为流行的三种观点为"颠覆论"、"互补论"和"融合论"。"颠覆论"认为，互联网金融是一种新兴的商业模式与盈利方式，这种新模式会颠覆传统金融形式，重构金融新格局。"互补论"认为，互联网金融不是传统金融的替代，两者之间有很强的互补性，都是国家金融体系的有机组成部分。"融合论"认为，互联网金融的发展离不开互联网企业的介入，也无法彻底打破传统金融格局，两者将互相促进、共同发展。

（一）颠覆论

颠覆论的代表人物是谢平。

谢平和邹传伟在 2012 年第 12 期《金融研究》上发表的《互联网金融模式研究》中提出，以互联网为代表的现代信息科技，特别是移动支付、社交网络、搜索引擎和云计算等，将对人类金融模式产生根本影响。可能出现既不同于商业银行间接融资、也不同于资本市场直接融资的第三种金融融资模式，称为"互联网金融模式"。在互联网金融模式下，银行、券商和交易所等金融中介都不起作用，贷款、股票、债券等的发行和交易以及券款支付直接在网上进行。文章从支付方式、信息处理和资源配置方面论述，互联网金融模式替代了现在商业银行、证券公司和交易所的中介功能，证券、现金等金融资产的支付和转移通过移动互联网络进行，资金供需信息直接在网上发布并匹配，供需双方可以直接联系和交易。

2013 年 12 月 17 日谢平在"2013（第九届）最佳商业模式中国峰会"上发表演讲，重复他的观点："互联网金融既不走银行模式，也不走资本市场上交所模式，它有可能是所有的存款人和所有的借款人，通过互联网平台直接交易。理论界我属于颠覆论的。我认为互联网金融是可以跟银行金融和资本市场融资并列的人类第三种金融模式。现在大家认为互联网是银行的工具，或者IT企业干银行、干金融，不能跟资本市场，不能跟银行并列，甚至认为我提出是颠覆论。我相信人类未来通过互联网走直接金融的模式，不需要资本市场，也不需要银行。互联网技术的发展，有可能做到这一点，理论界我是这方面的代表人物。"[1]

颠覆论遭到了很多抨击。如有学者从美国互联网金融发展的实践，用数据证明了"互联网金融并没有对美国金融体系造成实质性的风险冲击"。美国是互联网金融发展的鼻祖，从新兴的互联网金融业务看，一是在支付领域，根据相关研究，2012年美国移动支付占整个支付体系的比例不足1%，2015年预计能够达到2%，移动支付及第三方支付确实将会弱化传统支付体系的功能，但要达到取代传统支付体系的程度估计需要很长时间。二是在互联网信用业务上，美国两大P2P网贷公司Lending Club和Prosper 2013年的成交量总计24.2亿美元，但是相对于美国金融体系万亿美元级的社会融资规模而言，网络贷款仍然是极小的部分。三是在虚拟货币上，这确实存在较大的不确定性，一旦虚拟货币大范围使用，对货币政策的冲击可能是实质性的，好在监管当局大多持慎重态度。[2]

（二）互补论

互补论的代表人物是刘士余。

刘士余认为，传统金融与互联网金融应相互包容中竞争。互联网金融是互联网与金融的结合，是借助于互联网技术和移动通信技术实现资金融通、支付和信息中介功能的新兴金融模式。与传统金融相比，互联网金融市场份额还很小，生长点主要在"小微"层面，具有"海量交易笔数，小微单笔金额"的特征，这种小额、快捷、便利的特征，具有普惠金融的特点和促进包容性增长的功能，在小微金融领域具有突出的优势，一定程度上填补了传统金融覆盖面的空白。因此，互联网金融和传统金融并非相互排斥、非此即彼，而是相互促进、共同发展，既有竞争、又有合作，两者都是我国多层次金融体系的有机组

---

[1] 谢平. 互联网精神对传统金融有颠覆性. 财新网, 2013 – 12 – 24.
[2] 郑联盛. 美国互联网金融为什么没有产生"颠覆性"? 证券日报, 2014 – 1 – 27.

成部分。①

中国社会科学院金融研究所银行研究室主任曾刚也认为，互联网金融只是对传统银行业的补充。对小微企业的融资，互联网金融相对于传统银行有优势，因为传统银行无法对这些客户进行支持，而互联网金融则对这些空白进行了覆盖，起到的是一个拾遗补阙的作用。两者更多的是一种互补的关系。如阿里巴巴的优势在于拥有电子商务的平台，拥有客户的交易信息，还能控制网商的账户，造就了它在风险管控和信息挖掘方面的优势，但这些优势仅局限于线上客户，对线下客户则没有这种优势。②

北京金融资产交易所董事长兼总裁熊焰也认为，互联网金融与传统金融间并非颠覆关系，而是互补关系。他批评那些持"颠覆"观点的人，并未意识到互联网加诸于金融，本质上只是一个产业的技术演进，它只是提升了金融的效率，改进了相关金融产品的质量，却不能改变产业的本质。互联网金融业态所服务的对象，其特点是海量、小微、草根、低端，这与中国传统金融服务的"高大上"产业是完全不同的，比如中国的股市是服务两三千家最顶端的企业，而阿里或人人贷所服务的却是百万家个体企业，二者服务的对象不在同一层次。③

目前，互联网金融对中国金融造成三大冲击：金融机构的民营化、利率市场化以及服务的平民化。互联网金融对传统金融形成压力，但传统金融业不会成为"21世纪行将灭绝的恐龙"。未来带有民营、普惠性和互联网精神特征的互联网金融平台，将成为中国多层次资本市场的重要组成部分。

（三）融合论

融合论正在成为互联网金融发展的主流观点。

"融合论"在承认互联网金融对传统银行业带来挑战的同时，认为二者将是互相促进、共同发展的关系。高盛研究部董事总经理马宁持此观点，他表示，互联网完全代替目前金融业模式过于理想化，因为并非所有人都会用电脑，而且信息不对称的现象不能完美消除，计算机的数据不能完全替代人的行为，计算机的数据也不能完全预测整个经济的行为和金融行为④。

---

① 刘士余. 秉承包容与创新的理念正确处理互联网金融发展与监管的关系. 清华金融评论, 2014 (2).
② 张小平. 银行遭遇互联网金融：互补而非替代. 中国经济导报, 2013 – 4 – 2.
③ 熊焰. 搅局人还是互补者：互联网金融与传统金融的关系探讨. 金融时报, 2014 – 3 – 20.
④ 赵洋. 互联网金融的"鲶鱼效应". 金融时报, 2013 – 2 – 9.

互联网金融元年：跨界、变革与融合

　　互联网金融的快速发展也带来了开放合作的契机。金融机构和互联网企业，通过共设子公司等形式，共享牌照、研究、平台、技术、数据积累方面的优势。马蔚华多次强调大型传统金融机构与互联网公司合作的必要性。品牌离不开金融创新，而金融创新离不开信息技术的发展，所以"银行必须把信息技术作为一种支撑。就像在互联网时代，不管大银行，小银行都是平等的"①。

　　牛锡明在2013年亚布力中国企业家论坛第十三届年会上也提出，互联网金融并非是互联网对传统金融简单的取代，而是技术与金融深度的融合。在互联网金融的时代要加强银行与互联网金融之间互相的融合和合作，构建起人工网点+电子银行+客户经理"三位一体"的全新服务模式。"未来我们抱着更加开放的心态加强与各类机构的合作创新，通过金融业务与互联网新兴业务的捆绑与整合，为客户提供优质高效全面互联网金融服务的体验"②。

　　互联网金融与金融互联网成为金融行业的两个主要方向。2013年，阿里巴巴、中国平安、腾讯联手"三马"合作设立的国内首家网络保险公司——众安在线财产保险，为金融机构和互联网公司的合作提供了范例。上述三大企业存在潜在互补性，中国平安有保险专业优势，阿里巴巴拥有平台和渠道优势，腾讯的加入又拓宽了交易范围，潜在客户进一步增长。"众安在线"将突破国内现有保险营销模式，不设分支机构、完全通过互联网进行销售和理赔。

　　平安证券的研究报告提出，互联网金融与传统金融各有优势，互联网金融的发展可能按照三个层次递进：第一，双方基于自身的比较优势在各自的优势领域开展业务，产品类型和重点客户重合度较低，互联网企业在这一阶段的成本优势发挥明显，具体表现为基于成本优势的虚拟渠道扩张。第二，双方的业务开始融合，部分核心业务产生交叉，互联网企业开始利用数据资产进行风险定价，传统金融行业逐渐掌握批处理技术，开始通过产品创新由被动防御转向主动防御，对中小型客户的争夺是重点。第三，从形式到实质的融合，商业模式的优化、创新，新的商业模式开始出现，双方都已经掌握了对方较为核心的技术，平台搭建完毕，开始利用平台的数据资产对现有的商业模式进行改造，平台的用户数量、用户黏度和数据的有效性是获得成功的关键。③

---

① 薛亮. 大数据时代考验银行品牌创新：访招商银行行长马蔚华. 金融时报, 2012 - 12 - 14.
② 牛锡明. 互联网金融将颠覆传统金融服务模式. 新浪财经, 2013 - 2 - 24.
③ 连建明. 互联网金融元年：颠覆传统　未来仍在争论. 新民晚报, 2013 - 12 - 21.

三、中国互联网金融发展的大趋势

互联网金融既是互联网精神对传统金融的渗透，也是传统金融与互联网创新的融合。大数据时代，拥有数据优势的大型互联网公司们抑制不住进军金融业的冲动，传统金融互联网化趋势已经是别无选择。互联网金融发展"多元化创新"和"跨界融合"的大趋势，犹如历史潮流滚滚向前，已不可阻挡。

（一）互联网金融与产业深度融合

互联网金融的发展是互联网产业和金融产业融合发展的产物。从20世纪90年代开始的金融互联网算起，进入互联网金融1.0时代。这一时期主要是金融机构利用互联网作为新渠道开展金融业务的过程，互联网平台的引入带来了金融业务的跨越式发展，业务内容、业务模式、业务空间等得到了前所未有的提升。但这一阶段的发展以金融机构为主体，在我国金融业仍然呈现出明显的垄断特征，我国金融行业所服务的对象基本上是全社会中重要的20%的客户。

进入21世纪之后，互联网金融迎来2.0时代。由于互联网经济发展的需要，金融服务的提供开始部分由非金融机构来承担，各种形形色色的互联网金融服务，如第三方支付、阿里小贷、P2P等开始出现。这些带有量身定制色彩的金融业务，出现伊始就比原有金融机构提供的标准化、流程化的金融服务更受到人们的欢迎，对传统金融业务形成相当的冲击。随着制度、规则和准入标准的调整，互联网金融企业将与传统金融机构深度融合，发挥各自的比较优势，新的金融业态可能是，分工更加明确、个性更加突出、结构更加多元、效率进一步提高[①]。

随着社会征信体系完善、互联网技术发展和深度渗透，互联网金融与产业深度融合将进入3.0时代。未来，互联网金融作为新兴产业，将与原有的传统行业进行融合发展，从而以更加快捷的方式、以更加丰富的渠道满足各经济主体的需要，提供多样化、多层次的金融服务，由此产生新的服务模式，曾经被忽略的80%的长尾市场将被深度挖掘。互联网金融将与产业结合，产生农业金融、文化金融、科技金融、生态金融等。继而互联网金融和我们生活方方面面联系起来，形成社交金融。金融服务的群体不再只是20%的少数，而是打

---

① 吴晓求. 中国金融的深度变革与互联网金融. 财贸经济，2014（1）.

破金融行业的传统"二八法则",同样服务于80%的群体,形成大金融生态的普惠金融和民生金融。

(二) 大数据金融服务模式前景广阔

数据是一种资源,是继土地、资本、人力之后的新要素。大数据可以通过多种方式创造价值。2011年5月,麦肯锡在《大数据:下一个创新、竞争和生产力的前沿》的专题研究报告中提出,"大数据是继传统 IT 之后下一个提高生产率的技术前沿。只要具有适当的政策推动,大数据的使用将成为未来调高竞争力、生产力、创新能力以及创造消费者盈余的关键因素。""随着大数据成为越来越有价值的资产,有效运用大数据成为企业竞争的关键"。[1]

未来金融业将会由现在的根据财务分析和个体抽样分析模式,转变为运用大数据进行多样化分析。借助先进的工具挖掘分析数据,对用户的交易数据和行为数据进行提炼和分析,企业可快速匹配供需双方的金融产品交易需求,发现隐藏的信息和趋势,进一步发现商机。互联网行业跨界做金融业务的领跑者都重视大数据的利用,重视并深度挖掘越来越细化和私人化的客户需求。比如,阿里小贷公司便运用交易数据提供信用评估,据此为申请贷款的客户发放贷款。

大数据金融模式需要两项能力:一是合法数据来源的可持续性能力;二是大数据分析的能力。金融机构正在想办法利用多种服务交付渠道(分公司、网络和手机)中的大量客户数据,以支持新的预测分析模式,从而发现消费者行为模式和增加客户转换率。比如,中国建设银行推出善融商务,其目的不在于赚取商家的交易费用,而是提供一个有竞争力的平台帮助商家发展,以后续加大对信息的捕获力度,占据数据制高点,以构建自己的网络商业信用体系,并以此对接传统金融服务包括支付、结算、信贷在内的金融服务来获利,形成竞争优势[2]。未来将有更多的银行推出电商短贷业务,可以通过与电商 ERP 解决方案服务商 E 店宝合作,间接获得了电商的交易信息。银行还可以与快递公司合作,通过电商的快递出货量来判断其整体经营情况。

未来大数据时代下,"数据+金融"的大数据金融服务模式前景广阔。大数据金融模式的发展将解决三个方面的问题,即解决传统金融机构运营交易成

---

[1] 麦肯锡. 大数据:下一个创新、竞争和生产力的前沿. 赛迪译丛,2012 (25).
[2] 郭世邦. 银行如何迎接互联网金融的崛起?. 2013-1-11,http://blog.sina.com.cn/s/blog_56eadc0f0102evvw.html.

本过高的问题，可提供流动性从而解决资产与负债流动性不匹配的问题，可拓展几千万个小微企业的市场解决客户不足的问题①。大数据金融服务模式依赖大数据存储和处理框架、主数据管理策略，提高企业透明度、可审计性和风险监督，完善企业风险管理框架。对大量历史支付行为数据进行分析，用于预测信用风险模型、业务预测和交易影响评估，降低运营成本和降低客户违约率，发现新的套利机会。

（三）移动互联网金融发展潜力巨大

根据毕马威2011年移动支付全球调研结果，促使消费者使用移动支付业务的三大因素是：使用范围，便捷性和安全性。在2011年5月央行发放第三方支付牌照，以及联合工信部启动制定移动支付标准的工作之后，我国移动支付产业增长迅猛。中国人民银行发布的《2013年支付体系运行总体情况》显示，电子支付业务增长较快，移动支付业务保持高位增长。2013年，移动支付业务16.74亿笔，金额9.64万亿元，同比分别增长212.86%和317.56%②。

第三方支付机构纷纷布局移动互联网，如支付宝、财付通等在移动支付上已经布局多时。2014年春节，马云的支付宝讨"红包"和马化腾的夜袭珍珠港式的"微信红包"，引发了移动端支付的争夺战。随后，嘀嘀打车和快的打车两家打车软件公司竞相斗法，"支付宝"和"微信支付"两大互联网巨头，借他人之手再次争夺移动支付端的端口。"红包"漫天飞和"烧钱"玩补贴的背后，移动支付的用户也在爆升，悄然改变了人们的支付习惯。

2013年12月12日，中国金融认证中心（以下简称CFCA）发布的《2013中国电子银行调查报告》显示，手机银行业务展现出巨大潜力。2013年全国地级及以上城市城镇人口中，个人手机银行用户比例为11.8%，较2012年增长近3个百分点，连续3年呈增长趋势。调查数据显示：2013年移动远程支付用户比例为13.3%，较2012年提升了近4个百分点；2013年移动近场支付用户比例为3.6%，较2012年提升了0.4个百分点；用户使用移动远程支付的金额占比为95%，移动近场支付金额占比为5%。今后两年，近场NFC支付将凭借其高度便利性，以超市购物、公交刷卡场景为突破口，取得快速增长进而渗透至其他消费领域。

---

① 卓翔. 互联网金融创新发展趋势及监管对策. 金融时报，2013-12-30.
② 中国人民银行. 2013年支付体系运行总体情况. 中国人民银行网站，2014-2-17.

银联和移动也积极推出 NFC 近场支付,抢占第三方支付机构的市场。近年来,NFC 将成为手机标配,推动近场移动支付发展。2013 年 12 月 12 日,中国银联宣布携手中行、建行、中信、光大、浦发、民生、北京银行等 7 家发卡机构,启动基于银联移动支付平台的 NFC 手机支付全国推广活动。这意味中国银联联合机构共同推动的移动支付布局,已从局部试点进入全国推广阶段。截至 2013 年底,已有中国银行等 15 家商业银行正式接入银联移动支付平台,大多数银行都通过"闪付"功能切入移动支付市场,同时支持 NFC 手机和金融 IC 卡。

手机网民和电子商务的快速发展,为移动互联网金融的发展奠定了坚实的基础。根据中国互联网络信息中心发布的《第 33 次中国互联网络发展状况统计报告》显示,截至 2013 年 12 月,中国手机网民规模达到 5 亿,年增长率为 19.1%,继续保持上网第一大终端的地位。网民中使用手机上网的人群比例由 2012 年底的 74.5% 提升至 81.0%,远高于其他设备上网的网民比例,手机依然是中国网民增长的主要驱动力。根据工业和信息化部制定的《电子商务"十二五"发展规划》,预计到 2015 年我国电子商务交易额将翻两番,突破 18 万亿元。

随着移动通信设备的渗透率超过正规金融机构的网点或自助设备,未来 3 年将是我国移动互联网金融高速增长的阶段。移动互联网金融不仅局限于移动支付,更成为人们首选的资金理财和财富增值渠道,移动互联网金融时代已经来临。阿里系的支付宝钱包、微信的"我的银行卡"已经分走了移动互联网金融的两杯羹,近期三大通信运营商又要加入这场盛战。在群雄逐鹿之下移动互联网金融前景将更加广阔,传统银行的存款、贷款和支付结算中间业务都将受到互联网金融的全方位挑战,银行的自我革命或者金融互联网化进程会加快。

(四)互联网金融模式和产品创新日新月异

我国互联网金融发展模式是当前环境的必然产物。在发达国家,由于市场竞争充分,任何有金融需求的个体都会被给予相应的风险定价,并提供适当的金融产品,因此互联网金融多以模式创新驱动行业发展。但我国金融市场效率低下,资金配置错位严重,互联网创新更多体现在资金融通渠道的拓宽上,即满足银行主体客户之外的融资需求和提升资金收益率,易对传统金融造成冲击。未来,我国互联网金融发展,将在模式和产品创新方面展开竞争。

目前，工、农、中、建、交五大行以及招商、民生、中信等股份制银行都已经在互联网金融领域布局，或侧重网贷模式的创新，或侧重服务平台整合，还有一些侧重电商探索等。建设银行已搭建"善融商务"平台，交通银行推出"交博汇"网上商城，农行推出"E商管家"，行推出"中银易商"，工商银行上线"融e购"商城，民生银行七大股东成立民生电商等。邮储银行的发展新策略是，加快科技创新和产品创新的步伐，打造互联网金融特色银行，推出定制化互联网金融产品。所谓定制化互联网金融产品，邮储银行已经针对上班族、老年人、"三农"等不同人群的需求，推出电视银行、微信银行、微博银行、易信银行、"金融夜市"、惠及农村的手机金融服务等个性化定制服务。截至2013年底，邮储银行电子银行客户逾9000万，手机银行客户达4000万，电视银行客户已达500万。[①]

未来，互联网金融模式和产品创新的趋势必将朝着专业化、垂直化、细分化、定制化和个性化发展。互联网金融产品的细分能让消费者更容易地找到所需服务，有助于提升用户黏性、增加收益、降低风险、避免同质化竞争。细分化的互联网金融产品将推动互联网金融生态圈成熟和定型。未来，更多互联网公司开发金融或类金融产品，比如垂直门户金融、在线旅游、手游金融等；定期类的互联网理财产品陆续推出；互联网金融商业模式更加丰富；保险产品向简单化、细分化发展，以满足单一的、人的个性化需求；基金产品设计进一步定制化、细分化。

（五）一体化服务品牌加快打造步伐

目前，互联网金融发展的大平台趋势明显。P2P网贷行业正在面临洗牌，生存下来的是大部分收益率较为稳健的平台，网贷平台市场集中度会更高。2013年，阿里巴巴的余额宝、阿里小贷、支付宝已经间接实现了银行三大核心业务"存、贷、汇"的功能。2014年1月6日，阿里继续把余额宝与定期保险理财产品相对接。百度未来会致力于打造互联网金融服务云平台，为产业链上下游的合作伙伴提供互联网金融服务的各种中间件。从2013年互联网金融巨头们跑马圈地可以看出，在2014年，无论是网络理财，还是P2P网贷领域，互联网金融的市场集中度会更高，呈现出大平台发展和金融功能融合

---

① 金彧. 邮储银行：定制化互联网金融产品. 新京报, 2014-3-25.

趋势。①

基于目前态势，伴随着互联网技术的日益成熟和网络的便捷，未来互联网金融客户需要将所有相关业务融为一体的全面综合服务。互联网为"以客户为中心"的客户业务综合办理提供可能，通过综合账户集成客户金融资产，满足客户的理财、投资、消费、支付等一站式金融业务办理需求。为了完善服务方式，商业银行也积极创新，将现有业务条线与在线金融中心、移动金融、电子商务、电子支付平台等新兴技术模式加以整合，以最终满足客户日益多元化的需求，实现"一站式综合金融服务"。因此，未来互联网金融必将打造一体化的服务平台，为了使客户能有多样化的产品选择，非金融机构也必将加快重组、兼并的步伐，充分吸收和融合相关资源，从而不断丰富互联网金融产品，丰富互联网金融生态圈。

（六）互联网金融与传统金融加速融合

中国银行业协会发布的《中国银行业发展报告（2012~2013）》对互联网金融模式的发展趋势进行了分析。报告认为，尽管互联网金融的发展趋势不可逆转，可并不会完全取代银行等传统金融业。报告指出，银行在宏观政策传导、风险管理、客户资源等方面有难以替代的优势。在互联网时代，银行可以利用其掌握大量数据资源的优势，充分利用互联网平台，将已有的经验与新兴技术更有效地结合，获得新的发展机遇。报告认为，基于互联网技术的互联网银行业务创新潜力极大。未来的商业银行主体形势可能将由实体机构演化为网络平台，通过整合、应用包括移动支付、社交网络、搜索引擎和云计算等关键技术，实现互联网式的支付结算、投融资业务、信用评估、风险管理等功能模板。

未来，以小贷公司、银行为代表的这些金融机构或者泛金融机构和网上平台的合作会加强。目前，银行在与互联网公司的合作方面，除了传统的资金结算、电子支付的服务外，各家银行基本都与阿里、腾讯、银联电子支付或其他网络公司进行了合作，包括金融产品的供销、数据共享、企业融资等服务。

基于我国现有互联网金融的优质基础，互联网银行将崭露头角。我国互联网银行不会采取完全建立在互联网上的虚拟银行模式，而是在传统银行基础上，与互联网金融企业合作，或者自建互联网银行，将银行业务拓展到互联网

---

① 谭辛. 互联网金融呈现6种模式 有大平台发展趋势. 经济日报，2014-1-14.

上完成，从而使得有限的营业网点通过互联网延伸到无限的客户中去。未来我国互联网银行将通过数据挖掘识别需求、管理风险、设计金融产品，并通过信贷产品创新、支付创新、业务创新等探索更多参与互联网金融的路径。

券商和保险将加速在互联网金融领域的实践。在券商"拥抱"互联网的这一波势头之下，除了阿里、腾讯、百度三大互联网巨头之外，一批拥有庞大流量的门户网站也成为金融业机构争先合作的对象。多数保险公司比较关心互联网保险销售能否突破地域限制，中小保险公司渴望借互联网保险业务摆脱营业网点偏少的经营短板。保险业的天弘基金会诞生。货币基金市场的互联网金融持续创新，更多基金公司和互联网联手；互联网金融接入资产管理领域，保障型与理财型产品都会在互联网平台销售，第三方理财插上互联网的翅膀飞得更高更快。

未来，互联网金融机构之间的融合及其与传统金融机构之间的融合，将催生出无穷的互联网金融创新，由此形成全新的当代互联网金融生态体系。

（七）线上线下深度整合创新提升价值

当阿里巴巴、京东商城、苏宁易购等电商介入实体供应链金融后，银行则纷纷推出供应链金融线上系统。比如，中信银行网络银行推出"POS商户网络贷款"产品，针对小微企业主及个体商户，通过分析商户的商誉、交易信息，并结合客户征信信息，形成对客户信用的评价，并据此发放贷款，完全通过互联网获得贷款，实现线下数据用于线上贷款。截至2013年底，该款产品运行2个多月来，已有3000多家POS商户成为其客户，累计放款额已超15亿元。

中国未来互联网金融创新的走势是线上线下相结合，实体体系与虚拟体系相结合的方式。金融服务相比传统零售行业，更容易采用线上线下互动的商业模式。金融服务的产品大都为虚拟产品，不需要实体的物流运输，规避了物流损耗风险等问题。互联网金融是以互联网为工具，秉承开放、平等、协作、分享、创新的精神，实现线上与线下结合、实体体系与虚拟体系相结合的创新模式。金融互联网是把线下业务往线上搬，互联网金融则是在线上线下的结合过程中有所创新，实现价值提升。未来的重点应该是使业务在线上产生超出线下的更多收益。

（八）互联网金融加速向欠发达地区渗透

2013年12月，淘宝理财发布的《淘宝基金2013年互联网理财趋势报告》

指出，互联网理财的热潮正从一线城市向二、三线城市扩展，呈现丰富多彩的地域特色。理财土豪聚集省市前三甲为北京、上海、青海；拥有最多理财屌丝省市则为西藏、山西、广西、内蒙古、甘肃。在男性理财人群中，青海以平均单笔理财金额7800元排在了榜首，宁夏、吉林、贵州、陕西等也挤入前十强。这说明在内陆地区由于理财手段匮乏，熟悉互联网的用户对于网络理财的需求更为强烈；互联网金融秉承互联网的开放精神，加入主体多元化，传统的垄断格局被打破，互联网金融呈现去中心化趋势。

农村地区和欠发达地区的金融供给不足问题仍不同程度存在，目前全国平均每个乡镇有2.13个金融网点，1个网点服务近两万居民。随着互联网和手机上网的普及率迅速上升，互联网金融的高效、便捷、低成本特点，有助于满足欠发达地区和农村地区的金融服务需求。随着互联网金融在农村市场的普及，会拉动农村经济的发展。百姓可以及时地用互联网金融进行农产品贸易，还可以在网上办理百姓比较关注的社保，低保的相关业务。为了更好地服务"三农"，邮储银行在拓展服务网络，弥补农村地区金融服务覆盖不足方面，力图加强打造包括ATM、网上银行、手机银行、电视银行、微信银行等在内的多样化的电子金融服务渠道。

2012年，中国人民银行会同有关方面启动了农村移动支付的试点工作，推动各金融机构和支付机构积极探索业务模式，为更多贫困地区的农民提供高效、低成本的支付服务。目前在20个省份的试点过程中，为解决无银行账户人群的基本支付需求，主要是通过简化开户流程、改进账户服务、大力推广非现金支付工具等措施，鼓励商业银行为农民开立账户。同时积极推广移动支付和互联网支付，适当发挥第三方支付机构支付账户的作用，作为银行账户的补充。①

农村互联网金融的发展符合国家金融改革和金融创新的政策方向，互联网金融在农村地区扶贫、便民和包容性增长方面具有广阔的空间和前景。目前，互联网金融本身在服务对象与内容上并没有倾向于农村市场。互联网金融选择适合的技术和商业模式，来满足农村消费者的基本需求，是互联网金融推进金融民主化的切实行动，也将为互联网金融迎来千载难逢的产业掘金期。

---

① 牛娟娟. 互联网金融走村入户 农村移动支付前景无限. 金融时报，2013-8-8.

参 考 文 献

[1] [美] 爱德华·肖著，邵伏军等译. 经济发展中的金融深化. 上海三联书店，1988.

[2] [美] 罗伯特·希勒著，束宇译. 金融与好的社会. 中信出版社，2012.

[3] [美] 罗杰·菲德勒著，明安香译. 媒介形态变化. 华夏出版社，2000.

[4] [英] 卡萝塔·佩蕾丝著，田方萌等译. 技术革命与金融资本——泡沫与黄金时代的动力学. 中国人民大学出版社，2007.

[5] [美] Peter Renton著，第一财经新金融研究中心译. Lending Club简史：P2P借贷如何改变金融，你我如何从中受益？. 中国经济出版社，2013.

[6] [美] 约瑟夫·熊彼特著，何畏，易家详等译. 经济发展理论——对于利润、资本、信贷、利息和经济周期的考察. 商务印书馆，1990.

[7] [日] 植草益. 信息通信业的产业融合. 中国工业经济，2001（2）.

[8] 艾瑞咨询. 2013年互联网创新金融模式研究报告. 艾瑞网，2013（7）.

[9] 艾瑞咨询. 2013中国P2P贷款行业研究报告. 艾瑞网，2013（10）.

[10] 艾瑞咨询集团. 2013年互联网创新金融模式研究报告. 艾瑞网，2013（7）.

[11] 安平. 传统金融应吸纳互联网金融导入的平等理念. 第一财经日报，2013-12-6.

[12] 巴曙松，杨彪. 第三方支付国际监管研究及借鉴. 财政研究，2012（4）.

[13] 曹源芳. 我国各省市金融垄断程度判断——基于金融勒纳指数的分

析. 财经研究, 2009 (4).

[14] 曾刚. 积极关注互联网金融的特点. 银行家, 2012 (11).

[15] 曾康霖. 金融深化论对金融经济学的发展. 经济学家, 1997 (4).

[16] 车亮. 互联网金融监管拟以鼓励为导向. 中国证券报, 2014 – 1 – 13.

[17] 陈净. 百度没基金销售及基金支付牌照 何以能卖基金. 国际金融报, 2013 – 10 – 23.

[18] 陈敏轩, 李钧. 美国 P2P 行业的发展和新监管挑战. 金融发展评论, 2013 (3).

[19] 陈天俏. 管政策模糊 P2P 平台存在大隐患. 中国日报, 2014 – 2 – 7.

[20] 陈莹莹. 互联网金融监管靴子亟待落地 业内称应回归普惠金融. 中国证券报, 2013 – 12 – 16.

[21] 陈莹莹. 互联网金融监管政策呼之欲出. 中国证券报, 2014 – 1 – 17.

[22] 陈莹莹. 央行官员：对互联网金融监管力度将提高. 中国证券报, 2013 – 12 – 28.

[23] 陈有天. 国华人寿被指借发万能险"补血". 信息时报, 2012 – 12 – 17.

[24] 陈忠. 信用消费论. 中国社会科学院研究生院博士学位论文, 2002.

[25] 德邦证券. 创新业务前瞻 互联网金融之美国发展（一）. 德邦证券网, 2013 – 7 – 4.

[26] 德邦证券. 互联网金融"市梦率"是一场梦吗？. 德邦证券网, 2013 – 8 – 1.

[27] 邓建鹏. 互联网金融的发展趋势与风险. 互联网金融, 2013 (12).

[28] 第一财经新金融研究中心. 中国 P2P 借贷服务行业白皮书 2013. 中国经济出版社, 2013.

[29] 范家琛. 众筹商业模式研究. 企业经济, 2013 (8).

[30] 方匡南, 章紫艺. 社会保障对城乡家庭消费的影响研究. 统计研究, 2013 (3).

[31] 冯涛. 中国互联网金融面临监管困境. 英国《金融时报》中文网, 2013 – 8 – 14.

[32] 高改芳. 浦发银行推出微信银行. 中国证券报, 2013 – 8 – 21.

[33] 高国辉．门户网站进军保险销售 网易保险平台正式上线．南方日报，2011-12-07．

[34] 高翔，颜剑．平安互联网金融战略：创新业务推动客户迁徙．上海证券报，2013-11-22．

[35] 广发银行股份有限公司技术部．移动支付：商业银行新的机遇和挑战．中国金融电脑，2013（6）．

[36] 郭杰群．P2P网贷监管究竟面临哪些问题．南方都市报，2014-3-6．

[37] 韩冬．O2O给银行带来挑战：或进一步侵蚀支付结算业务．零售银行，2012（11）．

[38] 丁浩．关于金融本质及其演进和发展的思考．经济研究导刊，2009（3）．

[39] 何翠婵．互联网金融创新小微企业融资模式．现代物流报，2013-9-1．

[40] 何开宇．国外手机支付的新进展及对我国手机银行业务的建议．中国信用卡，2013（5）．

[41] 胡德斌．互联网金融是用互联网的精神办金融．和讯网，2014-1-20．

[42] 胡景波，谢平．发展互联网金融要理解互联网精神．齐鲁晚报，2013-12-23．

[43] 胡群．P2P倒闭潮袭来：行业待收金高达数十亿．经济观察报，2014-1-4．

[44] 胡世良．移动互联网崇尚创新精神．人民邮电报，2011-6-28．

[45] 黄达．货币银行学．四川人民出版社，1992．

[46] 建设银行．建行在虚拟网络中打造全新金融世界．证券时报，2013-10-18．

[47] 姜建清．美国银行业和科技革命．上海人民出版社，1999．

[48] 姜奇平．O2O商业模式剖析．互联网周刊，2011（19）．

[49] 姜奇平．互联网对银行核心竞争力渗透史．互联网周刊，2012（3）．

[50] 降磊．互联网金融时代的商业银行发展模式研究．西南交通大学硕士论文，2013．

[51] 金彧. 邮储银行：定制化互联网金融产品. 新京报，2014-3-25.

[52] 雷曜，陈维. 大数据在互联网金融发展中的作用. 中国改革，2013(7).

[53] 李碧雯. 双十一：华泰保险绑定淘宝垄断"退货运费险". 理财周报，2013-10-28.

[54] 李博，董亮. 互联网金融的模式与发展. 中国金融，2013(10).

[55] 李宏. 社会保障对居民储蓄影响的理论与实证分析. 经济学家，2010(6).

[56] 李静瑕，刘士余. 尊重互联网金融发展规律 两个底线不能碰. 第一财经日报，2013-08-14.

[57] 李钧. 互联网金融是什么？. 第一财经日报，2013-3-15.

[58] 李丽娜. 泰康.COM. 互联网周刊，2001(3).

[59] 李文. 券商四大模式探路互联网金融. 证券日报，2013-6-21.

[60] 李文龙，杜冰. 互联网金融需要引入适当监管. 金融时报，2014-1-17.

[61] 李新平. 农业银行电子商务服务模式创新策略研究. 农村金融研究. 2013(6).

[62] 李雪静. 国外P2P网络借贷平台的监管及对我国的启示. 金融理论与实践，2013(7).

[63] 栗泽宇. 微信"红包"：大年夜的疯狂. 华夏时报，2014-2-8.

[64] 连建明. 互联网金融元年：颠覆传统 未来仍在争论. 新民晚报，2013-12-21.

[65] 梁利峥，周新旺. 互联网金融十大生意模式. 经理人，2013(8).

[66] 梁宵. 一行三会定调互联网金融监管. 中国经营报，2014-1-20.

[67] 梁应杰. 点几下鼠标就能获得数十万贷款. 都市快报，2013-10-19.

[68] 刘爱萍. 如何促进互联网金融规范发展. 光明日报，2013-7-29.

[69] 刘海二. 手机银行、技术推动与金融形态. 西南财经大学博士学位论文，2013.

[70] 刘明康，梁晓钟. 银行与互联网金融：不一样的风控. 新世纪，2014(3).

[71] 刘胜军. 欧盟电子货币监管制度最新发展及其启示. 金融与经济，

2010（3）.

[72] 刘诗平．中国银行布局互联网金融　促进传统业务转型升级．参考消息·北京参考，2013-10-28.

[73] 刘士余．秉承包容与创新的理念正确处理互联网金融发展与监管的关系．清华金融评论，2014（2）.

[74] 刘田．央行划定互联网金融底线　监管套利空间恐遭挤压．第一财经日报，2014-3-25.

[75] 刘田．央行明确互联网金融监管五大原则．第一财经日报，2014-3-25.

[76] 刘小麟，金钢．借鉴国外经验完善我国第三方支付监管．中国经济时报，2008-9-8.

[77] 刘新海．互联网金融新模式探析．金融电子化，2013（4）.

[78] 刘雁．美国网贷监管要求贷款信息透明．证券时报，2013-8-21.

[79] 刘真真．法与平衡——众筹美国经验的启示．支点，2013（5）.

[80] 柳灯．工行电商平台10月上线：布局B2C积累用户数据．21世纪经济报道，2013-9-6.

[81] 鲁公路，李丰也，邱薇．美国新股发行制度改革：JOBS法案的主要内容．网易财经，2013-3-15.

[82] 罗军舟，金嘉晖，宋爱波等．云计算：体系架构与关键技术．通信学报，2011（7）.

[83] 罗明雄，丁玲．互联网金融六大模式深度解析．中国科技财富，2013（9）.

[84] 罗明雄，唐颖，刘勇．互联网金融．中国财政经济出版社，2013.

[85] 吕力恒．浅谈欧盟对电子货币的监管研究．前沿，2012（7）.

[86] 马春园．解密阿里巴巴信贷业务：一笔B2B贷款的旅行．21世纪经济报道，2012-8-29.

[87] 马健．产业融合理论研究评述．经济学动态，2002（5）.

[88] 麦肯锡．大数据：下一个创新、竞争和生产力的前沿．赛迪译丛，2012（25）.

[89] 孟祥轲．中小型券商发展互联网金融的模式研究．经济视角（下旬刊），2013（8）.

[90] 牛娟娟．互联网金融走村入户　农村移动支付前景无限．金融时报，

2013 – 8 – 8.

[91] 牛锡明. 互联网金融将颠覆传统金融服务模式. 新浪财经, 2013 – 2 – 24.

[92] 欧阳洁. 互联网金融,"狼"来了吗. 人民日报, 2013 – 6 – 17.

[93] 欧阳晓红. 互联网金融监管底线:应急式政策让市场焦虑. 经济观察报网, 2014 – 3 – 29.

[94] 裴昱. 互联网金融发展有空间监管待加强. 中国社会科学报, 2014 – 1 – 11.

[95] 人民银行西安分行课题组. 众筹融资的发展与规范问题研究. 金融时报, 2013 – 12 – 16.

[96] 任高芳. 美国第三方支付监管体系对我国的启示. 金融发展评论, 2012(10).

[97] 芮晓武,刘烈宏主编. 中国互联网金融发展报告(2013). 社会科学文献出版社, 2014.

[98] 盛岚. 保险走近网上营销 电子商务将成第四驾马车. 新京报, 2004 – 12 – 18.

[99] 盛松成. 余额宝投资银行存款应受存款准备金管理. 中国新闻网, 2014 – 3 – 19.

[100] 石磊. 支付助推互联网金融发展,券商零售业务转型压力增加. 方正证券研究所行业深度报告, 2013 – 11 – 4.

[101] 帅青红. 电子支付与结算. 东北财经大学出版社, 2011.

[102] 孙浩. 电子货币监管体系的挑战与创新. 中国信用卡, 2012(10).

[103] 孙浩. 欧盟电子货币监管的实践与经验. 金融电子化, 2010(4).

[104] 孙明春. 互联网金融的是与非. 证券时报网, 2014 – 3 – 24.

[105] 孙琪. 百度版余额宝收益宣称8% 产品性质至今未明. 上海青年报, 2013 – 10 – 22.

[106] 孙毅坤,胡祥培. 电子货币监管的国际经验与启示. 上海金融, 2010(2).

[107] 谭晓慈. 京东发力互联网金融. 经济参考报, 2013 – 12 – 17.

[108] 谭辛. 互联网金融呈现6种模式 有大平台发展趋势. 经济日报, 2014 – 1 – 14.

[109] 唐彬．把互联网精神植入传统金融．英大金融，2013（9）．

[110] 唐彬．互联网金融的基石：第三方支付．互联网金融，2013（11）．

[111] 陶雪娇，胡晓峰，刘洋．大数据研究综述．系统仿真学报，2013（S1）．

[112] 滕晓萌．阿里巴巴马云如何做银行：小微信贷业务被看好．理财周报，2013 - 7 - 29．

[113] 万建华．金融 e 时代：数字化时代的金融变局．中信出版社，2003．

[114] 王海燕．中美社会保障制度比较研究．中共中央党校博士学位论文，2010．

[115] 王汉君．互联网金融的风险挑战．中国金融，2013（24）．

[116] 王宏．国外电子货币监管对我国的启示．上海金融，2012（10）．

[117] 王计昕．美国中小企业融资问题研究．吉林大学博士学位论文，2006．

[118] 王继高．互联网金融的"冰与火"．中国经济时报，2013 - 7 - 16．

[119] 王佳颖，王觉民．商业银行电子商务平台发展研究．金融纵横，2013（6）．

[120] 王开．众筹融资模式的中国探索：会不会碰到非法集资红线．财经，2013 - 8 - 26．

[121] 王朋月，李钧．美国 P2P 借贷服务行业发展简史．第一财经日报，2013 - 5 - 10．

[122] 王新．互联网金融试水保险 有望改变市场格局．成都日报，2013 - 8 - 06．

[123] 王雪，古美仪．P2P 纳入银监会监管，底线原则将不可突破．大公网，2014 - 3 - 6．

[124] 王宇．央行正面回应互联网金融监管：暂停相关业务为防风险．新华网，2014 - 3 - 24．

[125] 韦夏怡，侯云龙．百度推百发挺进互联网金融 高收益引业内质疑．经济参考报，2013 - 10 - 22．

[126] 吴晓灵．互联网金融的监管挑战．陆家嘴月刊，2013 - 11 - 4．

[127] 吴晓求．中国金融的深度变革与互联网金融．财贸经济，2014

(1).

[128] 夏侯建兵. 中国保险业信息化向知识化发展研究. 厦门大学博士学位论文, 2008.

[129] 肖本华. 美国众筹融资模式的发展及其对我国的启示. 南方金融, 2013 (1).

[130] 萧索. P2P 监管应无为而治. 证券日报, 2013 - 12 - 13.

[131] 小宁. 融 360：搜出来的金融王国. 商业价值, 2013 (10).

[132] 谢康. 中国加入 WTO 对网上银行的挑战与对策研究. 金融研究, 2001 (5).

[133] 谢平, 尹龙. 网络经济下的金融理论与金融治理. 经济研究, 2001 (4).

[134] 谢平, 尹龙. 网络银行：21 世纪金融领域的一场革命. 财经科学, 2000 (4).

[135] 谢平, 邹传伟. 我国 P2P 网络贷款监管的核心理念. 和讯网, 2014 - 4 - 2.

[136] 谢平. 互联网金融监管的必要性和特殊性. 财新网, 2014 - 3 - 23.

[137] 谢平. 互联网精神对传统金融有颠覆性. 财新网, 2013 - 12 - 24.

[138] 谢平. 迎接互联网金融模式的机遇和挑战. 21 世纪经济报道, 2012 - 9 - 3.

[139] 谢卫群. 马云：金融行业需要搅局者. 人民日报, 2012 - 06 - 21.

[140] 谢璇. 互联网金融：大数据时代下的银行角色转变. 财经网, 2013 - 7 - 25.

[141] 辛本胜, 张兴荣. 从社区银行到全球金融巨擘——解读美国富国银行本土市场"蝶变"之道. 国际金融, 2012 (12).

[142] 忻尚伦. 券商正探索大数据初级模型. 东方早报, 2013 - 6 - 25.

[143] 熊焰. 搅局人还是互补者：互联网金融与传统金融的关系探讨. 金融时报, 2014 - 3 - 20.

[144] 徐科. 产品为王时期来临　基金公司吃定互联网苹果. 证券日报, 2013 - 10 - 22.

[145] 徐乔根, 徐晓华. 银行计算机系统的组织与操作. 电子工业出版社, 1992.

[146] 徐潇, 张夏欣. 海外互联网金融三大模式领风骚. 证券时报,

2013-12-27.

[147] 徐志坚．网络证券．贵州人民出版社，2000．

[148] 薛亮．大数据时代考验银行品牌创新：访招商银行行长马蔚华．金融时报，2012-12-14．

[149] 闫真宇．关于当前互联网金融风险的若干思考．浙江金融，2013（12）．

[150] 杨帆．金山与人保联合推出网购敢赔险．法制晚报，2012-7-13．

[151] 杨佼．盈利模式不明 保险网销陷多方混战．第一财经日报，2012-2-27．

[152] 杨凯生．加强对互联网金融的监管必须且紧迫．第一财经日报，2013-10-10．

[153] 杨璐．互联网金融监管分工划定：P2P网贷由银监会负责．财新网，2014-3-11．

[154] 杨芮，李静瑕．保险电商多模式备战：互联网+移动终端．第一财经日报，2013-6-7．

[155] 杨洋．潘功胜：进一步完善互联网金融监管 目前推出存款保险制度的时机和条件比较成熟．金融时报，2014-3-24．

[156] 易欢欢．借鉴美国证券业三种模式 实现我国中小型券商弯道超车．证券日报，2013-10-25．

[157] 殷晓蓉．阿帕对于因特网的贡献及其内在意义．现代传播，2002（1）．

[158] 尹杞月．中小企业融资难研究．西南财经大学博士学位论文，2012．

[159] 由曦，刘文君，董欲晓．立规互联网金融．财经，2014（9）．

[160] 余枚．众筹兴起——互联网金融模式之三．新理财（政府理财），2013（9）．

[161] 袁康．互联网时代公众小额集资的构造与监管——以美国JOBS法案为借鉴．证券市场导报，2013（6）．

[162] 袁奇，刘崇仪．美国产业结构变动与服务业的发展．世界经济研究，2007（2）．

[163] 张洪伟，张运燕．国外互联网第三方支付的监管比较．金融科技时代，2013（6）．

[164] 张莉. 众筹融资催生多元化商业模式. 中国证券报, 2014-4-4.

[165] 张明. 警惕互联网金融行业的潜在风险. 经济导刊, 2013 (Z5).

[166] 张倩怡. 3分钟融资到账: 京东推出京保贝. 北京日报, 2013-12-07.

[167] 张文俊编著. 当代传媒新技术. 复旦大学出版社, 1998.

[168] 张小平. 银行遭遇互联网金融: 互补而非替代. 中国经济导报, 2013-4-2.

[169] 张晓朴. 互联网金融监管十二原则. 第一财经日报, 2013-1-20.

[170] 张亦春, 许文彬. 风险与金融风险的经济学再考察. 金融研究, 2002 (3).

[171] 张玉喜. 网络金融的风险管理研究. 管理世界, 2002 (10).

[172] 张月光. 比特币日交易量达3.5亿, 联合上市公司试水金融产品. 21世纪经济报道, 2013-11-15.

[173] 张则鸣. 大数据时代 保险业用数据说话. 第一财经日报, 2014-4-8.

[174] 赵淑兰. 首家互联网金融行业协会成立. 经济日报, 2013-8-10.

[175] 赵洋. 互联网金融的"鲶鱼效应". 金融时报, 2013-2-9.

[176] 赵鹬. "余额宝们"将推动金融民主化. 中国经营报, 2014-2-15.

[177] 郑联盛. 美国互联网金融为什么没有产生"颠覆性"?. 证券日报, 2014-1-27.

[178] 中国安邦集团研究总部. "双11"揭示互联网金融趋势. FT中文网, 2013-11-13.

[179] 中国电子商务研究中心. 2013年证券行业互联网金融报告. 2013-10-9.

[180] 中国互联网网络信息中心. 第33次中国互联网网络发展状况统计报告. 中国互联网网络信息中心网站, 2014.1.

[181] 中国人民银行. 2013年支付体系运行总体情况. 中国人民银行网站, 2014-2-17.

[182] 中国人民银行开封市中心支行课题组. 基于服务主体的互联网金融运营风险比较及监管思考. 征信, 2013 (12).

[183] 周勘, 马燕. 阿里小微信贷累计贷款超过1000亿元. 证券日报,

2013 -7 -9.

[184] 朱丹丹. 75家机构发起成立互联网金融专业委员会. 每日经济新闻, 2013 -12 -4.

[185] 朱丹丹. 互联网金融协会已获国务院批复 业内人士称不久将挂牌. 每日经济新闻, 2014 -3 -21.

[186] 卓翔. 互联网金融创新发展趋势及监管对策. 金融时报, 2013 -12 -30.

[187] 宗良. 互联网金融呈三大发展趋势 银行业传统模式面临变革. 证券日报, 2013 -10 -25.

[188] Alessandro, C. *Financial Innovation and Price Volatility*. HEC Paris, 1999.

[189] Bradford, C. Steven.: Crowdfunding and the Federal Securities Laws. *Columbia Business Law Review*, 2012 (2012): 1 -1.

[190] Calvet, L, Gonzalez - Eiras, M., and P. Sodini. Financial innovation, market participation, and asset prices. *Journal of Financial and Quantitative Analysis*, 2004, 39 (3): 431 -459.

[191] Claessens, Joris, Valentin Dem, and Danny De Cock, etc. On the Security of Today's Online Electronic Banking Systems. *Computers & Security*, 2002, 21 (3): 257 -269.

[192] Eunkyoung, Lee, and Lee, Byungtae. Herding behavior in online P2P lending: An empirical investigation. *Electronic Commerce Research and Applications*, 2012, 11 (5): 495 -503.

[193] Fleishman, Glenn. Cartoon Captures Spirit of the Internet. *The New York Times*, 2000 -12 -14.

[194] Goldman Sachs. Mobile Monetization: Does the Shift in Traffic Pay?, 2012, June 4.

[195] Grance, T., and P. Mell. The NIST Definition of Cloud Computing: Recommendations of the National Institute of Standards and Technology. National Institute of Standards and Technology, 2011.

[196] Gurley, J. G., and E. S. Shaw. Financial Intermediaries and the Saving2Investment Process. *Journal of Finance*, 1956, 11 (2, May): 257 -276.

[197] Katz, M., and C. Shapiro. Network externalities, competition, and

compatibility. *American Economic Review*, 1985, (75): 424 - 440.

[198] Lawrence, P. R., and J. W. Lorsch. *Organization and Environment: Managing Differentiation and Integration*. Division of Research, Graduate School of Business Administration, Harvard University, 1967.

[199] Mollick, E. The dynamics of crowdfunding: An exploratory study. *Journal of Business Venturing*, 2014, 29 (1): 1 - 16.

[200] Perrow, C. A framework for the comparative analysis of organizations. *American Sociological Review*, 1967, 32 (2): 194 - 208.

[201] The World Bank. Crowfunding's Potential for the Developing World, 24 October 2013.

[202] Thompson, J. *Organizations in Action*. New York, NY, McGraw-Hill, 1967.

[203] Tufano, P. Financial innovation. *Handbook of the Economics of Finance*, 2003, 1: 307 - 335.

后　　记

为了全面贯彻落实《教育部关于深入推进高等学校哲学社会科学繁荣发展的意见》精神，根据《高等学校人文社会科学重点研究基地建设计划》和《高等学校人文社会科学重点研究基地建设计划实施办法》的要求，结合《中央财经大学"十二五"教育事业发展规划》，经过多年努力和筹备工作，2013年底中央财经大学组建了中国互联网经济研究院。

中央财经大学中国互联网经济研究院成立之后，参与了由清华大学等单位共建的电子商务交易技术国家工程实验室的工作。在清华大学柴跃廷教授的带领下，电子商务交易技术国家工程实验室面向全球电子商务发展现状与趋势，围绕电子商务发展中的前瞻性、战略性、全局性问题开展全面、及时、系统的研究，将实验室建设成为网络化、国际化、开放型、国际领先的电子商务关键技术研究开发及公共服务基地，服务于政府相关部门及企业。

我们有幸生活在互联网经济繁荣的好时代。在互联网经济理论研究相对严重滞后的环境下，中国互联网经济研究院深入开展互联网经济理论、互联网金融、电子商务、大数据等领域的研究。中国互联网经济研究院的研究工作，既符合面向学科研究前沿、面向国家发展战略的重点研究基地的建设方向，又有助于学科交叉融合与创新，进一步强化中央财经大学财经学科特色，提升高校科研创新能力，增强为政府和企业的服务能力。

中国互联网经济研究院计划每年出版《中国互联网经济发展报告》和《中国互联网金融发展报告》。互联网金融是当今中国的热点问题。中国互联网经济研究院在孙宝文教授的带领下，力图深入研究互联网金融的理论和实践问题，为我国互联网金融健康发展建言献策。《中国互联网金融发展报告》作为中国互联网经济研究院的品牌研究成果，结合当前形势，汇聚各界人才，凝聚学科力量，在保持学术中立的前提下为中国互联网金融的发展鼓与呼。

本书是《中国互联网金融发展报告》的第一部，从互联网金融的起源、互联网金融的理论分析框架、发展模式创新、风险挑战、监管考验、发展趋势，深入剖析了互联网金融理论，梳理了互联网企业、传统金融机构开展互联网金融业务的模式与产品，并从实践层面归纳了互联网金融发展的风险，提出了监管对策，展望了未来的发展趋势。

报告撰写历时 10 个月，四易其稿。孙宝文主编，欧阳日辉、王天梅执行主编构建了报告的框架，指导初稿撰写，完成了修改和统稿工作。借书稿即将付梓之际，衷心感谢清华大学柴跃廷教授，北京市金融工作局霍学文书记，阿里巴巴副总裁高红冰先生，中央财经大学黄震教授、王立勇教授、兰日旭副教授、樊茂清副教授、顾炜宇博士，对报告提出的宝贵意见。衷心感谢李二亮博士、何毅博士、刘再杰博士、赵胤钘博士、李艳博士、欧阳日辉博士的辛勤撰稿。衷心感谢硕士研究生李梦璇、王乐、曾青青在报告写作前期的资料收集与整理工作。衷心感谢经济科学出版社刁其武先生和侯晓霞女士对报告出版的大力支持。

本项目研究得到北京社会科学基金课题"促进北京市地方金融业发展的路径与对策研究"的资助，本书的出版得到了北京市教委重点学科共建项目经费的支持。

我们在查阅了已有期刊、报告、报纸、博客、微信等资料的基础上，调研了一些互联网金融企业，访谈了几位具有代表性的企业高管，听取了监管层和业界的建议，经过多次探讨，不断调整和修改，最终顺利完成报告。互联网金融是一个新兴的研究领域，尽管我们尽最大努力完成报告，囿于水平和时间关系，如有不足之处，恭请读者批评指正。今后，我们将继续跟踪互联网金融发展，挖掘互联网金融的重要信息，持续撰写互联网金融发展报告。

中国互联网经济研究院
2014 年 4 月 8 日

图书在版编目（CIP）数据

互联网金融元年：跨界、变革与融合／孙宝文主编.
—北京：经济科学出版社，2014.4
ISBN 978 - 7 - 5141 - 4541 - 0

Ⅰ.①互… Ⅱ.①孙… Ⅲ.①互联网络 - 应用 - 金融 - 研究 Ⅳ.①F830.49

中国版本图书馆 CIP 数据核字（2014）第 071527 号

责任编辑：侯晓霞　刘殿和
责任校对：郑淑艳
责任印制：李　鹏

互联网金融元年：跨界、变革与融合

主编　孙宝文

执行主编　欧阳日辉　王天梅

经济科学出版社出版、发行　新华书店经销

社址：北京市海淀区阜成路甲 28 号　邮编：100142

教材分社电话：010 - 88191345　发行部电话：010 - 88191522

网址：www.esp.com.cn

电子邮件：houxiaoxia@esp.com.cn

天猫网店：经济科学出版社旗舰店

网址：http：//jjkxcbs.tmall.com

北京季蜂印刷有限公司印装

710×1000　16 开　19.5 印张　340000 字

2014 年 4 月第 1 版　2014 年 4 月第 1 次印刷

ISBN 978 - 7 - 5141 - 4541 - 0　定价：48.00 元

（图书出现印装问题，本社负责调换。电话：010 - 88191502）

（版权所有　翻印必究）